POINTS OBSCURS

ET NOUVEAUX

DE LA VIE DE

PIERRE CORNEILLE

COULOMMIERS. — TYPOG. P. BRODARD ET GALLOIS.

POINTS OBSCURS

ET NOUVEAUX

DE LA VIE DE

PIERRE CORNEILLE

ÉTUDE

HISTORIQUE ET CRITIQUE

AVEC PIÈCES JUSTIFICATIVES

PAR

F. BOUQUET

Professeur honoraire du Lycée Corneille
et de l'École supérieure des Sciences et des Lettres de Rouen

---

PARIS

LIBRAIRIE HACHETTE ET Cie

79, BOULEVARD SAINT-GERMAIN, 79

—

1888

Droits de traduction et de reproduction réservés.

A Monsieur LÉOPOLD DELISLE

Administrateur général, Directeur de la Bibliothèque nationale

Monsieur et très honoré confrère,

Comme savant et Normand, rien de ce qui touche la Normandie ne vous est indifférent, parce que rien ne vous est étranger dans son histoire.

C'est là un fait bien connu de tous les membres des sociétés littéraires de notre province, dont vous êtes, partout et toujours, le confrère dévoué, le guide éclairé, le maître respecté.

A tous ces titres, il y a donc obligation pour moi de dédier au fervent admirateur du grand poète normand ce modeste travail sur notre illustre compatriote, obligation d'autant plus étroite qu'avec l'idée première d'en faire un livre je vous dois plusieurs documents, spontanément offerts, pour servir au rétablissement de la vérité et à l'amélioration de l'œuvre projetée.

Cette dédicace des *Points obscurs et nouveaux de la vie de Pierre Corneille,* je vous prie, très honoré confrère, de vouloir bien l'accepter comme un hommage qui vous est dû, et un faible témoignage de ma vive et sincère gratitude.

Votre tout dévoué serviteur,

F. Bouquet.

Rouen, 1er mars 1888.

INTRODUCTION

Sans « longuerie d'apprêt », comme aurait dit Montaigne, voici l'origine de ce nouveau volume sur Pierre Corneille.

Depuis une dizaine d'années, de temps à autre, sous cette signature : « Un vieux Rouennais », nous avions donné, tantôt au *Journal de Rouen*, tantôt au *Nouvelliste de Rouen*, quelques articles dont Corneille, sa famille ou ses œuvres étaient l'objet.

Quand vint la célébration du deuxième centenaire de sa mort, en octobre 1884 [1], célébration à laquelle MM. Pelay, Charles de Beaurepaire et nous-même avions pensé les premiers, dès l'année précédente, la presse reproduisit bon nombre d'anecdotes ou de traditions erronées. C'est alors que, dans les mêmes journaux, et pendant les deux mois qui précédèrent la fête du centenaire, nous n'avons cessé de démontrer la fausseté de la plupart d'entre elles.

La démonstration parut si évidente à MM. les journalistes de la presse locale qu'ils nous engagèrent à réunir ces articles et à les publier en brochure. Tel fut aussi l'avis de MM. A. Chéruel et Léopold Delisle. En leur qualité, l'un de Rouennais, l'autre de Normand, ils attachaient à ces modestes essais assez d'importance pour y voir un utile complément de la biographie de P. Corneille.

[1]. Elle a donné lieu à une magnifique publication in-folio, chez M. E. Cagniard, imprimeur à Rouen, 1884. — Le *Deuxième centenaire de Pierre Corneille*, œuvre artistique des plus remarquables, contient les discours et vers en son honneur, un bon historique de la fête par M. Paul Delesques, suivi d'une explication des planches.

Ces conseils et ces encouragements nous déterminèrent, non plus à réunir simplement tous ces articles, tels qu'ils avaient été faits pour un journal, mais à les remanier en entier, à les compléter par de nouvelles recherches, et à y joindre le résultat de découvertes faites sur Corneille, depuis une trentaine d'années, soit par nous, soit par d'autres.

Voilà comment est né ce volume, composé de vingt chapitres, avec des Appendices contenant vingt-sept pièces justificatives, dont le poète ne cesse d'être l'objet.

Le fait pourra paraître téméraire, puisque de tous nos grands écrivains Corneille est celui qui, dans notre siècle et de nos jours, a été le plus souvent étudié et discuté, sous tous les rapports. Combien de critiques, d'historiens, de biographes, d'érudits, d'éditeurs, de bibliographes lui ont consacré et leurs soins et leurs veilles, pendant ces cinquante dernières années, tant à Paris que dans sa ville natale!

Tout le monde connaît les grands travaux de MM. Guizot, Taschereau, Marty-Laveaux, Jules Levallois, E. Picot, pour ne citer que les noms les plus marquants, parmi les travailleurs parisiens en possession de la confiance publique.

A Rouen, très longue aussi serait la liste de tous ceux qui, durant la même période, se sont attachés à honorer la mémoire de Corneille, en étudiant sérieusement ou en éclairant quelque point douteux ou inconnu de son histoire. En première ligne, il faut citer M. Legendre, dont les recherches commencèrent avec le siècle, et M. Ballin, qui les continua, aidé des indications et des lumières de son ami. Après eux, vinrent MM. P. A. Corneille, l'un des descendants du poète, A. Floquet, A. Deville, A. Chéruel, E. Gaillard, E. Frère, E. Gosselin, F. Deschamps, l'abbé Tougard, Ch. de Beaurepaire, E. Laporte, etc., et nous-même sur divers points [1].

---

[1]. En 1859, l'indication des comédies de Corneille jouées, en présence de la cour, sur le théâtre de Forges, et l'importance de sa pièce de vers latins, *Excusatio*, etc., pour fixer la date de ses premières pièces de théâtre.

En 1865, la rectification d'un nom mal lu (*Réjac* au lieu de *Béjar*) dans une lettre de Thomas Corneille, qui fournit la seule preuve directe et contemporaine des rapports établis à Rouen, en 1658, entre la troupe de Molière et les deux Corneille.

En 1865 aussi, l' « Examen critique d'une anecdote sur le *Menteur* », dont la fausseté est démontrée.

Enfin, en 1869, une « Étude sur Corneille et l'acteur Mondory » constate les services rendus à l'auteur par l'acteur, pour la représentation de ses

Bien que ces travaux, faits à Rouen, ne soient pas d'aussi longue haleine que ceux dont Paris donna l'exemple, ils ne laissent pas cependant d'avoir leur importance, mais à un autre point de vue. Si les travailleurs de Paris ont pris pour objet de leurs études l'ensemble de la vie de P. Corneille et son théâtre, ceux de Rouen se sont adonnés presque exclusivement à la recherche des détails de cette même vie. Et comme Corneille a passé à Rouen près des trois quarts de son existence (cinquante-six ans contre vingt-deux à Paris), il en résulte que notre ville possède, pour cette première période, beaucoup plus de matériaux que Paris n'a jamais pu en offrir pour le reste de sa vie.

La preuve en est dans le développement successif de l'œuvre de M. Taschereau, le premier en date et le plus complet de ses biographes. En 1829, paraît l'*Histoire de la vie et des ouvrages de P. Corneille*, et cette édition a 418 pages in-8° seulement. Jusqu'alors les Rouennais s'étaient bien peu occupés de Corneille ; mais ils étaient à la veille de le faire sérieusement. La deuxième édition, en 1855, arrive au chiffre de 440 pages in-16. C'est qu'elle est grossie par plusieurs renseignements dus à MM. A. Deville et P. A. Corneille, et par quelques ripostes et attaques à l'adresse de MM. Ballin, E. Gaillard et Hellis, qui avaient pris l'offensive contre l'auteur. Enfin, en 1869, la troisième édition, en 2 volumes in-12, n'a pas moins de 546 pages. Cet accroissement considérable provient surtout des nombreuses pièces authentiques, découvertes à Rouen et fournies par M. E. Gosselin à M. Taschereau, qui les a publiées dans son texte, ou rejetées en notes à la fin de chaque volume. Très souvent on y voit reparaître le nom de cet infatigable et heureux chercheur, dont M. Taschereau a eu le bon goût de reconnaître ainsi les services. « C'est à M. Gosselin, greffier à la cour impériale de Rouen et archiviste de l'ancien parlement de Normandie, à ses persévérantes et habiles recherches, que nous sommes redevable d'une bonne partie de ce que cette réimpression renferme de nouveau sur P. Corneille et les siens[1]. »

Il en a été de même pour la « Notice biographique sur Pierre Corneille », dans l'édition des *Œuvres de P. Corneille*,

---

premières pièces, et rectifie l'anachronisme admis relativement à la date des dernières représentations du *Cid* par Mondory.

1. T. I, Avertissement, p. IV.

par M. Marty-Laveaux. D'après le plan du savant éditeur, « il y est plus question de Corneille que de ses ouvrages, et l'homme passe avant le poète [1] ». Mais, pour l'exécution de ce plan, l'aide des travailleurs de Rouen lui fut nécessaire. A la suite des 45 pages du texte, où leurs noms sont rappelés, viennent seize pièces justificatives, formant 38 pages de petit texte, avec cet avis : « Ces pièces, déjà connues pour la plupart, mais seulement par extraits, ont été presque toutes copiées à Rouen, sous la direction de M. Ch. de Beaurepaire, archiviste de la Seine-Inférieure. Elles sont en grande partie dues à ses recherches et à celles de MM. Floquet, Deville et Gosselin [2]. »

C'est aussi à MM. Floquet et Deville que M. Guizot avait été redevable de la majeure partie des « Éclaircissements et pièces historiques », joints à une nouvelle édition de son ancien travail sur Corneille [3]. Enfin M. J. Levallois a profité pareillement des découvertes faites à Rouen, et il regarde « comme injuste de passer sous silence MM. l'abbé Tougard, Gosselin, E. Noël et Bouquet, dont les travaux et les recherches lui sont venus en aide [4] ». Il s'applaudit même « d'être le compatriote du poète et de ce que son enfance s'est passée à entendre parler de lui ». Le motif en est donné en ces termes : « Ce n'est point une mauvaise condition, pour apprécier à fond Corneille, que d'être Rouennais, très au courant de l'esprit local et familiarisé avec le génie normand [5] ». La preuve en est faite par le rappel des noms et des découvertes de tous les travailleurs rouennais que nous venons de citer, en ajoutant à celui de son ancien maître des éloges, dont nous le remercions vivement, tout en croyant les devoir à un excès de bienveillance.

Mais nos prédécesseurs ont-ils tout dit sur Corneille? L'ont-ils si bien dit qu'il ne reste rien à en dire après eux et que d'après eux? Les chercheurs doivent-ils s'arrêter? On ne saurait le prétendre. Le champ de l'histoire est infini, et, suivant la remarque de Bacon, « les jours passeront, la science grandira [6] ».

1. T. I, Avertissement, p. xv.
2. Page 47 de l'Extrait de cette notice. — La pagination seule diffère dans celle qui est en tête de l'édition des *Œuvres de Pierre Corneille*, pour la collection des Grands Écrivains de la France, maison Hachette, 1862-1868.
3. *Corneille et son Temps*, 1852, 1 vol. in-8°, quatre pièces sur sept, pp. 283-308.
4. *Corneille inconnu*, préface, p. xi.
5. *Corneille inconnu*, préface, pp. ix, xi et xii.
6. « Transibunt dies, augebitur scientia. » *De augmentis scientiarum*.

y aura toujours quelques détails ignorés et le temps ménagera toujours l'agréable surprise de découvertes nouvelles à qui voudra s'occuper sérieusement de Corneille. Nous en citerons pour preuve les récentes monographies dont son histoire vient de s'enrichir à Rouen, en moins de quatre ans [1].

S'il en était autrement, arrivant après tant d'autres, il ne nous resterait plus rien à trouver, rien à dire aujourd'hui. Le contraire est vrai, maintenant comme il y a dix-huit ans, quand cette critique fut adressée à la troisième édition de l'*Histoire de la vie et des ouvrages de P. Corneille*. « Dans le livre de M. Taschereau, la curiosité du lecteur n'est pas toujours satisfaite ; ainsi une page à peine lui suffit pour raconter toute la vie de Corneille jusqu'à *Mélite*. Et cependant n'avait-on rien à nous apprendre sur ses premières années, sur ses études, sur son séjour au collège, enfin sur son entrée au barreau ?? »

Les mêmes questions peuvent se poser à l'égard d'autres points ou obscurs ou nouveaux. Tels sont, par exemple, ses ancêtres, parents et alliés ; ses premiers essais poétiques ; la légende et la vérité dans *Mélite ;* la représentation de quelques-unes de ses pièces aux Eaux de Forges ; les attaques dirigées contre l'anoblissement de sa famille, pendant la Querelle du Cid ; la fortune de Corneille le père ; les devoirs de famille de son fils, après la mort de celui-ci ; la fortune de Corneille le fils (patrimoine, traitements, ouvrages et pensions) ; les souvenirs de sa ville natale dans ses pièces de théâtre. Voilà des faits et des considérations qui se placent entre sa naissance et son départ de Rouen, en 1662, et qui sont également restés dans l'ombre. De même sur Corneille, devenu habitant de Paris, les renseignements connus sont incomplets. Tel est le cas pour les diverses demeures qu'il y occupa ; les charges du père de famille à cette époque ; ses ressources financières ; la recherche des usurpations de noblesse,

---

1. « Le grand Corneille. — *Contrat de vente des biens au Val-de-la-Haye*, par M. l'abbé Tougard, 1884, in-8°, 16 pages.

Pierre Corneille et sa fille Marguerite dominicaine à Rouen, par M. Ch. de Beaurepaire, 1885, in-8°, 40 pages.

Note sur deux actes du tabellionage de Rouen concernant la famille de P. Corneille, par M. A. Decorde, 1886, in-12, 8 pages.

Auparavant, M. J. Félix avait donné : *Polyeucte à Rouen et la censure théâtrale sous le Consulat*, 1880, in-8°, 34 pages.

2. *Revue de la Normandie*, article de M. l'abbé Tougard sur cette édition, 1870, pp. 165-168.

à laquelle il fut soumis comme tout le monde; deux changements dans les pièces de ses armoiries; la naissance et la fausseté de la légende de sa misère; les détails sur la suppression et sur le rétablissement de la pension que lui accorda Louis XIV, avec le dernier secours que le roi lui envoya, enfin ses besoins de famille et les ressources financières dont il disposa pour y faire face tout à la fin de sa vie. Tous ces points importants et nouveaux, nous les avons traités dans les vingt chapitres de cette Étude, divisée en deux parties distinctes, ROUEN et PARIS, en observant l'ordre chronologique des faits, de sorte que le lecteur suit Corneille, à travers toutes les phases de sa vie, dans l'ordre régulier où les faits se sont accomplis, depuis son berceau jusqu'à la tombe.

Quand on écrit, le grand souci doit être de prouver et de convaincre. Pour mieux y parvenir, nous avons eu recours aux deux moyens par excellence, les sources et la discussion.

En général, nous n'avons admis que des sources authentiques, la base la plus sûre de la critique historique. Nous n'y avons pas toujours trouvé la vérité, mais, en y recourant, le risque de nous égarer a été moins grand que par toute autre voie. En dehors des documents originaux, nous n'avons pris que des témoignages de première main, chez Corneille d'abord, et puis chez ses contemporains, ou ses successeurs immédiats. Quant à ceux de seconde main, bien rarement nous y avons eu recours, les tenant pour très suspects, en général. Incomplètement donnés ou mal interprétés par ceux qui les fournissent, l'expérience nous a prouvé que les accepter sans un rigoureux contrôle, ce serait s'exposer à tomber dans l'erreur.

Trop souvent le parti pris, le système, l'à-peu-près, la déclamation tiennent une large place dans ce qui a été dit sur une foule de points obscurs de la vie de Corneille, et des livres, d'apparence savante, fourmillent d'hypothèses contraires aux faits réels, ou d'erreurs dues à de faux raisonnements. Au lieu de verser, comme certains de nos devanciers, dans des conjectures hasardeuses, en acceptant aveuglément ces autorités de seconde main, nous les avons discutées rigoureusement, avant d'y ajouter foi, quand les sources authentiques nous faisaient défaut.

Cette méthode a exigé certains développements qu'on nous pardonnera, nous l'espérons du moins; car l'erreur tient en une page, en une phrase, en une ligne, et parfois même en un mot, tandis qu'il faut beaucoup plus de place pour la réfuter. Après avoir rassemblé une foule de documents sur un point unique, on est obligé d'en dégager les faits certains, d'en tirer des raisonnements et d'en concentrer la lumière sur un point spécial, pour en faire jaillir la vérité. C'est là un travail long et difficile, surtout quand il faut appuyer le raisonnement sur des chiffres dont l'aridité devient nécessaire pour discuter et pour démontrer, par exemple, la fausseté de la légende acceptée sur la misère de Corneille et complètement réfutée par l'état de sa fortune mobilière et immobilière.

La seule critique utile étant celle qui fournit ses preuves, nous avons dû joindre à notre texte des Appendices contenant toutes les pièces justificatives, sur lesquelles s'appuient nos discussions, nos affirmations et nos conclusions. Cette satisfaction légitime, il fallait la donner tant à nos scrupules personnels qu'aux exigences de notre temps, où le sens historique, singulièrement affiné, veut les preuves de tout ce qu'on avance, surtout quand il s'agit de combattre des erreurs trop longtemps admises comme l'expression de la vérité.

Ces pièces justificatives, au nombre de vingt-sept, se rapportent toutes, sauf une ou deux, à la vie privée de Corneille ou à sa famille, et quinze d'entre elles, plus de la moitié, sont entièrement inédites. On y trouvera des acquisitions, des aveux, des quittances qui établissent clairement la fortune de Corneille, et prouvent la fausseté de sa prétendue misère, rien que par l'état de son patrimoine et des biens dotaux de sa femme. Quelques autres, déjà publiées, ont été reproduites, pour que le lecteur ait sous les yeux, sans avoir la peine de la chercher ailleurs, la preuve de nos assertions, ou bien encore pour en rétablir le texte exact, après les avoir conférées avec les originaux.

Une mention spéciale est bien due au premier de ces Appendices, les fiches du dossier que M. E. Gosselin, greffier-audiencier et archiviste de la cour d'appel de Rouen, avait rassemblées, pendant plus de vingt ans, sur Pierre Corneille, sa famille et tout ce qui se rapportait à l'un ou à l'autre. C'est de ce dossier qu'il a tiré les renseignements fournis à MM. Taschereau et Marty-Laveaux, enlevant les fiches de ceux qu'il leur communiquait ou qui lui avaient servi à lui-même, pour ses propres travaux sur *Pierre Corneille* (le père), *maître des Eaux et Forêts, et sa Maison de campagne*, 1864; *Particularités de la vie judiciaire de Pierre Corneille*, 1865; *Un Épisode de la jeunesse de Pierre Corneille*, 1867. Mais bien considérable encore est le nombre de celles qui n'ont pas été utilisées, puisqu'elles s'élèvent à cent trente, et comprennent de cent quarante à cent cinquante articles.

La remise obligeante de ce dossier par l'aîné des fils de cet intelligent et laborieux chercheur, M. Jules Gosselin, nous a permis de jeter quelque lumière sur plusieurs points obscurs de la biographie de Corneille, et on en trouvera l'indication par les renvois à l'Appendice I. Nous l'en remercions donc pour nous et au nom de la science; car plusieurs des fiches non utilisées peuvent avoir un intérêt que nous ne soupçonnons pas, en mettant sur la voie de découvertes nouvelles, par les indications précises qu'elles renferment. Tout s'enchaîne dans la science historique; chaque découverte nouvelle, si petite qu'elle paraisse d'abord, est grosse des découvertes à venir, et une seule vérité trouvée peut devenir le germe d'innombrables vérités. De là l'importance réelle qui s'attache à la publication de ces fiches.

Malgré tout le temps et tout le soin consacrés à cette étude historique et critique, notre but est resté bien modeste. Faire justice de quelques erreurs accréditées depuis longtemps sur Pierre Corneille, sans nous laisser arrêter par les noms considérables de ceux qui les avaient propagées, et les remplacer par plusieurs vérités de détail, qui donnent une représentation plus fidèle de sa vie, en quelques-unes de ses étapes inexplorées, voilà quels ont été notre unique ambition et l'objet constant de tous nos efforts.

POINTS OBSCURS ET NOUVEAUX
DE LA VIE DE
PIERRE CORNEILLE

PREMIÈRE PARTIE
ROUEN (1606-1662)

CHAPITRE PREMIER

ANCÊTRES, PARENTS ET ALLIÉS DE PIERRE CORNEILLE

Conches, berceau de la famille. — Les Corneille. — Ce nom est commun dans la Haute-Normandie. — Les Houel. — Les Le Pesant. — Les de Lampérière. — Les Tournebus et autres.

Jusqu'ici toutes les généalogies, biographies ou notices, que nous avons consultées, sont presque entièrement muettes sur cette partie de l'histoire de Pierre Corneille, ou bien leurs rares indications sont insuffisantes, quand elles ne sont pas erronées.

C'est plus qu'une suite de points obscurs, c'est trop souvent une lacune complète, qu'il nous sera donné de combler, en partie, à l'aide des fiches dont nous avons parlé[1].

Bien grand est le nombre des individus ayant porté, dans la Haute-Normandie, le nom de *Corneille*. Il y en a plus d'une vingtaine. On y trouve ce nom de famille, avec

---

1. Introduction et Appendice I.

l'un de ces noms de baptême : Robinet, Adam, Colin, Robert, Philippe, Jehan, Antoine, Catherine, Claude, Charles, Pierre, René, Richard, Guillaume, Noël, François, etc. Toutes ces personnes n'appartenaient pas à la famille du poète, ainsi qu'on l'a trop souvent supposé.

La sienne était originaire de Conches (Eure), comme le prouve le retour fréquent du nom de cette ville, accompagnant le nom de personnes qui ont fait incontestablement partie de la famille de Pierre Corneille, depuis 1541 jusqu'à la fin du xvii° siècle.

On y voit d'abord un Pierre Corneille, commis au greffe du parlement de Rouen, puis conseiller référendaire en sa chancellerie, et demeurant à Rouen, paroisse Saint-Sauveur. Il se démit de cette dernière charge en 1587, et, dans deux actes du tabellionage de Rouen, de 1574 et 1578, il est qualifié : « honorable homme Pierre Corneille [1] ».

Il avait un frère, Jean Corneille, marchand tanneur, demeurant également à Conches, qui lui donna procuration, le 17 février 1578, pour une affaire d'intérêt secondaire.

Ce Pierre Corneille, le référendaire, s'allia aux Houel, ancienne famille rouennaise, demeurant aussi sur la paroisse Saint-Sauveur. En 1565, M° Pierre Houel, sieur de Vaudetot (ou Vaudutot), greffier criminel au parlement de Rouen, en avait fait son procureur général, pour le représenter dans une affaire privée. Cette preuve de confiance explique comment ce Pierre Corneille devint commis au greffe de la cour, et fut appelé, plus tard, à contracter mariage dans la famille Houel.

Pierre Houel, le greffier, sieur de Vaudetot, avait un frère, du nom de Jean, sieur de Valleville, qui eut trois enfants : Pierre, sieur de Valleville, après la mort de son

---

1. Appendice I. — Là aussi se trouveront tous les détails qui vont suivre sur la famille Corneille. Il suffira de recourir à la date indiquée, ces fiches étant classées dans l'ordre chronologique.

père, élu de Caudebec; Nicolas, sieur des Parcs; et Barbe, qui épousa, en 1570, Pierre Corneille, le référendaire, le grand-père du poète.

De ce dernier mariage naquirent huit enfants : Jeanne, Pierre, Antoine, Barbe, Richard, Guillaume, Françoise et François.

Barbe Houel ne tarda pas à gagner la confiance de son mari, Pierre Corneille, le référendaire, qui, le 4 septembre 1579, la constituait sa procuratrice spéciale. Veuve en 1588, comme tutrice de ses enfants mineurs, et, pour son propre compte, elle eut, plus d'une fois, des intérêts à défendre en justice. Elle était morte, quand, le 23 janvier 1619, eut lieu le partage des immeubles, situés à Rouen, rue de la Pie, entre ses fils, Pierre, Antoine, Guillaume et François.

Le premier de ces fils, Pierre Corneille, est le père du grand Corneille. Licencié ès lois, avocat au parlement de Rouen, le 2 mai 1596, il fut nommé, le 31 juillet 1599, maître particulier des eaux et forêts de la vicomté de Rouen, par la résignation de Me Jean Desmignières, sieur de Bois-Bertin. En 1602, devenu maître enquêteur et réformateur particulier des eaux et forêts du bailliage de Rouen, la cour lui permit d'exercer son état en la vicomté du Pont-de-l'Arche, la place de maître particulier de cette vicomté ayant été supprimée par le décès de Pierre Le Guerchois. Mais cette commission fut révoquée deux ans après.

En dehors des débats, poursuites, répressions, procès, etc., que M. E. Gosselin a rappelés dans sa notice : *Pierre Corneille* (le père), *maître des eaux et forêts, et sa maison de campagne*, on y voit, avec étonnement, que, de 1609 à 1616, le père du poète résigna et reprit son office jusqu'à sept fois. La dernière, le 15 janvier 1619, fut définitive.

Le deuxième fils de Pierre Corneille et de Barbe Houel, Antoine Corneille, embrassa l'état ecclésiastique. Nommé, en 1595, à la cure de Sainte-Marie des Champs, près d'Yvetot, il demanda la permission d'en prendre possession dans une chapelle de la cathédrale de Rouen.

Le parlement en donna l'ordre au doyen rural; mais l'affaire souffrit de grandes difficultés, et les procès succédèrent aux procès, de 1596 à 1601. Ce fut seulement, après plus de dix ans de luttes, en 1606, qu'il en demeura paisible possesseur.

Son frère, François Corneille, comme lui oncle de Corneille, le poète, fut reçu procureur au parlement de Rouen, le 15 décembre 1607, et en exerça longtemps les fonctions.

Ici doit prendre place la famille Le Pesant, à laquelle s'allia le premier des fils de Pierre Corneille et de Barbe Houel, le maître particulier des eaux et forêts.

Guillaume Le Pesant, sieur de Beausse, avocat en la cour de Rouen, au XVIe siècle, avait eu, de son premier mariage avec Marie Lecordier, vers 1526, une fille du nom de Marie. Elle fut mariée deux fois, une première, à un sieur Jacques Frontin, et, une seconde, à Jacques Dufour. Son premier mari, bourgeois et marchand de vins à Rouen, demeurant sur la paroisse de Saint-Cande-le-Vieux, mourut assassiné, pendant qu'il faisait son commerce aux pays de l'Auxerrois. Nommée tutrice des enfants mineurs de son premier lit, le 24 mars 1568, elle donna procuration avec son second mari, le 2 mai 1571, pour poursuivre « ceux qui ont homicidé et volé ledit défunt Jacques Frontin ». On sait qu'alors les poursuites criminelles ne s'exerçaient qu'à la diligence des intéressés.

Du premier mariage de Guillaume Le Pesant avec Marie Lecordier, naquit aussi François, frère puîné de Marie Le Pesant, dont il vient d'être question. Devenu bailli de Longueville (Seine-Inférieure), François Le Pesant épousa, le 30 avril 1565, Isabeau Lecuillier, dont il eut trois enfants, Charles, Marthe et Pierre.

Charles Le Pesant, conseiller du roi et maître ordinaire

de ses comptes en Normandie, mourut le 29 juillet 1606, et fut enterré dans l'église Saint-Maclou de Rouen.

Marthe Le Pesant épousa, le 9 juin 1602, Pierre Corneille, le maître particulier des eaux et forêts, mariage d'où devaient naître Pierre Corneille, le poète, et ses frères et sœurs, Marie, Antoine, Madeleine, Marthe, Thomas, et peut-être une sœur encore appelée Madeleine.

Quant au troisième enfant de François Le Pesant et d'Isabeau Lecuillier, Pierre Le Pesant, autre oncle de Pierre Corneille, le poète, il fut conseiller, notaire et secrétaire du roi.

La famille de Lampérière, où Pierre et Thomas Corneille prirent femme, l'un et l'autre, occupait un certain rang dans la province de Normandie, tant par ses emplois que par ses alliances, puisqu'un de ses membres s'allia à la famille Tournebus, à laquelle appartient Adrien Tournebus, l'illustre savant du XVIe siècle, né à Andely (Eure).

Parmi les collatéraux andelyens d'Adrien Tournebus fut noble homme Georges Tournebus, lieutenant particulier au siège présidial d'Andely, en 1590, qui eut de sa femme, Marguerite Tisserant, une fille nommée Françoise, laquelle épousa Mathieu de Lampérière.

Ce dernier, avocat en la cour, fut nommé, le 27 avril 1613, lieutenant particulier, civil et criminel, au bailliage et siège présidial de Gisors, établi à Andely. De ce mariage naquirent cinq enfants, de 1616 à 1621. La deuxième enfant épousera Pierre Corneille, le poète, en 1640, et la cinquième, Marguerite, deviendra la femme de Thomas Corneille, dix ans plus tard.

Pour d'autres détails secondaires, se rapportant aux ancêtres, parents et alliés de Pierre Corneille, dans les deux lignes paternelle et maternelle, on pourra recourir à l'Appendice I, où ils figurent intégralement, ceux que nous venons de donner n'en étant qu'une simple analyse, bien suffisante pour en faire pressentir la nouveauté et l'intérêt historique.

CHAPITRE II

NAISSANCE, PREMIÈRES ANNÉES ET ÉTUDES CLASSIQUES
ACQUISITIONS DU PÈRE (1606-1622)

L'immeuble de la rue de la Pie, à Rouen, bien patrimonial. — Naissance de Pierre Corneille. — Acquisition par son père de biens au Petit-Couronne. — Ils sont voisins de Marie Le Pesant, tante de Corneille, à Moulineaux. — Études de Pierre Corneille au collège des jésuites de Rouen. — Ses prix en troisième et en rhétorique. — Détails sur les deux volumes reçus. — Leurs possesseurs aujourd'hui. — Attestations des préfets des études. — Anecdote apocryphe sur un prix pour une traduction en vers français. — Acquisitions nouvelles de Pierre Corneille, le père, rue de la Pie et au Val-de-la-Haye.

L'immeuble situé dans l'ancienne rue de la Pie, à Rouen, où naquit le futur poète, était un bien patrimonial. Son grand-père, Pierre Corneille, référendaire en la chancellerie, à Rouen, l'avait acquis, le 6 août 1584, devant les tabellions de Rouen et l'habitait. Il se composait de « plusieurs corps et tenements de maisons, contenant cave, puits, fonds de terre et héritage, occupés par plus de cinq locataires, et bornés, d'un bout, par devant, le pavé du roi, en la rue de la Pie, et d'autre bout, par derrière, le jeu de paume de Saint-Eustache [1] ».

Pierre Corneille, reçu maître particulier des eaux et forêts de la vicomté de Rouen, depuis le 31 juillet 1599, et marié à Marthe Le Pesant, le 9 juin 1602, eut l'une des

---

1. Registres du tabellionage de Rouen. — M. Ballin, « Extraits d'actes de ventes relatifs aux maisons de Pierre et de Thomas Corneille ». *Revue de Rouen*, 1833, premier semestre, p. 241.

maisons de la rue de la Pie en partage, d'après un acte du 29 septembre 1602, et vint l'habiter avec sa jeune épouse. C'est là qu'elle donna le jour à Pierre Corneille. Né le 6 juin 1606, il fut baptisé, le 9 juin, dans l'église de Saint-Sauveur, la paroisse de ses père et mère et de ses ancêtres, depuis longtemps.

On a rapporté aux soins à prendre de la santé du jeune enfant l'acquisition de la propriété du Petit-Couronne. « L'air était bien épais, dans la maison de la rue de la Pie, pour la poitrine délicate d'un si jeune enfant; le grand air de la campagne lui ferait tant de bien ! Il serait si heureux de s'ébattre sur le gazon au soleil ! » Préoccupé du même souci que son épouse, Pierre Corneille, le maître des eaux et forêts, aurait, « dans ses courses fréquentes à la forêt de Roûvray, avisé un jour, à Petit-Couronne, une propriété à vendre [1] ».

L'explication, touchante en elle-même, s'éloigne singulièrement de la vérité. Le maître des eaux et forêts n'eut pas à chercher cette propriété. Elle appartenait à son oncle, au frère de sa mère, Pierre Houel, qui la lui vendit, par contrat du 7 juin 1608, et il fut en quelque sorte obligé de le faire, pour arriver au règlement d'affaires de famille, où se trouvaient intéressés Pierre Houel, sieur de Valleville, le vendeur, Marthe Le Pesant, femme de l'acquéreur, et Barbe Houel, sœur du vendeur et mère de l'acquéreur, pour les causes portées au contrat de vente, avec des clauses et réserves de toute espèce.

Le premier article de ce contrat contient la description de ce qu'on a appelé la « Maison de campagne de Pierre Corneille » (le père), qui deviendra celle du fils. Pierre Houel, écuyer, sieur de Valleville, vendait à noble homme maître Pierre Corneille, son neveu : « une masure lieu et héritage ainsi bastis d'une maison manante, grange, estables et fournil, contenant une acre ou environ, cloze de mur-

---

1. *Pierre Corneille* (le père), *maître des eaux et forêts, et sa maison de campagne*, par E. Gosselin, 1864, page 23 de l'extrait.

et plantée qu'elle est, assise en la paroisse du Petit-Couronne, ladite mesure ainsi qu'elle se pourporte bornée d'un costé les hoirs Perain Fringot, d'aultre costé la mare, d'un bout en pointe la rue et d'autre bout l'entrée de ladite mare ».

Généralement on ne parle que du premier article de l'acquisition de 1608, au Petit-Couronne. — Il est encore accompagné de dix-neuf autres, terres labourables, clos, pièces de prés et taillis, ne représentant pas moins de 42 acres, 2 vergées, mesure de Rouen, c'est-à-dire 24 hectares 9 ares 75 centiares, avec la contenance et les abornements de chacun d'eux [1].

Un autre fait, resté ignoré, c'est que ces biens du Petit-Couronne étaient voisins de ceux que possédait, à Moulineaux, à sept kilomètres de là, au sud-ouest, la tante de Marthe Le Pesant, épouse de Pierre Corneille, le maître des eaux et forêts. Fille de Guillaume Le Pesant [2], écuyer, bailli de Longueville, Marie Le Pesant avait épousé Thomas du Val, seigneur de Bonneval, conseiller au parlement de Rouen, et possesseur du manoir de Moulineaux. Aussi les armes des Le Pesant : *D'azur, au chevron d'or, accompagné de deux têtes de lion du même en chef et en pointe d'un cœur aussi d'or*, figurent-elles dans la chapelle du manoir, au-dessus de la muraille où sont représentées les femmes des Garin, en face de leurs maris, les anciens possesseurs de ce fief. Ce voisinage permettait donc à Pierre Corneille, le père, de visiter facilement une tante, dont il n'était séparé que par le Grand-Couronne [3].

C'est dans le collège de sa ville natale que le jeune Pierre Corneille fit ses études classiques, sous la direction des jésuites. Il les commença de bonne heure, et il n'avait guère que neuf ans lorsqu'il se mit à en suivre les classes, qui ne comptaient pas alors de sixième.

---

1. Voir le contrat de vente, en entier, Appendice II, 1º.
2. Voir plus haut, p. 4.
3. Voy. *la Chapelle du manoir de Moulineaux, près Rouen*, notice historique et descriptive, par F. Bouquet, 1886, pages 40-41.

Il fit donc sa cinquième, de 1615 à 1616;
Sa quatrième, de 1616 à 1617;
Sa troisième, de 1617 à 1618;
Sa seconde, de 1618 à 1619;
Sa première [1], de 1619 à 1620.

Il obtint des succès dans ses études classiques, comme le prouvent deux prix qu'il remporta, les seuls connus jusqu'à ce jour.

En 1877, la Bibliothèque nationale acheta un volume dont l'importance n'avait pas échappé à son savant administrateur général. Ce sont les *Histoires d'Hérodien*, texte grec, en huit livres, avec la traduction latine fort estimée d'Ange Politien, un examen et des notes de Henri Estienne; et, en plus, deux livres des *Histoires de Zozime* [2], publiés, pour la première fois, par Henri Estienne. Ce livre avait été imprimé à Lyon, en 1611, chez la veuve d'Antoine de Harsy. Le tout forme un volume in-8°, sur deux colonnes.

Bien que cette édition d'Hérodien passe pour la meilleure, le motif de l'achat fut l'attestation suivante, placée sur le recto du premier feuillet de garde et ainsi disposée :

> Hunc librum
> in secundum strictæ orationis
> latinæ præmium in tertia
> classe collegii Rothomagensis
> Societatis Jesu meritus et
> consequutus est Petrus Corneille
> eoque publice donatus splendidissimo
> in theatro ex liberalitate ac
> munificentia nobilissimi et generosissimi
> D. D. de Luynes anno Domini
> MDCXVIII. XII februarii.
> Quod ego infra scriptus studiorum
> Præfectus testor.
> G. Jacobus Præfectus.

---

1. Tel était alors le nom de la rhétorique, comme on le voit dans un catalogue des élèves d'un collège des jésuites, en 1677, très probablement celui de Caen, d'après le ms. latin 10991 de la Bibliothèque nationale, dont M. Léopold Delisle a eu l'obligeance de nous envoyer un extrait.

2. Voy. le titre complet du volume, avec sa description, Appendice III.

Dans cette attestation manuscrite, libellée suivant la formule du temps, le préfet des études dit donc : « Ce livre, comme second prix de versification latine, en la troisième classe du collège de Rouen, de la Société de Jésus, Pierre Corneille l'a mérité et obtenu, et il en a été publiquement récompensé sur un théâtre des plus brillants, grâce à la libéralité et à la munificence de très noble et très généreux Monseigneur de Luynes, l'an du Seigneur 1618, le 12 février. Ce que moi, soussigné, préfet des études, j'atteste. G. Jacques, préfet [1]. »

Corneille avait donc onze ans huit mois et quelques jours quand il obtint ce second prix, dans la classe de troisième, qui n'est pas la première des humanités, comme de nos jours, mais la classe supérieure de grammaire. La faculté est la « versification latine », désignée par ces mots *stricta oratio*, en opposition à la « prose », *soluta oratio*, ainsi qu'on le voit sur le tableau des exercices de chaque classe, chez les jésuites, pour l'année 1677 [2]. Ce « théâtre des plus brillants » est l' « estrade », sur laquelle siégeaient les grands dignitaires de la ville, ou peut-être le « théâtre », dressé dans la grande cour d'honneur du collège pour la représentation de la tragédie et du ballet, déjà fort en usage au collège des jésuites de Rouen. Le livre est doré sur la tranche et sur les plats, et le texte est en grec et en latin. Celui qui a fait les frais des livres de cette distribution de prix, l' « agonothète », comme disaient les jésuites, en souvenir des jeux de la Grèce, s'appelait Charles d'Albert de Luynes, conseiller d'État, premier gentilhomme de la chambre du roi, grand fauconnier de France, gouverneur des villes et châteaux d'Amboise et du Pont-de-l'Arche, et

---

1. Une première attestation, mise sur la feuille garnissant le plat du livre, a été laissée de côté, parce que le début en était ainsi libellé: « Hunc librum in secundum strictæ orationis præmium *et latine scriptæ*, etc. », au lieu de : « Strictæ orationis latinæ præmium. » — Sur l'attestation rectifiée, le préfet des études a mis, de sa main, les mots : « Petrus Corneille », et « De Luynes ».

2. Ms. latin 10991 de la *Bibliothèque nationale*.

NAISSANCE, PREMIÈRES ANNÉES ET ÉTUDES CLASSIQUES 11

lieutenant général au pays et duché de Normandie, poste qu'il occupait depuis le 23 novembre 1617. C'est en cette qualité qu'il avait donné les livres de la distribution des prix de l'année 1618. Aussi ses armes figurent-elles sur les plats d'une reliure élégante, au milieu d'une triple galerie dorée. Elles sont : *Écartelé : 1 et 4 d'or, au lion de gueules couronné d'or, qui est* ALBERT; *au 2 et 3 d'azur, à deux louves affrontées d'argent, qui est* SÉGUR; *sur le tout de gueules à la masse d'or clouée d'argent chargé d'un gonfanon de gueules, qui est* SARRAS. Une couronne de marquis surmonte l'écu.

Pierre Corneille, c'était bien présumable, devait avoir eu d'autres prix pendant le cours de ses études, et la tradition l'affirmait, au moins pour l'un d'eux. Mais, sur ce point obscur, bien incomplets étaient les détails qu'on avait pu donner.

M. Guizot, en 1852, constatait le fait, en ces termes : « J'ai vu, m'a écrit le savant M. Floquet, dans la riche bibliothèque de feu M. Villenave, le volume qui fut donné à Pierre Corneille : c'est un volume in-folio ; sur les plats du livre sont en or les armes d'Alphonse d'Ornano, lieutenant général au gouvernement de Normandie, à cette époque, et qui, en cette qualité, avait fait les frais des prix distribués au collège. Une notice détaillée, et signée du principal, indique dans quelle classe et à quel titre avait été décernée au jeune Corneille cette récompense [1]. »

En tête de l'indication due à M. Floquet, M. Guizot avait mis ces mots : « Corneille fit ses études à Rouen, dans le collège des jésuites, et il y obtint un prix en 1618 ou 1619. »

L'une ou l'autre de ces dates, pour le prix en question, était fausse. Aussi M. Marty-Laveaux, mieux renseigné,

---

[1]. *Corneille et son temps*, in-8º, 1852, note de la page 143. — Elle est exacte, sauf pour le prénom « Alphonse », qui est celui du père de « Jean-Baptiste » d'Ornano, qui fit les frais des prix. Le mot « principal » doit être remplacé par celui de « préfet » des études.

a-t-il donné la vraie date, avec le titre d'un seul des ouvrages qu'il renferme. « En 1620, Corneille reçut en prix un exemplaire de l'ouvrage de Panciroli, intitulé : *Notitia utraque dignitatum, cum Orientis tum Occidentis, ultra Arcadii Honoriique tempora* (Lugduni, 1608).... Par malheur, nous ignorons ce qu'est devenu ce volume, et nous n'avons pu voir nous-même ni reproduire le curieux renseignement qu'il renferme [1]. »

Plus heureux que le savant éditeur des *OEuvres de Pierre Corneille*, nous l'avons vu parmi les objets rares et précieux que renfermait l'Exposition rétrospective des beaux-arts, ouverte à Rouen, en 1884, et, grâce à l'obligeance de son ordonnateur, M. G. Le Breton, nous avons pu le tenir dans nos mains et l'étudier à loisir [2].

Son unique feuille de garde, avant le titre, est couverte d'annotations, de différentes mains. La plus curieuse est sur son recto, au quart de la page, avec la disposition ci-après, ligne pour ligne. C'est l'attestation du préfet des études, à cette époque.

> Hunc librum in primum strictæ orationis latinæ
> præmium in prima classe collegii
> rothomagensis societatis Jesu meritus et consequutus
> est Petrus Corneille, eoque publice donatus
> splendidissimo in theatro ex liberalitate et
> munificentia nobilissimi et generosissimi D. D.
> d'Ornano anno Dni. M. DC. XX, quod ego infra
> scriptus studiorum præfectus testor VII septembris.
> Matthæus Hardy.

Au-dessous, sur un petit carré de papier, adhérant au feuillet par une pâte blanchâtre, est apposé le sceau de la Société de Jésus et du collège de Rouen. Le monogramme

---

1. « Notice biographique sur Pierre Corneille », p. 19.
2. Nous venons de le revoir dans l'Exposition typographique, ouverte à Rouen, en 1887, à propos du quatrième centenaire de l'imprimerie à Rouen. Elle renfermait près de trois cents numéros pour les œuvres de Pierre et de Thomas Corneille, dont plus d'une cinquantaine étaient inconnus à M. E. Picot, l'auteur de la *Bibliographie cornélienne*.

du Christ, entouré de rayons, est au centre, avec ce signe et ces mots au pourtour : *Societ. Iesu et collegii rothomag.*

C'est exactement la formule qui se trouvait déjà sur le prix du 12 février 1648 [1], et qu'il est inutile de traduire de nouveau. Aussi nous bornerons-nous à signaler les seules indications nouvelles qu'elle fournit.

Corneille est en « première classe », c'est-à-dire en « rhétorique », comme on l'a vu plus haut [2], et c'est toujours en « versification latine », ou « vers latins », qu'il obtint ce nouveau succès. Le grand personnage qui faisait les frais des livres distribués, en 1620, était Jean-Baptiste d'Ornano, comte de Montlor, maréchal de France, nommé lieutenant général de Normandie, en remplacement du duc de Luynes, l'agonothète de la distribution du 12 février 1648. La date du 7 septembre est un retour au mois ordinairement choisi alors pour cette cérémonie scolaire, chez les jésuites.

Le prix obtenu, en 1620, par Pierre Corneille, est un volume en latin, petit in-folio, dans un parfait état de conservation, dont les deux plats offrent une double rangée de fers très riches, en or, au centre desquels se trouvent les armes du donateur : *Écartelé : 1 et 4 de gueules à la tour donjonnée d'or; au 2 et 3 d'argent à un lion de gueules; au chef d'azur chargé d'une fleur de lys d'or.* Le livre est encore doré sur tranche.

Le titre, suivant les habitudes du temps, est démesurément long. Il n'a pas moins de seize lignes explicatives, parce que ce volume renferme, non pas un seul ouvrage, mais jusqu'à trois ouvrages du même auteur, Guido Panciroli, jurisconsulte et savant italien du XVIe siècle, et un quatrième, que l'éditeur a jugé à propos d'y joindre, pour son compte personnel. En voici le résumé, que nous traduisons. Le premier ouvrage est intitulé : *Notice des Di-*

---

1. Voy. plus haut, p. 9.
2. Page 9.

gnités de l'empire d'Orient et d'Occident jusqu'au delà des temps d'Arcadius et d'Honorius, avec le commentaire de Guido Panciroli; le deuxième : *Traité sur les Magistrats municipaux*, du même auteur; le troisième, distinct des précédents : *Petit traité sur les quatorze quartiers de Rome tant ancienne que moderne*, avec les commentaires de François Rhuardesius et trois Index de Guillaume de Maran ; enfin, l'éditeur y a joint un quatrième ouvrage : *Traité de la Guerre*, avec un double Index, l'un, des chapitres, l'autre, des choses les plus remarquables.

Cette édition [1], sortie des presses de Lyon, en 1608, porte la marque de l'imprimeur Delaporte, au-dessous du titre : c'est un temple, sous le cintre duquel est représenté Samson emportant la porte de Gaza, par allusion au nom de l'imprimeur. La légende : *Libertatem meam mecum porto*, est inscrite, par moitié, sur l'un des rebords de chaque battant. Le volume, imprimé sur deux colonnes, tout en latin, avec quelques citations en grec, est rempli de nombreuses vignettes sur bois, afin d'expliquer le texte qui, compact et serré, occupe environ mille pages. La pagination, par feuillets, est distincte pour chacun des quatre ouvrages de ce volume.

On peut en suivre les destinées, à peu près sans interruption aucune, depuis Corneille jusqu'à nos jours.

Sans le moindre doute, le lauréat conserva son prix, religieusement, pendant toute sa vie. C'était pour lui un agréable souvenir de ses succès classiques et un instrument de travail; car Corneille pouvait lire, avec fruit, toutes ces dissertations, écrites en latin, qui auraient pu rester lettres mortes pour un élève moins brillant et moins solide que lui.

Mais que devint-il, après lui? Une ancienne note manuscrite, placée au-dessus de l'attestation du préfet des études, donne ce premier renseignement : « Cet exemplaire, pro-

---

[1]. Voy. le titre complet, Appendice IV.

venant de la bibliothèque du chancelier d'Aguesseau, fut donné en prix au grand Corneille, en 1620, ainsi que l'atteste la déclaration suivante. » Le chancelier peut très bien l'avoir acquis de la famille, à la mort du poète, et il le garda jusqu'à son décès, à Paris, le 9 février 1751.

Une autre note, détachée, due à M. Pierre-Alexis Corneille, ancien inspecteur de l'académie de Rouen et député de la Seine-Inférieure, l'un des descendants directs de Pierre Corneille, ajoute ces autres détails : « Cet exemplaire a fait partie de la bibliothèque du chancelier d'Aguesseau, que son fils conserva tout entière jusqu'à sa mort, arrivée en 1784 ou 1785. Il est inscrit sous le n° 4250 du catalogue de vente de cette bibliothèque, publié par Née de la Rochelle, dans la forme suivante :

« *Guido Panciroli Notitia dignitatum cum Orientis, tum Occidentis, ultra Arcadii Honoriique tempora.*

« Cet exemplaire a appartenu à Pierre Corneille, à qui il fut donné en prix en 1620. »

A la date de 1784, le possesseur de ce volume ne peut être que le deuxième des quatre fils du chancelier d'Aguesseau, le seul survivant alors. C'était « Jean-Baptiste Paulin d'Aguesseau de Fresne, comte de Compans et de Maligny, successivement conseiller au parlement de Paris, maître des requêtes, conseiller d'État ordinaire, en 1734, prévôt maître des cérémonies de l'ordre du Saint-Esprit [1] ».

Il passa, en 1785, entre les mains de M. Villenave, journaliste et littérateur, mort à Paris, le 16 mars 1846, et fut inscrit, sous le n° 969 du *Catalogue des principaux livres de la Bibliothèque de feu M. Villenave,* vendue le 15 février 1848. Paris, Chinot, in-8°.

C'est alors qu'un amateur lettré, dont le nom, aujourd'hui, n'est plus connu de la famille Corneille, s'en rendit acquéreur et s'empressa d'en informer M. Pierre-Alexis Corneille, en faveur duquel il consentit à se dessaisir du

---

1. *Dictionnaire de la Noblesse,* par de la Chesnaye des Bois, 2e édition.

volume, précieux pour tout le monde, mais surtout pour un descendant de Corneille [1].

A la mort de son père, arrivée en 1868, M. Pierre-Remy Corneille, aujourd'hui greffier en chef de la Cour des comptes, le conserva, comme l'aîné de la famille, et il se fit un devoir de le prêter pour l'Exposition rétrospective des beaux-arts, ouverte à Rouen, en 1884, et pour l'Exposition cornélienne, lors du quatrième centenaire de la typographie rouennaise, en 1887, au même lieu.

L'attestation de ce volume a soulevé des doutes sur le sens de deux mots qu'elle contient : « prima classis ». Comme Pierre Corneille, à la date du 7 septembre 1620, n'avait que quatorze ans et trois mois, cette « première classe » pouvait-elle être la « rhétorique »? Corneille n'était-il pas bien jeune pour prendre déjà place parmi les rhétoriciens? Aujourd'hui, il est certain, d'après le catalogue des élèves d'un collège de jésuites, probablement celui de Caen, découvert par M. Léopold Delisle [2], que les mots : « primæ nomina », signifient : « noms de la première classe », c'est-à-dire « rhétoriciens ». La place seule qu'ils y occupent ne permet pas le moindre doute à cet égard, venant entre les logiciens et la seconde classe.

Corneille entra donc en rhétorique à treize ans et quelques mois. On ne s'en étonnera plus, en se rappelant d'autres exemples d'une semblable précocité. Envoyé, à six ans, au collège de Guyenne, à Bordeaux, Michel Montaigne y terminait ses classes à treize ans. Le système d'éducation dû à son père, suivi exactement par ses intelligents précepteurs de chambre, explique les heureux résultats dont il parle. « Et ne me servit cette mienne inaccoutumée institution, que de me faire enjamber d'arrivée aux premières classes ; car a treize ans que ie sortis du collège, i'avais achevé mon cours (qu'ils appellent) [3]. » Fontenelle,

---

1. Lettre particulière de M. Pierre-Remy Corneille.
2. Bibliothèque nationale, Manuscrits latins, 10991. Voy. plus haut, p. 9.
3. *Essais de Montaigne*, liv. I, chap. xxv. — « Pierre-Daniel Huet (le

dans le même collège de Rouen, non moins précoce que son oncle, puisqu'il était en rhétorique à treize ans, le sera plus encore ailleurs, en concourant pour le prix de poésie latine, aux Palinods de Rouen. Bien qu'elle n'ait pas obtenu le prix, sa pièce ne laissera pas d'être imprimée dans le *Recueil des Palinods de Rouen*, pour l'année 1670. Sept ans plus tard, la liste des élèves de la première classe, ou rhétorique, dont nous avons déjà parlé [1], nous révèle qu'il y avait onze élèves âgés de seize ans, onze de quinze ans, et un de treize ans, avec les noms de chacun d'eux.

L'attestation ci-dessus et ce dernier document servent à éclaircir les deux points douteux que voici. « Suivant une tradition dont l'origine est demeurée inconnue, dit M. Marty-Laveaux, Corneille a remporté un prix de rhétorique pour traduction en vers français d'un morceau de la *Pharsale*. Mais nous ne croyons pas que ce prix soit le volume que nous venons de décrire; il est, non pas impossible, mais peu probable, que notre poète, né en 1606, ait fait sa rhétorique en 1620 [2]. »

Nous ferons observer d'abord que, dans l'*Esprit du grand Corneille*, par François de Neufchâteau, auquel le lecteur est renvoyé, la classe de rhétorique n'est pas mentionnée. L'auteur se borne à dire : « Corneille avoit été poète de bonne heure, et ce souvenir le flattoit longtemps même après ses chefs-d'œuvre. On lui demanda quel succès lui avoit fait le plus de plaisir. Il répondit qu'un prix, remporté au collège pour avoir mis en vers françois un beau passage de Lucain, étoit, de ses lauriers, celui qui lui avoit donné la jouissance la plus pure. Cette anecdote est précieuse; elle explique le goût, peut-être un peu trop vif, que Cor-

---

futur évêque d'Avranches) ne laissa pas d'achever la carrière des humanités, avant que d'avoir treize ans faits. » (*Éloge historique*, par l'abbé d'Olivet.)

1. Voy. plus haut, p. 9.
2. Notice biographique sur Pierre Corneille, p. xx, édition des *Grands écrivains de la France*, maison Hachette. Nos citations en seront toujours tirées.

neille avoit pour Lucain, et qui étoit la suite de la première instruction [1]. »

Ensuite l'attestation prouve que ce ne peut être le même prix, puisqu'elle parle de « vers latins », et l'anecdote, « de vers françois ». Enfin, il est incontestable, d'après la même autorité, que Corneille achevait sa rhétorique le 7 septembre 1620.

Contre le fond même de l'anecdote, l'objection capitale est que la traduction écrite d'un texte latin ou grec en français, la version, n'existait pas dans le programme de l'enseignement des jésuites, du moins à cette époque. Ils s'en tenaient à la traduction de vive voix des textes latins ou grecs faite par leurs élèves. Nous voyons dans cette tradition une de ces anecdotes apocryphes, dont fourmille la biographie de Pierre Corneille.

Au-dessus de la « première classe », ou rhétorique, il y avait encore deux autres classes, la « logique » (philosophie) et la « physique » (sciences), qui existaient dans le collège des jésuites de Rouen. Ces deux classes, Corneille dut les faire, sa logique, de 1620 à 1621, durant sa quinzième année, et sa physique, de 1621 à 1622, durant sa seizième année. La position de fortune de sa famille, aussi bien que l'aptitude et les goûts personnels de l'élève permettent de l'affirmer, même en l'absence de toute preuve positive. Ni sa famille, ni lui-même n'auront voulu tronquer ses études, en les privant de leur couronnement naturel. C'est donc au début de sa dix-septième année que notre futur poète quitta les bancs du collège de Rouen, après y avoir fait ses études complètes, en l'espace de sept années, de 1615 à 1622.

Du soin donné à l'instruction du premier de ses enfants, passons à celui du père de famille pour assurer leur existence. Outre la grande acquisition faite au Petit-Couronne, en 1608, Pierre Corneille, le père, en fit bientôt plusieurs

---

1. *L'Esprit du grand Corneille*, Pierre Didot l'aîné, Paris, 1819, in-8°, p. 401.

autres, au même lieu, de moindre importance, pour arrondir la propriété principale.

« Le 1ᵉʳ avril 1613, Jean Vivien vend à noble homme Pierre Corneille, pour 105 livres, deux pièces de terre situées au Petit-Couronne, la première d'une demi-acre, l'autre d'une vergée et demie.

« Le 14 septembre 1614, Pierre Corneille cède à Isambart Fleury deux pièces de terre en échange d'une acre de pré nommé *la Noe de Ballastre*.

« Le 8 janvier 1616, le même Fleury vend à Pierre Corneille, moyennant 250 livres, deux pièces de terre en labour, contenant, l'une 5 vergées, l'autre une acre, et situées également au Petit-Couronne [1]. »

Le tout représentait 4 acres et une 1/2 vergée, c'est-à-dire 2 hectares et 25 ares, à peu de chose près.

Mais la pièce de 5 vergées, acquise en 1616, et située au triège du *Bout-de-la-Ville*, Pierre Corneille ne la conserva pas. Le 26 mai 1636, il la revendit à Pierre Dumouchel, laboureur au Petit-Couronne, pour le prix de 500 livres, parce qu'elle était « logée de quatre estages de maisons ». C'est la seule vente de biens-fonds faite par Corneille, le père, qu'on ait pu constater jusqu'ici [2].

Le 23 janvier 1649, il acquérait encore tout l'immeuble de la rue de la Pie, dont faisait partie la maison où ce fils était né. Ses frères, Antoine Corneille, curé de la paroisse de Sainte-Marie des Champs, Guillaume Corneille, demeurant à Conches, et François Corneille, procureur au parlement de Rouen, demeurant en cette même ville, vendaient « à Pierre Corneille, leur frère aîné, enquêteur et réformateur des eaux et forêts de Rouen, les trois quarts, les quatre faisant le tout, dans la maison et héritage situés en la

---

1. *Nouveaux documents inédits sur le patrimoine de Pierre Corneille*, par M. l'abbé Tougard (*Revue de la Normandie*, 1868, p. 625). Il s'agit du patrimoine du fils, et l'auteur, pour bien l'établir, remonte à celui du père, comme nous le faisons nous-même.
2. M. l'abbé Tougard, *ibidem*.

paroisse Saint-Sauveur, rue de la Pie, en laquelle est à présent demeurant ledit acquéreur [1] ».

Sa position de fortune n'avait donc pas été amoindrie par la résignation définitive de ses fonctions de maître particulier des eaux et forêts, en cette même année 1619. Le 24 octobre 1623, en effet, il acquérait encore de Claude Briffault, sieur de Bosroger, demeurant à Hautot, fils et héritier de feu Christophe Briffault, plusieurs biens situés au Val-de-la-Haye, en face de ceux qu'il possédait déjà au Petit-Couronne [2]. C'étaient quelques petites pièces de terre, une masure avec corps de maison, un jardin et plusieurs quartiers de prairie, en tout 3 acres et une vergée et demie, représentant, aujourd'hui, 1 hectare 90 ares et 43 centiares, pour le prix de 1300 livres. Ils passeront entre les mains de son fils aîné, dont les Aveux fourniront d'amples détails sur les noms, sur la contenance et sur les abornements de ces petits immeubles [3].

---

1. Registres du tabellionage de Rouen. — Extraits cités par M. Ballin, « Maison et Généalogie de Corneille », dans la *Revue de Rouen*, 1833, 1er semestre, p. 241.
2. Voy. l'Appendice II, 2º, l'analyse du contrat de vente.
3. Voy. l'Appendice X. — L'acre est celle de Rouen, 56 ares 70 centiares et une petite fraction dont il n'est pas tenu compte dans la conversion.

CHAPITRE III

ÉTUDES DE DROIT, LE BARREAU, LES FONCTIONS JUDICIAIRES

Où Corneille fit-il ses études de droit? — Les examens de la faculté de droit à Caen. — Il est reçu avocat au barreau de Rouen. — Sa plaidoirie unique. — Fut-il avocat plaidant? — Il perd son titre d'avocat. — Il devient avocat du roi dans les deux juridictions des eaux et forêts et de l'amirauté à la table de marbre de Rouen. — Dispense d'âge nécessaire. — Le cardinal de Richelieu le nomme. — Prestation de serment pour ce double office. — Il reste vingt et un ans en exercice. — Il est « avocat du roi », et non « avocat général ». — Il remplit exactement tous les devoirs de sa charge. — Erreur manifeste sur ce point. — Son intelligence des affaires. — Fut-il bon avocat du roi?

Une fois le cours supérieur de ses études classiques terminé, en 1622, Corneille se livra à l'étude du droit : c'était alors le complément presque indispensable d'une bonne instruction, comme plus tard encore. Ainsi procédèrent son frère, Thomas, Molière, Boileau, Fontenelle, et une foule d'autres hommes du xviie siècle, qui ne firent que passer au barreau ou dans la magistrature.

Nul document ne révèle le nom de la faculté de droit où Corneille fit ses études, pendant les deux années qu'il y consacra. Celle de Caen, la plus voisine de Rouen, était déjà en grand renom; mais, s'il y fut étudiant, on n'y a pas retrouvé la trace de son passage. Bien que le héros du *Menteur*, Dorante, soit un étudiant de la faculté de Poitiers, elle était trop loin de Rouen pour que Corneille y ait jamais été son prédécesseur. Il est plutôt permis de présumer que, pour faire ses études de droit, il n'aura pas eu besoin de quitter Rouen, à l'exemple de Claude Sarrau, l'un de ses contemporains et amis. Nous savons, en effet, que « Claude Sarrau, après avoir fait ses études de droit à Rouen, remplit successivement, à Paris et à Rouen, les fonctions de conseiller au parlement [1] ». Reçu d'abord conseiller au parlement de Rouen, en 1627, bien qu'il fût « de la religion prétendue réformée », il passa au parlement de Paris, d'où il revint, momentanément, parmi les officiers du parlement de Paris envoyés pour tenir le parlement de Rouen, du mois de janvier 1640 au mois de janvier 1641, après la révolte des Nu-Pieds, suivie de la suppression de ce dernier.

Corneille put d'autant plus facilement étudier le droit, à Rouen, en l'absence même d'une faculté pour cet enseignement, que cette ville comptait un grand nombre de praticiens, d'avocats et de magistrats capables de lui donner des leçons. Il pouvait même les trouver dans sa famille, chez son oncle, François Corneille, procureur au parlement de Rouen [2].

D'ailleurs il paraît que les examens de la faculté de droit de Caen, où nous supposons qu'il prit ses grades, n'étaient pas très rigoureux à cette époque, et il fallut apporter remède à l'extrême facilité des examinateurs. « Ce fut en 1612 que par arrêté donné en l'audience de la grand'chambre (du parlement de Rouen), en la cause d'entre les docteurs de l'université de Caen et les avocats de Bayeux, il fut fait, sur le réquisitoire de Monsieur le procureur général du Viquet, inhibitions et défenses à ces docteurs de passer aucuns licenciés ni docteurs, sans être examinés suivant l'ordonnance [3]. » D'où se tire la conséquence que souvent le grade avait dû être conféré sans

---

1. *Œuvres de Pierre Corneille*, édition de M. Marty-Laveaux, t. X, p. 438. Note de l'éditeur sur la lettre du 12 décembre 1642, que Claude Sarrau adressa, de Paris, à P. Corneille, à Rouen.
2. Voy. plus haut, p. 4.
3. *Recueil d'arrêts de règlement donnés au Parlement de Normandie*, par Louis Froland, p. 593.

examen sérieux, ou peut-être même sans aucun examen, comme le cas se produisit ailleurs. Il suffisait de payer les droits, et l'on était licencié [1].

Tout d'abord, cet arrêt de 1612 fut appliqué sérieusement. « Mais dans la suite des tems les professeurs de droit se relâchèrent un peu ; leurs examens ne furent plus si rigoureux ; et les choses allèrent à un tel point, qu'on donnoit souvent des licences à de jeunes écoliers de rhétorique ou de philosophie, qui n'avoient jamais étudié en droit, mais qui s'étoient préparés seulement sur une matière, sur laquelle on laissoit à leur liberté de se faire interroger, en sorte qu'à proprement parler les lettres n'étoient accordées et obtenuës que pour la forme. Dès l'année 1625, sous le règne de Louis XIII, on avoit tenté de remédier à cet abus par un édit [2]. »

Corneille n'eut pas besoin de recourir à de pareils moyens ou de profiter de cet achat des grades, à beaux deniers comptants. Ce qui le prouve, c'est la date même de sa réception comme avocat. Il se présenta aux examens après avoir étudié le droit, pendant deux ans environ, de 1622 à 1624, puisqu'il fut reçu avocat, en juin 1624 seulement, d'après le procès-verbal de sa réception et de sa prestation de serment. « Du mardi xviiie jour de juin 1624, Me Pierre Corneille, licencié es loix, après que par ordonnance de la cour a esté informé d'office, par les conseillers commissaires à ce députés, de sa vie, mœurs, actions, comportemens, religion catholique, apostolique et romaine; ouï sur ce le procureur général du roi, et de son consentement, a esté receu advocat en ladite cour, et a fait et presté le serment en tel cas requis et accoustumé [3]. »

Corneille avait donc dix-huit ans et quelques jours

---

1. *L'Université d'Orléans pendant la période de décadence*, par M. J. Loiseleur, l'auteur des *Points obscurs de la vie de Molière*. — Voy. aussi les *Mémoires de Charles Perrault*, liv. I.
2. Froland, *ibidem*, p. 595.
3. *Archives du Parlement de Rouen*, Registre des audiences civiles, où ce document a été découvert, en 1830, par M. Floquet.

quand il fut reçu avocat, et il aurait pu l'être plus tôt encore, car la règle était alors : « Advocats en France peuvent estre receus à dix-sept ans [1]. »

Se faire ainsi recevoir avocat, aussitôt après l'obtention de son grade de licencié ès lois, indiquait chez Corneille l'intention bien arrêtée de prendre place au barreau de sa ville natale. Il essaya de la plaidoirie, n'y réussit pas, et déserta bientôt la carrière, d'après une autorité qu'on ne saurait révoquer en doute, du moins sur ce point spécial. Son neveu Fontenelle, un an après la mort de son oncle, écrivit l'« Éloge de Pierre Corneille », dans les *Nouvelles de la République des lettres*, dirigées par Bayle, en janvier 1685, et on y lit cette affirmation positive : « Il se mit d'abord au barreau; mais, comme il avoit trop d'élévation d'esprit pour ce métier-là et un génie trop différent des affaires, il n'eut pas plus tôt plaidé une fois qu'il y renonça [2]. » Les motifs allégués pour cette détermination sont plus flatteurs que vrais, car « son élévation d'esprit » ne lui interdit pas l'entente des affaires. Il en donna de nombreuses preuves dans sa vie, et le montra bien, quatre ans plus tard, par son entrée dans la magistrature, où il remplit longtemps les fonctions d'avocat du roi près de deux juridictions qui exigeaient « le génie des affaires ». Des affirmations de Fontenelle il ne faut retenir que le fait d'avoir renoncé au barreau, après une plaidoirie unique. Encore faut-il remarquer qu'on raconte la même chose de Molière, de Boileau et de Fontenelle lui-même. En tout cas, celui qui devait faire tant de réquisitoires et donner tant de conclusions, ne devait pas être complètement dépourvu du talent nécessaire pour réussir, plus ou moins, dans une plaidoirie. Ce n'est donc pas l'impossibilité du succès qui l'éloigna du barreau.

Nous le croyons d'autant plus que Fontenelle, rééditant,

---

1. *Trèze livres des Parlements de France*, par Bernard de la Roche-Flavyn, 1617, liv. III, p. 239.
2. Deuxième édition, p. 89.

plus tard, cet « Éloge de Pierre Corneille [1] », modifia ce passage. Il le maintint toujours au barreau, mais sans parler de sa plaidoirie unique et de son peu d'aptitude pour les affaires. « Il se mit d'abord au barreau, dit-il, sans goût et sans succès ; mais, comme il avoit pour le théâtre un génie prodigieux, ce génie jusque-là caché éclata bientôt [2]. » Pas aussitôt que le croit Fontenelle, pour lequel « *Mélite* fut jouée en 1625 », tandis qu'elle ne put l'être, au plus tôt, avant les derniers mois de 1629, sinon au début de 1630.

Toutefois il est certain que Corneille, reçu avocat, plaida fort peu. M. Gosselin pense même qu'il ne plaida pas du tout. « Nous croyons pouvoir affirmer, dit-il, qu'il ne plaida jamais, car, après avoir feuilleté, avec le plus grand soin, les registres de toutes les juridictions, jamais nous ne l'avons rencontré plaidant comme avocat d'une partie [3]. » Voilà un argument de plus pour infirmer les motifs de Fontenelle au sujet de la plaidoirie unique.

Cette assertion a encore une autre importance, celle d'expliquer comment Corneille perdit son titre d'avocat, car l'éloignement du barreau enlevait leur titre aux avocats qui ne plaidaient pas. « Le 2 août 1612, par arrêt donné sur le réquisitoire de M. du Vicquet, avocat général, la cour avoit fait inhibitions et défenses à tous avocats, lesquels auroient été reçus, d'en prendre la qualité, s'ils n'en faisoient actuellement la fonction, et ne postuloient au barreau de la cour, ou aux principaux sièges des bailliages et vicomtés du ressort [4]. » Ils perdaient alors leur « matricule », d'après le langage du temps.

Dans la première édition de la *Vie de Corneille*, M. Tas-

---

1. Il en fit *la Vie de Monsieur Corneille,* qu'il donna, en 1729, à l'abbé d'Olivet, pour son *Histoire de l'Académie françoise,* et qui figure dans ses Œuvres complètes, sous ce nouveau titre.
2. Œuvres de Monsieur de Fontenelle, 1742, in-12, t. III, p. 81.
3. *Particularités de la vie judiciaire de Corneille,* p. 7 de l'Extrait.
4. *Recueils d'arrêts de règlement au parlement de Normandie,* etc., par Louis Froland, p. 430.

chereau, sur l'autorité d'une note fournie par M. P.-A. Corneille, descendant de la famille, avait mis : « En décembre 1627, ses parents lui obtinrent des lettres patentes de dispense d'âge pour exercer les fonctions d'avocat [1]. » Plus tard, dans la deuxième édition, venant à citer le procès-verbal de sa réception comme avocat, en 1624, d'où ressort l'inutilité de la dispense de 1627, puisque la réception était antérieure de trois années, M. Taschereau supprima la note de M. P.-A. Corneille [2]. Toutefois cette dispense s'explique, si on la rapporte à Corneille, futur avocat du roi, et non à Corneille, simple avocat au parlement de Rouen, l'âge légal n'étant pas le même pour entrer dans le barreau ou dans la magistrature. L'omission de ces deux mots : « du roi », joints au titre d' « avocat », faite par M. P.-A. Corneille, est évidente, et sa note a été cause qu'on a donné trop souvent à Corneille le titre d' « avocat », qu'il prit et perdit presque immédiatement. Aussi ne figure-t-il jamais dans les pièces officielles dont nous allons parler.

A défaut du barreau, sa famille songea à lui ouvrir une carrière judiciaire. Son père tourna ses vues vers les eaux et forêts, où lui-même avait été maître particulier, et c'est dans ce but qu'il sollicita la dispense obtenue en 1627. Elle était nécessaire à Pierre Corneille, âgé seulement de vingt et un ans, pour occuper une charge de judicature dans l'une des cours souveraines, depuis la règle posée par Henri III, aux États de Blois de 1576 : « N'entendons que aucun puisse estre pourveu, ne receu, en estat et office de nos cours souveraines, qu'il ne soit aagé de vingt-six ans complets : et ayt hanté et fréquenté les barreaux, et plaidoyeries, par quatre ans [3]. » En 1627, la dispense était doublement nécessaire, Pierre Corneille n'ayant alors que vingt et un ans, et paraissant n'avoir guère fréquenté le barreau.

---

1. 1829, édition in-8°, p. 3.
2. 1855, édition in-16, p. 2.
3. *Code du roy Henry III*, 1599, p. 51.

C'était en vue de faire de lui un avocat du roi, en cette juridiction des eaux et forêts, que le père avait sollicité la dispense, et il lui procura ces fonctions dans le courant de l'année 1628. « Il obtint d'un sieur Pierre Desmogeretz la cession des deux offices d'*avocat du roi ancien au siège des eaux et forêts, et de premier avocat du roi en l'admirauté de France* au siège général de la *table de marbre du palais de Rouen*. Les provisions qui transmettaient ces deux offices sont datées, l'une, du 31 décembre 1628, l'autre du 10 janvier 1629, et l'on y voit la preuve que le titre d'avocat de 1624 n'avait pas été exercé, puisque les provisions, contrairement à ce qui avait lieu pour tous, quand le titulaire exerçait sa fonction, n'en font aucune mention [1]. »

En effet, elle est absente dans les deux lettres de provision. La première se borne à dire : « Louis par la grâce de Dieu roy de France et de Navare à tous ceux qui ces présentes verront salut sçavoir faisons que pour le bon et louable rapport qui faict nous a esté de la personne de notre cher et bien aimé M⁰ Pierre Corneille et de ses sens suffisance loiauté preudhommie expérience et bonne dilligence a icelluy pour ces causes et autres a ce nous mouvans avons donné et octroié donnons et octroions par ces présentes l'office de notre conseiller et advocat antien à la table de marbre du pallais de Rouen pour le siège des eaux et forêts que naguere soulloit tenir et exercer M⁰ Pierre Desmogeretz dernier paisible possesseur d'icelluy. »

Le titre d' « avocat » au parlement ne figure pas non plus dans les provisions de « l'office de conseiller et premier avocat en l'admirauté de France au siège général de la table de marbre du pallais à Rouen ». Le protocole du début est celui de la précédente provision. La seule addition est que le roi dit : « donner et octroyer cet office à

---

1. *Particularités de la vie judiciaire de Pierre Corneille*, par E. Gosselin, p. 7 de l'Extrait.

la nomination de son très cher cousin le sʳ cardinal de Richelieu Grand mᵉ chef et surintendant général de la navigation et commerce de France ayant pouvoir de ce [1] ».

Pourvu de ces deux nominations, Corneille prêta aussitôt serment, en la double qualité d'avocat du roi ancien aux eaux et forêts, et de premier avocat du roi en l'amirauté, le 16 février 1629, à l'audience de la grande chambre du parlement de Rouen [2].

Régulièrement investi de ces deux fonctions, Corneille les occupa, sans interruption aucune, pendant vingt et un ans, du 16 février 1629, date de la prestation de serment, jusqu'au 18 mars 1650, date de la résignation.

On s'est étrangement mépris sur la manière dont il les exerça et sur les obligations qu'elles lui imposaient. C'est son neveu Fontenelle qui en est cause. Après avoir parlé de son « unique plaidoirie » et de son « génie trop différent des affaires [3] », il ajoute : « Il ne laissa pas de prendre la charge d'avocat général à la table de marbre du palais, qui ne l'engageoit qu'à fort peu de chose [4]. » Fontenelle se trompe et sur le titre des fonctions de son oncle, et sur l'étendue des devoirs qu'elles lui imposaient. Pierre Corneille était « avocat du roi », et non « avocat général », titre réservé plus particulièrement aux gens du roi, dans le parlement, et ses fonctions étaient loin d'être une sinécure. On voit, au contraire, par les registres d'audience, qu'elles ne laissaient pas d'être laborieuses, à en juger d'après les années 1643, 1644 et 1645, les seules sur les-

---

1. *Archives de la Seine-Inférieure*, bureau des finances, année 1629. — M. Marty-Laveaux a publié six pièces se rapportant à la nomination de Pierre Corneille, comme avocat du roi à la table de marbre, parmi les pièces justificatives de sa *Notice biographique sur Pierre Corneille*, pages LXIV-LXIX. Nous y renvoyons, ne voulant donner à l'Appendice que des pièces entièrement ou incomplètement inédites.

2. *Archives de la Seine-Inférieure*, bureau des finances, année 1629.

3. Voir plus haut, p. 24.

4. *Nouvelles de la République des lettres*, janvier 1685, 2ᵉ édition, p. 89. — C'est Fontenelle qui est « le contemporain » dont parle M. Marty-Laveaux, en citant ce passage. (*Notice biographique sur Pierre Corneille*, p. 21.)

quelles on ait quelques renseignements [1]. Au reste, Fontenelle paraît avoir reconnu son erreur, par la suppression de tout ce passage et de plusieurs autres, quand il développa la première esquisse de la vie de son oncle, pour en faire la *Vie de M. Corneille* [2]. La rectification est des plus importantes, car c'est pendant l'exercice laborieux de ses fonctions judiciaires que Corneille a produit tous ses chefs-d'œuvre. Une fois de plus, il prouvait cette grande vérité, formulée par l'un des premiers travailleurs de notre temps : « Le génie ne peut vivre et mûrir qu'à la chaleur continue du travail [3]. »

Charles Perrault, de l'Académie française, répéta l'erreur de Fontenelle. De plus, il en commit une autre, en interprétant mal le texte de ce dernier, quand, en 1696, il dit de Corneille : « Il s'appliqua quelque temps à la jurisprudence, et accepta une charge d'advocat général à la table de marbre à Rouen ; mais le grand talent qu'il avoit pour la poësie ne souffrist pas qu'il en fist longtemps la fonction [4]. » L'auteur des *Hommes illustres* copiait trop fidèlement Fontenelle, en appelant « avocat général » celui qui n'était qu'« avocat du roi », et il avait le tort d'appliquer à ce dernier ce que Fontenelle disait de l'« avocat au barreau [5] ». On a vu que Corneille, en effet, avait exercé, pendant vingt et un ans, les fonctions d'avocat du roi dans les deux juridictions des eaux et forêts et de l'amirauté [6].

Fut-il bon avocat du Roi ? Non, si, pour en bien remplir les fonctions, la principale qualité est l'éloquence. Son débit seul l'empêchait de jamais y atteindre. De Bois-Robert lui reprochait de « barbouiller ses vers » ; La Bruyère, de « prendre un mot pour un autre » ; Vigneul-

---

1. Voy. Appendice I.
2. Voy. *Œuvres de Monsieur de Fontenelle*, 1742, t. III, p. 81, et plus haut, la note de la p. 25.
3. M. Naudet.
4. *Les hommes illustres qui ont paru en France pendant ce siècle*, édit. in-12, 1698, p. 213.
5. Voy. plus haut, p. 24.
6. Voy. plus haut, p. 28.

Marville, d' « avoir une conversation si pesante qu'elle devenoit à charge dès qu'elle duroit un peu »; enfin, Fontenelle le reconnaît aussi : « sa prononciation n'étoit pas tout à fait nette ». Mais il dut être un bon avocat du roi, dans une juridiction où l'intelligence des affaires valait mieux que l'éloquence, et où la pratique et le bon sens suffisaient pour discuter les questions et pour éclairer l'esprit des juges. De ce côté, la tâche fut certainement facile à celui qui, peu de temps après son entrée en fonction, montrait, en ces vers, combien il était pénétré de l'incertitude de la raison et des jugements humains :

> Que souvent notre esprit, trompé par l'apparence,
> Règle ses mouvements avec peu d'assurance !
> Qu'il est peu de lumière en nos entendements !
> Et que d'incertitude en nos raisonnements !
> (*Clitandre*, acte V, sc.-v [1].)

Le poète, faisant la leçon à l'avocat du roi, l'avertissait d'être en défiance de lui-même, toutes les fois qu'il abordait l'étude d'un dossier, et qu'il prononçait un réquisitoire ou donnait des conclusions. Ces sentiments, tout à l'honneur de Corneille, permettent d'affirmer qu'il fut, en ce sens, un bon avocat du roi, aux yeux du public rouennais et des juges de la table de marbre.

1. « *Clitandre* dut être jouée en 1631. » (*Bibliographie cornélienne*, par M. E. Picot, p. 3.)

CHAPITRE IV

LES PREMIERS ESSAIS POÉTIQUES

Vie mondaine. — Vers de société. — Les mascarades à Rouen. — Vers à ce sujet. — Traductions d'épigrammes latines. — Date probable des premiers essais. — Concourut-il aux Palinods de Rouen et de Caen?

Corneille, comme Pascal plus tard, eut, à Rouen, dans sa vie, une période mondaine, que nous plaçons entre ses dix-huit et ses vingt-deux ans et quelques mois, de 1624, où il fut reçu avocat au barreau de Rouen, jusqu'à l'époque où il songea à devenir avocat du roi à la table de marbre, à Rouen, vers les derniers mois de 1628. La gravité obligée de ses futures fonctions aura mis fin, pour un temps, à ces premières productions de sa muse mondaine.

Avec une foule d'autres, l'amour le fit poète; il l'a répété bien des fois, et à une époque très voisine de celle où naquirent les vers inspirés par ce sentiment. On en trouve la preuve dans les « Meslanges poétiques », joints par l'éditeur François Targa à sa tragi-comédie de *Clitandre ov l'Innocence délivrée*, dont l'achevé d'imprimer est du 20 mars 1632. Ces pièces, que Corneille dit « ne donner qu'à l'importunité du libraire pour grossir son livre », sont au nombre de seize.

Elles n'ont pas été placées dans leur ordre chronologique, puisque, dans la pièce du début, Corneille se dit guéri du mal d'aimer, qui fait le fond de plusieurs autres pièces de ces « Meslanges » :

> Enfin échappé du danger
> Où mon sort me voulut plonger,
> L'expérience indubitable
> Me fait tenir pour véritable
> Que l'on commence d'être heureux
> Quand on cesse d'être amoureux.

Il veut le persuader à l'ami inconnu auquel l'épître est adressée. Libre aujourd'hui, après un long esclavage, il voudrait retracer si bien, à son ami, les douceurs de la liberté, qu'à son tour il pût aussi

> Envoyer au diable l'amour.

Au temps où « il faisait de la bête », où « il avait des Philis à la tête », c'est-à-dire en 1628 principalement, il peinait comme un malheureux, pour prouver son amour à l'objet aimé et pour lui peindre sa passion.

Et qu'a-t-il gagné à ce dur servage?

> Par là je m'appris à rimer;
> Par là je fis sans autre chose
> Un sot en vers d'un sot en prose.

La conclusion est la condamnation formelle de l'amour, dans le conseil donné à son ami :

> Prends donc, comme moi, pour devise
> Que l'amour n'est qu'une sottise.

Quand Corneille faisait cette épître, pour la mettre en tête des « Meslanges poétiques », publiés en 1632, il pouvait bien être guéri depuis quelque temps; mais, parmi les seize pièces dont ce recueil se compose, il en est au moins sept que l'amour a inspirées, plus particulièrement pour une Rouennaise, qui tint une grande place dans sa vie, durant la période de 1624 à 1628 et plus tard. Ce sont : *Ode sur un prompt amour, Stances sur une absence en temps de pluie*, le fameux *Sonnet* sur Mélite, un *Madrigal*, le *Dialogue* entre Tirsis et Calliste, enfin deux *Chansons*. L'abbé Granet, rééditant ces pièces, à plus d'un siècle de distance (1738), l'affirme positivement, dans une note sur un passage de l'*Excuse à Ariste* (1637), où le poète revient sur cet amour [1].

Il est possible que Corneille, sur la fin de sa vie, ait brûlé quelques-unes des pièces dues à un amour de jeunesse, comme le dit l'abbé Granet; mais celles que nous venons d'énumérer s'y rattachent visiblement, comme nous aurons l'occasion de le montrer plus au long [2].

D'autres pièces de ces mêmes « Meslanges » retracent les mœurs de Rouen à cette époque, par exemple la *Mascarade des Enfants gastés* [3]. Pour la bien comprendre, il faut faire un retour sur son histoire locale.

Les Rouennais du xviie siècle célébraient le carnaval avec beaucoup de pompe et d'apparat, d'après le tableau qu'en a retracé Hercule Grisel, un contemporain de Corneille et son devancier sur les bancs du collège. La description de ce poète latin, dans les *Fastes de Rouen*, n'a pas moins de cinquante vers. En voici quelques passages, servant d'explication à la « Mascarade » de Corneille.

Après avoir applaudi à la suppression de l'Abbé des Conards, confrérie burlesque dont la licence avait dépassé toutes les bornes, Grisel ajoute que « tous les honnêtes gens aimaient à Rouen les masques », et il fait ce tableau de leurs mascarades : « Des troupes brillantes parcourent toutes les rues; quelques-unes comptent dix masques. Ils représentent des tritons, ou des jeunes filles, ou des pay-

---

1. Voy. plus loin, chapitre v, p. 60, la citation de ce passage.
2. Voy. plus loin, tout le chapitre v, « la Légende et la Vérité dans Mélite ».
3. Ce genre de vers, faits pour les personnages figurant dans les Mascarades, était ancien en France, comme le dit Boileau :

> Marot bientôt après fit fleurir les ballades,
> Tourna des triolets, rima des mascarades.
> (*Art poétique*, chap. 1.)

sans, des avocats, des jeunes gens, des artisans de toute espèce. Bref tous les déguisements que peut leur suggérer le désir de s'amuser, ils les prennent....... Toujours en tête marchent deux ou un plus grand nombre de tambours qui battent, et quatre ou six trompettes qui sonnent. Puis viennent des pots de goudron enflammé portés au bout d'une perche, souvent au nombre d'une dizaine; leurs flammes redoublent la clarté du jour. Un cavalier déploie en tête un étendard, suivi d'un enfant avec des ailes, l'Amour menaçant de tirer des flèches de son carquois. Ensuite paraît un peloton de brillants cavaliers; en guise de présents, ils portent la satire sanglante, d'un tour quelque peu libre. Une femme manque-t-elle à ses devoirs, non contente d'un seul mari, elle est l'objet de critiques où semble revivre la verve mordante d'Archiloque. On déchire quiconque viole ses engagements, et les avares, et les maniaques; à Rouen, la Muse prend des libertés trop grandes. La vertu même n'est pas épargnée; on la croit fardée; ces vers, l'honnête homme aussi les redoute. Dans un coffret sont des sucreries pour les belles; derrière le maître, un page masqué porte le coffret [1]. »

Ce dernier détail sert d'explication à la pièce des « Meslanges » intitulée : MADRIGAL *pour un masque donnant une boîte de cerises confites à une demoiselle.* Il a dix-huit vers fort galants. Ce serait s'aventurer de dire que ce masque fut Corneille lui-même. Mais enfin il n'y a rien d'impossible à ce que Corneille, au temps de sa vie mondaine, ait offert lui-même et ce présent et ces vers à Mélite. C'eût été pousser bien loin la complaisance que de les composer pour un ami, un futur rival peut-être.

On connaît aussi le personnel des bandes de masques qui parcouraient alors la ville de Rouen, au temps de Corneille, et cette description nous ramène à l'une des pièces de sa jeunesse et sert à l'expliquer. « Souvent les

---

1. Voy. le texte latin, Appendice V.

masques sont habillés de même avec des vêtements de même couleur, à moins qu'ils ne préfèrent mettre de la variété dans leur troupe. Autant aussi une seule troupe compte de membres, autant ils portent de costumes différents, ne voulant pas marcher comme une bande de canards au même plumage. Les nymphes sont mêlées aux satyres, les jeunes filles aux généraux, et tous portent leurs noms écrits attachés derrière leur dos [1]. »

Tel était le mélange de la troupe de masques pour laquelle Corneille fit les vers intitulés : *Mascarade des Enfants gâtés*. Elle comptait six personnages : l'Officier de justice, le Gentilhomme, le Plaideur, l'Amoureux, l'Ivrogne et le Joueur. Chacun d'eux débite des strophes sur son état et sur sa position et rappelle les causes de sa ruine; car les *Enfants gâtés* sont des « gens ruinés », Corneille jouant sur le double sens que ce mot avait alors. Il semble que chacun d'eux, en des temps d'arrêt au milieu des rues de Rouen, débitait ces vers, et, si le costume encore n'indiquait pas suffisamment la profession, le nom inscrit sur le dos la révélait au public, éclairé plus complètement par le sens des vers.

Sans ces détails fournis par un contemporain de Corneille sur la composition des troupes de masques, à Rouen, il n'était guère facile de comprendre complètement les motifs qui l'avaient porté à faire la *Mascarade des Enfants gâtés*. C'est un souvenir des plaisirs du carnaval dans la ville, « où tous les honnêtes gens aimaient les masques ». Pour relever l'éclat de leurs mascarades, Corneille prêtait à ses concitoyens le concours de sa muse naissante.

Dans le même temps, il faisait le *Sonnet* à Mélite, et le *Dialogue*, où il se met en scène avec elle. Nous les réservons pour en parler plus loin avec le développement que comporte cet épisode de sa jeunesse, non moins intéressant qu'obscur.

1. Voy. le texte latin, Appendice V.

Une pièce bien différente est le : Sonnet *à Monseigneur le cardinal de Richelieu*. Il n'est pas plus daté que les autres. Mais, comme Corneille dit que le cardinal « passa les monts à main armée », il est postérieur au 6 mars 1629, quand, dans la guerre de la succession de Mantoue, Richelieu franchit le mont Genèvre, força le pas de Suze et envahit le Piémont. Le jeune poète lui souhaite, par une comparaison flatteuse avec Georges d'Amboise, si populaire à Rouen, la tiare pontificale. Plus tard, il changera de ton; mais, à cette époque, Richelieu ne lui était encore connu que par un bienfait [1], et Corneille n'avait pour lui que des motifs et des sentiments de reconnaissance.

Enfin on trouve, dans les « Meslanges poétiques », sept épigrammes traduites, ou plutôt imitées du latin de John Owen, contemporain de Corneille. Son nom latinisé était « Audoenus », comme le nom français « Ouen », porté par la célèbre abbaye de Rouen. Le sujet de ces Épigrammes roule sur les douceurs et sur les périls du mariage. Le choix qu'en a fait Corneille prouve qu'au milieu des plaisirs de la vie mondaine il ne perdait pas de vue le mariage, qui tenait alors une place importante dans sa vie. L'abbé Granet n'a pas jugé à propos de joindre ces traductions aux pièces de son Recueil, en 1738, tandis que M. Marty-Laveaux les donne dans son édition des *OEuvres de Corneille* [2]. C'est agir sagement, car elles servent à constater l'état d'esprit de Corneille en sa première jeunesse, au milieu de ses premiers projets de mariage, l'un des points les plus obscurs de sa vie.

Ces *Meslanges poétiques*, « donnés à l'importunité du libraire pour grossir son livre », furent sans importance pour l'auteur, et, plus d'une fois, il regretta sans doute de les voir joints à l'édition originale de *Clitandre*, en 1632. Il les considérait si bien comme non avenus qu'il les lais-

---

[1]. Sa nomination d'avocat du roi au siège de l'amirauté de Rouen. Voy. plus haut, p. 28.
[2]. T. X, p. 46-49.

sait de côté quand il assignait une date à ses premiers vers. Il n'envisageait jamais que ses essais dramatiques, dont le premier, *Mélite*, est de 1629, comme le prouve le chiffre de ses années de travail, donné par lui-même dans trois éditions de son théâtre, en 1660, 1668 et 1682 [1].

Voilà pourquoi nous plaçons la plupart de ces *Juvenilia* à une époque antérieure à son entrée dans la magistrature, de 1624 à 1628, au moins pour les premières de ces pièces.

Il faudrait encore ranger, parmi les Essais de sa jeunesse, la poésie que l'on dit avoir été composée par lui, pour prendre part aux concours des Palinods de Rouen ; car ces concours s'adressaient surtout aux jeunes talents désireux de se faire connaître par des œuvres poétiques tant latines que françaises. Mais la preuve du fait n'étant pas aussi authentique que l'affirmation a été positive, ce point, resté fort obscur, demande un sérieux examen, en raison des doutes qu'il a soulevés.

Jusqu'en 1862 personne n'avait parlé de la participation de Pierre Corneille aux concours des Palinods de Rouen. Le motif en était bien simple : c'est que personne n'avait rencontré son nom dans les nombreux recueils manuscrits que l'on possède sur ces Palinods, où sont consignées les pièces qui ont remporté les prix, avec les noms des vainqueurs [2].

C'est alors que M. E. Fournier, après avoir rappelé les succès postérieurs d'Antoine et de Thomas Corneille, frères du poète, aux Palinods de Rouen [3], ajouta : « Quant

---

1. Un de ses ennemis littéraires, Claveret, place cette date en 1627 ou 1628, quand il dit, en 1637, que « Corneille a fait métier et marchandise de ses vers, durant neuf ou dix ans » (*Lettre de Claveret à Corneille*). Corneille a donné ces deux dates, 1627, dans ses vers *Au Roy sur son retour en Flandre*, et 1628, dans sa *Lettre à Colbert* ; mais c'était en chiffres ronds.

2. La bibliothèque de l'académie de Rouen, la bibliothèque publique de la même ville et celle de Caen.

3. Antoine Corneille, né en 1611, remporta les prix de l'Anneau d'or en 1636, de la Tour la même année, du Lys en 1638, du Soleil en 1639, etc., et Thomas Corneille, le prix du Miroir en 1641.

à Pierre, même à une époque où des succès plus brillants et plus profanes pouvaient le distraire de ceux-là (les sujets sacrés des Palinods), même dans la pleine aurore de sa gloire théâtrale, il briguait encore en toute modestie l'étoile d'argent du Puy de Rouen. En 1633, deux ans après sa *Mélite*, un an après son *Clitandre*, l'année même où il fit la *Veuve*, il composa pour le Palinod une pièce de six stances qui, je ne sais pourquoi, n'a pas été recueillie dans ses œuvres, bien qu'à tous égards elle le mérite [1]. »

M. Marty-Laveaux, en cette même année 1862, publiait le premier tome de sa belle édition des *Œuvres de Pierre Corneille*, et, tout d'abord, il annonça l'intention de comprendre ces stances nouvellement signalées, quand viendrait la publication du tome destiné à recevoir les « Œuvres diverses » du poète [2]. Mais, en 1868, le consciencieux éditeur ne les admit pas dans le tome X, où figurent toutes les pièces de ce genre, détourné de le faire par un scrupule des plus légitimes. M. E. Fournier, interrogé, ne disait « ni d'où il tire ces stances, ni par quelles circonstances elles sont venues à sa connaissance [3] ».

Aux arguments déjà donnés pour confirmer les doutes, l'absence du nom de Pierre Corneille sur la liste des lauréats de l'année 1633, et l'attitude de M. E. Fournier, questionné sur ces stances [4], nous croyons pouvoir joindre la preuve qu'elles sont un pastiche, dont la paternité appartient à l'ingénieux auteur des « Notes sur la vie de Pierre Corneille ».

Pour les faire, M. E. Fournier a eu sous les yeux un modèle découvert et publié par M. Cousin en 1844 [5]. C'est la « Pièce composée par Jacqueline Pascal sur l'Arche

---

1. *Corneille à la butte Saint-Roch*. Notes sur la vie de Corneille, p. vij.
2. Tome I, Avertissement, p. xii.
3. *Ibidem*, t. X, Introduction, p. vii.
4. *Pierre Corneille au Palinod de Caen*, par M. Armand Gasté, professeur à la faculté des lettres de Caen, 1886, pages 11 et 13 de l'Extrait.
5. *Revue des Deux Mondes*, janvier, et *Bibliothèque de l'École des Chartes*, t. V, 4ᵉ livraison.

d'alliance et qui, au concours palinodique de 1640, remporta la *Tour* comme premier prix de la stance [1] ». Il en a reproduit les six quatrains, en vers alexandrins, avec le même croisement de rimes féminines et masculines, copiant encore la forme adoptée par elle, une comparaison. Jacqueline fait un parallèle entre l'Arche d'alliance et la Mère de Dieu; M. E. Fournier, entre Ève et Marie, la Mère du genre humain et la Mère du Sauveur.

Il ne s'est écarté de son modèle que pour introduire une modification dans le titre, en substituant une *Étoile d'argent* à la *Tour*. Mais c'était là une étrange méprise. « L'*Étoile*, fondée en 1614 par M. Alphonse de Breteville, était le deuxième prix de l'*Épigramme latine* », tandis que « la *Tour*, fondée par messire Claude Groulart en 1596, était le premier prix des *Stances* [2] ». Les stances françaises attribuées à Corneille ne pouvaient donc obtenir le prix de l'*Étoile*, réservé aux pièces latines.

Ce seul détail suffit pour trahir le pastiche et démontrer la fausseté de l'attribution.

Au reste, M. E. Fournier paraît avoir fait cette substitution de l'*Étoile* à la *Tour* en vue d'un rapprochement plus spécieux que juste. « La famille Corneille eut plusieurs lauréats dans ces pieux concours, dit-il, et si, dans les armoiries qui furent accordées au père de notre poète par lettres royales du 24 mars 1637 [3], elle portait trois étoiles d'argent sur champ d'azur, peut-être était-ce en souvenir des récompenses gagnées sous cette forme au Palinod de la Conception [4]. » Pierre Corneille est hors de

---

[1]. M. Cousin l'avait tirée du Recueil de Marguerite Périer, nièce de Jacqueline Pascal, p. 663. Elle se retrouve dans la bibliothèque de l'académie de Rouen, ms. n° 6, fol. 142, verso.

[2]. *Notice historique sur l'académie des Palinods* (de Rouen), par M. A.-G. Ballin, 1834, p. 40 de l'Extrait. — Claude Groulart, premier président du parlement de Rouen, 1585-1608, portait : *d'azur à trois châteaux d'or*. De là vient la *Tour* du Palinod.

[3]. C'est la date de l'enregistrement des lettres accordées en janvier 1637.

[4]. *Corneille à la butte Saint-Roch*, Notes sur la vie de Corneille, p. 6. — On verra, plus loin, que les armes primitives avaient trois *molettes*.

cause, puisqu'il ne concourut pas en 1633, et Antoine Corneille, le seul qui avait concouru avant l'anoblissement de sa famille, remporta l'*Anneau d'or*, pour une ode, et la *Tour*, pour des stances, couronnées en 1636.

Corneille ne fit jamais d'autres vers, pour les Palinods de Rouen, que ceux du Remerciement improvisé, quand le prix du Palinod fut adjugé à Jacqueline Pascal, le 8 décembre 1640, vers dont la découverte est due à M. Cousin [1]. Cette improvisation bien faible de l'ami de la famille Pascal est trop connue pour la rappeler ici [2]. Disons seulement qu'elle contient une petite erreur, en faisant de Jacqueline Pascal « une fille de douze années ». Comme elle naquit le 4 octobre 1625, elle avait quinze ans révolus lorsque ses stances étaient récompensées par le prix de la *Tour*. Ce serait un motif de plus pour ne pas croire que Corneille se soit présenté au concours des Palinods, en 1633, à l'âge de vingt-sept ans, quand on jouait déjà plusieurs de ses pièces avec succès.

D'après une lecture faite tout dernièrement au congrès des Sociétés savantes, à la Sorbonne, en avril 1886, Pierre Corneille aurait concouru au Palinod de Caen. Le document qui l'a fait affirmer a été découvert par M. Armand Gasté, professeur à la Faculté des lettres de cette ville. C'est un Avis ou Avertissement (*Monitum*), écrit en latin élégant, par le Recteur de l'Université de Caen, pour déplorer l'abandon que les lettrés faisaient de ce Palinod, en 1726, et que le rédacteur du *Mercure de France* a jugé à propos de comprendre dans le mois de mars de cette même année.

Voici le début et le passage de cet appel cicéronien, sur lequel s'appuie l'affirmation d'un fait tout nouveau dans la vie de Pierre Corneille :

« Nous, René Louet, prêtre, curé de l'église paroissiale

---

1. Il les avait trouvés, en 1844, dans le Recueil de Marguerite Périer.
2. Voy. *Une séance de l'académie des Palinods* (de Rouen) *en 1640*, par M. E. Frère, Rouen, 1867.

de la bienheureuse Marie d'Hubert-Folie [1], professeur d'Éloquence au collège du Bois de la très célèbre Université de Caen, et aussi Recteur de la même Université, aux Lettrés de Caen, Salut. »

Le premier paragraphe, tout à l'éloge de Caen, ville littéraire, est suivi des plaintes du Recteur sur la décadence des concours du Palinod caennais. « Cet ardent amour de nos compatriotes pour les lettres, dit-il, la paix après les guerres de plume qu'ils se faisaient, la renommée des victoires qu'ils remportaient les uns sur les autres, et dont le bruit ne s'arrêtait pas dans les étroites limites de la patrie normande, mais se répandait même dans les provinces étrangères, tout cela enflammait les plus illustres nourrissons des muses d'un égal zèle à vaincre sur le Puy de Caen. Et sans parler d'une foule d'esprits des plus cultivés en tout genre, qui, dans ces luttes savantes, ne se sont pas acquis moins de gloire, même à leurs yeux, qu'ils n'ont procuré d'éclat et de célébrité à cette Académie, Corneille, l'illustre Corneille, sans contredit le prince de la Tragédie française, ne crut pas devoir se contenter des applaudissements de la cour ni de l'Académie française, s'il n'y joignait le suffrage de notre Université pour recommander son nom [2]. »

Fort de cette autorité, M. A. Gasté a cru pouvoir dire : « Voilà donc un fait qui semble bien acquis à l'histoire littéraire. Pierre Corneille a concouru pour un des prix du Palinod de Caen. » La raison donnée est qu' « il semble impossible au savant professeur de ne pas l'admettre, tant sont nettes les allégations du recteur René Louet [3] ».

Il est très regrettable que le recteur n'ait pas justifié ses allégations, en citant ses autorités, et en y joignant l'année du concours, le sujet de la pièce, et le nom du prix pour

---

1. Département du Calvados, arrondissement de Caen.
2. Voy. le texte latin, Appendice VI.
3. *Pierre Corneille au Palinod de Caen.* — Le Blanc-Hardel, 1886, pages 8 et 13 de l'Extrait des *Mémoires de l'académie de Caen*, année 1886.

lequel Corneille avait concouru. De ce silence absolu viennent nos doutes sur le fait allégué par lui.

Que le recteur ait trouvé, dans quelque registre officiel de l'Académie des Palinods de Caen, ces deux noms : « Pierre Corneille », le fait est incontestable, puisqu'il l'affirme si catégoriquement. Mais c'est bien de son chef qu'il y a joint ces mots : « l'illustre Corneille, sans contredit le prince de la Tragédie française ». Croyant qu'il ne pouvait y avoir d'autres « Pierre Corneille » que le grand tragique, il a fait suivre ce nom de la formule usitée, chez les écrivains en latin moderne, pour caractériser le tragique [1], sans soupçonner que ces mêmes nom et prénom, assez communs à Rouen, étaient portés par deux autres « Pierre Corneille », contemporains du poète. Ceux-là ont bien pu, pendant ou après leurs études de droit faites à Caen, en vue de la carrière à laquelle ils se destinaient, concourir au Palinod de cette ville.

Le premier était « Pierre Corneille, sieur de Cotte-Cotte, conseiller au bailliage de Rouen, qui obtint des lettres de noblesse en 1655, vérifiées à la cour des comptes le 16 juillet 1657 [2] ». La confusion devenait d'autant plus facile que la date de ses études en droit correspond à peu près à celle que le recteur Louet assigne pour la participation du grand Corneille au concours de Caen.

L'autre « Pierre Corneille », fils de François Corneille et d'Anne Briffault, né en 1627, était cousin germain du poète tragique. Avocat au Parlement de Rouen, puis secrétaire du roi, il fit aussi des études de droit, et, comme son cousin Thomas Corneille, il les fit, en même temps que lui, à la Faculté de Caen. Pourquoi, à l'exemple de ce der-

---

1. Dans les *Mémoires de Daniel Huet*, évêque d'Avranches, Amsterdam, 1718, livre V, p. 310, on lit : « Petro Cornelio, theatralium poetarum hujus ætatis facile principi. »
2. Farin, *Histoire de Rouen*, 1731, t. I, 2ᵉ partie, p. 14. — Cette similitude de nom et de prénom a fait croire, dernièrement, que Pierre Corneille avait été : « sieur de Cotte-Cotte ». C'est une erreur complète, aggravée par une mise en scène fantaisiste.

nier, qui concourut au Palinod de Rouen en 1641, quand il n'avait que seize ans, ce second « Pierre Corneille » n'aurait-il pas concouru, à peu près à la même époque, au Palinod de Caen?

Voilà deux « Pierre Corneille » qui servent à expliquer l'erreur sur la personne, que le recteur de l'Université de Caen nous paraît avoir commise. Il pouvait d'autant moins l'éviter qu'il écrivait à plus de trois quarts de siècle après l'événement qu'il suppose avoir eu lieu.

La date assignée au fait par René Louet contribue encore à le rendre impossible. C'est, dit-il, « après avoir reçu les applaudissements de la cour et de l'Académie française, que Corneille songe à y joindre le suffrage de l'Université de Caen, pour recommander son nom ».

Vers 1629, le succès de *Mélite*, à Paris, « le fit connaître à la cour [1] ». Elle honora d'un accueil favorable ses pièces, à Forges, en 1633 [2]. Mais il ne reçut tous ses applaudissements qu'en 1636, après les représentations du *Cid*, et l'Académie française lui fit attendre plus longtemps les siens.

En 1637, dans la Querelle du Cid, elle lui prodigua toute autre chose que des applaudissements, sans porter atteinte à sa gloire.

> L'Académie en corps a beau le censurer,
> Le public révolté s'obstine à l'admirer.
> (Boileau, satire IX, *A son esprit*.)

Elle ne se départit de sa rigueur qu'en l'admettant tardivement dans son sein, et le mauvais discours de réception que Corneille y prononça, le 22 janvier 1647, ne put lui valoir qu'un succès d'estime.

C'est donc seulement après cette date de 1647 que, suivant le recteur de l'Université de Caen, Corneille songea à

---

1. *Examen de Mélite.*
2. Voy. plus loin, chapitre vi.

briguer le suffrage de l'Académie des Palinods de cette ville, puisque Corneille aurait voulu « le joindre aux applaudissements de la cour et de l'Académie française ». Est-il croyable, est-il possible que le grand Corneille, à l'âge de quarante et un ans, au bas mot, l'auteur du *Cid*, d'*Horace*, de *Cinna* et de *Polyeucte*, ait jamais eu, pour ajouter à sa gloire, la pensée de disputer les palmes du Palinod de Caen aux jeunes talents qu'elles avaient pour but d'encourager, à Caen comme à Rouen?

Malgré l'affirmation positive du recteur de Caen, Corneille ne s'est pas plus présenté au Palinod de cette ville qu'il n'a fait les stances citées par M. E. Fournier. L'addition au nom d'un homonyme de quelques qualificatifs, venus comme un cliché sous la plume de l'un, et la trop facile imagination de l'autre ont ajouté, bien gratuitement, ces deux nouveaux points obscurs à tous ceux qu'offrait déjà la vie de Pierre Corneille.

CHAPITRE V

LA LÉGENDE ET LA VÉRITÉ DANS « MÉLITE »

Comédie toute personnelle. — Son importance pour la jeunesse de Corneille. — Nouveaux éclaircissements pris chez lui-même. — La pièce est toute rouennaise. — Le lieu de la scène est Rouen et non Paris. — Les personnages sont des Rouennais. — Un amour de Corneille, à Rouen, en est le point de départ. — De là le « Sonnet » cité dans la pièce et rappelé plusieurs fois. — Le « Dialogue » des premiers essais y fait suite. — Les principales idées s'en retrouvent dans la pièce. — Preuves par des citations. — Insuccès de ce premier amour. — D'où put venir la rupture. — *Mélite* inaugure la lutte entre le devoir et la passion, principe et caractère général de son théâtre. — Examen d'une interprétation nouvelle de cette pièce. — Les noms et les faits, connus des contemporains, oubliés depuis, et retrouvés de nos jours. — Mélite, l'héroïne de la pièce, désigne une personne véritable. — L'erreur sur son nom provient d'une fausse interprétation. — Naissance et progrès de la légende. — L'abbé Granet mit sur la voie de la vérité. — M. E. Gosselin l'a découverte de nos jours. — Mélite avait nom Catherine Hue. — La mère, personnage absent, était Catherine de Beauquemare. — Tircis est Corneille lui-même. — Cloris est sa propre sœur Marie Corneille. — Date incertaine de la rupture. — L'amour de Corneille persiste. — Preuve remarquable. — Utilité de cette étude pour mieux connaître sa jeunesse et son cœur, et réfuter la légende.

Mélite est une comédie toute personnelle, dont un épisode de la jeunesse de Corneille a fourni le sujet, et qui a donné lieu à plusieurs interprétations où la légende a pris la place de la vérité.

Il en est résulté pour le public une ignorance presque absolue sur les jeunes années de Pierre Corneille, quand l'amour le rendit poète et lui inspira ses premiers vers, auxquels on doit bon nombre de renseignements biographiques et la révélation certaine de son talent naturel pour le théâtre.

C'est à constater et à mettre en relief ces renseignements, trop longtemps négligés, ou dénaturés en partie, ou surchargés de détails imaginaires, que nous allons nous attacher, en nous aidant surtout des documents fournis par Corneille lui-même. Car Corneille n'a pas voulu laisser ignorer à la postérité les premiers battements de son cœur, et il les a consignés dans ses débuts poétiques et dans la comédie de *Mélite*, qui met en scène toute cette partie de sa vie.

Le premier document utile à rappeler est l'argument qu'il plaça en tête de la pièce, suivant les habitudes de son temps, lors de la première édition, en 1633. Les faits réels étaient accomplis depuis plusieurs années, quand il les résuma en ces termes, d'après la comédie qu'ils lui avaient inspirée quatre ans auparavant.

Argument.

Eraste, amoureux de Mélite, l'a fait connaître à son ami Tircis, et devenu puis après jaloux de leur hantise, fait rendre des lettres d'amour supposées, de la part de Mélite, à Philandre, accordé de Cloris, sœur de Tircis. Philandre s'étant résolu, par l'artifice et les suasions d'Eraste, de quitter Cloris pour Mélite, montre ces lettres à Tircis. Ce pauvre amant en tombe en désespoir, et se retire chez Lisis, qui vient donner à Mélite de fausses alarmes de sa mort. Elle se pâme à cette nouvelle, et témoignant par là son affection, Lisis la désabuse, et fait revenir Tircis, qui l'épouse. Cependant Cliton ayant vu Mélite pâmée, la croit morte, et en porte la nouvelle à Eraste, aussi bien que de la mort de Tircis. Eraste, saisi de remords, entre en folie ; et remis en son bon sens par la nourrice de Mélite, dont il apprend qu'elle et Tircis sont vivants, il lui va demander pardon de sa fourbe et obtient de ces deux amants Cloris, qui ne vouloit plus de Philandre après sa légèreté.

Bien que Corneille ait mis, au bas du tableau des acteurs, ces mots : « La scène est à Paris », il n'en est pas moins certain que « la scène est à Rouen ».

Là s'était passé aussi le fond de l'aventure sur laquelle Corneille a bâti sa pièce, « en ajoutant quelque chose à la vérité », comme le dira son neveu Fontenelle. Tous ces noms de théâtre désignaient, pour les contemporains, des personnes de Rouen, tant hommes que femmes, dont ils auraient pu dire les vrais noms. Corneille, pour son début dans la carrière dramatique, faisait une comédie personnelle, à l'exemple d'Aristophane, et lui-même s'y mettait en scène et y jouait son rôle, après maintes péripéties dont ses œuvres marquent la succession, et qu'il est utile de suivre jusqu'au dénouement de cette passion bien réelle.

Une fois agréé par Mélite, vers 1627, à l'âge de vingt et un ans, sinon plus tôt [1], Corneille devint poète. Il a pris soin de faire savoir au public qu' « il devint poète aussitôt qu'amoureux », et que « ses premiers vers furent pour ses premiers feux », avec bien d'autres détails sur lesquels nous aurons à revenir [2].

Ces premiers vers connus sont le « Sonnet », contenant sa déclaration d'amour à la jeune Rouennaise, cachée sous le nom de Mélite. Corneille en est bien vivement épris, sans doute à cause de son admiration pour les vers qu'il lui avait adressés. Aussi le souvenir de ce sonnet devint si cher à Corneille, qu'au dire de son frère, Thomas, il fit *Mélite* rien que pour le conserver. « Une aventure galante, dit-il, lui fit prendre le dessein de faire une comédie pour y employer un sonnet qu'il avoit fait pour une demoiselle qu'il aimoit [3]. »

La mention de ce premier-né de sa muse reparaît jusqu'à trois fois dans la pièce, bien que rattaché péniblement à l'intrigue.

Elle vient d'abord, quand Tircis consulte sa sœur Cloris sur le mérite du sonnet.

---

1. D'après l'abbé Granet, « il l'aurait connue toute petite fille, pendant qu'il étudiait à Rouen, au collège de jésuites ». Voy. plus loin, p. 60.
2. « Excuse à Ariste. » Voy. plus loin, p. 64.
3. *Dictionnaire universel, géographique et historique*, etc., 1708, t. III, p. 301. *Verbo* « Rouen ».

TIRCIS
Ma sœur, un mot d'avis sur un méchant sonnet
Que je viens de brouiller dedans mon cabinet.
CLORIS
C'est à quelque beauté que ta muse l'adresse?
TIRCIS
En faveur d'un ami je flatte sa maîtresse.
(Acte II, sc. iv [1].)

Il en donne lecture à sa sœur, qui n'est pas dupe du subterfuge ; c'est pour lui-même qu'il a parlé.

Ensuite Tircis aborde Éraste, rien que pour lui remettre le sonnet, « qu'il a promis d'entreprendre pour lui ». La vérité est qu'il le lui a offert de lui-même. Il doit être bien étonné, quand Éraste le lui rend, en lui disant pour excuse :

Une autre fois, Tircis; quelque affaire pressée
Fait que je ne saurois pour l'heure m'en charger.
(Acte II, sc. vii.)

Enfin, obligé de le garder, il le présente à Mélite, avec force protestations du désir de lui plaire, et l'affirmation positive qu'il l'a composé pour elle, ce qui était bien vrai, suivant la remarque de Cloris, sa sœur.

TIRCIS
Et si vous en voulez un serment par écrit,
Ce sonnet que pour vous vient de tracer ma flamme
Vous fera voir à nu jusqu'au fond de mon âme.
MÉLITE
Garde bien ton sonnet, et pense qu'aujourd'hui
Mélite veut te croire autant et plus que lui.

Ce nouveau refus n'était pas fait pour plaire à Tircis. Est-ce le désenchantement peint sur son visage qui porte Mélite à changer de sentiment et à dire aussitôt :

Je le prends toutefois comme un précieux gage
Du pouvoir que mes yeux ont pris sur ton courage.
(Acte II, sc. viii.)

1. *Œuvres de Pierre Corneille*, édit. de M. Marty-Laveaux, t. I.

De même, l'importance que Corneille lui a donnée dans la pièce venait, non pas de ce qu'il lui supposait cette « beauté suprême », qui fera dire plus tard à Boileau :

> Un sonnet sans défaut vaut seul un long poëme,

mais il s'y rattachait évidemment, pour Corneille, le tendre souvenir d'une réalité touchante. Il lui avait servi à déclarer son amour à la véritable Mélite et à triompher de son « extrême froideur ». Aussi, connu seulement par les représentations de la pièce (acte II, sc. iv), Corneille eut grand soin de le comprendre parmi les pièces données « à l'importunité du libraire », à la suite de *Clitandre*[1]. Il s'y trouve à partir du 20 mars 1632, tandis qu'il ne paraîtra dans *Mélite* que le 12 février 1633, date de la première édition de la pièce. C'est la preuve manifeste du rôle important que le sonnet avait joué dans sa vie, et l'explication du triple rappel qu'il en fait dans la comédie.

Si le sonnet marque le début des amours de Corneille et de Mélite, un *Dialogue*, compris également dans les « Poésies diverses » jointes à *Clitandre*[2], en donne la suite. Cette pièce n'est point une œuvre fictive, mais le tableau fidèle des sentiments réciproques qui animaient alors les deux amants. On y trouve leurs protestations d'amour, les craintes de Tircis d'être sacrifié pour un parti plus riche, sous la pression des parents de la jeune fille. Mais Caliste (nouveau nom donné à Mélite) lui prodigue les assurances contraires.

TIRSIS [3]
Si quelqu'un plus riche ou plus beau,
Et mieux fourni d'appas, à te servir se range?

---

1. Voy. plus haut, chapitre iv, p. 31.
2. « Mélanges poétiques », t. X, pages 55-56, édition de M. Marly-Laveaux.
3. Au lieu de « Tircis », dans la comédie de *Mélite*.

CALISTE
J'élirois plutôt le tombeau,
Que ma volage humeur se dispensât au change.
TIRSIS
Je n'ose l'espérer.
CALISTE
Tu t'en peux assurer.
TIRSIS
Mais pourrois-tu, ma belle,
Dédaigner un amant qui vaudroit mieux que moi?
CALISTE
Pourrois-je préférer à ton amour fidèle
Une incertaine foi?
TIRSIS
Si la rigueur de tes parents
A quelque autre parti plus sortable t'engage?
CALISTE
Les saints devoirs que je leur rends
Jamais dessus ma foi n'auront cet avantage.
TIRSIS
Quoi? parents ni richesses
Ni grandeurs ne pourront ébranler tes esprits?
CALISTE
Tout cela, mis auprès de tes chastes caresses,
Perd son lustre et son prix.

Il y a, dans le *Dialogue* tout entier, un tel accent de vérité, que Corneille a dû l'écrire au sortir d'une entrevue avec Mélite. Il contient les mêmes terreurs, les mêmes assurances que la comédie, et l'on peut affirmer que cette dernière se trouvait en germe dans l'autre. Mélite ne fera pas autrement l'aveu de son amour, en s'adressant à Tircis lui-même, dans la comédie (acte II, sc. VII).

Sur la question de l'obstacle au mariage, venant des parents, en faveur d'un prétendant plus riche, Corneille éprouve encore des craintes plus vives dans la comédie que dans le sonnet, et il s'en ouvre ainsi à sa sœur:

TIRCIS
Que du foudre à tes yeux j'éprouve la furie,
Si rien que ce rival cause ma rêverie!

CLORIS
C'est donc assurément son bien qui t'est suspect :
Son bien te fait rêver, et non pas son respect,
Et toute amitié bas, tu crains que sa richesse
En dépit de tes feux n'obtienne ta maîtresse.

TIRCIS
Tu devines, ma sœur : cela me fait mourir.

Sa sœur le rassure. Si, après deux ans de poursuites et de nombreuses propositions d'épouser, Mélite n'a pas accepté cet amant, c'est que l'aversion a dicté sa conduite.

CLORIS
Ce malheureux amant ne vaut pas qu'on le craigne;
Quelque riche qu'il soit, Mélite le dédaigne :
Puisqu'on voit sans effet deux ans d'affection,
Tu ne dois plus douter de son aversion;
Le temps ne la rendra que plus grande et plus forte.
On prend soudain au mot les hommes de sa sorte,
Et sans rien hasarder à la moindre longueur,
On leur donne la main dès qu'ils offrent le cœur.
(Acte II, sc. IV.)

Ce passage sert à assigner la date approximative de l'année où Corneille devint le rival d'un prétendant agréé depuis deux ans, en 1627, puisque la pièce a été composée en 1629. C'est donc en 1629, au plus tard, que Corneille entrait en lutte avec le rival si redouté, dans le tendre entretien du « dialogue ».

Le motif des biens, comme obstacle au mariage, revient plus loin dans la pièce, et, cette fois, ce n'est plus la sœur de Tircis qui le discute, mais Mélite elle-même, répondant à la nourrice, tout étonnée d'apprendre, de la bouche de Mélite, que Tircis a remplacé le jaloux Éraste dans son cœur.

LA NOURRICE
Éraste n'est pas homme à laisser échapper;
Un semblable pigeon ne se peut remplacer :
Il a deux fois le bien de l'autre et davantage.

MÉLITE
Le bien ne touche point un généreux courage.
LA NOURRICE
Tout le monde l'adore, et tâche d'en jouir.
MÉLITE
Il suit un faux éclat qui ne peut m'éblouir.
LA NOURRICE
Auprès de sa splendeur toute autre est fort petite.
MÉLITE
Tu le places au rang qui n'est dû qu'au mérite.
LA NOURRICE
On a trop de mérite étant riche à ce point.
MÉLITE
Les biens en donnent-ils à ceux qui n'en ont point?
LA NOURRICE
Oui, ce n'est que par là qu'on est considérable.
MÉLITE
Mais ce n'est que par là qu'on devient méprisable :
Un homme dont les biens font toutes les vertus
Ne peut être estimé que des cœurs abattus.
(Acte IV, sc. i.)

Le caractère de Mélite ne se dément pas, du « dialogue » à la comédie. Mélite répète ici, en repoussant les motifs d'intérêt mis en avant par un personnage vulgaire, ce qu'elle avait déjà dit à Corneille lui-même dans le « dialogue », mais avec moins d'insistance. Il est donc à penser que Corneille a développé, sur la scène, le fond de cet entretien, écrit peut-être le jour même où il avait eu lieu entre les deux amants.

La comédie traite aussi la question des parents, comme dans le « dialogue ». Mais ils s'y réduisent à la mère, dont l'opposition au mariage est tant redoutée de Corneille. Aussi le souvenir et le nom de ce personnage absent reviennent-ils fréquemment dans la pièce.

C'est d'abord Tircis qui en parle. Rassuré par Cloris sur les biens, il aborde le chapitre de la mère, et, comme cela dut se passer dans la réalité, sa sœur lui donne de nouveaux motifs d'espérance.

TIRCIS
Sa mère peut agir de puissance absolue.
CLORIS
Crois que déjà l'affaire en seroit résolue,
Et qu'il auroit déjà de quoi se contenter,
Si sa mère étoit femme à la violenter.
TIRCIS
Ma crainte diminue et ma douleur s'apaise.
(Acte II, sc. IV.)

Plus loin, la mère revient encore comme une menace, quand Mélite a déclaré hautement, ainsi qu'on vient de le voir, le peu de cas qu'elle fait des richesses. Battue sur ce point, la nourrice poursuit :

Enfin je reconnois.....
MÉLITE
Qu'avec tout ce grand bien
Un jaloux sur mon cœur n'obtiendra jamais rien.
LA NOURRICE
Et que d'un cajoleur la nouvelle conquête
T'imprime, à mon regret, ces erreurs dans la tête.
Si ta mère le sait.....
(Acte IV, sc. I.)

Là fut certainement l'obstacle capital, pour ce nouvel amant, et Tircis disait vrai, quand il parlait de la puissance absolue de la mère ; car, on le sait aujourd'hui, veuve, elle disposait à son gré du sort de sa fille mineure, ce que Corneille n'ignorait pas.

Comme dernière preuve que la comédie est bien née du « sonnet » et du « dialogue », nous ferons observer qu'un hémistiche de la comédie est la reproduction textuelle d'un refrain significatif du « dialogue ». Peu d'instants avant le dénouement favorable, Tircis, tout entier à la joie de son bonheur, voudrait que Mélite, « aux doux truchements du cœur », au langage des yeux, joignît les assurances de la voix.

TIRCIS
Mais tu ne me dis mot, ma vie; et quels soucis
T'obligent à te taire auprès de ton Tircis?

MÉLITE
Tu parles à mes yeux, et mes yeux te répondent.

TIRCIS
Ah! mon heur, il est vrai, si tes désirs secondent
Cet amour qui paroît et brille dans tes yeux,
Je n'ai rien désormais à demander aux Dieux.

MÉLITE
Tu t'en peux assurer!
(Acte V, sc. iv.)

Quatre fois le « dialogue » reproduit cet hémistiche, en réponse aux doutes et aux craintes de Tircis, et on peut y voir les mots mêmes prononcés autrefois par l'amante de Corneille, lors de l'entretien des deux amants [1].

On sait que la pièce se termine par la certitude d'un mariage, Mélite étant parvenue à fléchir cette mère tant redoutée, comme elle l'apprend à Tircis :

Mon amour et mes soins, aidés de mes douleurs,
Ont fléchi la rigueur d'une mère obstinée,
Et gagné cet aveu qui fait notre hyménée;
Si bien qu'à ton retour ta chaste affection
Ne trouve plus d'osbtacle à sa prétention.
(Acte V, sc. v.)

Il est donc certain qu'à un moment donné, lors de la composition de *Mélite*, en 1629, Corneille avait l'espoir d'obtenir la main de la jeune Rouennaise qu'il aimait, après avoir supplanté son rival.

Cependant un fait incontestable, c'est qu'il ne l'épousa

---

[1]. « Ce dialogue n'a pu, comme le sonnet, entrer textuellement dans la comédie; mais Corneille semble se l'être rappelé en écrivant la scène iv de l'acte V, où Tircis et Mélite s'entretiennent seuls; on y retrouve ces mots que le poète tenait à conserver et qui font ici l'effet d'un refrain : « Tu t'en peux assurer! » Faut-il croire que ce sont là les propres paroles de Mlle Milet? » (Remarque de M. Marty-Laveaux, Œuvres de Corneille, t. X, p. 50.)

pas, et huit ans plus tard, en 1637, revenant sur les souvenirs de ce premier amour, il l'avoue en ces termes :

> Après beaucoup de vœux et de submissions,
> Un malheur rompt le cours de nos affections.
> (*Excuse à Ariste.*)

« Un malheur », terme vague, qui sert à déplorer le fait de la rupture, sans en révéler les motifs, que Corneille a voulu taire, par discrétion sans doute envers toutes les personnes intéressées.

Mais nous ne pouvons nous empêcher d'en rapporter la cause à la mère, qui aura retiré ou refusé son consentement, pour des motifs fournis par la pièce même.

Elle dut être blessée, d'abord, de la facilité que met sa fille, mineure, à se passer de son consentement, puisqu'elle ne craint pas de dire à Tircis :

> Ton mérite, plus fort que ta raison flatteuse,
> Me rend, je le confesse, un peu moins scrupuleuse.
> Je dois tout à ma mère, et pour tout autre amant
> Je voudrois tout remettre à son commandement ;
> Mais attendre pour toi l'effet de sa puissance,
> Sans te rien témoigner que par obéissance,
> Tircis, ce seroit trop : tes rares qualités
> Dispensent mon devoir de ces formalités.
> (Acte II, sc. VIII.)

Très flatteuse pour Corneille, la conduite de Mélite n'est guère respectueuse pour sa mère, et celle-ci n'aura pas manqué d'en faire la remarque, ainsi que tous les Rouennais, qui pouvaient dire son nom et celui des autres personnages.

Ensuite est-il bien sûr que Mélite soit parvenue « à fléchir la rigueur de sa mère obstinée et à obtenir son consentement au mariage » ? Corneille n'a-t-il pas pris ses désirs pour la réalité ? On peut le supposer, d'après une remarque de Fontenelle : « Corneille fit de son aventure de galanterie une pièce de théâtre en ajoutant quelque chose à la vérité [1]. »

Enfin la position de fortune, agitée entre les deux amants dans leur « dialogue », traitée de nouveau et à deux reprises dans la pièce, tant la mère pouvait y attacher d'importance, a bien pu lui faire retirer son consentement, si tant est qu'elle l'ait donné. La considération toute-puissante des biens et d'une position plus élevée lui aura fait sacrifier Corneille, simple avocat du roi, encore au début de sa carrière. Comme il le redoutait, pour ces motifs, « la rigueur des parents aura engagé son amante à quelqu'autre parti plus sortable » (Dialogue).

Ce ne sont là que des hypothèses. Mais un point bien établi, c'est que le premier essai dramatique de Corneille inaugure déjà le principe qui doit assurer la supériorité de son théâtre, la lutte entre le devoir et la passion. Car, dans *Mélite*, les personnages ont le mot sublime de « devoir » à la bouche; ils en rappellent les saintes lois, et ils s'efforcent d'en faire la règle unique de leurs actions. Mélite s'affranchit de certaines formalités que le devoir lui impose envers sa mère [2]. Mais c'est au nom du devoir que Cloris parle, lors de l'imbroglio produit par l'envoi des fausses lettres, pour justifier la substitution imaginaire de leurs amants, Philandre et Tircis.

CLORIS
Ce n'est qu'en ma faveur qu'il ose vous trahir,
Et vous pouvez juger si je le puis haïr,
Lorsque sa trahison m'est un clair témoignage
Du pouvoir absolu que j'ai sur son courage.

MÉLITE
Le pousser à me faire une infidélité,
C'est assez mal user de cette autorité.

CLORIS
Me le faut-il pousser où son devoir l'oblige?
C'est son devoir qu'il suit alors qu'il vous néglige.

---

1. « Éloge de Corneille », dan les *Nouvelles de la République des lettres*, janvier 1685.
2. Voy. plus haut. p. 55.

MÉLITE
Quoi! le devoir chez vous oblige aux trahisons?
CLORIS
Quand il n'en auroit point de plus justes raisons,
La parole donnée, il faut que l'on la tienne.
(Acte IV, sc. ii.)

A vingt-trois ans, Corneille avait donc trouvé déjà le grand principe qui devait enrichir la scène française d'une foule de chefs-d'œuvre, parce que, chez les personnages de son théâtre, le devoir triomphe toujours de la passion, dans la lutte que le poète établit entre l'un et l'autre.

Jusqu'ici on avait accepté, d'après l'argument placé en tête de *Mélite* par Corneille, que « Tircis (Corneille lui-même) avait supplanté son ami Éraste auprès de Mélite, à laquelle Éraste l'avait présenté [1] ».

Pour le croire, on avait encore l'autorité de Fontenelle, affirmant positivement le fait. « Hardy commençoit à être vieux, dit-il, et bientôt sa mort auroit fait une grande brèche au théâtre, lorsqu'un petit événement arrivé dans une maison bourgeoise d'une ville de province lui donna un illustre successeur. Un jeune homme mène un de ses amis chez une jeune fille dont il étoit amoureux; le nouveau venu s'établit chez la demoiselle sur les ruines de son introducteur; le plaisir que lui fait cette aventure le rend poète; il en fit une comédie, et voilà le grand Corneille [2]. »

Mais, en 1867, M. E. Gosselin, auquel on doit tant d'heureuses découvertes pour la biographie de Corneille, venant à citer ce passage, le fit suivre de cette observation : « Pour moi, l'histoire de Fontenelle est réelle, à la condition que les rôles seront changés, c'est-à-dire que c'est Corneille qui est le *supplanté*, et alors je dis : le DÉPIT que lui fait cette aventure, etc. Autrement il faudrait rejeter tout à fait cette histoire, car on ne com-

---

[1]. Voy. plus haut, p. 46.
[2]. *Œuvres de Fontenelle*, Histoire du Théâtre français, édit. de 1742, p. III, page 78.

prendrait pas que Corneille, heureux, eût livré la réputation de celle qui l'aimait aux commentaires du public. On conçoit mieux jusqu'où peut entraîner le dépit d'un jeune homme de vingt et un ans [1], et l'on s'explique comment Corneille a cru se venger en composant *Mélite* [2]. »

M. E. Gosselin « appelait l'attention sur ce point, avec d'autant plus d'insistance que, s'il ne s'abusait, cette nouvelle interprétation s'accorderait parfaitement avec les faits qui suivirent ».

Il est certain que Corneille fut « supplanté », puisqu'il n'épousa pas Mélite. Mais ce mariage, « qui suivit » la pièce, est un fait complètement distinct de l'aventure à laquelle Fontenelle rapporte l'origine de cette comédie. Il ne prouve pas du tout que Corneille en ait été la victime, c'est-à-dire qu'il n'ait pas supplanté un premier rival auprès de Mélite, comme lui-même sera supplanté, plus tard, par un autre rival, plus heureux encore.

L'ensemble de la pièce démontre, au contraire, que Corneille fut le héros de l'aventure. La nourrice reproche à Mélite la coquetterie qui la porte à vouloir faire « la nouvelle conquête d'un cajoleur [3] ». Cloris rassure son frère contre les craintes que le premier prétendant lui inspire, et Mélite contre l'opposition qu'il redoute du côté de la mère [4]. Enfin le dénouement de la pièce n'est pas moins en sa faveur, puisqu'à force d'instances Mélite a obtenu de sa mère la promesse formelle du mariage [5]. Corneille triomphe donc sur toute la ligne.

Aussi c'est bien le « plaisir » ressenti de l'aventure, et non « le dépit », un dépit sans cause, qui lui a fait composer *Mélite*, dont les idées et le ton général ne protestent pas

---

1. L'auteur suppose que la pièce fut composée en 1627. La date plus probable est 1629.
2. *Un épisode de la jeunesse de Pierre Corneille*, page 8 de l'Extrait de la *Revue de la Normandie*, où l'article fut publié, en août 1867.
3. Voy. plus haut, p. 53.
4. Voy. plus haut, p. 51 et 54.
5. Voy. plus haut, p. 54.

moins que le fond contre l'intention attribuée à Corneille, d'en avoir fait un acte de vengeance [1]. C'est plutôt un acte de reconnaissance envers « celle qui l'a établi sur les ruines de son introducteur », comme l'a dit Fontenelle, et nullement un acte de vengeance, « pour livrer la réputation de celle qu'il aimait aux commentaires du public », ainsi que l'a supposé M. E. Gosselin. Loin de lui être défavorable, il est à penser que

Tout Rouen pour Mélite eut les yeux de Corneille.

M. E. Gosselin fut plus heureux dans quelques détails généalogiques qui suivent son interprétation, car ils ont fait connaître l'un des points les plus obscurs de la vie de Corneille, le vrai nom de l'héroïne de *Mélite*.

La plupart des Rouennais, nous le répétons, auraient pu dire tous les noms cachés sous les noms de fantaisie de cette pièce de théâtre. Mais insensiblement, avec le temps, la clef s'en perdit, et le nom de famille de Mélite devint bien vite une énigme, qui se compliqua des additions ou des interprétations les moins justifiées jusqu'à nos jours.

En 1742, Fontenelle avait dit de Corneille, son oncle : « Sa première pièce fut *Mélite*. La demoiselle qui en avoit fait naître le sujet porta longtemps dans Rouen le nom de Mélite, nom glorieux pour elle et qui l'associoit à toutes les louanges que reçut son amant [2]. » Elle était donc bien connue, puisque son nom de famille fut remplacé par le nom de théâtre qui lui est donné dans la pièce.

C'est de cette phrase, mal interprétée, que sont venus, plus tard, sur cette personne, tant de détails où l'imagination a pris audacieusement la place de la vérité. Ainsi l'abbé André Guiot, à la fin du XVIIIe siècle, fait de

---

1. En 1882, dans notre *Rouen aux principales époques de son histoire*, p. 39, nous avions adopté la thèse de M. E. Gosselin, qu'un nouvel examen nous fait déserter, aujourd'hui, pour confirmer la tradition primitive.
2. *Œuvres de Fontenelle*, Paris, 1742, t. III, p. 82.

« Mélite », donné comme un surnom par Fontenelle, un nom de famille, « une demoiselle Milet, très jolie Rouennaise ». Il va même jusqu'à ajouter que « Mélite était l'anagramme du nom de la maîtresse de Corneille [1] ». C'est là une double affirmation de Guiot, aussi fausse pour le nom de famille que pour l'anagramme de ce prétendu nom de « Milet », qui ne peut venir de « Mélite » qu'en supprimant une lettre. En 1834, M. E. Gaillard, non content de ces premiers détails, ajouta que « Mlle Milet demeurait à Rouen, rue aux Juifs, n° 15. Le fait lui avait été attesté par M. Dommey, ancien greffier en chef de la cour des comptes ». Enfin, on lui a même trouvé un prénom; on l'a baptisée : « Marie Milet [2]! »

Comment a-t-on pu se livrer à de pareils écarts d'imagination, quand, depuis 1738, l'abbé Granet avait mis sur la voie de la vérité, bien éloignée de ces téméraires affirmations? « Corneille, dit-il, avoit aimé très passionnément une dame de Rouen, nommée Madame du Pont, femme d'un maître des comptes de la même ville, qui étoit parfaitement belle, qu'il avoit connue toute petite fille, pendant qu'il étudioit à Rouen au collège des Jésuites, et pour qui il fit plusieurs petites pièces de galanterie qu'il n'a jamais voulu rendre publiques, quelques instances que lui ayent fait ses amis. Il les brûla lui-même environ deux ans avant sa mort. Il lui communiquoit la plupart de ses pièces avant de les mettre au jour, et comme elle avoit beaucoup d'esprit, elle les critiquoit fort judicieusement, en sorte que M. Corneille a dit plusieurs fois qu'il lui étoit redevable de plusieurs endroits de ses premières pièces [3]. »

M. E. Gosselin se mit en tête de chercher « quelle était

---

1. *Le Moréri des Normands*, ms. de la bibliothèque publique de Caen, dont il existe une copie dans la bibliothèque de Rouen.
2. « Nouveaux détails sur Pierre Corneille ». *Précis de l'Académie de Rouen*, 1834, pages 164-169.
3. *Œuvres diverses de Pierre Corneille*, 1 vol. in-12, Paris, 1738, p. 144. Note sur ce vers de l'*Excuse à Ariste*, en parlant de son amour pour Mélite :
   Puisque ce fut par là que j'appris à rimer.

cette dame du Pont », dont parle l'abbé Granet, et le point était si obscur que l'habile chercheur s'y reprit à deux fois avant de trouver et de donner la vraie solution du problème.

En 1865, au congrès scientifique tenu à Rouen, ce problème généalogique fut posé, et M. Gosselin ne s'en occupa qu'incidemment, en jetant une note à la fin d'une étude dont Corneille est l'objet. « Nota. — On a demandé, dans ces derniers temps, si Marie Millet et Mme Dupont étaient une seule et même personne. Nous répondrons *non*, car, au moment du mariage de Pierre Corneille, la dame Dupont se trouvait veuve de Thomas Dupont, conseiller-correcteur à la chambre des comptes de Rouen, et son nom était Marie Courant [1]. » Cela résultait de deux arrêts du parlement de Rouen, du 26 juin 1638 et du 11 août 1639.

Deux ans après, M. Gosselin rectifia ainsi la dernière partie de son renseignement sur le nom des personnes : « Je m'étais trop hâté dans cette réponse : je touchais à la vérité, mais j'étais encore dans l'erreur; cette Marie Courant, veuve de Thomas Du Pont, conseiller à la chambre des comptes, n'était que la *belle-mère* de la dame Du Pont que Corneille aima et dont a parlé l'abbé Granet dans l'édition de 1738 [2] ».

Marie Courant, en effet, avait épousé Thomas du Pont, sieur de Servaville, conseiller à la chambre des comptes de Rouen, dont elle était veuve à la date de 1630. De leur mariage était né l'aîné de ses fils, Thomas du Pont, l'époux de la personne désignée par l'abbé Granet : « une dame de Rouen nommée Mme Du Pont, femme d'un maître des comptes de la même ville. » Au nom de son père il joignait la même qualité, parce qu'il lui avait succédé dans ses fonctions vers 1630.

---

1. *Particularités de la vie judiciaire de Pierre Corneille*, p. 15 de l'Extrait de la *Revue de la Normandie*, juillet 1865, pages 414-425.
2. *Un épisode de la jeunesse de Pierre Corneille*, p. 5 de l'Extrait de la *Revue de la Normandie*, août 1867.

Cette seconde dame du Pont, confondue avec sa belle-mère, était la fille de Charles Hue, receveur des aides en l'élection de Rouen, et de Catherine de Beauquemare. Baptisée le 23 avril 1611, elle eut le prénom de « Catherine », celui de sa mère, et c'est Catherine Hue qui, recherchée en mariage par Corneille, deviendra plus tard l'héroïne de l'aventure galante mise par lui sur la scène, en donnant le nom de « Mélite » à la personne et à la pièce.

Le personnage invisible aux yeux du spectateur, mais présent partout, la mère, dont Mélite et Tircis redoutent tant l'opposition à leurs projets, avait nom Catherine de Beauquemare. Elle appartenait à une famille normande, célèbre dans l'Église, dans l'armée et dans la robe, depuis longtemps. Veuve de Charles Hue le 6 mai 1616, elle avait tout pouvoir sur ses cinq enfants, et sur sa fille Catherine comme sur les autres, puisqu'en 1629, date de ces projets de mariage, celle-ci n'avait que dix-huit ans [1].

Nous compléterons ces renseignements sur les personnages de la pièce en disant qu'à nos yeux, Cloris, sœur de Tircis, n'est pas seulement sa sœur au théâtre, elle l'est en réalité. C'est Marie Corneille, sa sœur puînée, baptisée le 4 novembre 1609, trois ans et quelques mois après lui, et qui, lors de l'apparition de la pièce, touchait à ses vingt ans. Confidente des amours de son frère, elle a dû lui tenir, en réalité, le langage qu'il lui prête sur la scène, et seule elle pouvait démasquer le subterfuge du sonnet [2].

Impossible, aujourd'hui, de mettre un nom propre sous celui d'Éraste; mais il est certain qu'il fut un personnage réel comme les autres. Ses jalousies perpétuelles le firent supplanter par Corneille, après deux ans d'hommages et malgré sa grande fortune. Sa vengeance sera de voir Cor-

---

1. *Un épisode de la jeunesse de Corneille* par E. Gosselin, août 1867, *passim*. — Comme la découverte de tous ces faits est postérieure aux grands travaux sur Corneille, les éditeurs et les biographes n'en ont pas parlé. Ils ont donc ici un regain de nouveauté.
2. Acte II, sc. IV. Voy. plus haut, p. 48.

neille supplanté à son tour, quand Mélite deviendra la femme d'un autre, si ce n'est du premier prétendant. En ce cas la revanche aurait été complète.

La date de la rupture est encore inconnue, et reste un point fort obscur. Cependant on peut la placer, à coup sûr, entre 1629 et 1637, et à une époque plus voisine de cette dernière date que de la première. En voici les motifs.

L'un d'eux est tiré de cette affirmation de l'abbé Granet : « Corneille lui communiquoit (à Catherine Hue, à Mélite) la plupart de ses pièces avant de les mettre au jour, et, comme elle avoit beaucoup d'esprit, elle les critiquoit fort judicieusement, en sorte que M. Corneille a dit plusieurs fois qu'il lui étoit redevable de plusieurs endroits de ses premières pièces [1]. » Si Corneille avait procédé de la sorte pour *Mélite*, la pièce qui retrace son aventure galante serait donc arrivée sur la scène, revue et corrigée par l'héroïne même. Ce détail piquant n'a rien d'invraisemblable, puisque *Mélite* figure en tête des « premières pièces » dont parle l'abbé Granet. Ces communications ont pu être faites pour *Clitandre* en 1632, *la Veuve*, *la Galerie du Palais* en 1633, *la Place Royale*, *la Suivante* en 1634, car ce sont là les « premières pièces », en date, données par Corneille au théâtre. Mais, pour les soumettre aux critiques de Mélite, il fallait nécessairement que leurs projets de mariage ne fussent pas encore rompus.

La collaboration dut s'arrêter, un ou deux ans plus tard, par le mariage de Mélite, « dont il est impossible de déterminer exactement la date. Cependant, à défaut de l'acte, il est très facile d'établir que le mariage de Thomas Du Pont dut être célébré *avant 1637* [2]. »

Aux preuves apportées par M. E. Gosselin, nous joindrons l'aveu de Corneille lui-même, les regrets qu'il

---

[1]. Voy. plus haut, p. 60.
[2]. *Un épisode de la jeunesse de Pierre Corneille*, p. 10 de l'Extrait. — M. E. Gosselin le prouve par la majorité, en 1661, des trois fils de Catherine Hue et de Thomas du Pont, et par une procuration donnée à leur mère, à la même date.

exprime sur son premier amour, dans une pièce qu'il publia en 1637. Un ami l'avait prié de composer des paroles pour être mises en musique, et Corneille, ne voulant pas se donner cette peine, s'excusa, en disant à cet ami que, sollicité de faire des chansons pour la femme qu'il avait le plus aimée, et qui devait les chanter, il n'avait « jamais en sa faveur pu tirer deux rimes ». Voici l'aveu touchant que ce premier amour lui avait inspiré, avant de repousser la demande de son ami.

>Revenons aux chansons que l'amitié demande ;
>J'ai brûlé fort longtemps d'une amour assez grande,
>Et que jusqu'au tombeau je dois bien estimer,
>Puisque ce fut par là que j'appris à rimer.
>Mon bonheur commença quand mon âme fut prise.
>Je gagnai de la gloire en perdant ma franchise.
>Charmé de deux beaux yeux, mon vers charma la cour;
>Et ce que j'ai de nom je le dois à l'amour.
>J'adorai donc Phylis [1]; et la secrète estime
>Que ce divin esprit faisoit de notre rime
>Me fit devenir poète aussitôt qu'amoureux :
>Elle eut mes premiers vers, elle eut mes premiers feux,
>Et bien que maintenant cette belle inhumaine
>Traite mon souvenir avec un peu de haine,
>Je me trouve toujours en état de l'aimer ;
>Je me sens tout ému quand je l'entends nommer,
>Et par le doux effet d'une prompte tendresse
>Mon cœur sans mon aveu reconnoît sa maîtresse.
>Après beaucoup de vœux et de submissions
>Un malheur rompt le cours de nos affections ;
>Mais toute mon amour en elle consommée,
>Je ne vois rien d'aimable après l'avoir aimée :
>Aussi n'aimé-je plus, et nul objet vainqueur
>N'a possédé depuis ma veine ni mon cœur.
>Vous le dirai-je, ami ? tant qu'ont duré nos flammes,
>Ma muse également chatouilloit nos deux âmes :
>Elle avoit sur la mienne un absolu pouvoir ;
>J'aimois à le décrire, elle à le recevoir [2].

On voit donc que cet amour dura « fort longtemps », peut-être jusqu'en 1634, et même au delà, puisque le ma-

---

1. C'est le troisième « nom de Parnasse » donné à Catherine Hue, appelée, précédemment, « Caliste » et « Mélite ».
2. *Œuvres de Pierre Corneille*, Excuse à Ariste, t. X, p. 74.

riage, antérieur à 1637, n'empêcha pas Corneille d'en confier à un ami, et puis au public, un aveu qui a lieu de surprendre, en songeant au mari.

Toutefois Catherine Hue, devenue Mme Du Pont, ne put lire ces vers sans émotion, ni sans regrets peut-être de ne pas avoir été unie au brillant auteur du *Cid*. En se rappelant les accents sincères du *Dialogue*, les tendres déclarations de *Mélite*, et le suprême aveu de l'*Excuse à Ariste*, ne dut-elle pas se trouver, au fond de son cœur, encore heureuse d'avoir pu jouir de l'intimité de Corneille, jeune et glorieux, dans toute la fraîcheur de son talent, dans toute la candeur de son génie?

Traiter en détail ce problème obscur de « la légende et de la vérité dans *Mélite* » devenait d'une nécessité absolue. Car tout ce qui touche au cœur de Corneille, à ce cœur si peu connu, devient d'une haute importance pour compléter sa biographie et pour expliquer ses œuvres. On voit par là combien les faits s'altèrent, en passant de siècle en siècle, et quels travestissements la légende fait trop souvent subir à la vérité. Tout ce qu'on avait dit d'erroné, jusqu'à nos jours, sur la personne de Mélite, en est la preuve évidente.

CHAPITRE VI

CORNEILLE ET LA COUR DE LOUIS XIII AUX EAUX DE FORGES

Construction d'un théâtre à Forges. — L'acteur Mondory protecteur de Corneille. — Pièces de Corneille représentées devant la cour. — Conséquences de ce voyage pour l'auteur. — François Ier de Harlay, archevêque de Rouen. — Corneille s'excuse, en vers latins, de ne pas louer Louis XIII ni Richelieu, comme le désirait l'archevêque. — Il entre dans la compagnie des cinq auteurs et en sort bientôt. — Souvenir de Forges et de son théâtre dans la Querelle du Cid. — Mondory et les représentations du Cid à Paris. — Furent-elles immédiatement interrompues par sa paralysie?

De bonne heure, la santé de Louis XIII fut toujours chancelante, et ses médecins, pour la rétablir, crurent nécessaire de l'envoyer aux eaux de Forges, dont la renommée grandissait de jour en jour.

Le roi y arriva le mercredi 15 juin 1633, la reine Anne d'Autriche le 16, et le cardinal de Richelieu le 20. Sur la grande place du village, à peu de distance de l'église, qui s'y trouvait alors, étaient deux maisons, de meilleure apparence que les autres fort modestes, et elles furent désignées pour recevoir le couple royal. Aussi un plan du bourg de Forges, de 1697, les désigne avec cette légende : « Maisons où logèrent le feu roy et la reyne mère [1] ».

Les divertissements formant une partie essentielle du traitement, au dire des médecins spéciaux de cette époque, on était en train de construire, le 22 juin, dans la cour du

---

1. Ce plan est en tête du *Nouveau Traité des Eaux minérales de Forges*, par M. B. Linand, docteur en médecine, 1697, petit in-4°.

logis de Sa Majesté, un théâtre pour la troupe de comédiens que l'on attendait à Forges.

Pendant ce temps-là, les députations du parlement, de la chambre des comptes, de la cour des aides, et de toutes les autres autorités, dont Rouen était le siège, vinrent rendre au roi et à la cour les hommages prescrits par le cérémonial. Les députés de l'amirauté et des eaux et forêts, juridictions inférieures, vinrent-ils à Forges, avec l'avocat du roi? Nous n'en savons rien, en l'absence des registres pour cette époque. Mais, si Corneille n'y vint pas à titre officiel, il est à croire qu'il s'y rendit comme auteur dramatique.

Le théâtre de Forges fut desservi par une troupe de comédiens où se trouvaient, entre autres, Mondory et la Desvilliers. C'était la troupe du Marais, dont le chef, Mondory, reçut tant d'éloges de ses contemporains ravis de l'acteur, et connu de Corneille depuis quelques années. Le poète débutant « avait remis *Mélite* à une troupe de comédiens de passage à Rouen; mais le chef, qui était le célèbre Mondory, la jugeant digne d'un autre parterre, se rendit à Paris pour l'y faire jouer [1] ».

Corneille en aura fait la connaissance, à Rouen, dans l'un des deux jeux de paume, les Deux-Maures ou les Braques, qui servaient alors aux représentations théâtrales, le plus ordinairement, après les fêtes de Pâques. Comme on ne peut hésiter, pour la représentation de *Mélite*, à Paris, qu'entre la fin de l'année 1629 et le commencement de 1630, le pièce manuscrite aura été remise par Corneille, à Mondory, pendant la durée de son séjour à Rouen, à partir de Pâques 1629 (15 avril).

Ce bienveillant accueil eut aussitôt sa récompense. La pièce servit à établir une nouvelle troupe à Paris, celle du Marais, dont Mondory devint le chef en concurrence avec

---

1. *Histoire de la poésie françoise*, 1706, in-12, p. 216. — Cité par M. Taschereau, *Histoire de la vie et des ouvrages de P. Corneille*. Paris, 1869, in-12, t. I, p. 7.

celle de l'Hôtel de Bourgogne. « Le succès en fut surprenant, dit Corneille ; il établit une nouvelle troupe de comédiens à Paris, malgré le mérite de celle qui étoit en possession de s'y voir l'unique; il égala tout ce qui s'étoit fait de plus beau jusqu'alors, et me fit connaître à la cour [1]. » Bien grande fut l'estime, et même la reconnaissance réciproque de l'auteur et du comédien qui se devaient, l'un, le commencement de la célébrité, l'autre, l'établissement de sa troupe à Paris, en dépit de redoutables rivaux.

Leurs rapports continuèrent, parce que, « devenu directeur du théâtre du Marais, Mondory conserva l'habitude des voyages en Normandie [2] ». Nous le croyons d'autant plus volontiers qu'un auteur contemporain, Samuel Chapuzeau, affirme positivement le fait du voyage. « Cette troupe alloit quelquefois passer l'été à Rouen, étant bien aise de donner cette satisfaction à une des premières villes du royaume [3]. De retour à Paris de cette petite course dans le voisinage, à la première affiche, le monde y couroit et elle se voyoit visitée comme de coutume [4]. » Ce concours empressé se produisait surtout quand le directeur donnait des pièces nouvelles de Corneille, car nous ne doutons pas que toutes, jusqu'au *Cid* inclusivement, n'aient été représentées sur le théâtre du Marais, tant l'auteur resta toujours fidèle au directeur de théâtre qui avait accueilli si favorablement ses premiers essais.

Que Corneille ait visité les comédiens de Forges, et surtout leur chef, Mondory, le fait est d'autant plus vraisemblable qu'une grande facilité lui était donnée par des relations de famille. Sur la route de Rouen à Forges, à une quinzaine de kilomètres de ce bourg, se trouvait la paroisse de Boisguilbert, dont son oncle, Charles Le Pesant, était seigneur; par l'achat de ce fief, conclu le

---

1. Œuvres de P. Corneille, t. I, p. 138.
2. M. Marty-Laveaux, Œuvres de P. Corneille, t. I, p. 131.
3. Rouen était alors, après Paris, la première ville du royaume.
4. Cité par M. Marty-Laveaux, *ibidem.*, p. 258.

26 mai 1627 [1]. C'est là que, le samedi 25 juin 1633, il reçut la députation de la chambre des comptes chargée d'aller présenter ses devoirs au roi, à Forges. Elle se composait de M. de la Barre, président ; de MM. Le Pesant l'aîné, qui recevait la députation, Asselin, Duquesne, Boyvin, Hesbert, procureur général, et Le Pelletier, avocat général. Ils firent leur visite à toute la cour le lendemain dimanche, retournèrent coucher à Boisguilbert, et, le mardi 28, rendirent compte de leurs démarches à la compagnie, qui les en remercia [2]. Corneille, reçu chez son oncle, aurait donc pu obvier facilement aux difficultés de trouver un logement dans le petit bourg de Forges, au milieu de l'affluence de visiteurs qu'y attirait chaque jour la présence du roi et de la cour, et savoir de Mondory celles de ses pièces qu'il se proposait de représenter sur le théâtre élevé pour contribuer à leurs plaisirs.

Ce voyage de Louis XIII, en compagnie de Richelieu, eut plusieurs conséquences pour Corneille. Pendant les dix-neuf jours que la cour resta à Forges, du mercredi 15 juin au dimanche 3 juillet 1633, François Ier de Harlay, archevêque de Rouen, fit sa visite officielle, et, après le départ de la cour, il engagea Corneille à célébrer, au nom des Muses normandes, le séjour du roi et du cardinal dans cette bourgade de la Normandie. Il n'eût pas été fâché de joindre ce nouvel éloge à ceux de tous ces poètes, plus ou moins connus, dont il se faisait le Mécène, dans le château de Gaillon, la splendide demeure d'été des archevêques de Rouen. C'était un moyen commode de faire sa cour au roi et au cardinal, en mettant ainsi à contribution la plume et l'esprit d'autrui.

Mais Corneille, au lieu de satisfaire à ce désir, se représenta comme incapable de louer le cardinal et le roi, sui-

---

1. Lui seul était Le Pesant « de Boisguilbert » et non Marthe, sa sœur, mère de Pierre Corneille, comme on l'a dit trop souvent.
2. *Archives de la Seine-Inférieure*, Chambre des comptes de Normandie, plumitif de l'année 1633, f° 33, verso.

vant leurs mérites, en adressant à l'archevêque Harlay, sous le titre d'Excuse[1], une pièce de vers latins élégiaques, composée de quarante-trois distiques. Elle est postérieure au 24 septembre 1633, puisque l'un des vers parle de la prise de Nancy, qui avait eu lieu à cette date. Peut-être même est-elle de l'année 1634, par la place qu'elle occupe dans le recueil intitulé : *Chants de victoire des Muses*[2], dont le privilège est du 23 avril 1633, un peu moins de deux mois avant le voyage de Forges. Elle se trouve aux pages 248-251 de ce recueil, composé de 282 pages, et l'imprimeur avertit le lecteur qu' « il a mis ces pièces sous presse, au fur et à mesure qu'elles lui venaient entre les mains ». L'éditeur n'aurait pas manqué de donner une autre place à celle de Corneille, s'il l'avait reçue de lui antérieurement. Enfin il faut remarquer que le privilège est accordé au fameux de Boisrobert, le grand favori de Richelieu, et qui paraît avoir imaginé la publication de ce recueil pour lui complaire. Le privilège fut cédé par lui à l'imprimeur Cramoisy, qui acheva l'impression, le 14 août 1634, avec une dédicace au cardinal.

Il est à noter que cette pièce figure dans un recueil consacré en entier à l'éloge de Louis XIII et de Richelieu, et qu'elle débute par le refus que fait Corneille de les louer l'un et l'autre, pour les motifs dont voici le résumé : « Simple poète comique, son style est familier, tel qu'il convient à l'amant improvisé, désireux d'offrir ses hommages à la dame qu'il rencontre (*Mélite*, 1629, acte I, sc. II). Tel aussi le style de l'ami s'adressant à l'ami obligeant trouvé sur ses pas (*Place Royale*, 1634, acte I, sc. IV); tel celui de la jeune fille accueillant avec faveur un prétendant inattendu (*Mélite*, acte II, sc. I, et *Place Royale*, acte II,

---

1. Le titre complet est : *P. Cornelii Rothomagensis, ad Illustrissimi Francisci Harlæi, Archiepiscopi, Normaniæ Primatis invitationem, qua gloriosissimum Regem, Eminentissimumque Cardinalem-Ducem versibus celebrare jussus est*, Excusatio.

2. Epinicia Mvsarvm *Eminentissimo Cardinali-Duci de Richelieu*. Paris, 1634, in-4º.

sc. vii). Cependant sa veine n'est pas toujours consacrée au rire ; parfois le ton s'en élève en vue de plaire par les contrastes. Un père tire des pleurs à sa famille (*Galerie du Palais*, 1633, acte IV, sc. x) ; ou plus souvent un amant infidèle en fait verser à sa maîtresse (*Galerie du Palais*, acte III, sc. v et x) ; ou bien un prétendant se livre à un emportement comique (*Mélite*, acte IV, sc. viii et xi). Et au moment même où la *Galerie* des marchands fait presque éclater de rire, c'est alors que Lysandre s'abandonne à un noble transport (*Galerie du Palais*, acte V, sc. i) ; la douleur et les soupirs d'Angélique délaissée n'ont pas moins charmé que les plaisanteries de la joyeuse Philis (*Place Royale*, acte I, sc. i et ii, acte II, sc. i, ii, iii) ; ceux qu'elle fait rire à gorge déployée versent un torrent de larmes, en voyant le désespoir d'Angélique (*Place Royale*, acte IV, sc. viii). Mais la scène est là, et le geste et la voix viennent en aide à l'auteur ; l'œuvre est-elle imparfaite, Roscius (Mondory) la complète. Il relève les endroits faibles, et toute sa personne vient en aide à la pièce ; de là ses vers tirent peut-être et leur feu et leur grâce. » Corneille ne peut rien, en dehors du théâtre, aussi « n'oserait-il ni profaner les triomphes de Louis, ni déshonorer Richelieu par les humbles accents de sa lyre ». Les victoires du roi et les services du cardinal, il laisse à des poètes mieux inspirés le soin de les chanter.

Ici se trouve la preuve que des pièces de Corneille ont été représentées sur le théâtre de Forges, puisque le poète dit : « Qu'il me suffise que l'un et l'autre aient applaudi à mes jeux ; peut-être aussi mon nom est-il connu de l'un et de l'autre. Peu propre à chanter leurs louanges, Melpomène l'a été à alléger leurs soucis, et je désire qu'elle le soit de longs jours encore [1]. » Écrit après le départ de la cour, ce passage est une allusion évidente aux représentations des pièces de Corneille, à Forges aussi bien qu'à Paris.

[1]. Il y aura bientôt une trentaine d'années que, dans *Louis XIII et sa cour aux eaux de Forges*, étude publiée, en 1859, par la *Revue des Sociétés sa-*

Plein d'admiration pour les poètes qui ont chanté le roi et Richelieu, il en vient à dire que « sa muse se garde bien d'approcher des trophées de Godeau, et de s'engager sur les pas de Chapelain et de tous ceux dont la renommée retentit en tous lieux, à cause de leurs sublimes inspirations. En vain espérerait-il les égaler ; il lui suffit de rester un simple poète comique. » Aussi termine-t-il par cette prière à l'archevêque de Rouen : « Toi, que ceint une mitre depuis longtemps au-dessous de tes mérites, ô prélat, gloire et lumière du pays normand, pour célébrer les louanges des héros, et des triomphes dignes d'un Virgile, cesse, je t'en prie, de t'adresser à notre faible lyre. »

Tout est à noter dans cette curieuse *Excuse*[1], évidemment inspirée par le voyage de la cour aux eaux de Forges. Celui qui demande des vers à Corneille est l'archevêque de Rouen ; l'auteur est Rouennais ; Mondory, l'ami de Corneille, joue ses pièces à Forges ; de Boisrobert, pourvu d'un privilège pour l'impression, obtint encore un canonicat, à la cathédrale de Rouen, en 1634, l'année même de la publication de toutes ces pièces, où celle de Corneille devait prendre place. Enfin n'est-elle pas bien curieuse l'erreur de Corneille sur son génie, qu'il croit comique avant tout ? Cependant elle s'explique, parce qu'il ne s'était pas encore essayé dans la vraie tragédie, *Clitandre* n'étant qu'une tragi-comédie peu faite pour l'encourager à persévérer dans cette voie. Quant aux éloges décernés aux Godeau et aux Chapelain, qu'il est impossible de ne pas croire sincères, ils prouvent qu'à ses débuts Corneille, partageant le mauvais goût de son temps, n'osait pas encore lui rompre en visière.

---

vantes des départements, 2ᵉ série, t. I, premier semestre, pages 611-642, nous avions signalé, le premier, l'importance de ce passage de l'*Excuse* pour établir la chronologie de ces premières pièces de Corneille. — M. Marty-Laveaux a partagé notre avis dans la notice placée en tête des vers de l'*Excusatio*, t. X, pages 64-65, et page 7 de la notice de ce volume.

1. On a vu que, trois ou quatre ans plus tard, Corneille fera une nouvelle *Excuse* pour refuser à un ami les chansons qu'il lui demandait, en 1637. Voy. plus haut, p. 64.

Les vers de l'*Excuse*, compris dans le recueil rempli de ses éloges, furent agréables à Richelieu, non moins que les premières pièces du théâtre de Corneille, et le cardinal le comprit bientôt parmi les cinq auteurs chargés de composer des pièces, sur un canevas donné par lui, et sous sa direction [1]. Enrôlé avec de Boisrobert, Colletet, de l'Estoile et Rotrou, Corneille fit le troisième acte de la *Comédie des Tuileries*. Comme cette pièce fut jouée devant la reine Anne d'Autriche, le 4 mars 1635, on peut croire que Corneille entra dans la compagnie des cinq auteurs à la fin de 1634, ou bien, au plus tard, au début de 1635. Il n'y resta pas longtemps. « Le cardinal avait arrangé toutes les scènes (de la *Comédie des Tuileries*). Corneille, plus docile à son génie que souple aux volontés d'un premier ministre, crut devoir changer quelque chose dans le troisième acte, qui lui fut confié. Cette liberté estimable fut envenimée par deux de ses confrères et déplut beaucoup au cardinal, qui lui dit qu'il *fallait avoir un esprit de suite.* Il entendait par esprit de suite « la soumission qui suit aveuglément les ordres d'un supérieur [2] ». D'après Voltaire encore, « Corneille se retira bientôt de cette société, sous prétexte des arrangements de sa petite fortune qui exigeait sa présence à Rouen [3] ». Au lieu de ce motif assez vague, et singulièrement présenté par Voltaire, Corneille aurait pu invoquer ses fonctions d'avocat du roi près la table de marbre de Rouen, qui étaient bien réelles et lui interdisaient alors de longs séjours à Paris.

Nous ne saurions absolument rien des pièces jouées sur le théâtre de Forges, sans les discussions orageuses qui suivirent le grand succès du *Cid*, discussions soulevées par les écrivains à la dévotion du cardinal pour lui complaire et pour servir une haine, grossie encore par la retraite précipitée de Corneille, en 1635. Les premières représenta-

---

1. Voy. plus loin, chap. XII.
2. Préface historique sur le *Cid*, par Voltaire.
3. Préface sur *Médée*.

tions du *Cid* sont de la fin de décembre 1636, et les lettres et les pamphlets commencèrent avec les premiers mois de 1637, pour durer toute l'année, mêlant à la discussion et aux attaques le souvenir des pièces de Corneille représentées, à Forges, par la troupe de Mondory.

Les *Observations sur le Cid*, par Scudéry, sans date plus précise que 1637, avaient été suivies, entre autres, de la *Lettre apologétique du sieur Corneille*, où, tout en répondant à son adversaire, Corneille lui disait : « Il n'a pas tenu à vous que du premier lieu où beaucoup d'honnestes gens me placent, ie ne sois descendu au-dessous de Claueret [1]. » Le coup était rude pour l'ex-avocat d'Orléans devenu auteur dramatique; mais Corneille s'était cru en droit de le porter à celui qui, sous le masque de l'amitié, en oubliait les devoirs jusqu'à distribuer et colporter partout les vers injurieux de *l'Avtevr dv vrai Cid espagnol, à son Tradvctevr François*. La pièce se compose de six strophes de six vers, au bas desquels on a mis, comme signature : « Don Baltazar de la Verdad ». Il n'y a pas de date, mais elle est de 1637.

Claveret répondit à la *Lettre apologétique* par la « *Lettre du sieur Claveret au sieur Corneille, soy disant Auteur du Cid*, et sa réponse fut immédiate. Au cours de ses diatribes, il reproche à Corneille d'avoir composé sa *Place Royalle*, seulement dès qu'il sut que lui, Claveret, travaillait à la sienne. Les motifs allégués sont que Corneille voulait, « ou satisfaire sa passion jalouse ou contenter celle des comédiens qu'il servoit ». Mondory et la troupe du Marais étaient par là directement mis en cause. Malgré tout, affirme Claveret, sa *Place Royalle* réussit, et les honnêtes gens s'y rendirent en foule et donnèrent des éloges à l'auteur. « J'adjouterois bien, dit-il, qu'elle eust la gloire et le bonheur de plaire au roy estant à Forges, plus qu'aucune des

---

1. Edition originale, in-8°, p. 5. — Nos citations, pour la Querelle du Cid, seront presque toutes empruntées aux éditions originales, et non aux ouvrages de seconde main, où le texte a été plus ou moins remanié, au moins pour l'orthographe.

pièces qui parut lors sur son théâtre. Vous en avez pu sçavoir les particularitez, sans qu'il soit nécessaire de les vous dire, et je suis bien aise de vous laisser cette rare méthode que vous avez, pour louër vos ouvrages, de faire entendre au peuple qu'ils ont été représentez au Louvre, et à l'Hostel de Richelieu. »

Évidemment, pour que l'assertion porte coup et rende plus désobligeant le succès que Claveret attribue à sa *Place Royalle* sur toutes les autres pièces jouées à Forges, il faut qu'une ou deux pièces du théâtre de Corneille y aient été jouées également. Mais lesquelles? En juin et juillet 1633, son répertoire se composait des pièces mentionnées dans l'*Excuse*, c'est-à-dire *Mélite*, la *Place Royalle*, la *Galerie du Palais*, dont il parle, et *Clitandre* avec la *Veuve*, dont il ne parle pas. Impossible de préciser davantage le nom ou le nombre de celles de ces pièces que Mondory représenta devant la cour. Mais la représentation est certaine, et par les applaudissements dont parle Corneille dans l'*Excuse*, et par la comparaison que la *Lettre* de Claveret établit entre sa *Place Royalle* et toutes les autres pièces, « qui parurent sur le théâtre du roy estant à Forges [1] ».

Avant de quitter les représentations de ses pièces devant la cour, sur le théâtre de Forges, que Corneille dut à la bienveillance de Mondory, et dont la preuve ressort des pamphlets de la fameuse Querelle du Cid, il est utile d'examiner un autre point obscur, qui concerne cette dernière pièce, l'acteur et Corneille. On sait que les jaloux de Corneille rapportèrent tout le succès des représentation du *Cid* au talent incontestable de Mondory. Il y eut sa grande part, sans doute, et Corneille l'a reconnu pour le *Cid*, aussi bien que pour ses pièces précédentes, comme on le voit dans l'*Excuse* [2]. Mais la tragi-comédie du *Cid*, par sa valeur intrinsèque, n'avait pas autant besoin du précieux concours de Mondory.

1. Voy. plus haut, p. 74.
2. Voy. plus haut, p. 71.

Le point obscur est de savoir pendant combien de temps ce fameux acteur joua le *Cid*, à Paris. Fut-il forcé d'interrompre, presque aussitôt, les brillantes représentations de janvier 1637, par suite d'une paralysie soudaine, ou put-il les poursuivre longtemps encore? Les avis sont partagés.

M. E. Soulié croit que l'attaque d'apoplexie de Mondory, jouant le rôle d'Hérode, dans la *Marianne* de Tristan, est antérieure aux premières représentations du *Cid*, c'est-à-dire à la fin de décembre 1636, et que c'est « après les premiers temps de sa retraite » que Balzac lui adressa la lettre du 15 décembre 1636, remise à Mondory par Chapelain [1].

Il faut remarquer d'abord que, si cette lettre avait été écrite après la retraite de Mondory, à la suite de sa paralysie, Balzac en ferait au moins mention. Or il n'en dit mot et s'étend en éloges qui ne peuvent convenir qu'à un homme bien portant, capable de produire, sur la scène, les merveilles dont parle la lettre. On ne s'expliquerait pas non plus comment Mondory, s'il fût tombé, dès 1636, « frappé d'apoplexie sur la scène, et s'il ne s'était relevé qu'en restant paralysé de la langue et du bras droit », aurait pu produire ces grands effets de scène, tant loués chez cet acteur par les ennemis de Corneille, avec l'intention de rabaisser d'autant le mérite de sa tragi-comédie du *Cid*.

M. Taschereau n'avait pas abordé ce détail dans la première édition de la *Vie de Corneille* (1829). Plus tard, admettant l'hypothèse de M. Soulié, il dit dans la deuxième [2], et répéta dans la troisième édition [3] : « Mondory, qui avait été l'introducteur de *Mélite* à la scène, et qui ne put, sinon créer, du moins continuer à représenter le personnage de Rodrigue dans le *Cid*, parce que, peu de mois auparavant, il avait été frappé d'apoplexie en jouant,

---

1. « Le comédien Mondory », *Revue de Paris*, 1836, p. 349.
2. 1855, p. 56.
3. 1869, t. I, p. 61.

avec trop de véhémence, Hérode dans la *Marianne* de Tristan, écrivait à Balzac, le 18 janvier 1637, l'effet prodigieux que le *Cid* avait produit sur la scène ». Un peu plus loin, à propos de la représentation de l'*Aveugle de Smyrne* à l'hôtel de Richelieu, le 22 février 1637, M. Taschereau ajoute : « Cette représentation fut interrompue par les suites de la paralysie de Mondory. Cet acteur avait trop présumé de ses forces en croyant que, si elles ne lui permettaient pas de reparaître sur le théâtre du Marais, elles pourraient du moins suffire aux représentations beaucoup moins fréquentes du théâtre Cardinal [1]. » L'autorité invoquée est une lettre de Mondory à de Boisrobert, publiée, pour la première fois, par M. Soulié, en 1838, dans son article de la *Revue de Paris*.

Or le texte précis de cette lettre, qui a une date certaine, détruit toutes ces assertions. Il y est dit, en effet : « Ainsi qui m'abandonneroit au théâtre du Maretz, me feroit sans doute achever la tragédie que *j'y commençay il y a trois mois*. » La lettre portant la date du 13 novembre 1637, Mondory fixe donc lui-même le commencement de sa paralysie aux premiers jours du mois d'août de cette même année, et elle n'est point de l'année 1636, avec une rechute au mois de février 1637 [2].

Nous ajouterons que Mondory doit avoir été en état de jouer le *Cid* pendant un certain temps, pour que Mayret ait pu dire à Corneille, dans son *Épistre familière* du 4 juillet 1637, au fort de la Querelle du Cid, que « les gestes, le ton de voix, la bonne mine et les beaux habits de

---

1. 1869, t. I, p. 62.
2. Cette rectification a été acceptée par M. Taschereau. Dans ses corrections du tome I de l'édition de la *Vie de Corneille*, 1869, on lit : « Pages 61 et 218. J'avais dit que les dates de l'attaque d'apoplexie de Mondory et de sa retraite forcée de la scène avaient été mal étudiées. M. Bouquet, professeur au lycée impérial de Rouen, dans un article de la *Revue de la Normandie* (février-mars 1869), s'est livré à des recherches et à des rapprochements qui nous porteraient à penser que l'accident de Mondory est de 1637 et non de 1636, comme nous l'avions répété. » (T. II, pages 251, 252 de cette troisième édition.)

ceux et de celles qui avoient représenté la pièce faisoient la meilleure partie de la beauté de son ouvrage ». Aussi baptisait-il Mondory du nom de « Roscius Auvergnac », ajoutant seulement le nom de la province au surnom que Corneille lui avait déjà donné, quatre ans auparavant, dans l'*Excuse*, citée plus haut [1].

Enfin l'auteur anonyme de la *Response à l'Amy du Cid sur ses invectives contre le sieur Claveret* attribue aussi le succès du *Cid* à Mondory, par son talent théâtral et par d'autres moyens encore. « Souvenez-vous, dit-il à l'ami de Corneille, ou plutôt à Corneille lui-même, que la conjoncture du temps, l'adresse et la bonté des acteurs, tant à la bien représenter qu'à la faire valoir par d'autres inventions étrangères, que le sieur de Mondory n'entend guère moins bien que son métier, ont été les plus riches ornements du *Cid* et les premières causes de sa fausse réputation [2]. »

Il est donc à présent hors de doute que Mondory, durant les sept premiers mois de l'année 1637, qui virent naître la Querelle du Cid, assura le succès de cette pièce, au grand déplaisir des rivaux ou plutôt des ennemis de Corneille.

1. Voy. p. 74.
2. Voy. *Corneille et l'acteur Mondory*, pages 16, 17 de l'Extrait. — C'est à notre travail que renvoyait M. Taschereau, quand il en adoptait les conclusions.

CHAPITRE VII

ANOBLISSEMENT DE LA FAMILLE CORNEILLE ET ATTAQUES
DES ENNEMIS DU POÈTE LORS DE LA QUERELLE DU « CID »

Ancêtres qualifiés « nobles » ou « honorables personnes ». — Les Houel
et les Le Pesant. — Noblesse accordée à la famille Corneille. — Motifs
de cette distinction. — Les premières armes de la famille. — La cause
principale de l'anoblissement est le succès du *Cid*. — Témoignage
postérieur de Jean Loret. — Attaques des ennemis du poète. — Claveret.
— Charleval. — Un inconnu favorable. — Mairet. — La particule nobiliaire donnée à Corneille. — Il ne la prend ni dans sa signature ni ailleurs.
— Il prend toujours le titre d'« Écuyer ».

Bien longtemps avant l'anoblissement du père de Pierre
Corneille, le poète, plusieurs membres de la famille Corneille, dans les deux lignes, ou parmi ses alliés, avaient
porté le titre de « nobles hommes », ou « honorables personnes », en vertu des usages reçus. « Quoique l'ordonnance de Charles VII, en 1444, ne déclare nobles que ceux
qui vivent noblement, *suivant les armes*, et que Henri III,
en 1582, ne reconnoisse pour nobles que ceux qui le sont
d'ancienne extraction, ou qui sont nés de nouveaux annoblis, cependant il y a une noblesse de robe, que l'on
acquiert tacitement ; telle est celle qui est une dépendance
des hauts offices de justice dans les Parlements [1]. »

Les familles Houel et Le Pesant, auxquelles s'étaient
alliés les Corneille, jouirent ainsi de ce privilège.

---

1. Houard, *Dictionnaire de la Coutume de Normandie*, t. III, verbo : No-
BLESSE, p. 349.

A la famille de Barbe Houel, grand'mère du poète, se rattachait « noble homme Me Pierre Houel, sieur de Vaudetot, greffier criminel en la cour de parlement à Rouen [1] » (1565).

Le mari de Barbe Houel est qualifié « honorable homme Pierre Corneille, conseiller référendaire demeurant en la paroisse Saint-Sauveur de Rouen » (1574). Mais ce titre ne tirait guère à conséquence, même sous la plume des notaires, car Furetière nous l'apprend : « C'est un titre que l'on donne dans les contrats à ceux qui n'en ont point d'autres et que prennent les petits bourgeois, les marchands et les artisans. » Ici, il a plus de valeur, à cause de la personne à laquelle il est donné.

Le père du poète est dit « noble homme Pierre Corneille, conseiller du Roy, Me enquesteur et réformateur particulier des eaux et forêts de la vicomté de Rouen » (1609). C'était vingt-huit ans avant d'être anobli.

Marie Le Pesant, fille de Guillaume Le Pesant, écuyer, bailli de Longueville, et tante de Marthe Le Pesant, femme de Pierre Corneille, le maître des eaux et forêts, avait épousé Thomas du Val, seigneur de Bonneval, conseiller au parlement de Rouen en 1568 [2].

On trouve encore qu'une Marie Le Pesant, fille d'un autre Guillaume Le Pesant, avocat, sieur de Beausse, épousa « honorable homme Jacques Frontin, bourgeois, marchand, demeurant paroisse Saint-Cande le Viel », et qui fut père de « noble homme Me Jacques Frontin, conseiller du Roy, auditeur en la Chambre des comptes de Rouen » (1586).

Une de ses tantes, Barbe Corneille, avait épousé « noble homme Guillaume Briffault [3] » (1618).

Voilà pourquoi les lettres de noblesse accordées à Pierre

---

1. Appendice I. — Cet article et les suivants en sont tirés. La source est le Tabellionage de Rouen.
2. Voy. notre *Notice historique sur la chapelle du manoir de Moulineaux*, p. 40, et plus haut, p. 8.
3. Voy. Appendice I, aux dates indiquées, les fiches de M. E. Gosselin.

Corneille, le père, le qualifiaient : « Nostre amé et feal Pierre Corneille, issu de bonne et honorable race et famille ».

Le cercle des anoblissements ne tarda pas à s'élargir encore pour des raisons d'État que voici. « Les besoins de l'État firent naître l'idée d'attribuer la noblesse à certains offices auxquels elle n'étoit pas attachée; et dès lors cette faveur étant devenue l'objet de l'ambition des moindres classes de l'État, nos Rois, en diverses occasions, l'accordèrent par exception à des personnes qui n'y pouvoient prétendre par la naissance, mais dont les talents ou les services avoient mérité cette distinction [1]. »

C'est pour des motifs de ce genre que Louis XIII conféra la noblesse à Pierre Corneille, le père, ancien maître des eaux et forêts de la vicomté de Rouen. Il y avait dix-huit ans qu'il ne l'était plus, quand, en janvier 1637, le roi l'anoblit, parce que « il a toujours eu en bonne et singulière recommandation le bien de cest estat et le nostre en divers emplois qu'il a eus par nostre commandement et pour le bien de notre service et du publicq et particulièrement en l'exercice de maistre de nos eaues et forestz en la vicomté de Rouen, durant plus de vingt ans, dont il s'est acquitté avec un extrême soin et fidélité pour la conservation de nosdictes forestz avec tel zèle et affection que ses services rendus et ceux que nous esperons de lui à l'advenir, nous donnent sujet de recognoistre sa vertu et ses mérites, et de les décorer de ce degré d'honneur, pour marque et memoire à sa postérité. »

L'allusion à la conduite de Pierre Corneille, le père, pendant le pillage des forêts, aux environs de Rouen, de 1610 à 1618, était flatteuse. Mais l'espoir des services que le roi en attendait encore « à l'advenir », devenait illusoire pour un homme qui avait pris sa retraite depuis dix-huit ans, et laissé le souvenir de luttes judiciaires assez fâcheuses

---

[1]. Houard, *Dictionnaire de la Coutume de Normandie*, t. III, p. 547.

à la fin de sa carrière administrative[1]. Aussi, nous le croyons, après le glorieux succès du *Cid*, en 1636, les lettres d'anoblissement de 1637 furent plutôt accordées au fils qu'au père. Les vers de l'un servirent de réhabilitation à l'autre, et Louis XIII comprit toute la famille dans les faveurs royales. « Sçavoir faisons que nous, pour ces causes et autres bonnes et justes considérations à ce nous mouvans, voulant le gratifier et favorablement traicter, avons ledict Corneille de nos grace specialle plaine puissance et authorité royalle, ses enfans et postérité, masles et femelles, nais et à naistre en loyal mariage, annoblys et annoblissons, et du titre et qualité de noblesse decoré et decorons par ces presentes signées de notre main. »

Ces lettres, données au mois de janvier 1637, sans date plus précise, à Paris, furent enregistrées, à la cour des aides de Normandie, le 24 mars suivant, et, à la chambre des comptes, le 27 mars de la même année.

Le registre de la cour des aides offre le dessin colorié de leurs armes, qui s'interprètent : « D'azur à la fasce d'or chargée de trois têtes de lion de gueules, et accompagnée de trois étoiles d'or posées deux en chef et une en pointe. » Mais elles y ont été mises, plus tard, à la place réservée dans le texte de 1637. D'après une copie de la chambre des comptes, au contraire, « la famille Corneille porte pour armes, d'azur a 3 mollettes d'éperon d'or une face d'or chargée de trois testes de lion arrachez de gueules, extraittes fol. 77, V[2] ». Le registre visé est maintenant perdu. De plus le dessin colorié de la copie montre, par deux fois, trois molettes dans les pièces de l'écu. On sait qu'en blason, « la mollette, pièce principale de l'éperon,

---

[1]. *Pierre Corneille* (le père), *maitre des eaux et forêts, et sa Maison de campagne*, par E. Gosselin, pages 32-35 de l'Extrait.
[2]. *Coppie d'un fracgment de plusieurs enregistrements de lettres de Noblesse en la Chambre des Comptes de Normandie depuis l'an 1580 jusqu'en 1645.* — Bibliothèque de M. C. Lormier. — La description des armes se trouve folio 19 recto, et la transcription des lettres d'anoblissement, f° 132 recto et verso, f° 133 recto.

est toute semblable à une étoile ; la seule différence c'est que la mollette est percée en rond dans le milieu [1] ».

Il est donc évident que les trois étoiles des armes actuelles ne s'y trouvaient pas à l'origine, et qu'une confusion bien facile leur a fait prendre ensuite la place des trois molettes primitives, attestées par la copie et par les dessins d'une pièce authentique [2].

En conférant la noblesse « aux enfants nés et à naître », le roi songeait évidemment à récompenser le fils, qui illustrait son règne, plus que le père, dont il avait eu le temps d'oublier les services, rappelés si glorieusement par les succès prodigieux du *Cid*.

Les contemporains ne s'y trompèrent pas. L'un d'eux, Jean Loret, ira jusqu'à dire, dans son admiration pour le génie de Corneille, que « sa postérité lui doit la noblesse », sans la faire remonter jusqu'à son père, comme le disent les lettres d'anoblissement. Vers la fin de décembre 1654, le bruit de la mort du poète avait couru à Paris, et le pauvre gazetier normand le consigne dans sa lettre rimée du 2 janvier 1655, tout heureux que la nouvelle soit fausse :

> Par je ne sçay quels colporteurs,
> Un de nos plus fameux Auteurs
> Fut occis dès l'autre semaine,
> C'est à dire ils prirent la peine
> De crier partout son trépas,
> Quoyque défunt il ne fût pas.
> Cet Auteur est Monsieur Corneille,
> Qui du Parnasse est la merveille,
> Dans la France fort estimé,
> Et surtout beaucoup renommé
> Pour ses beaux poëmes comiques,
> Mais encor plus pour les Tragiques,
> Par lesquels il a mérité
> *D'ennoblir sa postérité,*
> Dès le temps de ce prince Auguste
> Que l'on nommoit Louis-le-Juste.

---

1. Le P. Menestrier, *Méthode du Blason*. — 2. Voy. Appendice XXVII.

> Divin Génie ! esprit charmant !
> Rare honneur du Païs Normand !
> Mon illustre compatriote !
> Dont l'âme est à présent dévote [1],
> Détruizant cette folle erreur
> Qui me métoit presque en fureur,
> Mon âme est aujourd'huy ravie
> De te restituer la vie [2].

Loret a raison : c'est le fils, l'auteur du *Cid*, beaucoup plus que le père, qui valut à la famille Corneille l'honneur d'avoir été anoblie par Louis XIII, et le modeste gazetier n'a été ici que l'écho de l'opinion générale parmi ses contemporains, sauf les poètes jaloux qui l'attaquèrent dans la Querelle du Cid, dès le mois de juin 1637. C'est à lui aussi qu'ils rapportent le mérite de cette noblesse, tout en l'en déclarant indigne.

Mécontent de ce que, « pour louer ses ouvrages, Corneille faisait entendre au peuple qu'ils ont été représentés au Louvre et à l'Hôtel de Richelieu », Claveret ajoute : « Je ne doute point qu'on n'y ait veu vostre Cid, mais je ne sçay pas s'il y a receu beaucoup d'éloges, et si c'est en ce pays là que les plus honnestes gens vous placent au premier lieu. Après cela, grand poète, vous vous pouuez defaire de la vaine créance, qui vous a pû persuader que vous auiez pour appanage l'empire de la gloire. Souuenez vous que les plus petits y prétendent, et que le mépris que vous faites d'eux ne s'accorde pas bien auec vos lettres de noblesse, qui sont encore si fraîches qu'elles se peuuent aisément effacer. Une si belle vengeance n'est pas un procédé digne d'un nouveau noble. »

Presque au début de sa lettre, Claveret avait mis tout simplement : « Monsieur Corneille. » A la fin, il croit l'écraser en l'appelant : « Monsieur du Cid », et en le pré-

---

1. Corneille était alors tout occupé de la traduction, en vers français, de l'*Imitation de Jésus-Christ*, et avait renoncé au théâtre, depuis la chute de *Pertharite*, en 1652.
2. *La Muze historique*, édit. de M. Ch. Livet, 1877, t. II, pages 2-3.

venant qu'il trouvera toujours à qui parler. « Corrigez vostre plaidoyer, Monsieur du Cid, et ne croyez pas que pour estre plus mauuais autheur que vous, à ce que vous dites, je manque à parer tous les coups qui me viendront de vostre part[1]. » Dans cette sortie, le comique de l'avis et de la menace le dispute au ridicule.

Après Claveret, un autre ennemi de Corneille le prit aussi à partie pour ces mêmes lettres de noblesse. Ce fut l'auteur, resté longtemps inconnu, d'une réponse tardive à l'*Excuse à Ariste*, pièce de Corneille, dont plusieurs passages excitaient la bile de ses ennemis. Il y maltraite fort et l'auteur et ses vers. « Cette insupportable vanité dont il (Corneille) nous persécute depuis tant de temps, et la peine qu'il prend tous les iours pour nous persuader qu'il est homme hors du commun, m'ayant donné la curiosité de lire sa pièce du *Cid*, m'a donné quant et quant la cognoissance, et de son peu de valeur et de l'imbécillité du personnage. »

Naturellement, après ce beau début, le *Cid* ne vaut absolument rien. Dans ses *Observations sur le Cid*, Scudéry « avoit remarqué huit cents playes sur ce beau corps ». Ce nouveau juge, bien autrement difficile, ajoute : « Ie trouve qu'il en a négligé pour le moins huict cents autres qui mériteroient bien d'être sondées. »

Médée n'est pas mieux traitée, et quant aux comédies de Corneille, « ses autres pièces qui peuuent passer pour farces », notre Zoïle les malmène plus durement encore. C'est là qu'il le prend à partie pour sa noblesse nouvellement conférée. « L'humeur ville de cet autheur et la bassesse de son ame n'est pas difficile à cognoistre dans les sentimens qu'il donne aux principaux personnages de ses comédies. Il rend les vns fourbes, artificieux, et faict commettre aux autres des laschetez dont luy-mesme, quelque profession publique qu'il fasse de poltronerie, ne pourroit pas s'empêcher de rougir, si ie les luy remettois devant

---

1. *Lettre dv Sr Claveret, av Sr Corneille, soy disant Autheur du Cid.* Paris, M. DC. XXXVII, in-8° de 15 pages. Bibliothèque de l'Arsenal, n° 9809.

les yeux, et certes il est bien difficile qu'il peust rendre ses acteurs plus vaillans, puisque luy-mesme n'a-pas si tost la permission de prendre vne espee qu'il se déclare par une lettre imprimée [1] indigne de la porter et qu'à peine a-t-il receu celles de noblesse qu'il faict vne action assez infame pour l'en degrader [2]. »

Les derniers traits de cette lettre anonyme font allusion à deux passages de la *Lettre apologétique* de Corneille. Dans sa Réponse aux *Observations* de Scudéry, on lit : « Tout ce que je vous puis dire, c'est que je ne doute ni de votre noblesse, ni de votre vaillance, et qu'aux choses de cette nature, où je n'ai point d'intérêt, je crois le monde sur parole : ne mêlons point de pareilles difficultés parmi nos différends. » Et un peu plus loin : « Je ne suis point homme d'éclaircissement; vous êtes en sûreté de ce côté-là. » C'est ainsi que Corneille avait répondu « à une espèce de défi ou d'appel, que Scudéry adressa à Corneille dans une de ses lettres; ce qui apprêta beaucoup à rire et donna lieu à plusieurs pièces qui parurent dans ce temps [3] ».

Le pamphlétaire s'est emparé de ces passages pour motiver ses imputations injurieuses, s'en tenant en outre aux comédies, pour ses autres reproches « de bassesse et de lâcheté », chez les principaux personnages. C'est de dessein prémédité qu'il passe le *Cid* sous silence; la vaillance et la noblesse du caractère de Rodrigue auraient trop clairement démontré la fausseté de ses attaques. Aussi Corneille les dédaigna-t-il personnellement [4].

Toutefois, il semble qu'un ami anonyme ait voulu y

1. *Lettre apologetiqve dv Sr Corneille*, contenant sa Response aux Observations faites par le Sr Scudery sur le Cid, 1637.
2. Lettre à *** sovs le nom d'Ariste, 1637, in-8° de 8 pages. — Nos citations sont aux pages 3, 4, 7 et 8, d'une édition originale, comprise dans le *Recveil des bonnes pièces qvi ont esté faites povr et contre le Cid*. Par les bons esprits de ce temps. Paris, 1637.
3. *Commentaires sur le Théâtre de Pierre Corneille et autres morceaux intéressants* (par Voltaire).
4. M. Henri Chardon a découvert le nom de l'auteur de ce factum. « Il s'agit tout simplement de Charleval, de Jean-Louis Faucon de Ris, sei-

répondre pour lui. Cet inconnu réfute d'abord la plupart des attaques de Scudéry, et suppose que le Cid « lui souhaite une paire de lunettes pour mieux faire ses Observations ». Puis il conclut par l'éloge de Corneille et de sa noblesse, se justifiant ainsi de garder l'anonyme. « On me cognoistra assez si ie dis que ie suis celuy qui ne taille point sa plume qu'avec le trenchant de son espée, qui hait ceux qui n'ayment pas Chimene et honore infiniment celle qui l'a authorisée par son iugement [1], procurant à son autheur la noblesse qu'il n'auoit pas de naissance. Qui mérite d'estre gentilhomme par sa vertu est plus que celuy qui tient cette qualité de ses pères : il vaut mieux estre le premier noble de sa race que le dernier, et de poëte deuenir gentilhomme plustôt qu'estant né gentilhomme faire le poëte. Je parle ainsi librement sçachant qu'encores qu'on me voye souuent on fera semblant de ne me cognoistre point [2]. Mon ris. »

Il est possible que les contemporains, guidés par les particularités données au début de cette citation, aient pu découvrir le nom de ce défenseur anonyme de Corneille et de sa noblesse. Il n'en est plus ainsi de notre temps. « C'est là sans doute, dit M. Marty-Laveaux, un anagramme qui cache un nom trop obscur pour qu'on puisse le deviner [3]. » Déplorant les incertitudes de tout genre qui règnent encore sur la Querelle du Cid, M. H. Chardon hasardait une explication sur ce pseudonyme. « On n'a pas même dit non plus si le Cornélien auteur du *Souhait du Cid en faveur de Scudéri*, qui signe *Mon ris*, était ou non un des *Sirmond*, dont cet anagramme semble ne cacher le

---

gneur de Charleval. » Il avait en plus « menacé le poëte de coups de bâton dans un jeu de paume de Rouen ». *La Vie de Rotrou mieux connue*, etc., p. 239.

1. Allusion à une pièce du débat : *Le Ivgement dv Cid*, composé par vn bourgeois de Paris, Margvillier de sa paroisse. 1637, in-8° de 24 pages.
2. *Le Sovhait dv Cid en favevr de Scvderi. Vne paire de lvnettes pour faire mieux ses Observations.* — 1637, in-8° de 36 pages fort compactes, pages 35-36 de cette édition originale.
3. *OEuvres de Pierre Corneille*, t. III, p. 26.

nom que d'une façon assez transparente, bien que Jean Sirmond l'académicien fût un des familiers les plus intimes du cardinal [1]. »

Enfin Mairet s'y reprit à deux fois pour parler de la noblesse accordée à Corneille.

Une première fois, il la mêle aux voyages de Corneille dans la capitale pour y faire jouer ses pièces, voyages qu'il appelle « ses carauenes de Rouen à Paris ». Voici en quels termes il exhale son dépit de ce que le grand succès du *Cid* ait valu à son auteur l'honneur et l'argent. « Vous nous auez autrefois apporté la Mélite, la Veufue, la Suiuante, la Gallerie du Palais, et de fraîche mémoire le Cid, qui d'abord vous a valu l'argent, et la noblesse, qui vous en restent auec ce grand tintamarre de réputation qui vous bruiroit aux oreilles, sans vos vanités, et le malheur de l'impression [2]. »

Mairet y revient encore, tant la chose lui tenait au cœur, dans une pièce faisant suite à celle-là. « Vous treuuez mauuais, dit-il, que mon amy(Claveret) se plaigne du vostre (Corneille), et pour toute raison vous luy presentez sa condition, comme si elle estoit bien au-dessous de celle de M. du Cid, ou qu'il fallust estre du sang d'Hercule, pour luy respondre [3]. »

Le défenseur officieux de Claveret, en appelant Corneille « M. du Cid », n'avait pas le mérite de l'invention pour cette mauvaise pointe. Il n'était que le plagiaire de son protégé.

Corneille, en ce qui le touche, méprisa toutes ces attaques, inspirées par l'envie, contre sa noblesse de fraîche date,

---

1. *La vie de Rotrou mieux connue.* Documents inédits sur la société polie de son temps et la Querelle du Cid. Paris, 1884, in-8°, note de la page 115. — M. H. Chardon nous paraît avoir rencontré la vérité, pour ce nom, comme plus haut, pour celui du poète Charleval.
2. *Epistre familière du Sr Mayret au Sr Corneille sur la Tragi-Comédie du Cid.* Paris, M. DC. XXXVII, in-8° de 29 pages. La citation est p. 18. C'est la seule pièce de cette querelle qui ait une date : « A Paris, ce 4 juillet 1637. »
3. *Responce à l'Amy du Cid sur ses inuectiues contre le sieur Claueret.* Elle fait suite à la précédente, pages 30-48. La citation est page 38.

laissant au zèle de ses admirateurs et de ses amis le soin de l'en venger. C'était un point nouveau que celui-là, dans la Querelle du Cid, et nous avons tenu à le mettre en relief [1].

Quoi qu'on en ait pu dire, il paraît que la particule nobiliaire, le fameux *de*, était si bien dans le droit et dans les usages du temps, après l'anoblissement, qu'on le trouve dans ces mêmes pamphlets de la Querelle du Cid, aussitôt que cette faveur royale lui eût été accordée, en 1637. Ainsi ces pamphlets, qui sont tous de cette même année, portent, quelquefois dans le titre, et le plus souvent dans le texte, ces mots : « Monsieur *de* Corneille. » Tel même a commencé par dire : « Le sieur Corneille », qui finit par mettre : « Monsieur *de* Corneille ».

Mais prit-il lui-même la particule et la mit-il devant son nom? On pourrait le croire, d'après cette remarque générale : « La plupart s'en décoraient après l'obtention des lettres d'honneur; tous les titulaires n'attendaient pas le temps révolu, et leurs enfants y mettaient encore moins de discrétion [2]. » A l'appui de cette assertion, l'auteur dit, dans les notes, en guise de pièce justificative : « Corneille signa *de* Corneille depuis 1637, c'est-à-dire dès que Louis XIII eut anobli son père, un mois après la première représentation du *Cid* [3]. »

Nous pouvons affirmer, pour avoir vu, en original, plus d'une douzaine de signatures de Pierre Corneille, que jamais, à aucune époque de sa vie, il ne mit la particule devant son nom.

Il existe d'ailleurs une preuve piquante que Corneille ne la prit pas à partir de 1637, comme on vient de le dire.

---

1. Nous partageons, avec M. Henri Chardon, le regret que « cette étude soit encore *à faire* ». *La Vie de Rotrou mieux connue*, etc. Note au bas de la page 115.
2. M. Dangeau : *La particule nobiliaire*, 1870, p. 25.
3. *La particule nobiliaire*, p. 71. M. Dangeau s'appuie sur l'autorité de M. le marquis de Queux de Saint-Hilaire, dans *le Hérault d'armes*, journal périodique, pour justifier ce cas particulier.

En 1663, Donneau de Visé publia sa *Deffense de la Sophonisbe de Monsieur de Corneille*, pour répondre à l'abbé d'Aubignac, qui avait vivement attaqué la pièce, dans une *Dissertation concernant le poëme dramatique, en forme de Remarques sur la Tragédie de M. Corneille, intitulée Sophonisbe*. L'un mettait donc, dans le titre, la fameuse particule, que l'autre laissait de côté. Aussi d'Aubignac, feignant de croire que la *Deffense* avait pour auteur, non de Visé, mais Corneille lui-même, lui disait : « De quoi vous êtes-vous avisé, sur vos vieux jours, d'accroître votre nom et de vous faire appeler M. de Corneille [1] ? »

Corneille n'y était pour rien ; il ne pouvait empêcher les amis ou les ennemis du *Cid*, les secrétaires d'État, les notaires, les tabellions, les auteurs ou les imprimeurs de lui donner, après l'anoblissement de 1637, la particule à laquelle il avait droit, mais que, de lui-même, il ne prit jamais, ni en signant, ni ailleurs.

Il n'en fut pas de même du titre honorifique « Ecuyer », concédé par les mêmes lettres d'anoblissement. Louis XIII avait dit : « Voulons et nous plaist qu'en tous actes et endroicts, tant en jugement que dehors, ilz (le père, ses enfants et postérité) soient tenuz et reputtez pour nobles, et puissent porter le titre d'escuyer. »

Ce titre des simples gentilshommes et des anoblis, ce qualificatif du premier degré de la noblesse, aucun document n'est venu montrer jusqu'à présent que Corneille, le père, l'ait jamais pris. Il ne figurait même pas sur sa pierre tumulaire, dans l'église Saint-Sauveur de Rouen, où se lisaient ces seuls mots : « Cy gist le corps de noble homme Mᵉ Pierre Corneille, Maistre des Eaux et Forêts de la vicomté de Roüen, qui deceda le 12 février 1639 [2]. »

Le fils, au contraire, ne négligea jamais de prendre, ou

---

1. *Troisième et quatrième Dissertation concernant le poëme dramatique en forme de Remarques sur la tragédie de M. Corneille, intitulée,* OEDIPE *en Réponse à ses calomnies.*
2. *Histoire de la ville de Rouen*, par Farin, édit. de 1668, t. II, p. 318.

de faire mettre son titre d'écuyer, dans tous les actes qui suivirent son anoblissement. Il est en tête des Aveux que fait Corneille pour les biens tenus du roi ou d'autres seigneurs; il l'écrit de sa main dans sa gestion de trésorier de la paroisse Saint-Sauveur; les notaires et les tabellions le lui donnent toujours. Enfin on lit encore, dans son acte de décès, sur les registres de la paroisse Saint-Roch : « M. Pierre Corneille escuyer. » S'il fit peu de cas de la particule, à laquelle pourtant il avait des droits, jamais il ne sacrifia ce titre, accordé par les lettres patentes de noblesse, en 1637, à toute sa famille.

CHAPITRE VIII

DE LA FORTUNE DE PIERRE CORNEILLE, LE PÈRE,
A L'ÉPOQUE DE SA MORT

Assertions de M. Taschereau. — Réfutation. — Biens immeubles. — Biens meubles. — Placements divers après sa démission de maître particulier des eaux et forêts. — Les uns et les autres se retrouvent dans sa succession. — Il ne laissa pas sa femme et ses enfants sans fortune. — Cette assertion est le point de départ d'une fausse légende sur la prétendue pauvreté du poète.

« Pierre Corneille, maître des eaux et forêts de la vicomté de Normandie, dont nous avons mentionné l'anoblissement en janvier 1637, mourut à Rouen le 12 février 1639, à l'âge de soixante-cinq à soixante-sept ans. Il laissa sans fortune sa femme et des enfants à l'existence et à l'éducation desquels avaient pourvu les produits de sa charge jusqu'en 1619, époque où il s'en démit, et ensuite, péniblement, son patrimoine très restreint par le grand nombre de ses frères et sœurs. » M. Taschereau veut parler de ceux du poète, dont le nom figure en tête du paragraphe qui a fourni cette citation [1].

Or toutes les assertions contenues dans la dernière partie de ce paragraphe s'éloignent singulièrement de la vérité, et les faits prouvent que Pierre Corneille, le père, laissa sa femme avec une certaine fortune, et que son patrimoine n'était nullement amoindri à sa mort, en 1639.

---

[1]. *Histoire de la vie et des ouvrages de Pierre Corneille*, 1869, t. I, p. 108.

Ses héritiers retrouvèrent intacts l'immeuble de la rue de la Pie, à Rouen, ceux du Petit-Couronne et du Val-de-la-Haye [1], et d'autres encore, de moindre importance, à Cléon et à Orival. Le tout représentait quatre ou cinq maisons, et, en terres, 17 hectares 32 ares 88 centiares.

De plus, il laissait sa fortune mobilière, dont l'importance n'est guère moindre. On connaît jusqu'à six placements, par constitutions de rentes, dans les vingt dernières années de sa vie. Ils eurent lieu à l'époque où, n'ayant plus les produits de sa charge pour faire vivre sa famille, on suppose que « son patrimoine très restreint y pourvut péniblement [2] ». Loin donc de diminuer sa fortune en aliénant son patrimoine, il l'accrut par les capitaux dont il put disposer, en dehors des soins prodigués à sa famille.

Le 15 janvier 1619, Pierre Corneille, le père, ayant donné, une dernière fois, sa démission de maître particulier des eaux et forêts en la vicomté de Rouen, céda son office à M° Charles Lecointe, sieur du Mesnil, pour le prix de 7000 livres. Il remit aussitôt cette somme à Robert Ruellon, receveur payeur des gages des officiers du présidial de Gisors, pour une rente perpétuelle de 500 livres, par contrat passé devant les tabellions de Rouen, le 3 juin 1619.

En 1635, le prêteur eut un procès à l'occasion de ce placement. La charge de Ruellon avait été licitée, après son décès, et adjugée à Antoine Grenier, payeur des gages des officiers au siège présidial d'Andely. Corneille, le père, fit opposition sur le prix. Il obtint gain de cause pour le payement de la rente de 500 livres, mais le capital de 7000 livres est réduit à 6184 livres par arrêt du 12 juin 1635.

Le 18 mai 1620, il constitue, sur Jouas de la Hêtrée, bourgeois de Bernay, une rente de 120 livres, en lui versant un capital de 1767 livres 16 sols.

1. Voy. plus haut, chapitre II.
2. Voy. ci-dessus, p. 92.

Le 19 août 1624, nouveau prêt, par-devant les tabellions de Rouen, à noble homme Adrien Lemasson, d'une somme de 2800 livres, pour une rente annuelle de 200 livres.

Le 31 mars 1625, autre constitution d'une rente de 214 livres 5 sols 8 deniers, servie solidairement par Nicolas Moisson, Jean Parnuit et Nicolas Lepage, contre un versement de 3166 livres 30 sols 3 deniers. Elle ne fut pas très longtemps servie, le remboursement ayant eu lieu le 10 janvier 1629 [1].

Damoiselle Marie de la Montagne, épouse d'Adrian de Croismare, écuyer, sieur de Greaulme, transporta, le 23 mars 1628, à Pierre Corneille, le père, une rente de 428 livres 11 sols 4 deniers, en laquelle Jean Thomas, écuyer, sieur de Verdun, s'était obligé envers Nicolas Bauldry, écuyer, sieur de Bretteville [2].

Enfin, par acte du 8 mai 1634, Jean de La Place, sieur de Fumechon, président en la chambre des comptes de Normandie, transporta au père du poète une somme de 2800 livres, rapportant 200 livres de revenu annuel.

Ces six placements, faits en quinze ans, représentent un capital de 23 533 livres et un revenu qui, de 500 livres en 1619, s'était élevé à 1662 livres 17 sols en 1634. Ce sont les seuls placements de Corneille, le père, que l'on a découverts jusqu'ici; mais il est bien probable qu'il en a fait encore d'autres, soit avant, soit après ces deux périodes, jusqu'à sa mort, en 1639 [3].

Corneille, le père, « ne laissa donc pas sans fortune sa femme et ses enfants », comme on l'a dit, puisque toutes ces sommes se retrouveront dans son héritage, et qu'elles seront touchées par sa veuve et par ces mêmes enfants, qui se partageront tous les immeubles dont il a été question plus haut. Il est d'autant plus surprenant que M. Tasche-

---

1. Appendice I, *passim*. — Voir les fiches de M. E. Gosselin, aux dates citées dans le texte.
2. Appendice XII.
3. Voy., chapitre x, p. 109, une constitution et un transport de rentes, qui ne sont pas ici.

reau ait affirmé le contraire, qu'il a mentionné lui-même quelques-uns des actes où ces prêts et ces transports se trouvent consignés [1]. Mais cette assertion, qui se trouvait déjà dans les deux premières éditions, reparut dans la troisième, bien que contredite par les renseignements donnés, dans les notes, sur un passage venant un peu plus loin [2].

L'affirmation de M. Taschereau frappa les esprits, et, dès ce jour, s'établit l'opinion que ses parents avaient laissé Pierre Corneille « sans fortune ». On l'accepta d'autant plus volontiers qu'un peu plus loin on lit : « Fils dévoué, époux et père, ce grand écrivain se trouva plus d'une fois presque en proie au moins poétique des tourments de la vie, le besoin [3]. »

Ainsi commença de s'établir une légende, dont la fausseté sera facilement démontrée par les pièces les plus authentiques, les Aveux de Corneille lui-même, et par de nombreux actes du Tabellionage.

---

1. *Vie de Pierre Corneille*, t. I, p. 257.
2. Edition de 1829, p. 111; édition de 1855, p. 97; édition de 1869, t. I, p. 108, et dans les notes du liv. II, tome I, pages 257-258.
3. *Vie de Pierre Corneille*, t. I, p. 145.

CHAPITRE IX

MARIAGE ET DEVOIRS DE FAMILLE, APRÈS LA MORT DU PÈRE

Mort de Corneille le père. — L'aîné de ses enfants, Pierre Corneille, vient en aide à sa mère restée veuve. — État de la famille à la mort du père. — Position des frères et sœurs. — Pierre Corneille songe au mariage. — Anecdote à ce sujet. — Motifs de douter du récit de Fontenelle. — Pierre dirige son frère Thomas. — Ses études de droit. — Il l'initie à la poésie. — Il facilite son mariage. — Réfutation d'une erreur. — Enfants nés du mariage de Pierre Corneille. — Motifs pour différer d'en parler.

Le 12 février 1639, Pierre Corneille perdit son père, décédé, à Rouen, dans sa maison de la rue de la Pie, à l'âge de soixante-sept ans, et inhumé dans l'église de Saint-Sauveur, sa paroisse, située à deux pas de sa demeure, sur la place du Vieux-Marché.

Il laissa de sa femme, Marthe Le Pesant, six enfants, Pierre, Marie, Antoine, Madeleine I, Marthe, Thomas, et peut-être une septième enfant, Madeleine II. Notre poète avait alors trente-trois ans, et, en sa qualité d'aîné, arrivé à cet âge, il aida certainement sa mère à élever et à diriger le frère et la sœur qui demandaient encore de la surveillance et des soins.

Marie, baptisée[1] le 4 novembre 1609, et mariée en 1634, au sieur Ballain ou Ballam, n'avait plus besoin de la famille.

Antoine, baptisé le 10 juillet 1611, était dans le même

---

1. On sait que la date du « baptême » était généralement postérieure, de quelques jours, à celle de la naissance.

cas. Par contrat passé le 20 octobre 1627, son père l'avait fait admettre au prieuré de Saint-Thomas-le-Martyr, au Mont-aux-Malades-lès-Rouen, dès l'âge de seize ans [1]. Devenu chanoine régulier de Saint-Augustin, dans ce prieuré, et même sous-prieur, il y composa plusieurs poésies, de 1636 à 1641, dont quatre furent couronnées aux Palinods de Rouen. Le 5 décembre 1642, il fut nommé à la cure de Fréville [2], et mourut, à Rouen, le 20 mai 1657. Dix ans auparavant, il avait publié un petit volume de *Poésies chrétiennes* [3], montrant à son aîné, Pierre Corneille, la route qu'il allait suivre par la traduction de l'*Imitation de Jésus-Christ* en vers français.

On ne connaît rien de Madeleine I, baptisée le 13 janvier 1618. Sa sœur Marthe, baptisée le 28 août 1623, âgée de seize ans et demi à la mort de son père, se trouvait sous la tutelle de sa mère.

Il en était de même de Thomas, né le 20 août 1625 et baptisé le 24. Il était âgé seulement de quatorze ans et demi à la mort de son père.

Enfin, il faut mentionner une dernière fille, Madeleine II, baptisée le 27 juin 1629, dont l'existence est problématique à la mort de son père, parce qu'on suppose qu'elle mourut en 1635.

De ces six enfants, deux seulement restaient, Marthe et Thomas, qui avaient encore besoin des soins de la famille au décès de leur père, en 1639.

La direction de Marthe revenait naturellement à sa mère, Marthe Le Pesant, qui la garda encore onze ans avec elle. C'est après 1650 seulement qu'elle épousa Le Bouyer (Le Bovyer) de Fontenelle, écuyer, avocat au Parlement de Rouen. Femme d'un esprit solide et d'un

---

1. Voy. le texte du contrat, Appendice VII.
2. Canton de Pavilly, arrondissement de Rouen.
3. *Poesies chrestiennes et paraphrases sur les cantiques et hymnes de l'Église à l'honneur de la Sainte Vierge mère de Dieu, avec quelques autres pieces pieuses et morales. Par Mᵉ Corneille, religieux de Sainct-Augustin.* A Rouen, chez Jean Le Boullenger, près les PP. Jésuites, M. DC. XLVII.

goût délicat, elle donnera le jour au fameux Fontenelle, le 11 février 1657, et ses frères, le grand Corneille et Thomas, « ne dédaignèrent pas de lui soumettre souvent leurs vers », au dire de l'abbé Saas, savant chanoine et bibliothécaire de la cathédrale de Rouen [1].

Corneille s'occupa spécialement de son jeune frère Thomas; mais, auparavant, il songea à se marier, et le mariage souffrit quelques difficultés. A en juger d'après le récit de son neveu Fontenelle, il n'y fallut pas moins que l'intervention du cardinal de Richelieu. Voici l'anecdote qu'il conte à ce sujet : « M. Corneille encore fort jeune se présenta un jour plus triste et plus rêveur qu'à l'ordinaire devant le cardinal de Richelieu, qui lui demanda s'il travailloit. Il répondit qu'il étoit bien éloigné de la tranquillité nécessaire pour la composition et qu'il avoit la tête renversée par l'amour. Il en fallut venir à un plus grand éclaircissement, et il dit au cardinal qu'il aimoit passionnément une fille du lieutenant général d'Andeli en Normandie, et ne pouvoit l'obtenir de son père. Le cardinal voulut que ce père si difficile vînt lui parler à Paris. Il y arriva tout tremblant d'un ordre si imprévu, et s'en retourna bien content d'en être quitte pour avoir donné sa fille à un homme qui avoit tant de crédit [2]. »

L'anecdote, finement contée, se termine par une pointe fort spirituelle, suivant l'habitude de Fontenelle. Mais le fait est-il bien réel? Cette entrevue, que l'on place en 1640, a-t-elle une autorité suffisante pour en garantir l'authenticité?

M. Taschereau, qui cite l'anecdote, se borne à dire, pour

---

1.   Nempe soror gemini non inficianda poetæ
           Fraterni judex carminis illa fuit.
      Sæpe, nec erubuit, sæpe emendanda sorori
          Carmina commisit frater uterque suæ.

Elegia in obitum D. De Fontenelle, lecta in consessu Academiæ Rothomag. 26 jan. 1757.

2. *OEuvres de Monsieur de Fontenelle*, Paris, 1742, 6 vol. in-12, t. III, p. 122.

toute critique, que « Corneille n'était pas encore fort jeune »,
puisqu'il se trouvait « au moins dans sa trente-quatrième
année[1]. ». Il aurait pu remarquer aussi que Mathieu de Lampérière, père de Marie de Lampérière, demandée en mariage
par Corneille, n'était pas « lieutenant général d'Andeli »,
mais « lieutenant particulier civil et criminel du Bailly de
Gisors, au siège d'Andely [2] »..C'est son titre officiel.

Mieux eût valu, au lieu de ces légères critiques, rappeler
quand et comment Fontenelle mit au jour cette anecdote
inconnue avant lui. Elle parut pour la première fois dans
une *Vie de Corneille*, que Fontenelle donna à l'abbé
d'Olivet, qui la comprit dans la suite ajoutée, en 1729, à
l'*Histoire de l'Académie françoise*, par Pellisson. Le neveu
de Corneille y fit force additions et suppressions, dans une
nouvelle édition, en 1742. Il s'y reconnut même coupable
d'une confusion que l'abbé François Granet lui avait
signalée, à propos de vers latins[3], confusion qui se trouvait
dans la précédente édition de la *Vie de M. Corneille*,
en 1729. « L'Auteur, dit-il, doute d'un fait que j'avois
avancé, j'avoue que son doute seul m'ébranle; c'est un
fait que j'ai trouvé établi dans ma mémoire comme certain,
quoique dépouillé de toutes ses preuves, que j'ai eu tout le
loisir d'oublier parfaitement. Par bonheur il n'est pas de
grande importance. » Passant alors à l'intervention de
Richelieu auprès du futur beau-père de Corneille, il
ajoute : « Cela m'empêchera d'en affirmer trop un autre
(fait), que je tiens pourtant de la famille[4]. » Et là vient
l'anecdote ci-dessus, qu'il fait suivre de cette conclusion
assez inattendue : « Ce qui est bien sûr, c'est qu'il a
épousé Marie de Lampérière, fille de cet officier. » Là
n'était pas la question, et, si ce fait est indubitable, l'autre,
l'intervention du cardinal, n'est nullement certain.

1. *Histoire de Pierre Corneille*, par M. Taschereau, t. I, p. 240.
2. Appendice I.
3. *OEuvres diverses de Pierre Corneille*, 1738, préface, feuillet 2 recto et verso.
4. *OEuvres de Monsieur de Fontenelle*, 1742, t. III, p. 122.

Ecrites de souvenir, et bien des années après l'événement, ces traditions de famille n'ont pas toujours un cachet de vérité très authentique. Fontenelle, les reconstituant de mémoire, quand tous ceux qui les lui avaient transmises n'existaient plus, a bien pu les reproduire par à peu près, sans y attacher d'importance, d'après la déclaration en tête de la *Vie de M. Corneille*. « La vie de M. Corneille, dit-il, comme particulier, n'a rien d'assez important pour mériter d'être écrite, et, à le regarder comme un auteur illustre, sa vie est proprement l'histoire de ses ouvrages [1]. » Il ne pouvait pressentir le goût général de nos jours, et, pour une fois qu'il a dérogé à son principe, en faisant cette petite excursion dans la vie privée de notre auteur, il nous paraît s'être éloigné de la vérité. La grande familiarité que le fait suppose entre le poète et le cardinal, trois ans seulement après la Querelle du Cid, doit inspirer plus qu'un doute.

Si la mère de Corneille se chargea spécialement de la direction de Marthe, la sœur du poète, on peut affirmer que celle de son jeune frère Thomas revint tout entière à son aîné. Les dix-neuf ans qu'il avait en plus et sa position dans le monde lui assignèrent le rôle de père auprès de son jeune frère, depuis le collège jusqu'à son mariage.

C'est aux Jésuites de Rouen que Thomas Corneille fit ses études, comme son aîné. Agé de quatorze ans et demi à la mort de son père, on ne sait pas sûrement en quelle classe il se trouvait alors (1639), ni en quelle année il termina ses études classiques. Est-ce en 1642 ou 1643, à l'âge de dix-sept ou dix-huit ans? On peut le supposer. Comme complément d'instruction, il étudia le droit, et passa sa licence dans l'université de Caen, le 26 mai 1646, sous le rectorat de Le Maistre (Julien) [2]. Malgré ses vingt ans et quelques mois, il ne montra nul empressement à profiter

---

1. Edition de 1742, t. III, p. 1.
2. *Bulletin de la Société des Antiquaires de Normandie*, t. I, p. 108. « Liste des recteurs de l'Université de Caen », dressée par M. E. Châtel.

de ce grade, et c'est trois ans et demi plus tard seulement, le 21 octobre 1649, à l'âge de vingt-quatre ans passés, qu'il se fit recevoir avocat [1].

Par une curieuse coïncidence, pendant que Thomas Corneille faisait ses études de droit, son frère composait une pièce dont un étudiant en droit était le principal personnage. *Le Menteur*, sujet emprunté à un auteur espagnol, D. Juan de Alarcon, en le modifiant, pour l'accommoder à la scène française, nous offre Dorante, revenu, la veille, de l'université de Poitiers, tout en répudiant hautement les leçons de droit qu'il y a reçues. Il les raille, parce qu'elles ne servent de rien pour plaire aux dames.

> O le beau compliment à charmer une dame,
> De lui dire d'abord : « J'apporte à vos beautés
> Un cœur nouveau venu des universités :
> Si vous avez besoin de lois et de rubriques,
> Je sais le code entier avec les Authentiques,
> Le Digeste nouveau, le Vieux, l'Infortiat,
> Ce qu'en a dit Jason, Balde, Accurse, Alciat !
> (*Le Menteur*, acte I, sc. vi.)

Cette docte accumulation d'ouvrages de droit et de commentateurs ne saurait être, chez Corneille, un souvenir personnel d'études de droit faites dix-neuf ans auparavant. On peut croire plutôt qu'en vue d'aider son jeune frère il aura, de nouveau, compulsé et étudié ces recueils de lois et leurs commentateurs. Pourquoi même, par un dévouement tout paternel, que la grande différence d'âge entre les deux frères peut expliquer, ne lui aurait-il pas servi de répétiteur, à l'occasion ?

Un fait incontestable est qu'il l'initia aux secrets de la poésie, et que Thomas, guidé par ses leçons, se forma de bonne heure à l'art dramatique. Un an ne s'était pas écoulé, depuis la fin de ses études de droit, qu'il donnait, en 1647, son coup d'essai : *les Engagements du hasard*, co-

---

1. Appendice I.

médie en cinq actes et en vers, favorablement accueillie sur le théâtre de l'Hôtel de Bourgogne, et suivie, en 1648, du *Feint Astrologue*, autre comédie en cinq actes et en vers [1]. Une comédie avait aussi inauguré la carrière dramatique de son maître.

Ces essais dramatiques, venant immédiatement après sa licence en droit, expliquent les trois années de retard mises par Thomas Corneille à se faire recevoir avocat, en 1649, titre qu'il ne prit jamais et rappelé bien rarement. Au dire de Fontenelle, Pierre n'avait plaidé qu'une seule fois ; Thomas pourrait bien n'avoir jamais plaidé, car son nom fait défaut sur toutes les listes d'avocats du parlement de Rouen et sur les registres des diverses juridictions [2].

Enfin le dernier service que Pierre Corneille rendit à son jeune frère fut de lui faire épouser la sœur de sa femme, Marguerite de Lampérière, par contrat sous seing privé, le 5 juillet 1650, dix ans après son mariage à lui-même avec Marie de Lampérière. De Boze eut donc raison de dire : « Les deux Corneille ont épousé les deux demoiselles de Lampérière. » Mais il pousse trop loin le parallélisme, en ajoutant : « Il y avait entre les frères le même intervalle d'âge qu'entre les sœurs. » Il n'en est rien : Pierre Corneille, né le 6 juin 1606, avait dix-neuf ans bien comptés plus que Thomas, né le 20 août 1625 ; et Marie de Lampérière, née le 28 août 1617, avait trois ans et dix mois seulement plus que sa sœur Marguerite, née le 24 janvier 1621. Quinze ans et six mois, telle est l'erreur de calcul commise par de Boze, et souvent répétée, de confiance, après lui.

Du mariage contracté, en 1640, avec Marie de Lampérière, Pierre Corneille eut six enfants, deux filles et quatre

---

1. L'Exposition typographique du quatrième centenaire de l'imprimerie à Rouen, en 1887, a réuni une quarantaine de pièces et ouvrages de Thomas Corneille. La plupart étaient des éditions originales.
2. Comme pour Pierre Corneille. — Voy. chap. III, p. 25.

garçons, tous nés à Rouen. Ce sont : « Marie, Pierre, N...., Charles, Thomas et Marguerite. »

A nos yeux, c'est l'éducation et l'établissement de tous ces enfants qui pesèrent sur la vie de Corneille et finirent par amener une gêne momentanée, vers les dernières années de sa vie. Mais, comme les sacrifices imposés au père de famille ne se firent lourdement sentir qu'après son départ de Rouen, en 1662, nous remettrons à parler de chacun de ces enfants et des charges qui en résultèrent, pour l'époque où Corneille se sera définitivement fixé à Paris. Cette vue d'ensemble permettra mieux d'en mesurer l'importance, et de ne point anticiper sur la date des événements.

CHAPITRE X

DE LA FORTUNE DE PIERRE CORNEILLE, LE FILS

PATRIMOINE. — Immeubles : Rouen. — Cléon et Orival. — Petit-Couronne. — Val-de-la-Haye. — Meubles : Remboursements de rentes. — Arrérages.
BIENS DOTAUX. — Immeubles : Aux Andelys et dans les environs. — Meubles : Vente de charge. — Lettre d'intermédiat. — Prix d'une transaction.
PLACEMENTS. — Acquisitions de rentes. — Vente d'office.
TRAITEMENTS POUR FONCTIONS PUBLIQUES. — Avocat du roi à la Table de marbre. — Avantages divers. — Procureur-syndic des États de Normandie.
RÉSUMÉ. — La fortune immobilière et mobilière de P. Corneille prouve une grande aisance, accrue encore par d'autres ressources.

Contrairement à l'opinion ordinaire, la fortune de Pierre Corneille, le poète, très réelle et assez considérable pour cette époque, fut longtemps prospère, composée qu'elle était d'éléments multiples, dont on n'a pas soupçonné l'importance. Il est sûr que les revenus de son patrimoine, ceux des biens dotaux de sa femme, les traitements de ses fonctions publiques et les ressources pécuniaires dues à son talent comme poète furent, pendant de longues années, des éléments certains et constants de cette fortune. Toutes ces ressources lui permirent de satisfaire largement aux besoins de sa famille, de pourvoir à l'établissement de chacun de ses enfants et de leur venir, toujours et facilement, en aide, excepté dans les dernières années de sa vie, où la tâche devint plus difficile.

Pour le prouver, nous allons d'abord établir sa position financière, pendant la durée de son séjour à Rouen, depuis la mort de son père, en 1639, jusqu'à son installation à Paris, en 1662.

Corneille retrouva intact, après la mort de son père à Rouen, le 12 février 1639, tout son patrimoine, immeubles et meubles, dont on a vu plus haut l'acquisition et les constitutions de rentes [1]. La preuve s'en trouve, pour les immeubles, dans les Aveux passés par Pierre Corneille lui-même, et, pour les meubles, dans des actes authentiques, qui constatent clairement les fluctuations de cette partie de sa fortune.

A la mort de Corneille le père, l'immeuble de la rue de la Pie, à Rouen, fut partagé entre ses deux fils : Pierre eut la petite maison, qui était la plus élevée, mais la plus étroite, et Thomas, la plus grande, ainsi nommée parce qu'elle occupait en longueur, sur la rue de la Pie, plus d'espace que l'autre. Pierre Corneille fit sa demeure de la petite maison de 1639 à 1662, ce qui paraît avoir eu lieu avant qu'il en devînt propriétaire.

Le 18 juin 1642, « tant pour luy que pour Thomas Corneille son frère mineur [2] et son cohéritier en la succession de leur père », Pierre Corneille fit Aveu aux religieux de l'Abbaye de Saint-Ouen de Rouen, pour une petite île, appelée la Litte, en la paroisse d'Orival, près Cléon, et pour une pièce de terre située en la grande île de Cléon [3]. Ces deux modestes héritages représentaient une acre et demie, mesure de Rouen [4], soit 85 ares 6 centiares [5]. Ce bien devait être indivis alors.

Un autre Aveu, du 9 février 1653, constate l'état des biens possédés personnellement par Pierre Corneille, au Petit-Couronne, depuis la mort de son père.

Il est rendu à messire Robert de Bonshons, chevalier,

---

1. Chapitres II et VIII.
2. Thomas Corneille était alors dans sa dix-septième année.
3. Ces deux îles se trouvaient en aval et à peu de distance d'Elbeuf-sur-Seine (Seine-Inférieure). Par suite d'un atterrissement, la petite île de la Litte est aujourd'hui réunie à la grande île de Cléon.
4. L'acre de Rouen valait 56 ares 70 centiares et une fraction insignifiante (56,7093). (P. Periaux, *Manuel métrique*, an VIII.)
5. Voy. l'Aveu, Appendice VIII.

seigneur de Couronne, châtelain de Criqueville et autres lieux, conseiller du roi en ses conseils d'État et privé et président en sa cour de parlement de Normandie. Il est reçu par Barthélemy Petit, avocat en la cour, sénéchal de la seigneurie du Petit-Couronne, dont relevait l'héritage de Pierre Corneille.

On retrouve dans cet Aveu, à l'exception de deux ou trois articles, tous ceux qui figurent dans l'acte d'acquisition par Corneille le père, à la date du 7 juin 1608 [1]. La seule différence est un changement dans la contenance générale et dans le nom des voisins bornant les immeubles. Ainsi l'acte d'acquisition accusait 42 acres 2 vergées (24 hectares 9 ares 7 centiares); l'Aveu ne porte plus que sur 25 acres 3 vergées (14 hectares 60 ares 4 centiares). Il y a donc, en moins, dans la déclaration de 1653, 16 acres 3 vergées (9 hectares 49 ares 71 centiares).

Cette diminution nous paraît représenter, en partie, la part de Thomas Corneille, cohéritier avec Pierre, dans les biens de leur père, au Petit-Couronne, comme on l'a vu à Rouen et à Cléon. L'Aveu se termine par ces mots indiquant l'origine de la propriété : « Tous lesquels héritages sont échus audit Sr Corneille par la choisie des lots de la succession de défunt Pierre Corneille, son père, vivant escuyer conseiller du Roy et M^{re} particulier des Eaux et Foretz de la vicomté de Rouen [2]. »

Les biens du Val-de-la-Haye passèrent tous entre les mains du poète, et il en rendit deux Aveux, qui fournissent d'amples détails sur les noms des immeubles, sur leur nature, sur leur contenance, sur leurs abornements et les noms des voisins de Corneille.

Le premier Aveu, à la date du 13 août 1653, est collectif pour tout ce que le poète possède au Val-de-la-Haye. Il y déclare tenir, dans la paroisse de Saint-Jean du Val-de-la-Haye, de noble et puissant seigneur messire Pierre de Cha-

---

1. Voy. Appendice II, 1°.
2. Voy. l'Aveu, publié, pour la première fois, en entier, Appendice IX.

misson Endevanne, chevalier de l'ordre de Saint-Jean de Jérusalem, commandant de Sainte-Vaubourg, commanderie située dans cette paroisse, quatre petits immeubles, prés, jardin, masure et corps de maison. La contenance était de 3 acres 1 vergée et 10 perches (1 hectare 87 ares 78 centiares). « Tous lesquels héritages, dit-il, me sont escheubz par la mort de feu mon père, ayant été acquis par icelluy de Claude Briffault sieur de Bosroger[1]. »

Nous ne savons pour quelle cause l'Aveu collectif du 13 août 1653 fut remplacé, le 22 octobre 1657, par quatre Aveux distincts, quand rien n'était changé, ni le seigneur, ni le tenancier, ni les immeubles, ni leur contenance. Le seul motif apparent est que ces quatre Aveux entrent dans plus de détails que l'Aveu collectif, et une autre différence à noter, c'est qu'ils commencent tous par ces mots : « De l'aisnesse ou tenement nommé, etc.[2]. » Ils sont contresignés : « Jacques Onffray, licencié aux lois, advocat à la cour, senechal de ladite commanderie » (de Sainte-Vaubourg).

La fortune mobilière faisant partie du patrimoine de Corneille le père passa également entre les mains de ses héritiers, et elle fut même supérieure à celle que nous avons constatée à sa mort[3]. Mais le poète n'intervient pas seul dans les actes qui constatent le remboursement des rentes précédemment créées par son père.

Le 19 décembre 1644, Marthe Le Pesant, sa mère, en son

---

1. Cet Aveu se trouve aux archives nationales, dans le fonds intitulé : *Section administrative, partie domaniale*, série : S. 5,200 A. — C'est là que M. Laporte, conseiller général du canton de Grand-Couronne, l'a découvert, en 1881. Nous l'avons publié, *in extenso*, dans le *Journal de Rouen* du 21 mars 1881.
2. Voy. les quatre pièces, Appendice X. — M. l'abbé Tougard a fait une courte analyse des trois dernières : « Nouveaux documents inédits sur le patrimoine de Pierre Corneille », REVUE DE LA NORMANDIE, 1868, pages 629-630. — Nous ne disons rien des biens dont on lui a attribué la possession à Dieppedalle, à Croisset, à Bapaume, aux portes de Rouen, et à Sierville, dans le canton de Clères, parce que ces attributions, nées de confusions entre les divers « Pierre Corneille » de Rouen, sont complètement fausses.
3. Voy. chapitre VIII.

nom et comme tutrice de son enfant mineur [1], donne quittance à Jean de La Place, seigneur de Fumechon, président en la chambre des comptes, de la somme de 2800 livres pour le rachat d'une rente de 200 livres, qui avait été constituée au profit du père, le 8 mai 1634. L'enfant mineur était Thomas Corneille, entré depuis quelques mois dans sa vingtième année.

Le 7 février 1645, en son nom et en la même qualité de tutrice, en présence et du consentement de son fils aîné, Pierre Corneille, Marthe Le Pesant, veuve du maître particulier des eaux et forêts, donne quittance à Catherine Le Petit, épouse de Jouas de la Hêtrée, bourgeois de Bernay, de la somme de 1767 livres 16 sols pour le rachat de 120 livres de rente constituées par contrat du 18 mai 1620, comme on l'a vu plus haut [2].

Un autre remboursement, qui ne figure pas, comme les deux précédents, parmi les biens meubles du père de Pierre Corneille, réunit encore toute sa famille devant les tabellions de Rouen, le 16 janvier 1646, pour recevoir le capital de la dot constituée, le 24 juillet 1604, par Claude Briffault, sieur du Boscroger, en faveur de Barbe Corneille, son épouse. Outre Marthe Le Pesant, comme tutrice principale de Thomas Corneille, son fils mineur, et Pierre Corneille, le poète, leurs trois oncles, Guillaume, Antoine et François Corneille, figurent au contrat. Ils reçoivent de Claude de Gaillardbois, sieur des Monts, héritier bénéficiaire du sieur de Boscroger, son oncle, la somme de 2000 livres. C'était pour amortir les 200 livres de rente que ce dernier avait constituées comme dot matrimoniale de feu Barbe Corneille, son épouse. Dans cette somme de 2000 livres étaient compris les arrérages [3].

---

1. M. Taschereau, auquel M. E. Gosselin transmit le résumé de cet acte du tabellionage, a lu « enfants mineurs ». (*Ibid.*, t. 1, p. 257.) C'est bien le singulier que porte l'acte, parce que, à cette époque, Thomas était le seul enfant mineur, comme le dit l'acte qui va suivre.
2. Chapitre VIII, p. 93.
3. Appendice XI. Voy. l'acte en entier, dont nous devons la communi-

A la fin de cette même année 1646, le 30 novembre, Marthe Le Pesant, toujours en son nom, et en la même qualité de tutrice de Thomas Corneille, en présence et du consentement de Pierre Corneille, son fils aîné, donne quittance à Nicolas Mondion, seigneur de la Salle, de la somme de 3200 livres pour le rachat d'une rente de 200 livres et de deux années d'arrérages, rente constituée le 19 août 1624 devant les tabellions de Rouen [1].

Les arrérages du prix obtenu pour l'office de Corneille le père, prix réduit de 7000 livres à 6184, depuis l'arrêt de 1635, ne furent pas exactement payés [2]. C'est alors que le poëte, comme héritier de son père, en poursuivit le payement et obtint condamnation, par arrêt du 9 janvier 1654 [3].

Enfin, le 27 août 1658, Pierre Corneille reçoit de Jean Thomas, écuyer, sieur de Nestanville, la somme de 6000 livres pour amortir une rente de 428 livres 11 sols 4 deniers, qui avait été transportée à Corneille le père, par acte du 23 mars 1628 [4]. Cette pièce nouvelle, découverte tout récemment par M. Ch. de Beaurepaire, dans le tabellionage de Rouen, ajoute une somme assez importante à la fortune mobilière de Pierre Corneille, qui n'eut point à la partager avec d'autres, puisque seul il en donna quittance.

Ces cinq amortissements de rente représentent un capital de 15 767 livres 16 sols, et quatre d'entre eux provenaient de rentes trouvées dans l'héritage de Pierre Corneille, le père, et constituées par lui. Il ne laissa donc pas « sa femme et ses enfants sans fortune », pas plus pour les meubles

---

cation à M. Ch. de Beaurepaire, qui vient de le découvrir dans le tabellionage de Rouen.

1. Ce prêt ne figure pas dans le chapitre VIII, où nous avons établi la fortune de Pierre Corneille, le père. L'acte a été découvert dans le tabellionage de Rouen, par M. Gosselin, qui nous l'avait communiqué, ainsi que les notes publiées par M. Taschereau. (*Histoire de Corneille*, t. I, pages 257 et 258.)
2. Appendice I et chap. VIII.
3. Notes reçues de M. E. Gosselin.
4. Appendice XII.

que pour les immeubles. Seulement il est impossible de dire quelle fut la part de Pierre Corneille, le poète, puisqu'on ne sait dans quelle proportion les héritiers cités ci-dessus se partagèrent les sommes provenant des héritages rappelés par les actes où se trouvent consignés ces recouvrements de créance.

Une autre source de fortune pour le poète fut son mariage, en 1640. On sait que les deux frères, Pierre et Thomas, épousèrent les deux sœurs, Marie et Marguerite de Lampérière, filles du lieutenant particulier au siège présidial d'Andely. Ils trouvèrent là une dot et des héritages assez considérables, tant en meubles qu'en immeubles.

Nous nous occuperons d'abord des immeubles, comme nous l'avons fait pour le patrimoine du poète, et nous signalerons, auparavant, la particularité touchante que voici. « Après plus de vingt-cinq ans de mariage, les deux frères n'avaient pas encore songé à faire le partage des biens de leurs femmes, situés en Normandie; il ne fut fait qu'à la mort de Pierre [1]. » De Boze a eu raison de le dire, et l'Aveu de 1681, qui va nous faire connaître ces biens, prouve que le partage n'en était pas encore fait trente et un ans après le mariage de Thomas, dont le contrat fut signé le 5 juillet 1650. Ce sera seulement le 31 octobre 1685, un an après la mort de Pierre Corneille, que sa veuve, Marie de Lampérière, partagera avec sa sœur Marguerite, femme de Thomas, les biens provenant de la succession de leurs père et mère, et restés indivis tant qu'a vécu l'aîné des deux frères.

Le détail authentique de ces biens est fourni par un Aveu rendu au roi le 13 décembre 1681, à cause de sa châtellenie et vicomté d'Andely, pour servir à la confection du nouveau terrier de son domaine. Les deux frères passèrent procuration à un nommé Denis Amette, marchand au Grand-Andely, qui s'acquitta du soin de remplir cette formalité.

---

1. « Éloge de Thomas Corneille », par De Boze, dans les *Mémoires de l'Académie des Inscriptions*, et réuni à d'autres publiés en 1740, 3 vol. in-12.

L'Aveu ne comprend pas moins de vingt articles. Le premier est la belle maison, située place du Marché, au levant, et connue sous le nom de « Maison Corneille », et acquise par la ville d'Andely le 25 juillet 1858. L'hôtel de ville s'y trouve installé aujourd'hui. Près d'elle était une autre maison, avec masure, vulgairement appelée *le Perrin*. Les dix-huit autres articles, décrits dans l'Aveu, se composaient de terres labourables, d'une pièce de terre dans une île, de bois et d'une vigne, le tout formant, en chiffres ronds, 56 acres [1], dont la moitié seulement appartenait à la femme de Pierre Corneille, soit 28 acres, représentant aujourd'hui 22 hectares, 88 ares, 16 centiares.

Ces immeubles dotaux des Andelys étaient donc supérieurs aux divers immeubles patrimoniaux de Pierre Corneille, à Rouen, à Cléon et à Orival, au Petit-Couronne et au Val-de-la-Haye. Comme on vient de le voir, les maisons avaient plus d'importance aux Andelys, et les autres immeubles aussi. Ceux des environs de Rouen représentaient 17 hectares, 32 ares et 88 centiares, et il y avait aux Andelys 22 hectares, 88 ares, 16 centiares, c'est-à-dire une différence de 5 hectares, 55 ares, 28 centiares [2].

Outre les immeubles, les deux frères Corneille trouvèrent encore, dans la succession de leur beau-père, Mathieu de Lampérière, le prix de la vente de sa charge, celle de « lieutenant particulier ancien civil au siège présidial de Gisors estably à Andelys ». Elle eut lieu, le 29 décembre 1650, et fut cédée « à noble homme maistre Marin Duval, aussi conseiller du roy, lieutenant en leslection d'Andely, Vernon et Gournay », pour le prix de 3300 livres tournois. L'un des deux frères (on ne sait lequel) donna successivement quittance, le 14 novembre 1651, pour 300 livres, et, le 29 juillet 1654, « pour les mille écus mentionnés dans

---

1. L'acre des Andelys était la grande mesure, c'est-à-dire 84 ares 7120, mais l'habitude est de forcer la contenance et de compter 84 ares 72 centiares.
2. Appendice XIII.

les lettres du garde du seel, Pierre Pidou, relatant la vente avec les interests de ladite somme jusques à ce jour [1] ».

Voilà donc une somme de 3300 livres, avec les intérêts en plus, partagée entre les deux frères, qui vint accroître la fortune mobilière de Pierre Corneille, du chef de sa femme.

Le même office de Mathieu de Lampérière rendit encore le même service à l'un de ses gendres, Pierre Corneille seul, auquel la pensée en dut venir quand Marin Duval se fut libéré du prix de l'achat, le 29 juillet 1654.

Son beau-père, Mathieu de Lampérière, étant mort le 15 avril 1645, il n'avait pas été pourvu immédiatement à son office, à cause des affaires survenues entre sa femme, ses héritiers, représentés par Pierre Corneille, et les créanciers du défunt. Le 20 juin 1651, ils plaidaient contre les créanciers pour deux lots qui leur avaient été affectés, tandis que les héritiers n'en avaient qu'un seul. Corneille et joints succombèrent et furent condamnés aux dépens pour un tiers [2].

Par suite de ce procès, Mᵉ Marin Duval n'avait pu être reçu et prêter serment que le 2 novembre 1651. C'est alors que Pierre Corneille, « héritier de M. Mathieu de Lampérière, à cause de la damoiselle Marie de Lampérière, sa fille, femme de l'exposant », réclama les gages et droits attribués à cet office, pendant les six ans et demi de vacance, en adressant une supplique au roi. Elle fut favorablement accueillie, et, le 26 novembre 1655, la chambre des comptes de Rouen s'occupa des lettres d'intermédiat où le roi ordonnait « d'allouer en compte à l'exposant les gages et droits dudit office depuis le 15 avril 1645 jusqu'au 2 novembre 1651, jour de la réception dudit Duval, sans en

---

1. M. Ch. Legay, ancien magistrat, a publié cette pièce en entier, avec les deux quittances, en la faisant précéder d'une courte explication sur sa provenance. Voy. *Bulletin de la Société de l'Histoire de Normandie*, t. III, pages 320-323.

2. Appendice I. Notes de M. E. Gosselin.

faire aucune difficulté ni s'arrêter à la longueur de l'intermédiat [1]. »

Les lettres sont du 7 septembre 1655, et Corneille présenta requête à la chambre des comptes de Normandie, « aux fins de verification et d'enregistrement ». Cela eut lieu le 26 novembre 1655.

Le chiffre des gages annuels de Mathieu de Lampérière n'est pas connu ; mais la seule précaution de dire : « A quelque somme qu'ils puissent se monter », en prouve bien l'importance. Elle paraît résulter d'ailleurs des placements que Pierre Corneille fit peu de temps après cette marque de bienveillance du roi à son égard [2].

La même année, le 26 mai 1655, d'après une transaction, les deux frères avaient déjà touché une somme de 1000 livres, provenant de la famille de leurs femmes. En leur qualité d'époux de Marie et de Marguerite de Lampérière, ils transportèrent tous les droits de celles-ci dans la succession de leur grand'mère, veuve en premières noces de Robert Leflament, et en secondes noces de Mathieu de Lampérière, docteur-médecin à Vernon, d'où était issu leur père, Mathieu de Lampérière [3].

Cette somme de 1000 livres, en compensation de l'abandon de ces droits, fut partagée entre eux, aussi bien que les 3300 livres représentant le prix de la vente de la charge de leur beau-père. La part de Pierre Corneille fut donc de 2150 livres.

Si Corneille, le père, « avait laissé sa femme et ses enfants sans fortune », comme on l'a dit, si la gêne était entrée dans la famille Corneille par la mort de son chef, on ne s'expliquerait guère comment la veuve et ses deux fils, Pierre et Thomas, purent faire des placements d'argent

---

1. Appendice XIV. Voy. la pièce en entier.
2. Voy. plus loin, p. 114.
3. Notes de M. E. Gosselin, distinctes de celles de l'Appendice I. Elles avaient été communiquées aussi à M. Taschereau, qui les a mentionnées dans les notes du tome I de l'*Histoire de P. Corneille*, p. 258.

BOUQUET.

aussitôt après la mort du chef de la famille et un peu plus tard encore.

Moins de sept semaines après cette mort, le 29 mars 1639, Pierre Corneille versait aux frères Cusson une somme de 4200 livres, pour se constituer une rente perpétuelle de 300 livres.

Le 15 mars 1644, il se constituait une autre rente de 200 livres, moyennant une somme de 3200 livres, versée à Alexis Du Moucel [1], sieur du Busc, et à Pierre Bachelier, lieutenant des eaux et forêts à la table de marbre de Rouen.

Enfin, le 5 septembre 1658, il achète encore, d'une dame Françoise le Doulcet, 300 livres tournois de rente, en lui versant une somme de 4200 livres [2].

Ces trois placements, représentant un capital de 11600 livres et 800 livres de rente, ne sont pas en entier le fruit des économies de Pierre Corneille.

On en aurait la preuve dans la vente de ses offices, qui eut lieu le 18 mars 1650. A cette date, « il vend et résigne à noble homme maistre Alexandre Leprovost, sieur de la Malleterre, advocat en parlement de Rouen, ses offices de conseiller et advocat du roy ancien es sieges généraux de l'admirauté eaux et forests de Normandie en la table de marbre du palais à Rouen ». La vente a lieu pour le prix de 6000 livres tournois. Les sieurs Leprovost, père et fils, s'étaient engagés solidairement à payer, le lundi de la Quasimodo suivant (25 avril 1650), 700 livres tournois, pour aider Corneille à obtenir les lettres de provision, 2300 livres tournois, lors de la remise de ces lettres, et enfin, pour les 3000 livres restant, à servir une rente de 144 livres 5 sols 8 deniers, qui devait courir du jour de la remise des lettres de provision, en se réservant, pour eux et pour

---

1. M. Taschereau, auquel M. E. Gosselin communiqua les mêmes notes qu'à nous, a lu : « Du Mansel ». (*Ibidem*, t. I, p. 256.) Le nom est bien celui que nous donnons.
2. Voy. Appendice XV. C'est un placement nouvellement découvert.

leurs héritiers, le remboursement facultatif du capital de cette rente [1].

Il est certain que le prix de ces deux offices fut intégralement remboursé, quoiqu'on n'ait pas encore retrouvé les actes qui le constatent, comme beaucoup d'autres, qui serviraient à établir, d'une façon plus complète, l'état de la fortune mobilière de Corneille, bien plus considérable qu'on ne l'a jamais supposé.

Corneille garda-t-il ces 6000 livres pour élever sa jeune famille, ou les plaça-t-il ailleurs? Nous croyons qu'il prit ce dernier parti, quand nous retrouvons d'autres placements, dont les dates sont voisines de remboursements dûment constatés.

Toutes ces opérations financières, relatées plus haut, prouvent que si le poète avait été seulement dans la gêne après la mort de son père, en 1639, au lieu de faire de nouveaux placements avec les remboursements effectués, il aurait commencé par les retenir et par les appliquer aux besoins de sa famille. Il n'en fut rien, ainsi qu'on vient de le voir.

C'est que Pierre Corneille, en dehors des revenus de son patrimoine et de celui de sa femme, eut encore des ressources financières dues aux traitements des fonctions publiques qu'il exerça. On n'en a guère tenu compte jusqu'ici, et cependant ces ressources ont eu une importance réelle, et pendant plus de vingt ans de sa vie.

En première ligne il faut placer son traitement comme avocat du roi dans les deux juridictions de la table de marbre. « Son traitement annuel était de 170 livres comme avocat du roi aux eaux et forêts, et de 150 livres comme premier avocat au siège de l'amirauté. Mais ce n'était pas tout, il y avait les épices : celles des eaux et forêts consistaient, pour l'avocat du roi, en 2 livres par chaque vacation

---

[1]. Voy. les « Pièces justificatives » de toute cette vente dans la *Notice biographique sur Pierre Corneille*, par M. Ch. Marty-Laveaux, pages LXXVIII-LXXX.

aux ventes; chaque vente donnait droit à trois vacations, savoir l'*assiette*, l'*adjudication* et le *récolement*. Ces ventes, divisées à l'infini, par *petits lots*, finissaient par produire un assez joli revenu à chacun des officiers de la juridiction. De plus il y avait les épices des procès, les contraventions et les amendes, les visites des forêts, les recensements, les procès-verbaux de toute sorte auxquels concourait le procureur du roi ou son avocat, tous actes pour lesquels il était taxé des vacations.

« Quant aux profits de l'amirauté, ils consistaient également en vacations ou épices. En l'absence d'un règlement spécial à l'amirauté, nous ne pouvons fixer ces épices que par assimilation à celles accordées, par l'arrêt du 14 avril 1592, aux officiers du vicomté, c'est-à-dire douze sous *par heure*, ce qui ne laissait pas de produire, au bout de l'an, une somme assez ronde. Mais il faut remarquer que le procureur du roi et l'avocat du roi siégeaient alternativement.

« Au total les fonctions de Corneille étaient beaucoup plus lucratives qu'on ne le suppose généralement, et nous pensons qu'en réunissant le traitement fixe de 320 livres, les vacations aux ventes et les épices de l'amirauté, on arrive, sans exagération, à un produit annuel d'au moins 1200 livres [1]. »

Ce traitement, Corneille le toucha pendant vingt et un ans, de 1629 à 1650, date de la résignation de ses fonctions, et, joint à ses autres ressources, il contribua à le mettre dans une bonne position de fortune.

Bien temporaire, au contraire, fut le traitement d'autres fonctions publiques dont il reste à parler, celles de procureur-syndic des états de Normandie, en remplacement de Jacques Baudry, avocat célèbre alors, qui les remplissait depuis dix-sept ans. Baudry, grand partisan du duc de Longueville, gouverneur de la Normandie, et fort dévoué aux

---

[1]. *Particularités de la vie judiciaire de Pierre Corneille révélées par des documents nouveaux*, par E. Gosselin, pages 7-8 de l'Extrait de la REVUE DE LA NORMANDIE, année 1865, pages 418-419.

Frondeurs, avait encouru la disgrâce de la cour, et, lors du voyage qu'elle fit à Rouen le 5 février 1650 [1], il fut destitué.

La régente, Anne d'Autriche, ou plutôt Mazarin, le remplaça « par le sieur de Corneille, pour l'exercer et en faire les fonctions jusques à la tenue des estats prochains et jusques à ce qu'il soit autrement ordonné par sa dite Majesté ». C'est là ce qu'on a appelé, un peu ambitieusement, « le rôle politique de Corneille pendant la Fronde ». En tout cas, ce choix prouve l'erreur de ceux qui ont rangé Corneille parmi les adversaires de la royauté. Les Frondeurs ne s'y méprirent pas, et l'un d'eux, Jacques de Lescornay, auteur d'une *Apologie particulière pour M. de Longueville*, n'hésita pas à dire : « Il est vray que le sieur Baudry a cette consolation dans sa disgrâce qu'on ne luy a osté la protection du peuple que pour qu'on le veut impunément opprimer, et qu'il n'a pas failli dans sa charge, mais qu'on la creu incapable de faillir. En effet on lui a donné un successeur qui sçait fort bien faire des vers [2], mais qu'on sçait assez mal habile pour manier de grandes affaires ; bref, il faut qu'il soit ennemy du peuple, puisqu'il est pensionnaire de Mazarin [3]. »

Faite à Rouen le 15 février 1650, et envoyée le même jour à l'hôtel de ville, cette nomination fut notifiée au bureau des finances le 16, et au parlement le 17. Mazarin fit ainsi acte d'autorité, car les états de Normandie, qui se survivaient à eux-mêmes par leur procureur syndic, choisissaient leur représentant. « Sa charge était une commission à la nomination seule des états, révocable à leur volonté et incompatible avec tout office de magistrature [4]. » Sur ce dernier point, le cardinal était resté

---

1. Le 3, donné assez habituellement, est la date de la délibération du conseil municipal de Rouen. L'entrée est du samedi 5 février.
2. En note marginale : « Le sieur Corneille, poète fameux pour le théâtre. »
3. *Histoire de France pendant la minorité de Louis XIV*, par A. Chéruel, t. IV, p. 31.
4. *Cahiers des États de Normandie sous Louis XIII et Louis XIV*, par M. Ch. de Beaurepaire. Introduction en tête du tome III, p. xxi.

dans la légalité, puisque le nouveau procureur syndic était appelé « le sieur de Corneille », tout court. Il devait alors avoir envoyé déjà sa démission d'avocat du roi, fonctions qu'il allait résigner un mois plus tard, le 18 mars 1650, en faveur d'Alexandre Leprovost [1].

Comme les états de Normandie ne s'étaient pas tenus depuis 1643, et qu'ils se tinrent seulement en 1655, il est à penser que le cardinal Mazarin avait le dessein moins de faire jouer à Corneille un rôle politique que de lui assurer les gages de ses fonctions de procureur-syndic, c'est-à-dire les 1800 livres, auxquelles s'ajoutaient les taxations accoutumées.

Corneille ne conserva longtemps ni le titre ni les gages. « Au commencement de l'année suivante, la réconciliation se fit entre le roi et le duc de Longueville, et Jacques Baudry fut rétabli dans sa charge de procureur-syndic des états le 15 mars 1651. On ne voit pas que Pierre Corneille ait eu l'occasion de rien faire pour la province en qualité de procureur-syndic. Il se contenta de toucher une demi-année de gages; c'était là vraisemblablement la faveur que voulait lui faire Mazarin et le châtiment qu'il prétendait infliger à Jacques Baudry. Mais ce payement de gages, qui n'étaient justifiés par aucun service, donna lieu à quelques difficultés dont nous trouvons la trace dans les plumitifs du bureau des finances de Rouen [2] ».

Baudry, rétabli dans sa charge, réclama de Corneille la demi-année de traitement qu'il avait touchée, et, après plusieurs comparutions, l'on ne sait pas comment l'affaire se termina entre eux. Cependant il est bien certain que Corneille ne toucha pas le traitement de l'année entière.[3]

1. Voy. plus haut, p. 114.
2. *Cahiers des états de Normandie sous les règnes de Louis XIII et de Louis XIV*, par Ch. de Beaurepaire, t. III, p. 337.
3. Voy. Appendice XVI. — On a cru, dernièrement, que Corneille avait été encore « secrétaire ordinaire de la chambre du roi », parce que ce titre venait après le nom de « M. Pierre Corneille », dans une quittance pour le rachat d'une rente, à la date du 18 mai 1668. (*Pierre Corneille et sa fille Marguerite dominicaine à Rouen*, 1885, pages 16 et 29.) Mais l'auteur,

En résumé, la fortune patrimoniale, dotale et personnelle de Pierre Corneille, tant en immeubles qu'en meubles et traitements, s'établit de la façon suivante.

En immeubles, deux maisons d'habitation, l'une à Rouen, rue de la Pie, l'autre au Petit-Couronne, et deux autres maisons d'habitation, plus considérables, au Grand-Andely, mais indivises avec Thomas Corneille.

De plus, il possédait, en terres labourables, masures, prés, îles, bois et vigne, en divers endroits, 40 hectares 21 ares et 4 centiares.

Sa fortune mobilière se composa d'héritages provenant de son père et de sa famille, dont le chiffre s'élève à 15 767 livres 16 sols. Mais il n'est pas possible de savoir exactement la part qui revint à Pierre Corneille dans cette somme, parce qu'on ignore comment se fit le partage des sommes touchées par les divers héritiers lors de l'intervention de la mère comme tutrice de son fils Thomas, mineur.

Les héritages en meubles, provenant de son beau-père, atteignirent le chiffre de 4300 livres, dont il eut la moitié, 2150 livres, et, en plus, la somme totale des cinq années des lettres d'intermédiat, restée inconnue. Elle paraît toutefois avoir eu une certaine importance.

A l'aide de ces héritages plutôt qu'avec ses économies, Corneille put faire, de 1639 à 1658, trois placements s'élevant à la somme de 11 600 livres, en capital et 800 livres de rente.

Son traitement d'avocat du roi représentait, au bas mot, une somme annuelle de 1200 livres, sans parler d'autres avantages secondaires attachés à ces fonctions publiques, et il en jouit de 1629 à 1650.

Enfin il vendit cette charge 6000 livres, lorsqu'il la céda à Alexandre Leprovost.

M. Ch. de Beaurepaire, a reconnu avec nous que ce Pierre Corneille était le cousin du poète, le possesseur de l'immeuble de Bapaume, qui, pour cette double similitude de nom et de prénom, avait été aussi regardé comme une propriété du poète. Voy. plus haut, note 2, p. 107.

Dans la période qui nous occupe, c'est-à-dire de 1639 à 1662, la fortune mobilière de Pierre Corneille, en ne tenant compte que des remboursements et des placements connus, des prix de vente et autres avantages, s'éleva, au bas mot, et à un moment donné, à un chiffre qui dépassa 25 000 livres [1], en capital, sans qu'il soit possible de déterminer le chiffre des rentes de ce capital.

Si l'on y joint les rentes des 40 hectares de ses immeubles, on se convaincra que Corneille, rien que par sa fortune mobilière et immobilière, grossie encore de son traitement annuel, était dans une position plus voisine d'une grande aisance que de la gêne, et que le mot de « pauvreté » ne saurait nullement convenir pour cette période de sa vie, surtout quand on songe à toutes les ressources diverses, à tous les revenus que le poète sut tirer de son talent et de ses ouvrages. Il y trouva des ressources, non moins considérables que les autres, dont il reste à parler.

---

1. Pour apprécier cette somme à sa juste valeur, il faut se rappeler que le pouvoir de l'argent était alors cinq fois plus grand, d'après l'estimation généralement admise aujourd'hui.

CHAPITRE XI

PRODUITS FINANCIERS DE SES OUVRAGES

Théatre. — Vieilles pièces achetées à vil prix. — Motifs de Corneille pour élever le prix des siennes. — La pièce payée par les acteurs ne profitait plus à l'auteur. — Corneille se faisait bien payer. — Preuves du fait. — Attaques sur ce point dans la Querelle du Cid. — Claveret. — Mairet. — Chapelain. — Remarque à propos d' « Horace ». — La vente de ses pièces lui fut avantageuse. — Demande d'un privilège exclusif pour les représentations de trois d'entre elles. — Il veut favoriser les comédiens du Marais. — Motifs du refus par le conseil privé. — Accusations d'avarice par les contemporains. — Réclamation d'une part proportionnelle dans les représentations des pièces vendues.

Impressions. — Il imprima durant cinquante ans. — Les traités avec les libraires varient. — Il y défend ses intérêts. — Libraires-éditeurs et libraires éditeurs-imprimeurs. — Ses prétentions modestes au début. — Ses exigences avec les succès. — Privilège direct plus favorable pour quatre pièces nouvelles. — Mairet attaque la publication du « Cid ». — Corneille quitte son imprimeur parisien, Augustin Courbé. — Il prend l'imprimeur rouennais, Laurens Maurry. — Corneille imprime à ses frais. — Cession aux libraires parisiens des privilèges qu'il se fait accorder. — Il s'en fait payer. — Le libraire Quinet. — Mérites de l'imprimeur L. Maurry. — Apposition tardive de son nom sur les titres. — On ne connaît aucun traité de Corneille avec les libraires pour la vente du manuscrit ou pour la cession des privilèges. — Les libraires se les partagent. — Corneille en change souvent. — Grand succès de « l'Imitation ». — Détails et bénéfices de la vente. — Témoignages contemporains. — Il inaugure l'indépendance de l'homme de lettres par les produits de ses œuvres.

Fort longtemps le métier d'auteur dramatique fut récompensé d'une façon dérisoire, par les acteurs achetant, à vil prix, les pièces destinées à la représentation. « Autrefois, dit Segrais au xvii⁰ siècle, les gens de lettres ne faisoient pas de comédies¹ ou pièces de théâtre : il n'y eut que Jodelle qui fit la *Médée*²; et quand M. de Racan fit ses *Bergeries*, au commencement de celui-ci, ce fut plutôt pour se divertir que pour les faire jouer. La Beaupré, excellente comédienne de ce temps-là, qui a joué aussi dans les commencements de la grande réputation de M. Corneille, disoit : « Monsieur Corneille nous a fait un grand tort; nous avions ci-devant des pièces de théâtre pour trois écus, que l'on nous faisoit en une nuit, on y étoit accoutumé, et nous gagnions beaucoup; présentement les pièces de Monsieur de Corneille nous coûtent bien de l'argent, et nous gagnons peu de chose. » Il est vrai que ces vieilles pièces étoient misérables; mais les comédiens étoient excellents, et ils les faisoient valoir par la représentation³. »

Cette actrice, qui jouait au Marais lors des débuts de Corneille, se montra surprise de ce changement, parce qu'elle ne se rendait pas compte de l'impossibilité, pour Corneille, « de faire ses pièces en une nuit ». La supériorité du plan et de l'exécution, même dans ses premières pièces, le plaçait bien au-dessus de ses devanciers. Et puis, « M. Corneille, sentant qu'il n'était pas un poète à trois écus la pièce, ne voulait pas être non plus ce que ces poètes avaient été. Il prétendait bel et bien ne pas passer pour le premier valet des comédiens, moins encore pour leur plastron et leur jouet, comme Hardy l'avait été... Corneille voulait qu'on le respectât, et, vrai Normand, afin d'y mieux parvenir, il commençait à demander pour ses œuvres un prix respectable⁴. » Pourquoi n'aurait-il pas

---

1. Segrais donne à ce mot le sens qu'il avait alors : « Pièces tragiques ou comiques. » De là était venue la locution : « Aller à la comédie », pour dire : « Aller au théâtre ». Le nom de « Comédie française » a seul gardé le sens primitif du mot.
2. C'est Jean de la Pérouse, et non Jodelle, qui fit la *Médée*.
3. *Œuvres diverses de M. de Segrais*, 1723, Iʳᵉ partie, pages 155-156.
4. *Corneille à la Butte Saint-Roch*, notes sur la vie de Corneille, par M. Edouard Fournier, p. lxvj.

tiré un profit convenable de ses pièces, quand il voyait les comédiens s'enrichir du fruit de ses veilles?

D'après les usages du temps, « on achetait aux écrivains leurs ouvrages à forfait, on leur payait un prix convenu, et tout était dit. La pièce pouvait être jouée cent fois de suite, et reprise chaque année, on ne devait pas à l'auteur une obole des sommes qu'elle rapportait [1] ». Corneille dut subir la loi commune ou plutôt les usages établis.

On ne connaît pas le chiffre de la vente de ses pièces, à partir du succès de *Mélite*, qui grandit avec *Clitandre, la Veuve, la Galerie du Palais, la Suivante, la Place-Royale* et *Médée*; mais on est en droit de le supposer suffisamment rémunérateur, d'après les regrets de la comédienne La Beaupré : « Présentement les pièces de Monsieur de Corneille nous coûtent bien de l'argent. » Les succès grandissants du théâtre et la bienveillance de Mondory, directeur de la troupe du Marais, fort dévoué à Corneille, permettent d'accepter la supposition comme une réalité avantageuse pour l'auteur.

Une autre preuve se tire du reproche qu'un sieur Gaillard, en vue de complaire aux acteurs, dont les légitimes exigences de Corneille diminuaient les bénéfices, formula dans ce vers :

Corneille est excellent, mais il vend ses ouvrages [2].

Enfin les nombreux pamphlets de la Querelle du Cid reviennent aussi sur cette vente de ses pièces de théâtre, qu'il sut faire servir à l'accroissement de sa fortune, et elle existait bien avant l'année 1637, date de cette lutte acharnée.

En réponse à la phrase méprisante de la *Lettre apologé-*

---

1. M. E. Fournier, *ibid.*, p. lxxxiv.
2. *Œuvres du sieur Gaillard*, Paris, 1634, in-8°, p. 33. — Cité par M. Taschereau, *Vie de Pierre Corneille*, avec remarque de M. Nodier, t. I, pages 35-36.

tique de Corneille à Scudéri, où il lui disait : « Il n'a pas tenu à vous que, du premier rang où beaucoup d'honnêtes gens me placent, je ne sois descendu au-dessous de Claveret », ce dernier lança une *Lettre du Sr Claveret au Sr Corneille, soy-disant autheur du Cid.* Dans cette lettre, « pleine d'impertinences et de ridiculités », comme parle Voltaire, Claveret n'a garde d'oublier la vente des pièces de théâtre. « Je vous confesse qu'il me seroit peut-estre bien difficile de vous atteindre en ce bel art (de faire des vers), quand aussi bien que vous durant neuf ou dix ans j'en aurois fait mestier et marchandise. » Ce passage, qui nous reporte aux débuts dramatiques de Corneille, prouve qu'il voulut, dès cette époque, faire payer ses pièces aux acteurs, ou, comme le dit Claveret, « vendre ses denrées poétiques ». Et ils les achetaient, tandis qu'ils repoussaient celles de Claveret. *L'Amy du Cid à Claveret* ne se fit pas faute de le lui dire : « Je sçay bien que vous n'auez pas vendu vos ouurages ; ce n'estoit pas manque de pauureté : mais c'est que les comediens ne vous en ont iamais rien voulu donner ; c'est ce que vous auez fait jusqu'icy [1]. »

Mondory, le chef de la troupe du Marais, ne pouvait faire autrement que de bien payer les pièces de Corneille, ces pièces que ses ennemis l'accusaient de faire « pour contenter la passion des comédiens qu'il servait ». Mais un motif encore plus puissant, c'est que Mondory et la troupe y trouvaient leur intérêt. « Il est tres vray que ses soins et ses veilles leur ont rendu de si bons et si profitables seruices, que ie leur ay ouy dire hautement que iusques icy ils doiuent à luy seul ce que le theatre peut donner de bien [2]. »

Aussi étaient-elles largement payées, au dire même de

---

[1]. *Recueil de pièces diverses sur le Cid*, 1637. Bibliothèque de l'Arsenal, n° 9809. Il renferme 21 pièces et est plus complet que celui de la Bibliothèque nationale, Y 5665. — *L'Amy du Cid à Claveret*, in-8° de 8 pages, 1637, pages 5-6.

[2]. *Ibidem*, p. 6.

ses ennemis. On le voit par cette comparaison avec les marchands faisant la troque en pays étranger, que l'envie suggère à Mairet. « Vos carauenes de Roüen à Paris me font souvenir de ces premiers marchands, qui passèrent dans les Indes ; d'où par le bonheur du temps, autant que par la simplicité de quelques peuples, ils apportèrent de l'or, des pierreries, et d'autres solides richesses, pour des sonnettes, des miroirs et de la quincaillerie qu'ils y laisserent. Vous nous auez autrefois apporté la Mélite, la Veufue, la Suivante, la Gallerie du Palais et de fraîche memoire le Cid, qui d'abord vous a valu l'argent [1]. »

Les reproches et les attaques de ses envieux n'empêchèrent pas Corneille de vendre encore aux comédiens la pièce qui suivit immédiatement le *Cid.* Une remarque de Chapelain révèle le fait, en même temps que sa lettre donne la date de la première représentation d'*Horace*, au début de l'année 1640. Ce retard de plus de trois années entre les deux représentations était une conséquence de la triste Querelle du Cid, tant Corneille craignit longtemps d'être encore malmené par le cardinal et par sa bande. Chapelain écrivait à Balzac, le 9 mars 1640 : « Pour le combat des *Horaces* [2], ce ne sera pas si tôt que vous le verrez, pour ce qu'il n'a encore été représenté qu'une fois devant Son Éminence, et que, devant que d'être publié, il faut qu'il serve six mois de gagne-pain aux comédiens. Telles sont les conventions des poètes mercenaires, et tel est le destin des pièces vénales. Mais vous le verrez assez à temps. »

On voit donc, par toutes ces citations, que Corneille, dès ses premiers débuts dramatiques, ne cessa de vendre ses pièces aux comédiens, et, bien qu'on ignore le prix qu'il en reçut, on peut affirmer qu'il eut lieu d'en être content, ne fût-ce

---

1. *Epistre familière dv Sr Mayret av Sr Corneille sur la Tragi-comédie du Cid*, 1637, p. 18. L'Epitre a 29 pages, avec la date : « A Paris, ce 4 juillet 1637. » C'est la seule pièce datée. Elle est suivie de la *Response à l'Amy du Cid sur ses invectives contre le sieur Claveret*, pages 30-48.

2. Le vrai titre est *Horace*, celui que donne aujourd'hui l'affiche de la Comédie française.

que d'après le seul témoignage de ses ennemis. Lui aussi put redire, à son tour, ce vers qu'il met dans la bouche du magicien Alcandre pour consoler Pridamant, père de Clindor, tout désolé de voir son fils engagé dans une troupe de comédiens :

> Le théâtre est un fief dont les rentes sont bonnes.
> (*Illusion comique*, acte V, sc. v.)

Non moins que les comédiens, l'auteur y trouva, à son tour, « plus d'accommodement qu'autrefois », c'est-à-dire « plus d'argent, plus de ressources », qui servirent à l'accroissement de sa fortune et à son bien-être.

En dehors de la vente de ses pièces aux comédiens, Corneille tenta d'en faire de nouveaux revenus, en demandant au roi, pour trois d'entre elles, *Cinna*, *Polyeucte* et *la Mort de Pompée*, un privilège tout nouveau dans les habitudes du théâtre, à cette époque. En 1643, au début du règne de Louis XIV [1], il représenta au conseil privé du roi : « qu'ayant employé beaucoup de temps à composer ces trois pièces, représentées par les comédiens du Marais, et ayant appris que depuis quelque temps les autres comédiens auraient entrepris de représenter les dites pièces, à son grand préjudice, et que, s'ils avaient cette liberté, l'exposant serait frustré de son labeur, il demandait la permission de les faire représenter par telle troupe de comédiens et en tels lieux que bon lui semblera, durant le temps de... à compter du jour où elles auront été représentées pour la première fois. » La fin de la demande laisse percer la véritable intention de Corneille, celle de favoriser les comédiens du Marais, en s'opposant aux entreprises de ceux de l'Hôtel de Bourgogne. Dans ce but, cause première de la démarche, le roi était prié « de faire défenses à tous ses comédiens représentant tant en

---

1. La demande est postérieure au 14 mai 1643, date de l'avènement du jeune roi, âgé de cinq ans.

sa dicte ville de Paris qu'autres lieux de son royaume de jouer ni représenter les dictes pièces sans le vouloir et consentement dudict exposant ou de ceux qui auront droit de luy, à peine de dix mille livres d'amende et de tous despens, dommages et interests. »

Chose bizarre, dans ce projet de lettres patentes, le rédacteur avait poussé la précaution jusqu'à le terminer par tous les protocoles de l'acceptation, suivis de ces mots : « Donné à.... le.... jour de... l'an de grace 1643 et de nostre regne le premier. Par le Roy [1]. »

La demande une fois acceptée, il n'y avait plus qu'à remplir les blancs et à envoyer une expédition au demandeur.

Il n'en fut rien. Goujon se vit réduit à mettre, au bas de ce projet de lettres patentes rédigé par lui, ces mots écrits perpendiculairement : « *Privilège Corneille refusé.* »

Les motifs du refus vinrent certainement des habitudes du temps pour les représentations des pièces de théâtre; une fois imprimées, elles tombaient dans le domaine public, et pouvaient être, dès lors, représentées par toutes les troupes de comédiens. Or l'achevé d'imprimer de *Cinna* est du 18 janvier 1643, celui de *Polyeucte* du 20 octobre 1643, et les représentations de *la Mort de Pompée*, commencées avec cette même année 1643, pour six mois peut-être comme celles d'*Horace*, allaient toucher à leur fin. Il était donc urgent de pourvoir aux moyens d'empêcher la troupe rivale de celle du Marais de représenter ces trois pièces. Mais le conseil privé refusa à Corneille ce privilège, dont le premier tort était d'être trop en avant sur les idées du temps, au sujet des garanties de la propriété littéraire.

Il est certain que Corneille, s'il eût été accordé, en aurait

---

1. Ce projet de lettres patentes, découvert à Rouen par M. E. Gosselin, dans les archives du Parlement, et rédigé par Jacques Goujon, condisciple de Corneille, et avocat au conseil privé du roi, a été publié par M. Marty-Laveaux en entier dans les Pièces justificatives de sa « Notice biographique sur Pierre Corneille, » page LXXIV, et par M. Taschereau, *Vie de Corneille*, t. I, p. 138. Cette double publication nous dispense de la reproduire à l'Appendice.

tiré un profit quelconque, puisqu'il n'avait introduit sa demande que « pour ne pas être privé de son labeur ». Aussi ce motif, non moins que la faveur évidente du poète pour les comédiens du Marais, paraît-il avoir donné naissance aux reproches d'avarice, d'amour de l'argent, que lui adressèrent les contemporains, au sujet de ses pièces de théâtre. On a vu que Chapelain s'élevait contre « les conventions des poètes mercenaires [1] ». Tallemant des Réaux attaqua Corneille plus vivement encore : « En vérité il a plus d'avarice que d'ambition, et pourvu qu'il tire de ses pièces bien de l'argent, il ne se tourmente guère du reste [2]. » Il y revient un peu plus loin : « C'est dommage que cet homme n'est moins avare [3] », après avoir dit ailleurs : « C'est un grand avare [4] ». L'académicien Charpentier prête ce langage à un M. de Fredeville, l'un des interlocuteurs de son dialogue, *le Libraire du Palais* : « Corneille, avec son patois normand, vous dit franchement qu'il ne se soucie point des applaudissements qu'il obtient ordinairement sur le théâtre, s'ils ne sont suivis de quelque chose de plus solide [5]. » Enfin La Bruyère pensait de même, quand il disait de lui : « Il ne juge de la bonté de sa pièce que par l'argent qui lui en revient [6]. »

Il est donc certain que Corneille sut tirer bon parti de la vente de ses pièces aux comédiens, et il est à croire qu'à un moment donné il ne se contenta pas d'un prix à forfait, mais exigea une part proportionnelle dans les bénéfices des représentations, sans quoi, dans la demande de privilège, présentée au conseil privé, il n'aurait pu dire que la représentation de trois de ses pièces, par d'autres comédiens que ceux du Marais, « l'aurait frustré de son labeur [7] ».

---

1. Voy. plus haut, p. 125.
2. *Historiettes*, édit. in-18, t. X, p. 234.
3. Id., *ibid.*, t. X, p. 235.
4. Id., *ibid.*, t. X, p. 47.
5. *Carpenteriana*, 1741, in-8°, p. 110.
6. *Les Caractères ou Mœurs de ce siècle* : « Des jugements ».
7. Voy. plus haut, p. 126.

Corneille se procura encore d'abondantes ressources pécuniaires par les impressions de ses ouvrages. Commencées avec *Clitandre*, en 1632, elles ne s'arrêtèrent qu'en 1682 avec « *le Théâtre de P. Corneille*, revu et corrigé par l'Autheur », la dernière des publications de ses œuvres, à laquelle il mit la main.

On conçoit qu'en cinquante ans le mode suivi par lui pour la vente de ses ouvrages, et pour ses traités avec les libraires, ne fut pas uniforme. Il ne pouvait pas l'être pour son Théâtre, par exemple, puisque tantôt il publiait une seule pièce et tantôt une édition collective de ses pièces, de même aussi pour ses ouvrages de piété et pour ses poésies détachées. Mais, en tout temps, Corneille ne perdit jamais de vue les ressources financières qu'il pouvait tirer de ses œuvres, et cela par des motifs qui paraissent avoir été justement donnés. « L'idée que des comédiens ou un libraire tireraient de ses œuvres un profit qu'il ne partagerait pas répugnait singulièrement à Corneille, plus par dignité encore que par intérêt [1]. »

On l'a vu plus haut, pour le Théâtre. Nous allons le voir maintenant pour les libraires [2], depuis l'impression de sa première pièce jusqu'à son départ de Rouen, de 1632 à 1662, pendant une période de trente ans, la plus heureuse de sa vie, pour sa position de fortune comme pour la gloire.

Parmi les libraires auxquels Corneille s'adressa, les uns étaient éditeurs seulement et faisaient imprimer ses œuvres ailleurs; les autres, en même temps éditeurs et imprimeurs, se chargeaient de toute la besogne nécessaire. On conçoit alors que les traités passés avec eux variaient, suivant les services rendus, et d'après la période de sa vie littéraire où il réclamait leurs services, et que les honoraires du

---

1. M. Edouard Fournier, « Notes sur la vie de Corneille », en tête de *Corneille à la Butte Saint-Roch*, p. lxvij.
2. Les éléments de cette partie de notre étude seront puisés surtout dans la *Bibliographie cornélienne*, par M. Emile Picot.

début ne furent pas les mêmes que ceux du milieu ou de la fin de sa carrière.

Au début, Corneille ne dut pas se montrer bien exigeant, et peut-être même ne reçut-il rien ou fort peu de chose de ses éditeurs, tout heureux d'en avoir rencontré quelques-uns à Paris, pour ses premières pièces. Là se serait bornée son ambition. On est tenté de le croire, parce qu'on voit que, pour *Clitandre ov l'Innocence délivrée*, sa première pièce imprimée, à Paris, le privilège, donné à Paris, le 8 mars 1632, est accordé à François Targa, libraire en cette ville, pour six ans. Il aura représenté au débutant que les frais de l'impression et les chances de vente ne lui permettaient pas de lui accorder d'autres compensations, et Corneille se sera contenté de ces raisons, au lieu d'argent.

L'année suivante, le même libraire fit imprimer et mettre en vente *Mélite ov les Favsses lettres*. Le privilège, daté de Saint-Germain-en-Laye, 31 janvier 1633, lui est encore délivré. Il porte : « Nostre bien-aimé François Targa, marchand libraire de nostre bonne ville de Paris, nous a fait remontrer qu'il a nouvellement recouvré un livre intitulé *Mélite ov les Fausses lettres*, pièce comique, faite par M. Pierre Corneille, advocat en nostre cour de parlement de Rouen [1], qu'il désireroit faire imprimer et mettre en vente, etc. » Le privilège lui fut accordé pour dix ans, « à compter du jour et date qu'il sera achevé d'imprimer ». L'achevé d'imprimer, pour la première fois, est du 12 février 1633. Ce mot « recouvré », appliqué au « livre », qui n'est autre que le manuscrit, fait supposer que Corneille, sollicité par son libraire, ne l'aura pas donné gratis, comme la première fois.

Il en aura été de même pour *la Vefve ov le Traistre trahy*, dont le privilège fut accordé, pour six ans, au même

---

1. Cette rédaction, bien que dans une pièce officielle, ne répond pas à la réalité. Elle fait de Corneille, qui était *avocat du roi* à la table de marbre, un simple *avocat au Parlement*. Ailleurs, on en fera un *avocat général*, ce qui n'est pas plus exact.

libraire, François Targa, le 9 mars 1634, et dont l'achevé d'imprimer est du 13 mars 1634.

Corneille fut trois années sans rien faire imprimer ; mais, au bout de ce temps, un imprimeur-libraire, Augustin Courbé, disputa à François Targa les manuscrits de Corneille, en obtenant un privilège pour : « Trois comédies ; sçavoir *la Galerie du Palais, ou l'Amie rivalle, la Place Royalle, ou l'Amoureux extravagant, et la Suivante ; et une tragi-comédie intitulée le Cid, composées par M. Corneille.* » A la fin de ce privilège, donné pour vingt ans, le 21 janvier 1637, Courbé déclare y associer François Targa, « suivant le contract passé entre eux par devant les notaires du Chastelet de Paris ». L'imprimeur-libraire Courbé, par un partage amiable du privilège, se montrait bon confrère vis-à-vis du libraire, qui avait fait imprimer précédemment les trois premières pièces de Corneille.

Les quatre pièces nouvelles furent achevées d'imprimer, séparément, dans la même année : *la Galerie du Palais*, le 20 février ; *la Place Royale*, même date ; *le Cid*, le 23 mars ; *la Suivante*, le 9 septembre 1637.

Nous ne savons si cette quadruple publication, en une seule année, valut beaucoup d'argent à Corneille. Mais il est certain qu'elle lui attira force injures durant la Querelle du *Cid*, qui éclata peu de temps après. L'un de ses adversaires, Mairet, fit de celle du *Cid* l'objet de ses invectives. Corneille aurait dû, « suivant le conseil de ceux qui l'aimoient, suspendre pour cent et un ans seulement la magnifique impression de ce beau monstre ». Au contraire, « la poétique et jeune ferveur de Corneille avoit tant d'envie de voir ses nobles journées sous la presse », qu'il l'a fait imprimer immédiatement. Pour rabaisser le mérite de l'auteur, Mairet rapporte tout le succès du *Cid* au talent de Mondory, dont le débit « purge » les défauts, et il ajoute cette explication malveillante sur l'empressement de l'auteur à publier aussi promptement sa pièce : « Vous me direz, peut-estre, ou quelqu'un pour vous [1], que ce ne fut pas tant la demangeaison de vous voir relié en velin, qui vous fit faire ce pas de clerc, comme le dessein de nuire à Messieurs les comédiens qui d'abord ne reconnurent pas assez largement le bienheureux succez de vostre pièce [2]; ie reçoy vostre excuse pour ce qu'elle vaut : mais vous me permettrez de vous respondre que le desir de vangeance contre ceux qui vous avoient assez obligé, en faisant valoir vostre Alchimie, ne devoit pas exciter en vous cette généreuse boutade, qui n'a fait tort qu'à son autheur [3]. »

Il est bien vrai que l'impression du *Cid* permettait aux comédiens de l'Hôtel de Bourgogne de jouer la pièce qui obtenait, grâce à Mondory, tant de succès sur la scène du théâtre du Marais. Mais Corneille ne devait être pour rien dans cet empressement de son éditeur à répondre à l'impatience du public, que les représentations de la scène ne satisfaisaient pas complètement. Aussi l'imprimeur-libraire Courbé fut-il obligé de faire, à peu de distance l'une de l'autre, la même année, deux éditions du *Cid*, en format différent. « Le prodigieux succès du *Cid* put seul donner l'idée d'en faire une édition in-12. Le format consacré pour les tragédies était l'in-4°, ou, tout au moins, l'in-8°. Les libraires voulurent fournir au public curieux, qui discutait dans les ruelles les mérites de la pièce nouvelle, un texte facile à transporter; les lecteurs s'habituèrent à ces éditions, dont l'usage était plus commode, en même temps que le prix en était moins élevé [4]. »

---

1. Parce que, dans cette querelle, les amis de Corneille répondirent souvent pour lui. Telles sont les pièces intitulées : *La defense du Cid, La voix pvbliqve à monsievr de Scvdery, l'Amy du Cid à Claveret*, la *Lettre povr monsieur de Corneille*, etc. Mairet ne se trompait pas complètement dans ses prévisions; il y eut bientôt la *Lettre dv désintéressé av sieur Mairet*, mais sans aucune réponse à sa malveillante interprétation.

2. C'est une preuve que Corneille tirait de l'argent de ses pièces données aux comédiens, comme il a été dit plus haut, pp. 123-126.

3. *Epistre familière dv Sr Mayret av Sr Corneille svr la Tragi-comédie dv Cid*. M. DC. XXXVII, pages 16, 17. La date est « 4 juillet 1637 ».

4. M. E. Picot, *Bibliographie cornélienne*, p. 17, où nous continuons de puiser nos indications bibliographiques.

Le Cid fut encore imprimé, chez Augustin Courbé, en 1639, vers 1642, et 1644, comme trois éditions d'*Horace*, in-4º et in-12, en 1641.

Mais, en 1643, Corneille, qui, depuis six ans, se servait des imprimeurs parisiens pour éditer ses pièces, les abanbonna tout à coup. Il prit un imprimeur rouennais et fit lui-même les frais de l'impression, ne s'adressant plus aux libraires de Paris que pour la vente, et leur rétrocédant le privilège qu'il avait grand soin de se faire déliver à luimême. Ce coup d'état littéraire, dont les motifs nous sont inconnus, eut lieu à l'occasion de *Cinna*. Le privilège de *Cinna* est accordé directement à Corneille, et les conditions en sont aussi favorables que celles du privilège du *Cid*. Il y est dit : « Il est permis à nostre amé et feal Pierre Cor« neille nostre conseiller et advocat général à la Table de « marbre des eaux et forests de Rouen, de faire imprimer « une tragédie de sa composition intitulée *Cinna ov la Clé« mence d'Auguste*, durant le temps de *vingt ans*, à com« pter du jour que ladite pièce sera achevée d'imprimer. » Le privilège avait été donné le 1ᵉʳ août 1642, et l'achevé d'imprimer est du 18 janvier 1643.

Corneille, au moment de mettre en vente la pièce imprimée à ses frais, s'entendit avec le libraire parisien Quinet, lui céda son privilège, le 27 janvier suivant, en déclarant lui transporter tous ses droits, « ainsi qu'il a esté accordé entre eux ». Évidemment la cession et le transport du privilège se firent, moyennant finances, aussi bien que la vente de toute l'édition, « imprimée à Rouen aux dépens de l'autheur ». Nous ne devons pas être loin de la vérité en supposant que ces changements d'imprimeur et de libraire sont dus à des griefs ignorés contre ceux de Paris, et peutêtre aussi à des motifs de commodité et d'économie dans le choix de l'imprimeur de Rouen.

Le nom de cet imprimeur [1], rejeté à la fin du volume, était

---

1. Son nom ne paraîtra sur le titre qu'avec *Andromède*, en 1651, et son adresse sera, en 1652, sur la seconde partie de l'*Imitation de Jésus-Christ*.

Laurens Maurry, demeurant alors rue aux Juifs, derrière la chapelle du Palais de justice. Fort habile dans son art, il put lutter, pour bien des éditions, avec les impressions des Elzeviers. On prise encore aujourd'hui, dans les ouvrages sortis de ses presses, la netteté du tirage, la coupe des caractères, la qualité du papier et le gracieux dessin de ses fleurons.

Aussi Corneille, à partir de l'édition de *Cinna*, en 1643, s'adressa-t il constamment à lui, pendant son séjour à Rouen, pour les ouvrages « imprimés aux dépends de l'autheur », et les cessionnaires de ses privilèges firent de même, si l'on admet que ceux qui sont dépourvus de cette indication ont été imprimés à leurs frais. Longtemps le titre ne porta que ces mots : « Imprimé à Roüen », ou simplement : « A Roüen », et le nom de l'imprimeur est rejeté en colophon, à la fin de la pièce. Avec *Héraclius*, un fleuron, placé sur le titre, donne le monogramme de Laurens Maurry, L. M.; enfin son nom et son adresse sont tout au long sur le titre d'*Andromède* (1651) : « A Roüen, chez Laurens Maurry, près le Palais ». C'est par lui que Corneille fit imprimer, une soixantaine de fois [1], ses pièces de théâtre ou ses autres ouvrages, en éditions détachées ou collectives, et il est telle pièce de théâtre, ou telle partie de l'*Imitation de Jésus-Christ*, qui eut jusqu'à deux, trois ou quatre éditions la même année, de 1637 à 1662, du *Cid* à *Sertorius*, à la fin duquel on lit : « Achevé d'imprimer le huitième Iuillet 1662. A Rouen, par L. Maurry. » Corneille était alors à la veille de quitter Rouen pour Paris.

Cette précaution de pourvoir aux frais de quelques-unes de ses impressions, de s'en faire accorder le privilège, indiquait chez Corneille l'intention bien arrêtée de profiter du fruit de ses labeurs et de ne pas l'abandonner aux libraires parisiens, auxquels il cédait le privilège pour en opérer la vente. Il voulait partager avec eux des bénéfices

---

1. Voy. « Table des Imprimeurs », dans la *Bibliographie cornélienne*, par M. E. Picot, p. 551.

certains, comme le prouve leur empressement et leur nombre, à chacune de ses publications. Après Targa et Courbé, pour les premières pièces, on voit apparaître sur le titre : De Luyne, Loyson, Trabouillet (tous les trois pour *Horace*), Quinet, Jolly, Billaine, de Sommaville, de Sercy, Pépingué, Chamhoudry, qui tous avaient grand soin de faire mettre que l'ouvrage se vendait *chez* eux, en y joignant leur adresse détaillée. C'est là une preuve incontestable du grand succès de vente qu'obtenaient, à Paris et ailleurs, les impressions des ouvrages de Corneille.

On a vu plus haut [1] qu'à la fin du privilège de *Cinna*, accordé le 1er août 1642, il est fait mention de la cession consentie par Corneille en faveur du libraire Quinet, auquel il déclare transporter tous ses droits, « ainsi qu'il a été accordé entre eux ». La cession avait été faite « par acte passé entre eux sous seing privé, à la date du 27 janvier 1643 [2] ». Il est fâcheux qu'on n'ait point encore retrouvé quelques-uns de ces actes de cession, pour connaître, au juste, les clauses et les charges qui s'y trouvaient contenues. De cette façon on serait renseigné sur les bénéfices de Corneille, quand il faisait ces cessions aux libraires. C'est un *desideratum* non moins regrettable que celui qui concerne les contrats intervenus entre les différents libraires et le cessionnaire d'un privilège. Il est certain que « ces actes révéleraient aussi de piquants détails sur les bénéfices qu'une pièce de Corneille pouvait lui rapporter à lui-même », comme les autres actes « révéleraient les bénéfices qu'une pièce de Corneille pouvait rapporter aux libraires qui la publiaient [3] ».

A défaut d'un acte quelconque, on a, pour en montrer l'importance, les faits relatifs à la publication de sa traduction de l'*Imitation de Jésus-Christ* en vers français.

Le 22 septembre 1650, Corneille obtenait un privilège

---

1. Voy. plus haut, p. 133.
2. M. E. Picot, *ibid.*, p. 26.
3. *Bibliographie cornélienne*, p. 8.

pour le début de sa traduction. « Nostre cher et bien amé le sieur Corneille nous a fait remonstrer qu'il a traduit en vers françois l'*Imitation de Jésus-Christ*, et qu'il est sollicité de donner au public ladite version; ce qu'il n'oseroit faire sans avoir nos Lettres sur ce nécessaires, lesquelles il nous a très humblement supplié de luy accorder. » Le privilège fut accordé pour cinq ans, à lui-même, et l'on ne voit pas qu'il en ait disposé en faveur d'un libraire parisien.

La première édition, qui devait être suivie de tant d'autres, du vivant de Corneille, renferme le premier fragment de l'*Imitation*, c'est-à-dire les vingt premiers chapitres seulement du livre Ier. Elle parut sous ce titre : « *L'Imitation de Jésus-Christ*. Traduite en vers françois par P. Corneille. *A Roüen, chez Laurens Maurry, près le Palais.* M. DC. LI. » L'achevé d'imprimer, pour la première fois, est du 15 novembre 1651. C'est un in-12 de 5 feuillets non chiffrés et de 56 feuillets chiffrés. Le texte comprend 1651 vers. Il se vendait, à Paris, chez deux libraires, Charles de Sercy et Pierre le Petit.

Ce mince volume, « donné pour coup d'essay, et pour arres du reste », eut un succès prodigieux. Aussi Corneille, satisfait, compléta la traduction du Ier livre par celle des cinq derniers chapitres. Les 1063 vers nouveaux, réunis aux précédents, formèrent le premier livre en entier de l'*Imitation*, avec l'original latin d'un côté et la traduction française de l'autre. L'achevé d'imprimer est du 31 octobre 1652[1]. Un seul libraire parisien, Pierre le Petit, fut chargé de la vente de ce premier livre complet de l'*Imitation*.

Un contemporain, confrère de Corneille à l'Académie française, constate ainsi le prodigieux succès de cette publication : « Ce premier livre fut trouvé si beau, que M. Corneille m'a dit qu'il avoit été réimprimé jusqu'à trente-deux fois. La reine, après l'avoir lu, pria M. Corneille de lui

---

[1]. C'est à tort que le titre porte : M. DC. LI, comme l'a justement remarqué M. E. Picot, *ibid.*, p. 154.

traduire le second; et nous devons à une grosse maladie dont il fut attaqué [1], la traduction du troisième livre, qu'il fit après s'en être heureusement tiré [2]. »

La traduction de Corneille n'eut pas, au début, la régularité qu'on lui prête, et, loin de publier un livre en entier, il se borna à quelques chapitres qu'il joignit au livre précédent, dans les éditions de 1652 et 1653. Cette dernière est « enrichie de figures de taille-douce sur chaque chapitre [3] », comme l'annonce le titre, et elles sont au nombre de trente-sept. L'auteur pensait, avec raison, que le trait graphique donne plus de force et de réalité à la pensée écrite.

Corneille, jugeant alors insuffisant l'ancien privilège du 22 septembre 1650, en demanda un nouveau, qui lui fut accordé le 30 décembre 1653. On y voit avec quel soin il défendait ses intérêts. Le roi rappelle quelques-uns des motifs allégués par Corneille à l'appui de sa demande. « Et d'autant que dans nosdites Lettres en forme de privilège (1651) [4] il ne seroit parlé desdites figures, et que plusieurs personnes pourroient les faire graver de nouveau pour les appliquer sur le texte latin et original de l'*Imitation de Jésus-Christ*, ou sur les versions qu'on en a faites en prose françoise, et autres langues, ou même pour les vendre ou débiter au public en images séparées, *et frustrer par ce moyen ledit exposant des fruits de son travail* et de plus que ne luy ayant accordé nostredit privilège pour l'impression de ladite version en vers françois, que pour cinq ans, *il ne pourroit estre remboursé en si peu de temps des dépenses qu'il luy convient faire tant pour ladite impression que pour lesdites figures en taille-douce*..... A CES CAVSES, et pour reconnoistre en quelque

---

1. A son retour des eaux de Bourbon, le bruit de sa mort fut répandu. Voy. ce qu'en dit plus haut J. Loret, chapitre vii, p. 83.
2. *Carpenteriana*, 1724, in-8°, p. 284.
3. L'édition du *Théâtre de P. Corneille*, en 1660, aura également des « figures ».
4. 1650. — Voy. *Bibliographie cornélienne*, p. 153.

sorte le mérite dudit sieur Corneille dont les excellentes productions d'esprit sont désirées par tout nostre royaume, et mesme dans les pays étrangers », le roi accorde un privilège de quinze ans, « à partir du jour que ladite traduction sera achevée d'imprimer pour la première fois en vertu des présentes [1] ».

Corneille, ne voulant pas perdre « les fruits de son travail [2] », prenait toutes ses précautions pour arriver à son but, comme on le voit par sa demande de privilège au roi. Elle nous montre aussi que c'est lui qui faisait, au moins pour cette édition de 1654, les frais de l'impression et des figures, ce qui paraît avoir été sa coutume pour les éditions précédentes. Il devait donc, en cédant son privilège aux libraires, stipuler, pour la rentrée de tous ces frais, des bénéfices sur la vente, en l'absence d'une somme une fois donnée. Il se montrait intraitable sur ce point, et en voici la preuve : « Le libraire P. Le Petit, après la vente très heureuse des deux premiers livres de l'*Imitation*, lui ayant refusé une somme convenable pour les deux autres, il rompit net avec lui en 1654, et passa marché aussitôt avec Ballard [3]. »

En effet, à la suite du privilège accordé le 30 décembre 1653, et enregistré sur le livre de la communauté des libraires et imprimeurs le 5 mars 1654, on lit :

« Ledit sieur Corneille a cédé et transporté son droit du privilège cy-dessus, au sieur Ballard, seul imprimeur du roi pour la musique, et marchand-libraire à Paris, suivant l'accord fait entre eux.

« Et ledit sieur Ballard a associé audit privilège, les

---

1. Extrait du privilège répété à la fin de l'édition in-12 de l'*Imitation*, en 1656, édition rarissime, dont M. E. Picot n'a rencontré que trois exemplaires, *Bibliographie cornélienne*, p. 166. Nous en possédons un quatrième, et trois autres se trouvent entre les mains d'amateurs de Rouen.
2. La requête au roi, en 1643, parlait déjà des craintes « de l'exposant d'être frustré de son labeur ». Voy. plus haut, p. 126.
3. M. E. Fournier, « Notes sur la Vie de Corneille », en tête de *Corneille à la butte Saint-Roch*, p. lxvij.

sieurs Rocolet, imprimeur du roy, Sommaville et Soubron, aussi marchands libraires. »

Le nom de Robert Ballard est seul sur l'édition du livre III avec figures, en 1654, et des deux premières éditions complètes en 1656, sans figures. Mais les deux premières des trois autres éditions, faites la même année 1656, avec figures, portent bien, dans le titre, les noms des quatre libraires associés pour profiter du privilège.

Pour qu'on fît du même ouvrage cinq éditions en une seule année, et que les exemplaires en fussent mis en vente chez quatre libraires à la fois, à Paris seulement, il fallait que le débit en fût considérable.

De 1651 à 1662, en onze ans, M. E. Picot a signalé vingt éditions [1], partielles ou complètes, de l'*Imitation de Jésus-Christ* traduite par Corneille, en exprimant « la crainte que le chapitre qu'il leur consacre n'offrît bien des lacunes [2] ». Le fait est certain aujourd'hui [3]. Mais le catalogue dressé par ses soins prouve combien le public goûta la traduction de Corneille, et comme il eut lieu de s'en réjouir, à tous les points de vue, pour ses intérêts et pour sa gloire.

D'après la tradition, Corneille se montra très sensible aux fruits qu'il tira de son labeur. « Il était très fier et très heureux de son produit. Il en parlait à qui voulait l'entendre avec cette naïve effusion de joie mêlée de surprise qu'il eut toujours pour tout succès conquis et pour tout argent gagné. Jamais le théâtre n'avait mis son cœur ni sa bourse à pareille fête : aussi ne le regrettait-il pas. « [Il a cru que la muse chrétienne siéroit mieux à son âge et qu'elle ne lui seroit pas infructueuse. Aussi ne s'est-il pas trompé, car] je lui ai ouï-dire, écrit Gabriel Guéret [4], que son *Imi-*

---

1. *Bibliographie cornélienne*, p. 154-169.
2. *Id., ibid.*, p. 154.
3. L'exposition typographique de Rouen, à propos du quatrième centenaire de l'imprimerie dans cette ville, a révélé au moins six impressions de l'*Imitation* que M. E. Picot n'a pas connues.
4. « Promenade de Saint-Cloud », dans les *Mémoires historiques*, etc., par

tation lui avoit valu plus que la meilleure de ses comédies, et qu'il avoit reconnu par le gain considérable qu'il y avoit fait, que Dieu n'est jamais ingrat pour ceux qui travaillent pour lui ¹. »

Son neveu Fontenelle n'avait pas été moins affirmatif sur ces deux points, la vogue et les avantages pécuniaires de la traduction : « Cet ouvrage eut un succès prodigieux et le dédommagea en toutes manières d'avoir quitté le théâtre ². »

Aussi nous rapportons à ce grand succès de librairie quelques-unes des constitutions de rentes que Corneille put faire à cette époque, et qui prouvent que le poète, loin d'être dans la pauvreté, était toujours dans une honorable aisance, grâce à la publication de ses travaux.

Notre second motif pour y insister, c'est le désir de montrer dans Corneille l'homme qui éleva la dignité d'écrivain autant qu'il était en lui. « Aujourd'hui que l'homme de lettres a conquis sa place, il est bon, il est pieux, si je puis ainsi dire, de renouveler parmi nous la mémoire de ceux qui, les premiers, ont travaillé à la conquérir. Cela ne s'est fait ni en un jour, ni sans bien de la peine ³. » De ce côté, Corneille fut le précurseur de Voltaire; mais il faudra encore un siècle de luttes et d'efforts, avant le succès complet et la victoire définitive.

---

feu M. Bruys, 1751, t. II, p. 244. — Nous avons mis entre crochets le début de la phrase supprimée par M. Fournier, *Notes sur la Vie de Corneille*, p. lvj.
1. M. E. Fournier, *ibidem*, p. lv et lvj.
2. *Vie de M. Corneille*, 1742, t. III, p. 109.
3. M. F. Brunetière, *Études sur le XVIIIe siècle*.

CHAPITRE XII

LIBÉRALITÉS, PENSIONS ET PRIVILÈGES DE NOBLESSE

LIBÉRALITÉS. — Nouvelles ressources financières. — Dédicaces. — Leur caractère et leur objet. — Elles sont adressées à de grands personnages. — Leurs noms. — Son intérêt. — Dédicace de « Cinna » à Montauron. — Les panégyriques à la Montauron. — Détails sur les dédicaces de « la Mort de Pompée », « Rodogune », « Héraclius », « Œdipe ». — Libéralités de Louis XIV à propos de cette dernière tragédie. — Jugement de Gilles Boileau sur les dédicaces. — Corneille excelle dans l'éloge. — Avantages qu'il en tire.
PENSIONS. — Richelieu lui en accorde une pour sa collaboration aux pièces des cinq auteurs. — De là certains ménagements de Corneille. — Il la reçoit malgré la Querelle du Cid. — Son chiffre. — Remarque non fondée de Voltaire. — La pension est servie jusqu'à la mort de Richelieu. — Les gens de lettres peu goûtés de Louis XIII. — Mazarin les protège. — Il fait les frais des pensions. — Corneille en reçoit une. — Injustice des « Mazarinades ». — Gabriel Naudé les réfute. — Remerciement en vers à Mazarin. — Il est joint à « la Mort de Pompée ». — Citation. — Dire de Sarazin sur la fortune de Corneille. — Mazarin supprime la pension. — Date probable. — Pellisson le présente à Foucquet. — Promesse et date de la pension. — Remerciement en vers. — Sujet d' « Œdipe » donné par Foucquet. — Détails. — Corneille revient aux pièces de théâtre. — Récapitulation des ressources dues aux pensions.
PRIVILÈGES DE NOBLESSE. — Exemption des tailles. — Misère de Rouen après la révolte des Nu-Pieds. — Nécessité de l'impôt de subsistance. — Réclamation de Corneille. — Le Parlement l'admet. — Les États de Normandie également. — Le Conseil du roi la repousse. — Exemption des anciens impôts.

Ces diverses ressources financières, dues à son théâtre, à la cession des privilèges aux imprimeurs, à la vente considérable de ses œuvres chez les libraires, ajoutèrent singulièrement à l'aisance provenant de son patrimoine personnel, de ses fonctions publiques, des revenus et des rentes de sa femme.

Ce n'est pas tout encore. Il sut se faire, avec ce même théâtre, déjà si fructueux, d'autres revenus non moins considérables, qu'il nous faut signaler.

Ce fut à l'aide des « dédicaces » de ses pièces, dont nous allons rappeler la suite en peu de mots, avec l'indication des profits que Corneille en tira.

Une fois le succès des représentations épuisé, ou bien au terme convenu entre les comédiens et l'auteur, ce dernier procédait à l'impression de ses pièces. Pour leur donner un nouveau relief et pour leur attirer la faveur des lecteurs, il avait grand soin de les dédier à des personnages de marque, auxquels il ne marchandait pas les éloges, courtoisie intéressée, que ceux-ci reconnaissaient, habituellement, par des gratifications pécuniaires, décorées du nom de « libéralités ». Ils les lui accordaient, soit avant, soit après la publication de la pièce, car quelques-unes de ces dédicaces furent un remerciement d'une libéralité déjà reçue, et non un appel, plus ou moins discret, à la générosité de celui à qui elle était adressée.

Corneille, encore inconnu, dédia sa première pièce imprimée, *Clitandre* (1632), à Mgr le duc de Longueville, alors gouverneur de la Normandie, « qui faisoit pension aux gens de lettres [1] ». *Mélite* (1633) fut dédiée à M. de Liancourt (Roger du Plessis, sieur de Liancourt, près de Clermont en Beauvoisis), « qui étoit fort riche », au dire de Tallemant des Réaux [2]. Pour *la Veuve* (1634), il l'adressa à Mme de la Maisonfort (Élisabeth d'Estampes, veuve de Louis de la Châtre, baron de la Maisonfort, maréchal de France, mort quatre ans auparavant). *La Galerie du Palais* (1637) parut sous les auspices de Jeanne de Schomberg, femme de M. de Liancourt, dont le nom figure en tête de la dédicace de *Mélite*. « Belle, aimable, spirituelle..., elle se fit faire à Liancourt d'admirables jardins et attacha à sa maison des gens d'esprit, savants, d'humeur et de con-

---

1. *OEuvres diverses de Segrais*, 1723, « Mémoires anecdotes », p. 57.
2. *Historiettes*, celle de Mme de Liancourt, édit. in-18, t. VI, p. 21.

versation agréables [1]. » Ces détails donnent quelques-uns des motifs du choix de Corneille.

A mesure que le succès grandit, il adressa ses autres épîtres dédicatoires aux plus hauts personnages de la cour. En tête du *Cid* (1637) est placée l'épître : « A Madame de Combalet » (Marie-Madeleine de Vignerot, nièce de Richelieu), qui fit revivre pour elle, en 1638, le duché d'Aiguillon, d'où viendra le nouveau titre : « A Madame la duchesse d'Aiguillon », dans l'édition du *Cid* de 1648. En 1641, il dédia *Horace* au cardinal de Richelieu lui-même.

En 1643, Pierre du Puget, seigneur de Montauron ou Montoron (ainsi l'écrit Corneille), vit son nom en tête de l'épître dédicatoire de *Cinna*. C'est à la reine régente, Anne d'Autriche, qu'à la fin de cette même année 1643 il fit hommage de *Polyeucte*, la mort de Louis XIII, le 14 mai précédent, l'ayant empêché de la dédier au roi lui-même, comme il en avait d'abord l'intention. Ensuite il offrit *la Mort de Pompée* (1644) au cardinal Mazarin; *Rodogune* (1647), au prince de Condé; *Héraclius* (1647), au chancelier Seguier; enfin *OEdipe* (1659), à Foucquet.

On peut supposer un but intéressé à toutes les dédicaces qui portent un nom propre et non y voir la seule recherche d'une protection pour ses pièces, d'autant plus que quelques-unes de ces épîtres ont été généreusement récompensées. Si la dédicace d'*Horace* fut dictée à Corneille afin de reconnaître le bienfait d'une pension déjà reçue [2], il est certain que d'autres dédicaces peuvent paraître avoir sollicité les libéralités de ceux auxquels il en faisait hommage.

L'une d'elles, celle de *Cinna* : « A Monsieur de Montoron », est même restée célèbre à bien des titres, et surtout pour le chiffre de la récompense. Ce premier président des finances au bureau de Montauban, fort riche alors et sachant allier la générosité à la richesse, fit au poète un don de deux cents pistoles (deux mille livres), pour reconnaître

---

1. M. Marty-Laveaux, *OEuvres de P. Corneille*, t. I, p. 134.
2. Voy. plus loin, même chapitre, pp. 151-153.

les éloges hyperboliques que Corneille lui avait prodigués, à l'exemple de tant d'autres, dans cette dédicace de *Cinna*. Lui aussi avait donné dans les « Panégyriques à la Montoron », et la remarque que suggéra le sien sert à prouver que Corneille tira profit également des autres. « Si vous ignorez ce que c'est que les « Panégyriques à la Montoron », vous n'avez qu'à le demander à M. Corneille, et il vous dira que son *Cinna* n'a pas été la plus malheureuse de ces dédicaces [1]. » Ce n'était donc pas la première des libéralités que celle-ci lui procurait.

On a une autre preuve que ces dédicaces étaient, d'ordinaire, récompensées par des dons en argent, d'après ce qui se passa pour celle de *Polyeucte*. « Depuis la mort du cardinal [2], M. de Schomberg [3] dit à Louis XIII que Corneille vouloit lui dédier la tragédie de *Polyeucte*. Cela lui fit peur, parce que Montauron avoit donné deux cents pistoles à Corneille pour *Cinna*. « Il n'est pas nécessaire, dit-il. — Ah ! sire, reprit M. de Schomberg, ce n'est point par intérêt. — Bien donc, dit-il, il me fera plaisir. » Ce fut à la reine qu'on le dédia, car le roi mourut entre deux [4]. » Le privilège de *Polyeucte* fut accordé, le 30 janvier 1643, à Corneille lui-même, par Louis XIII, qui mourut le 14 mai suivant, et « l'achevé d'imprimer à Roüen pour la première fois, aux dépens de l'autheur par Laurens Maurry, est du vingtième jour d'octobre 1643 ». C'est donc peu temps avant cette date que Corneille fit sa dédicace : « A la reine régente », dédicace qu'Anne d'Autriche, conseillée par Mazarin, dut récompenser plus généreusement que son époux, flattée du sonnet qu'elle contient et de la prédiction qui la termine : « Dieu ne laisse point ses ouvrages imparfaits : il les achèvera, Madame, et rendra non seulement la régence de Votre Majesté, mais encore toute sa vie, un enchaîne-

---

1. Guéret, *Mémoires historiques*, « Promenade de Saint-Cloud ».
2. Richelieu mourut le 4 décembre 1642.
3. Le frère de Jeanne de Schomberg, à laquelle Corneille avait dédié *la Galerie du Palais*. Voy. plus haut, p. 142.
4. *Historiettes de Tallemant des Réaux*, Louis XIII, in-18, t. III, p. 71.

ment continuel de prospérités. » Un pareil horoscope ne dut pas rester sans récompense. Fût-elle moins royale que celle du financier Montauron, la libéralité atteignit, sans doute, un chiffre respectable.

Quand Corneille dédia *la Mort de Pompée* : « A Monseigneur l'Éminentissime cardinal Mazarin », en février 1644, il acquittait une dette de reconnaissance pour une « libéralité » spontanément accordée par le cardinal au mois de novembre précédent [1]. Si le poète attendait quelque chose de sa dédicace, ce ne pouvait être que la continuation de cette « libéralité », sous forme de pension.

Rodogune, imprimée en 1647, fut dédiée au grand Condé, qui venait de quitter le nom de duc d'Enghien pour prendre celui de Monsieur le Prince, son père étant mort le 26 décembre 1646. Aussi Corneille met-il en tête de l'épître dédicatoire de cette tragédie, dont l'achevé d'imprimer est du 31 janvier 1646 : « A Monseigneur, Monseigneur le le Prince ». On voit qu'il n'avait pas perdu un instant pour lui donner son nouveau titre. Il y attribue le succès de sa pièce à la protection de Condé, et lui en demande la continuation. Tout en se déclarant impuissant à louer ses exploits comme ils le méritent, il en fait un résumé des plus complets et des plus flatteurs.

D'après quelques mots du début, on pourrait croire à la générosité de Condé envers Corneille. « Rodogune, dit-il, a trop de connoissance de votre bonté pour craindre que vous veuilliez laisser votre ouvrage imparfait, et lui dénier la continuation des grâces dont vous lui avez été prodigue. » Il paraît qu'il n'en fut rien, d'après un témoignage contemporain : « Cependant avec tant de belles qualitez, Monsieur le Prince étoit fort dur, et sans apporter des exemples d'ailleurs, Monsieur Corneille s'est plaint à moi de ce que ses ouvrages lui ayant donné tant de plaisir, jamais il ne lui avoit fait aucune gratification [2]. » Condé se

---
1. Voy. plus loin, p. 151 et suivantes.
2. *OEuvres diverses de M. de Segrais*, 1723, 1ʳᵉ partie, p. 75.

croyait quitte envers lui par les éloges donnés à *Rodogune* et à ses autres tragédies, ou par les larmes versées à une représentation de *Cinna*. Mais les plaintes de Corneille prouvent qu'il s'attendait à autre chose, tant l'usage général était d'accorder des « libéralités », en retour et en récompense des dédicaces.

Cependant Corneille fit dans un autre but celle qui parut en tête d'*Héraclius*, achevé d'imprimer le 28 juin 1647 : « A Monseigneur Seguier, chancelier de France ». Ce fut pour payer une dette de reconnaissance. « Les nouvelles faveurs que j'ai reçues de vous, disait-il, m'ont donné une juste impatience de les publier..... J'ai précipité ma reconnoissance, quand j'ai considéré qu'autant je la différerois pour m'en acquitter plus dignement, autant je demeurerois dans les apparences d'une ingratitude inexcusable envers vous. » Il veut apprendre aux lecteurs « non seulement qu'il n'est pas tout à fait inconnu de Seguier, mais aussi même que sa bonté ne dédaigne pas de répandre sur lui sa bienveillance et ses grâces. »

L'absence du mot « libéralité », ou d'un équivalent, avertit le lecteur que la dédicace ne vise point une gratification pécuniaire reçue ou à recevoir. C'est un remerciement au chancelier, qui, protecteur de l'Académie française depuis la mort de Richelieu (décembre 1642), avait permis aux académiciens de porter leur choix sur Corneille, tenu si longtemps aux portes de l'Académie.

En dédiant *OEdipe* au surintendant des finances Foucquet, ce fut bien pour le remercier d'une première gratification pécuniaire, devenue bientôt, par sa continuité, une pension. Nous remettons à parler plus loin de l'une et de l'autre [1].

Mais cette pièce lui avait valu, peu de temps avant l'impression, une libéralité dont Corneille a consigné deux fois le souvenir. Comme elle eut le plus grand succès, la ville et

---

1. Voy. au même chapitre, p. 157 et suivantes.

la cour voulurent la voir. Louis XIV lui-même se rendit au théâtre, le 8 février 1659, au milieu d'un brillant cortège, et sa visite fut suivie d'une gratification que Corneille a fait connaître au public : « Je me contenterai de vous dire simplement que si le public a reçu quelque satisfaction de ce poëme, et s'il en reçoit encore de ceux de cette nature et de ma façon qui pourront le suivre, c'est à lui (Foucquet) qu'il en doit imputer le tout, puisque sans ses commandements je n'aurois jamais fait l'*OEdipe*, et que cette tragédie a plu assez au roi pour me faire recevoir de véritables et solides marques de son approbation ; je veux dire ses libéralités, que j'ose nommer des ordres tacites, mais pressants, de consacrer aux divertissements de Sa Majesté ce que l'âge et les vieux travaux m'ont laissé d'esprit et de vigueur [1]. » Ce fut là une gratification passagère, bien distincte de la pension royale accordée trois ans plus tard. Louis XIV connaissait-il le remerciement adressé l'année précédente à Foucquet, où Corneille répudiait

> L'ennui de voir toujours des louanges frivoles.....
> Et le stérile honneur d'un éloge impuissant [2].

Nous ne pouvons quitter toutes ces épîtres dédicatoires, presque toujours avantageuses pour la position financière de Corneille, sans rappeler une remarque judicieuse dont elles ont été l'objet. Elle est de Gilles Boileau, un des frères aînés du satirique, dans une lettre qu'il adressait à Corneille le 29 avril 1657 : « Je ne vous demande que des louanges. Vous dites que vous n'y excellez pas et que vous ne vous en mêlez plus. Depuis quel temps avez-vous renoncé à un métier qui vous a fait ce que vous êtes ? » Et Gilles Boileau, après lui avoir rappelé les louanges données, dans ses tra-

---

1. Au Lecteur, en tête de l'édition princeps d'*OEdipe*, imprimée le 26 mars 1659. — L'année suivante, dans l'Examen d'*OEdipe*, Corneille répéta textuellement toute la fin de ce passage.
2. Voy. plus loin, p. 159.

gédies, aux héros de l'antiquité, poursuit en ces termes :
« Mais qu'est-il besoin que j'aille chercher des exemples si
loin? Ne vous souvient-il plus de tant et tant de fameuses
épîtres liminaires, où vous prodiguez les louanges avec
tant d'abondance, et où vous vous exercez souvent sur
des sujets dont toute autre éloquence que la vôtre seroit
incapable? Avez-vous oublié ces beaux vers où vous remerciez Monsieur le Cardinal Mazarin? Avez-vous perdu la
mémoire de votre sonnet pour la Reine? etc. [1]. »

Plusieurs fois Corneille a fait, dans ses dédicaces, de ces
protestations qu'il n'entendait rien à l'éloge, au moment
même où il donnait un démenti à ses paroles par le tour
discret qu'il savait donner à ses louanges. Toutes les dédicaces qui portent le nom d'un grand personnage, à l'exception de Montauron, respirent, d'un bout à l'autre,

> la louange adroite et délicate,
> Dont la trop forte odeur n'ébranle point les sens,
> (Boileau, *Epître* IX.)

Et l'on conçoit que ceux auxquels il les adressait l'en aient
récompensé par des « libéralités », dont le nombre et l'importance ont contribué à grossir sa fortune pendant tout
le temps de son séjour à Rouen.

Les pensions furent une autre forme de l'admiration
inspirée aux ministres et aux grands du royaume par les
talents poétiques et par les œuvres de Corneille, avec cette
différence capitale que les libéralités étaient accidentelles
et passagères, tandis que les pensions avaient un caractère
de fixité et de permanence, une fois accordées.

Le cardinal de Richelieu est le premier qui ait imaginé
ce moyen de témoigner l'intérêt qu'il portait à Corneille,
non sans recourir encore aux libéralités, quand il voulait

---

1. *Œuvres posthumes de défunt M. B., de l'Académie françoise, contrôleur de l'argenterie du Roy.* M. DC. LXX, in-12. La lettre entière est pp. 118-125. M. Marty-Laveaux l'a citée, *Œuvres de P. Corneille*, t. X, pp. 475-476.

récompenser l'officieux concours des poètes chargés de traiter le sujet des pièces dont il donnait lui-même le canevas. « Il faisoit composer les vers de ces pièces, qu'on nommoit alors les pièces de cinq Autheurs par cinq personnes différentes, distribuant à chacun un acte, et achevant par ce moyen une comédie en un mois. Ces cinq personnes estoient Messieurs de Boisrobert, Corneille, Colletet, de l'Estoille et Rotrou, ausquels outre la pension ordinaire qu'il leur donnoit, il faisoit quelques libéralités considérables, quand ils avoient réussi à son gré [1]. »

C'est dans la pièce intitulée *la Comédie des Tuileries*, représentée le 4 mars 1635, que Corneille prêta son concours à Richelieu. Déjà il touchait une pension du cardinal, d'après le témoignage de Pellisson, pension que le cardinal eut le bon goût de maintenir lorsque Corneille se fut retiré de la société des cinq auteurs, et pendant la Querelle du Cid. De là vinrent certains ménagements que Corneille garda envers Richelieu, resté derrière le rideau, bien que le poète ne se méprît pas sur le véritable instigateur de la lutte. « Le moyen de ne pas ménager un pareil ministre qui étoit son bienfaicteur ? Car il récompensoit comme ministre ce même mérite dont il étoit jaloux comme poëte, et il semble que cette grande âme ne pouvoit pas avoir des foiblesses qu'elle ne réparât en même temps par quelque chose de noble [2]. »

Aussi Pellisson fournit la preuve que la pension fut maintenue, en dépit de la Querelle du Cid, et que Corneille la toucha à la fin de l'année 1637, qui avait été témoin de tant d'attaques et de ripostes dans les deux camps. « Je trouve, dit-il, qu'il écrivit une lettre à Monsieur de Boisrobert du 23 décembre 1637, dans laquelle il le remercie du soin qu'il avoit pris de luy faire toucher les liberalitez de Monseigneur, c'est-à-dire de le faire payer de sa pension, et lui donne quelques ordres pour luy faire tenir cet argent

---

1. *Histoire de l'Académie françoise*, par M. Pellisson, édit. de 1700, p. 113.
2. Fontenelle, *Œuvres complètes*, 1742, t. III, « Vie de Corneille », p. 100.

à Roüen[1]. » On connaît le chiffre de la pension que de Boisrobert toucha pour son ami absent, dont il prendra encore les intérêts dans une autre circonstance[2]. « Le cardinal de Richelieu faisoit au grand Corneille une pension de cinq cents écus, non pas au nom du roi, mais de ses propres deniers[3]. »

Corneille jouit de cette pension de quinze cents livres depuis 1635 jusqu'à la mort du cardinal, en décembre 1642, et il lui en exprima hautement sa reconnaissance dans la dédicace d'*Horace*, dont l'achevé d'imprimer est du 15 janvier 1641. « Je n'aurois jamais eu, dit-il, la témérité de présenter à Votre Éminence ce mauvais portrait d'Horace, si je n'eusse considéré qu'après tant de bienfaits que j'ai reçus d'elle, le silence où mon respect m'a retenu jusqu'à présent passeroit pour ingratitude et que, quelque juste défiance que j'aye de mon travail, je dois avoir encore plus de confiance en sa bonté. C'est d'elle que je tiens tout ce que je suis; et ce n'est pas sans rougir que, pour toute reconnoissance, je vous fais un présent si peu digne de vous, et si peu proportionné à ce que je vous dois. » Il devait son office d'avocat du roi à l'Amirauté à la bienveillance de Richelieu, surintendant général de la navigation[4]. Le cardinal l'avait associé aux travaux des cinq auteurs; il lui donnait une pension de 1500 livres, touchée régulièrement, tous les ans; Richelieu avait donc des droits à la reconnaissance de Corneille. On conçoit alors qu'il se soit félicité « d'avoir l'honneur d'être à Son Éminence », déclaration qui déplut fort à Voltaire. « Une pension de cinq cents écus, que le grand Corneille fut réduit à recevoir, ne paraît pas un titre suffisant pour qu'il dît : « *J'ai l'honneur d'être à Votre Éminence* ». Comme le cardinal payait la pension de ses

---

1. *Histoire de l'Académie françoise*, par Pellisson, édit. de 1700, p. 134.
2. Voy. ci-après, à l'occasion de la « Recherche des usurpations de noblesse », ch. IV.
3. *Théâtre de Pierre Corneille avec des Commentaires*, par Voltaire, 1764, t. II, *Horace*.
4. Voy. plus haut, p. 28.

deniers, non pas pour venir en aide à la détresse de Corneille, mais pour rendre hommage à son talent, le poète reconnaissait cet honneur en se servant de la formule ordinaire en pareille circonstance.

Si Louis XIII eût longtemps survécu à son premier ministre, Corneille fût resté sans pension. Il raya, après la mort du cardinal, toutes les pensions des gens de lettres, en disant : « Nous n'avons plus affaire de cela [1]. » Heureusement Richelieu fut remplacé par Mazarin, et les poètes, les gens de lettres trouvèrent en lui un autre protecteur.

C'est ce qui a fait dire, à propos des éloges décernés par les poètes à Mazarin : « Le cardinal, à l'exemple de Richelieu, s'érigeait en Mécène des beaux esprits. Déjà Corneille, Chapelain et Voiture touchaient des pensions. Balzac, qui se plaignait depuis longtemps d'être oublié, obtint, en 1647, la même faveur [2]. » Et c'était Mazarin, et non le trésor royal, qui faisait les frais de ces pensions révoquées en doute par les auteurs des *Mazarinades*.

Aussi le bibliothécaire du cardinal, Gabriel Naudé, le venge-t-il de cette nouvelle calomnie. « Ces mêmes écrivains ne disent-ils pas effrontément que le cardinal n'a jamais fait de bien aux hommes de lettres, et néanmoins Balzac, Corneille..... l'ont remercié publiquement : le premier, de ce qu'il lui faisoit payer ponctuellement une pension de deux mille livres, et l'autre, de ce qu'il lui en avoit donné une de cent pistoles, de laquelle voilà comme il parle en son *Remerciement* publié l'an 1643 chez Sommaville et Courbé [3]. »

La date de ce Remerciement prouve qu'il y eut bien peu d'interruption entre la pension accordée à Corneille par

---

1. *Historiettes de Tallemant des Réaux*, édit. in-8, t. II, p. 248, note de MM. de Monmerqué et Paulin Pâris, dans l'Historiette de Louis XIII.

2. *Histoire de France pendant la minorité de Louis XIV*, par A. Chéruel, t. II, p. 419.

3. Cité par M. Marty-Laveaux, *Œuvres de P. Corneille*, t. X, p. 92. — Tiré du « Jugement de tout ce qui a été imprimé contre le cardinal Mazarin depuis le sixième janvier jusques à la déclaration du premier avril mil six cent quarante-neuf » (sans lieu ni date), in-4°.

Richelieu et celle dont il remercie Mazarin en 1643. Telle est bien l'année où Corneille la reçut, comme l'a dit Naudé en citant l'édition originale de ce Remerciement, qui ne compte pas moins de quatre-vingts vers [1], et non en 1644, comme l'a cru M. Marty-Laveaux [2]. Cette dernière date est celle de l'édition princeps de *la Mort de Pompée*, dont l'achevé d'imprimer est du 16 février 1644 ; mais le Remerciement n'est plus là qu'une seconde édition d'une pièce déjà publiée isolément. Corneille a pris soin d'en avertir dans le préambule primitif de l'Épître dédicatoire : « *Au Lecteur*. Ayant dédié ce poëme à M. le cardinal Mazarin, j'ai trouvé à propos de joindre à l'Épître le Remerciement que je présentai il y a trois mois à Son Éminence, pour une libéralité dont elle me surprit. » Cet avis sert à fixer la date de cette libéralité, le mois de novembre 1643, qui serait aussi celle de l'impression, non consignée dans l'édition isolée du Remerciement.

On voit donc par là qu'à peine arrivé au pouvoir, Mazarin eut grand soin d'accorder à Corneille « une pension de cent pistoles » (mille livres), dont Naudé seul a donné le chiffre. Comme elle était bien inespérée, Corneille s'empressa d'en témoigner toute sa reconnaissance au cardinal, dans les termes les plus chaleureux. Ce qui le flatte surtout, c'est qu'il n'a eu rien à faire pour obtenir cette libéralité. Elle a été toute spontanée de la part du cardinal :

> Mon bonheur [3] n'a point eu de douteuse apparence :
> Tes dons ont devancé même mon espérance ;
> Et ton cœur généreux m'a surpris d'un bienfait
> Qui ne m'a pas coûté seulement un souhait.
> La grâce en affoiblit quand il faut qu'on l'attende :

---

1. Voy. le titre complet et la description, *Bibliographie cornélienne*, par M. E. Picot, p. 178.
2. *Œuvres de P. Corneille*, t. X, p. 92, et t. IV, p. 10.
3. L'abbé Granet a mis « Honneur », mot donné dans le texte des *Elogia Ivlii Mazarini*, 1666, mais Abraham Ravaud, traducteur de la pièce française en vers latins, a dû trouver : « Bonheur ».

..... Nec in ancipiti *fortuna* pependit.

> Tel pense l'acheter alors qu'il la demande ;
> Et c'est je ne sçai quoy d'abaissement secret,
> Où quiconque a du cœur ne consent qu'à regret.
> C'est un terme honteux que celui de prière :
> Tu me l'as épargné ; tu m'as fait grâce entière.
> Ainsi l'honneur se mêle au bien que je reçois.
> Qui donne comme toi, donne plus d'une fois.
> Son don marque une estime et plus pure et plus pleine,
> Il attache les cœurs d'une plus forte chaîne ;
> Et prenant nouveau prix de la main qui le fait,
> Sa force de bien faire est un second bienfait.

L'âme fière et indépendante de Corneille est là tout entière, attachant d'autant plus de prix à la pension, que Mazarin la lui a spontanément offerte.

Cette pension de cent pistoles inspira à Sarazin de curieuses remarques sur l'heureux sort que la poésie fit aux poètes, en France, pendant les XVIᵉ et XVIIᵉ siècles, et le nom de Corneille s'y trouve compris.

On lit dans une lettre de Sarazin à Balzac : « Pour ne point remonter au-dessus du règne de Henry troisième, je ne voy pas que la poésie ayt sujet de se plaindre de la cour, ni que M. Desportes soyt le seul qui en ayt receu du bien. Elle a fait des poëtes cardinaux, des poëtes evesques, monsieur du Perron et M. Bertaut. Elle a donné au Pastor fido du faubourg S. Germain des jardins délicieux où il a vieilly dans une oysiveté longue et opulente. Si nous descendons à notre siècle, nous trouverons qu'elle a establi M. Godeau avec une mitre,

> Au bord des derniers flots où Thétis se couronne
> D'un bouquet d'orangers.

« Nous trouverons l'Amy Metellus [1] devenu, par son moyen, Monsieur l'Abbé, nostre Monsieur Chapelain payé de bonnes pensions, Corneille Gentilhomme de deux mille écus de rente, Voiture conseiller d'Estat, Maistre d'hostel

---

1. De Boisrobert ou Bois-Robert (Métel ou Le Métel), abbé de Châtillon-sur-Seine.

du Roy, Introducteur des Ambassadeurs, commis du surintendant des Finances, avec plus de titres que les Gétique, Vandalique, Germanique des anciens Empereurs, plus de titres que le Roy d'Espagne [1]. »

Cette lettre de Sarazin, sans date, est probablement de l'année 1652, puisqu'elle est écrite de Bordeaux, et suivie de quelques mots du prince de Conti. En tout cas, elle ne saurait être postérieure à 1654, car, le 5 décembre de cette année, Sarazin était inhumé dans l'église de Pézenas.

Voilà donc un contemporain, « un homme bien informé », qui affirme positivement que, grâce à la poésie, « Corneille est devenu un gentilhomme de deux mille écus de rente ». « Gentilhomme », le fait est incontestable, — « deux mille écus de rente », par ce moyen, l'affirmation est nouvelle. Mais il nous paraît certain que Corneille, entre les années 1640 et 1652, a pu se faire six milles livres de rentes par la vente de ses pièces aux comédiens, par leur vente aux libraires, par les libéralités dues à ses dédicaces, enfin par les pensions que lui valurent ses tragédies et ses autres travaux poétiques.

Tels sont les motifs à l'appui de l'affirmation positive de Sarazin, qui nous empêchent de partager l'avis contraire, émis tout récemment : « Même au temps qui passe pour avoir été le temps le plus heureux de sa vie, ou du moins le plus aisé, même à l'époque du grand succès de son *Imitation*, Corneille ne fut, comme Sarrasin le donnait à penser dans une lettre à Balzac longtemps inédite, il ne fut jamais *Gentilhomme de deux mille écus de rente* [2]. »

---

1. Lettre signalée par M. Victor Cousin, dans *la Société française au* XVIIe *siècle*, in-8°, 1858, Appendice du tome II, pages 403-404. Une note de l'auteur porte : « Renseignement qu'il ne faut pas négliger venant d'un homme aussi bien informé ». — Elle est à la bibliothèque de l'Arsenal, mss. Conrart, Belles-Lettres françaises, n° 145. Nous en devons la copie à l'obligeance de son administrateur général, M. Ed. Thierry, qui nous a prévenu que « la lettre de Sarazin n'est pas un original, mais une copie qui n'est pas de la main de Conrart ».

2. *Corneille à la butte Saint-Roch.* Notes sur la vie de Corneille, par M. E. Fournier, p. lxxix.

Cette assertion, pour être acceptée, contrairement à celle de Sarazin, aurait besoin d'être étayée de preuves et de raisonnements, qui, faisant complètement défaut, lui enlèvent toute créance.

Mais cette pension de cent pistoles, fournie par Mazarin et attestée par Naudé à partir de 1643, combien de temps fut-elle continuée à Corneille? La conserva-t-il jusqu'à la mort du cardinal, 9 mars 1661? Nous ne le pensons pas. Autrement Foucquet aurait-il pu accorder une seconde pension, quelques années auparavant, si Corneille fût resté jusque-là « le pensionnaire de Mazarin »? Il est plutôt vraisemblable que la pension du cardinal, servie au poète dramatique, a été supprimée après la chute de *Pertharite*, pendant le carnaval de 1652. Lors de l'impression achevée le 30 avril 1653, Corneille dit dans l'avis *Au lecteur*, en tête de la pièce : « Il vaut mieux que je prenne congé de moi-même que d'attendre qu'on me le donne tout à fait; et il est juste qu'après vingt ans de travail [1], je commence à m'apercevoir que je deviens trop vieux pour être encore à la mode. » En présence de cette déclaration formelle de renoncer désormais au théâtre, et de cette considération que Corneille était absorbé tout entier par les soins donnés à sa traduction de l'*Imitation* poursuivie depuis trois ans [2], Mazarin aura jugé opportun de supprimer la pension qu'il lui servait, à titre de poète dramatique. Elle avait duré au moins sept années, puisqu'en 1650 Lescornay le déclarait encore « pensionnaire de Mazarin » [2], et peut-être même dix ans, si l'avis de *Pertharite* a été la cause réelle de la suppression.

Dans le cas où la suppression de cette pension serait de 1653, comme nous sommes porté à le croire, l'interruption aura été de courte durée. Il en reçut bientôt une autre d'un protecteur éclairé des lettres et des arts, du surinten-

---

1. Chiffre rond, pour « vingt-trois » ou « vingt-quatre ans », puisque *Mélite* fut composée en 1629. Voy. plus haut, chapitre v, p. 51.
2. Voy. plus haut, chap. x, p. 117.

dant des finances Foucquet, auquel il avait été présenté par Pellisson, si fort en crédit auprès de lui.

Depuis longues années Corneille était l'ami intime de Pellisson, et c'est à lui qu'il s'adressa afin d'obtenir des audiences de Foucquet, après la présentation et après la promesse d'une gratification, sinon d'une pension. Un billet de Corneille à Pellisson, à la suite de six vers esquissant son portrait et demandés par le surintendant, en fournit la preuve. « J'obéis donc sans répugnance, dit-il, aux ordres qu'il lui a plû m'en donner, et vous supplie de me ménager un moment d'audience pour prendre congé de lui, puisqu'il a voulu que je l'importunasse encore une fois. Il me témoigna dimanche dernier assez de bonté pour me faire espérer qu'il ne dédaignera pas de prendre quelque soin de moi, et je ne doute point que tôt ou tard elle n'aye son effet, principalement quand vous prendrez la peine de l'en faire souvenir [1]. »

Ce billet est sans date aucune, chez l'abbé Granet, et porte seulement en plus : « Ce vendredi », dans l'édition de M. Marty-Laveaux [2]. Le premier a donné comme texte, à la suite des six vers : « Voilà, Monsieur, une petite peinture que je fis de moi-même il y a près de vingt ans », tandis que M. Marty-Laveaux dit nettement : « Il y a vingt ans », en ajoutant : « Les six vers rapportés au début de cette lettre doivent avoir été composés peu après le *Rondeau* sur le *Cid*, vers l'année 1638. » Comme le *Rondeau* en question a été certainement publié en 1637, en un feuillet in-8°, la date du billet ne peut être que 1657, si Corneille a réellement mis : « Il y a vingt ans », ou 1658, s'il a mis : « Il y a près de vingt ans ». Ce serait encore à l'une de ces deux dates qu'il faudrait rapporter la présentation de Corneille par Pellisson au surintendant des finances, la fin de l'année 1657, ou le début de 1658.

---

1. *Œuvres diverses de Pierre Corneille*, 1738, par l'abbé Granet, qui met en note, p. 219 : « Copié sur l'original ».
2. *Œuvres de Pierre Corneille*, t. X, p. 477.

Mais à quelle date Foucquet accorda-t-il la pension attendue, depuis que le surintendant des finances avait laissé espérer « qu'il prendrait quelque soin de Corneille »? Le premier qui ait donné une réponse est M. Chéruel. « Les misérables pièces de Scarron, dit-il, avaient détrôné *le Cid, Horace, Cinna, Pompée*. Le surintendant fit un acte honorable en relevant Corneille de son découragement et en l'engageant à rentrer dans la carrière dramatique. Il lui donna une pension probablement dès 1657 [1]. »

A l'appui du doute prudent de M. Chéruel, M. E. Fournier a cru trouver une preuve dans le rappel d'un fait contemporain, confondant deux choses bien distinctes, la présentation et la pension. « A quelle époque Corneille fut-il chez Fouquet et eut-il part à ses largesses? M. Chéruel suppose que ce dut être en 1657. Il a raison. Nous allons soutenir son hypothèse par une preuve. Quelque temps après la prise de Hesdin par les Espagnols, qui eut lieu cette année, Scarron écrivit une lettre assez chagrine à l'un des familiers du surintendant, dans laquelle il insinue que les visites des Corneille chez Fouquet et le bon accueil qu'on leur fait lui causent un certain déplaisir [2]. »

Or la preuve invoquée pour justifier la date de 1657 n'est pas admissible, attendu que l'affaire de Hesdin est de 1658, d'après M. Chéruel lui-même : « Barthélemy de Fargues, major de la place, et son beau-frère, La Rivière, lieutenant de roi à Hesdin, traitèrent avec les ennemis, sans leur abandonner la place..... Les troupes espagnoles ne furent admises qu'à titre d'auxiliaires [3]. »

La date de cette affaire, qui fit grand bruit, se précise davantage par une lettre du gazetier rimeur, Jean Loret, « du samedi 9 mars 1658 ». En bon Français qu'il est et tout dévoué à la cour, il refuse de croire à la trahison :

---

1. *Mémoires sur la vie privée et publique de Fouquet*, t. I, p. 248.
2. « Notes sur la vie de Corneille », en tête de *Corneille à la butte Saint-Roch*, p. lix.
3. *Histoire de France sous le ministère de Mazarin*, t. III, p. 136.

> Touchant Hédin, l'on m'a conté
> Une espèce d'hostilité,
> Qu'après tout, je ne ne veux pas mettre
> Dans la mienne présente Lettre,
> D'autant que ce conte est si crû,
> Qu'avec peine seroit-il cru [1].

C'est donc dans le courant du mois de mars 1658, au plus tôt, que Corneille obtint une pension de Fouquet, et que Scarron, bien informé de ses démarches et de son succès, eut lieu d'écrire à un correspondant inconnu et bien venu de Foucquet : « Tout contribue à me faire détester mon malheur..... Ajoutez à cela le Boisrobert et les Corneille,

> Que votre cher patron
> Le moderne Mécène,
> A régalés en faveur d'Hippocrène [2]. »

Le chiffre de cette pension, indiquée par cette prétentieuse périphrase, n'est pas connu, mais il dut être vraisemblablement de mille livres, comme celui de la pension accordée à La Fontaine, depuis que Foucquet l'avait pris pour son poète.

1658 serait aussi la date des « Vers presentez à Monseigneur le Procureur Général Foucquet, sur-Intendant des finances », qui furent mis en tête de l'édition d'*OEdipe*, dont l'achevé d'imprimer est du 26 mars 1659 [3], avec cet avis *Au lecteur*. « Ce n'est pas sans raison, dit Corneille, que je fais marcher ces vers à la tête d'*OEdipe*, puisqu'ils sont cause que je vous donne l'*OEdipe*. Ce fut par eux que je tâchai de témoigner à M. le procureur général quelque sen-

---

1. *La Muze historique*, édit. de M. Ch. Livet, t. II, p. 452.
2. *OEuvres de Scarron*, 1786, in-8, t. I, p. 237-238. Cité par M. E. Fournier, *ibidem*, p. lx.
3. Le fait n'avait pas échappé à M. Chéruel. « Ces vers n'ont été imprimés qu'en tête de la tragédie d'*OEdipe*, publiée en 1659, mais ils paraissent antérieurs. » *Mémoires sur Fouquet*, t. I, p. 428.

timent de reconnoissance pour une faveur signalée que je venois de recevoir. »

Corneille, âgé de « dix lustres et plus », c'est-à-dire touchant à ses cinquante-deux ans, si le remerciement est antérieur au 6 juin 1658, ainsi que nous le croyons, adressa à Foucquet la chaleureuse Épître dont le début est un éloquent appel à la Muse. Il a reçu une lettre où Foucquet l'engage à rentrer dans la carrière théâtrale, et, dit-il à sa Muse, tu dois te rendre

> A l'ordre surprenant que sa main t'a donné.

Tu ne dois plus écouter la vieillesse,

> Qui mutine ton cœur contre le siècle ingrat.

Parmi les motifs qui ont dicté son silence, vient, en première ligne, chose bien remarquable, l'absence des récompenses que le poète croyait avoir méritées par ses travaux, reprochant à son siècle

> L'ennui de voir toujours ses louanges frivoles
> Rendre à *ses* longs travaux, paroles pour paroles,
> Et le stérile honneur d'un éloge impuissant
> Terminer son accueil le plus reconnoissant.

Évidemment Corneille a sur le cœur la suppression de la pension de Mazarin, que nulle autre n'avait remplacée, depuis qu'il s'était éloigné du théâtre; et les exhortations de la régente à poursuivre la traduction de l'*Imitation*, et la flatteuse « Approbation des docteurs » donnée à l'ouvrage entièrement terminé ne lui suffirent pas. Il fut satisfait d'y lire : « Nous ne doutons pas qu'un si excellent Ouurage, où la Poësie parle si purement le langage des Saints, ne trouue l'approbation qu'il mérite, et que la Charité qui en a fourny les plus riches idées, n'échauffe le cœur de ceux qui auront la piété de le lire auec application. » Sa satisfaction eût été plus complète si Mazarin ou Anne d'Autriche lui avait, en outre, accordé une pension quand parut l'édition complète de l'*Imitation*, avec cette Approbation du 25 février 1656, par les docteurs ecclésiastiques de Rouen.

L'injustice ayant été réparée par la pension de Foucquet, sa muse doit rompre le silence pour rentrer dans la carrière du théâtre, abandonnée par lui depuis longtemps, quand son nouveau protecteur l'y invite avec instance.

> Mais aujourd'hui qu'on voit un héros magnanime,
> Témoigner pour ton nom une toute autre estime,
> Et répandre l'éclat de sa propre bonté
> Sur l'endurcissement de ton oisiveté,
> Il te seroit honteux d'affermir ton silence
> Contre une si pressante et douce violence.

La générosité de Foucquet a rendu à Corneille la vigueur poétique de ses jeunes ans, lorsqu'il donnait au théâtre *le Cid*, *Horace*, *Cinna*, et le surintendant n'a qu'à lui indiquer un sujet de pièce pour s'en convaincre.

La réponse se fit attendre, et Corneille ne l'avait pas encore le 9 juillet 1658, quand il écrivait, de Rouen, à l'abbé de Pure : « Pour moi, la paresse me semble un métier bien doux, et les petits efforts que je fais pour m'en réveiller s'arrêtent à la correction de mes ouvrages. C'en sera fait dans deux mois, si quelque nouveau dessein ne l'interrompt. J'en voudrois avoir trouvé un [1]. »

Évidemment Corneille pressentait que la réponse de Foucquet pouvait « interrompre » l'édition de son *Théâtre*, qu'il était en train de corriger et qui parut en 1660 seulement, deux ans plus tard, pour le motif donné par son neveu Fontenelle. Après avoir rappelé la conduite de Foucquet, « qui, dit-il finement, négocia en surintendant des finances », il ajoute : « M. le surintendant, pour lui faciliter ce retour, et lui ôter toutes les excuses que lui

---

[1]. *OEuvres de P. Corneille*, t. X, p. 482. Lettre inédite publiée par M. Marty-Laveaux.

aurait pu fournir la difficulté de trouver des sujets, lui en proposa trois. Celui qu'il prit fut *OEdipe*, M. Corneille son frère prit *Camma* qui étoit le second et le traita avec beaucoup de succès. Je ne sçai quel fut le troisième [1]. »

Corneille, qui, en retour de la pension accordée, s'était mis si complètement aux ordres de « ce grand ministre que chacun sait n'être pas moins le surintendant des belles-lettres que des finances », remplit sur-le-champ sa promesse. *OEdipe*, dit-il à la fin de l'avis Au Lecteur, « est un ouvrage de deux mois, que l'impatience françoise m'a fait précipiter, par un juste empressement d'exécuter les ordres favorables que j'avois reçus ».

Un des motifs était aussi « de venir à bout de son sujet assez tôt pour le faire représenter dans le carnaval de 1659 ». La pièce fut jouée le 24 janvier de cette année. C'est à ce réveil du poète, dû à la générosité de Foucquet, après une interruption de six ans dans les travaux dramatiques de Corneille, que la postérité doit la *Toison d'or* (1660), *Sertorius* (1662), *Sophonisbe* (1663) et *Othon* (1664), les meilleures de ses pièces, depuis sa rentrée triomphante au théâtre avec *OEdipe*.

Corneille conserva cette nouvelle pension de Foucquet, accordée en 1658, au moins pendant trois ans, jusqu'à la disgrâce du surintendant des finances, le 5 septembre 1661. C'est par assimilation avec celle de La Fontaine, que, la portant à 1000 livres, prises sur la cassette particulière de Foucquet, nous croyons qu'il reçut de lui 3000 livres, comme il avait reçu, en sept ans, 10 500 livres de Richelieu, et, en neuf ou dix ans, 9 000 ou 10 000 livres de Mazarin.

Les ressources pécuniaires que Corneille tira, en l'espace de vingt-six ans (1635-1661), des pensions accordées pour

---

1. Avec beaucoup de vraisemblance, M. E. Picot indique : *Stilicon*, en rappelant que Loret, « dans sa *Muse historique*, établit une sorte de parenté entre ces trois pièces ». Lettre du 28 janvier 1661, t. III, p. 314, édit. de M. Ch. Livet.

ses pièces de théâtre, s'élèvent donc au chiffre fort respectable de 23 500 livres [1].

Ce n'est pas tout. Les privilèges de noblesse se traduisaient par des exemptions de tailles, dont il n'est pas possible de préciser l'importance. Mais il en résultait, pour les privilégiés, une diminution d'impôts qui, par leur continuité et par leur fréquent retour, pesaient sur ceux qui étaient obligés de les acquitter. Or il est certain que Pierre Corneille, depuis l'anoblissement de sa famille, en jouit toujours, depuis 1637 jusqu'à la fin de sa vie; car les deux ou trois démêlés qu'il eut à subir, au sujet de sa noblesse, ne le privèrent pas longtemps des immunités qui s'y trouvaient attachées.

Une première fois, les voyant attaquées, il crut urgent de les défendre, et voici en quelle circonstance. Depuis la révolte des Nu-Pieds, en 1639, la ville de Rouen avait connu toutes les misères imaginables. Le 18 novembre 1643, une assemblée des députés du tiers état, réunie à l'Hôtel de ville, pour délibérer sur les articles qu'il convenait d'employer au cahier des remontrances, traçait ce tableau affligeant de l'état de la cité : « La ville de Rouen, capitale de ceste province, est abatue d'une si prodigieuse quantité d'impositions et subcides qu'il ne luy reste plus que les foibles apparences de ceste franchise dont elle se glorifioit en ses plus beaux jours, comme des plus avantageux témoignages de sa fidélité et des longs services qu'elle a rendus à ceste Couronne : elle s'est vue remplie de gens de guerre; il n'y a sorte de denrée qui s'y consomme qui ne porte les marques de son infortune [2]. »

C'est que la guerre arrêtait tout son commerce avec l'extérieur, avec les étrangers, et, pour remédier à ce mal, en partie, Louis XIII avait accordé à la ville de Rouen,

---

1. Pour en trouver la valeur actuelle, il faut se rappeler que la puissance de l'argent était alors cinq fois plus grande qu'aujourd'hui. Ce serait donc 117 500 francs de nos jours.
2. *Cahiers des États de Normandie sous les règnes de Louis XIII et de Louis XIV*, par M. Ch. de Beaurepaire, t. III, p. 287.

en novembre 1640, un nouvel impôt sur les boissons, à l'entrée de Rouen et de ses faubourgs. Corneille y ayant été assujetti, comme les roturiers, malgré sa qualité de noble, adressa au parlement une réclamation contre ces taxes indûment perçues, suivant lui. Le 31 octobre 1643, la cour entendit un rapport sur sa demande pour « être déchargé de ce qui se lève par les échevins de la ville de Rouen, des droits nouvellement imposés sur les boissons et denrées entrant en la ville de Rouen pour la provision de sa maison et que ce qu'il a payé lui soit restitué [1] ». La cour déchargea Corneille de cette surtaxe, pour l'avenir, sans lui faire rendre les sommes jusque-là perçues.

L'affaire prit bientôt un caractère général, lors de la réunion des trois États de Normandie à l'archevêché de Rouen, le 26 novembre 1643. L'église et la noblesse protestèrent contre « l'impost qualifié du nom de subsistance, et qui est une taille en effet qui ne devoit estre payée que par les roturiers ». Les commissaires du roi furent favorables à la demande; mais, le 27 mars 1644, le conseil du roi cassait l'arrêt rendu en faveur de Corneille, par le parlement, touchant la décharge des nouvelles impositions mises par le roi sur les denrées entrant à Rouen [2].

Toutefois Corneille n'en continua pas moins de jouir de l'exemption des tailles anciennes, à laquelle les privilèges de noblesse lui donnaient droit. Le désagrément de cette assimilation restreinte avec les roturiers fut atténué par la généralité de la décision royale.

Il est impossible, on le conçoit, de donner un chiffre quelconque pour cette exemption des tailles, attachée à la noblesse; mais, quelle qu'elle soit, elle n'en constitua pas moins un élément appréciable dans la position financière de Corneille.

---

1. Voy. Appendice I, à la date indiquée.
2. Voy. Appendice XVII. Extrait du cahier des États.

CHAPITRE XIII

ROUEN ET LA NORMANDIE DANS L'OEUVRE DE CORNEILLE

M. de Chalon lui enseigne l'espagnol. — L'étude en était fort répandue à Rouen. — Les Espagnols y étaient nombreux. — Il l'étudia pour son théâtre. — Influence et trace de ses fonctions judiciaires dans le « Cid », « Horace », « Cinna ». — Jugements, plaidoiries, délibérations. — Le caractère processif des Normands est hors de cause. — D'où vint le succès de ce moyen dramatique. — Le port de Rouen est le théâtre du combat des Mores dans le « Cid ». — L'avocat du roi à l'Amirauté s'entendait aux choses de la marine. — Critiques non fondées de Scudéry sur le récit de Rodrigue. — Complément de la défense de l'Académie française. — Attaques contre la langue de Corneille, dans les pamphlets de la Querelle du Cid. — Le sens de : « Tirer des bottes », dans l'un d'eux. — Par qui Corneille fut-il menacé de coups de bâton à Rouen. — Souvenirs rouennais dans le « Menteur ». — Preuves pour le concert et pour le feu d'artifice. — Capitaine de l'armée de Lamboy prisonnier à Rouen. — Jean de Weert, autre prisonnier allemand, assiste à un ballet à Paris. — Rapports des deux Corneille avec Molière et sa troupe à Rouen. — Les « Poésies diverses » de Pierre Corneille et la Du Parc. — Hommages qu'il lui rend. — Ils sont intéressés. — Molière, tout dévoué à Corneille, représentera ses pièces à Paris, après son séjour à Rouen.

Plusieurs des chapitres précédents, notamment ceux qui ont pour titre : « Les premiers essais poétiques » — « La légende et la vérité dans *Mélite* » — « Corneille et la cour de Louis XIII aux eaux de Forges [1] », ont déjà fourni des preuves que Rouen et la Normandie tinrent une grande place dans la révélation et dans le développement du génie poétique de Corneille.

Il est encore d'autres faits, utiles à rappeler, pour ache-

---

1. Voy., plus haut, chapitres IV, V et VI.

ver la démonstration de cette vérité, et expliquer, par des influences locales, soit de mœurs, soit de profession, certaines particularités de la vie, et certaines parties des œuvres de Corneille, restées jusqu'à présent inaperçues ou bien à l'état de points obscurs, ou bien incomplètement traitées.

On sait, d'après le père Tournemine, régent aux jésuites de Rouen, où Corneille fit ses études, que M. de Chalon, ancien secrétaire des commandements de Marie de Médicis, retiré dans cette même ville, conseilla à Corneille l'étude du théâtre espagnol, quand il eut composé ses premières comédies, et qu'il s'offrit pour lui enseigner cette langue et pour lui traduire des endroits de Guilhen de Castro.

Corneille accepta l'offre d'autant plus volontiers qu'à Rouen, depuis le XVIe siècle, l'étude de la langue espagnole était fort répandue, à cause des nécessités du commerce, comme celle de l'anglais l'est de nos jours. La présence fréquente de navires espagnols, dans son port, imposaient l'étude de l'espagnol, pour se mettre en rapport avec les équipages et pour traiter les affaires commerciales. Il y avait de plus, à Rouen, toute une colonie d'Espagnols et plusieurs grandes familles, qui s'y étaient établies, et dont on retrouve les noms dans son histoire, soit pour le rôle qu'ils y ont joué, soit pour leurs sépultures dans les diverses églises de la cité, les de Caradas, par exemple, pour n'en citer qu'une seule. Au XVIe siècle, on trouve déjà, à Rouen, une « rue d'Espagne », et, au XVIIe, une « rue des Espagnols », toutes les deux voisines du port.

Ce furent là d'heureuses circonstances, toutes locales, qui aidèrent au développement du génie dramatique de Corneille, en lui facilitant l'étude du théâtre espagnol, et qui laissèrent des traces dans le sien. Il est évident, par le *Cid* et par le *Menteur*, que, profitant de l'offre de M. de Chalon, Corneille étudia avec lui la langue espagnole, et quitta bientôt l'observation de Paris et l'étude des sources françaises pour porter son attention sur les mœurs castillanes et sur les auteurs d'au delà des Pyrénées.

Ses fonctions judiciaires [1] ont eu aussi leur influence sur la composition de trois de ses tragédies, le *Cid*, *Horace*, *Cinna*, où il a introduit de véritables scènes d'audience; des jugements, où l'on voit un demandeur et un défendeur; un juge qui, après avoir entendu les avocats des parties, se retire dans la chambre du conseil pour délibérer.

Le *Cid* a une scène de jugement avec deux plaidoyers. Le roi don Fernand préside et don Diègue et Chimène plaident leur cause devant lui.

CHIMÈNE.
Sire, sire, justice.

D. DIÈGUE.
Ah! sire, écoutez-nous.
(Acte II, sc. VIII.)

Le roi leur donne successivement la parole, et, après les avoir entendus l'un et l'autre, il remet à plus tard l'arrêt à intervenir, comme on le faisait parfois au parlement.

L'affaire est d'importance, et, bien considérée,
Mérite en plein conseil d'être délibérée.

La tragédie d'*Horace* offre aussi une scène de jugement, où Corneille a introduit un réquisitoire et trois plaidoyers devant le roi Tulle. Valère fait l'office de rapporteur, Horace lui répond, Sabine se porte partie civile, et le vieil Horace, l'avocat de son fils, répond à Sabine et à Valère. Valère allait même répliquer, quand le président, le roi Tulle, l'arrête, la cause étant entendue. Il fait le résumé et prononce l'arrêt en faveur d'Horace [2]. C'est la mise en scène complète des débats judiciaires de cette époque.

Enfin, dans *Cinna*, on trouve l'admirable scène de déli-

---

1. Voir, plus haut, chap. III, pages 24-30.
2. *Horace*, acte V, sc. II et III.

bération entre Auguste et ceux-là mêmes qui viennent de faire le serment de l'assassiner, Cinna et Maxime.

Auguste expose le sujet de la délibération : « Doit-il conserver le pouvoir suprême ou s'en démettre? » Les deux conseillers, fort intéressés dans la réponse, donnent leur avis, et Auguste, éclairé par cette longue discussion, s'arrête sur-le-champ à ce parti :

> Pour ma tranquillité mon cœur en vain soupire :
> Cinna, par vos conseils je retiendrai l'empire;
> Mais je le retiendrai pour vous en faire part.
> (Acte II, sc. II.)

Cette scène est un tableau frappant des discussions qui précédaient les ordonnances ou les arrêts rendus par le conseil d'État, ou par les parlements, avec l'éloquence en moins.

Ceux qui prétendent, quelquefois un peu superficiellement, expliquer le fond et la forme des œuvres littéraires par l'influence du pays natal sur leurs auteurs, ont rapporté l'introduction des scènes judiciaires, dans les tragédies du *Cid* et d'*Horace*, au caractère processif des Normands, à leur amour de la chicane. Pour le *Cid*, l'explication est complètement fausse, puisque l'« Avertissement » de Corneille a donné le texte des deux romances espagnoles où figure ce jugement. Tite-Live a fourni le fond des divers plaidoyers de la tragédie d'*Horace*, et Corneille n'a fait que développer les arguments de l'historien romain, en se renfermant dans le cadre qu'il lui avait tracé [1].

Ce goût des débats judiciaires, comme moyen dramatique, Corneille, avocat du roi aux deux juridictions des eaux et forêts et de l'amirauté, le doit à ses fonctions de ministère public, qu'il exerçait au moment même de la composition de ces trois immortelles tragédies. Sans doute les débats de la Salle des Procureurs, où se tenaient ces deux juridic-

---

1. Tite-Live, *Histoire romaine*, liv. I, chap. XXIII-XXVI.

tions, ne comportaient guère les développements pathétiques de l'éloquence; mais, à côté, dans la Salle dorée, les avocats, les gens du roi ne s'en faisaient pas faute, quand la cause y prêtait. Comme les débats judiciaires n'étaient pas publics à cette époque, Corneille comprit, par le premier essai qu'il en fit, combien ces imitations de l'éloquence judiciaire, transportées du huis clos des cours et des tribunaux sur la scène, seraient goûtées des spectateurs, et, dès lors, il se fit un devoir d'y recourir. L'amour de la chicane, tant reproché aux Normands, n'y est donc pour rien, tandis que les fonctions judiciaires, exercées par Corneille, en fournissent une explication toute naturelle.

Rouen se retrouve encore, non pour la nature des fonctions qu'y remplit Corneille, mais pour sa topographie, dans une autre scène du *Cid*, celle où Rodrigue fait le tableau du combat qu'il vient de livrer contre les Mores. Selon nous, l'action se passe, non pas à Séville, sur le Guadalquivir, que ne visita jamais le bon Corneille, mais à Rouen, sur son fleuve, dans son port, sur son quai, et au pied de ses murailles. Le lieu de l'action est, sur terre, tout l'espace compris entre le Vieux-Palais et les ruines du Pont de Mathilde, au pied des remparts de la ville, en face et en avant des portes Saint-Éloi, de la Vicomté, de la Haranguerie, de la Bourse, etc. Le chenal du fleuve est occupé, en partie, par les navires où Rodrigue cache les deux tiers de ses hommes, à mesure qu'ils arrivent sur le port. Corneille y décrit encore l'arrivée du flot, qui se fait sentir vivement sur la Seine, fleuve à marée, à Rouen et bien au delà de Rouen.

    Cette obscure clarté qui tombe des étoiles
    Enfin avec le flux nous fit voir trente voiles.
    L'onde s'enfle dessous et d'un commun effort
    Les Mores et la mer montent jusques au port.
    On les laisse passer, tout leur paroît tranquille;
    Point de soldats au port, point aux murs de la ville.

Tout est désert sur le quai, et aucun défenseur ne se montre sur les remparts qui le bordent.

> Notre profond silence abusant leurs esprits,
> Ils n'osent plus douter de nous avoir surpris;
> Ils abordent sans peur, ils ancrent, ils descendent
> Et courent se livrer aux mains qui les attendent.
> (Le *Cid,* acte IV, sc. III.)

Ces vers, véritable tableau d'après nature, n'ont pas trouvé grâce devant Scudéry, qui en fit ainsi la critique, à l'époque de leur apparition :

> «..... D'un commun effort
> Les Mores et la mer entrent dedans le port [1].

« Mais l'auteur me permettra de lui dire que cela n'a pas grande apparence, vu que la nuit on ferme les havres d'une chaîne, principalement ayant la guerre, et de plus des avis certains que les ennemis approchent.

« Ensuite il dit, parlant encore des Mores :

> «.......... Ils ancrent, ils descendent.

« Ce n'est pas savoir le métier dont il parle; car en ces occasions où l'événement est douteux, on ne mouille point l'ancre, afin d'être plus en état de faire retraite, si l'on s'y voit forcé [2]. »

L'Académie française prit la défense de Corneille contre Scudéry, dont la critique descendait à de pareilles vétilles, d'ailleurs mal fondées, et elle en fit cette réfutation :

« Ce qui suit du mauvais soin de don Fernand, qui devoit tenir le port fermé avec une chaîne, seroit une répréhension

---

1. Scudéry a modifié ce vers de Corneille. Les premières éditions portaient : « entrèrent dans le port », que Corneille remplaça par : « montent jusques au port ». Correction heureuse pour marquer qu'ils y sont portés par la marée montante. C'est ainsi qu'il voyait, chaque jour, les navires à voiles, venant du Havre, entrer dans le port de Rouen, à l'aide du flot ou de la marée.

2. *Observations sur le Cid* (par Scudéry), 1637.

fort judicieuse, supposé que Séville eût un port si étroit d'embouchure qu'une chaîne l'eût pu clore aisément ; ce qu'il semble aussi que l'auteur estime, faisant dire en un lieu :

> Les Mores et la mer entrèrent dans le port;

« Et en un autre, distinguant le fleuve du port :

> Et la terre, et le fleuve, et leur flotte et le port.

« Mais Séville étant assez avant dans terre, et n'ayant pour havre que le Guadalquivir, qui ne se peut commodément fermer d'une chaîne [1], à cause de sa grande largeur, on peut dire que c'étoit assez que Rodrigue fît la garde au port, et qu'en ce lieu l'observateur désire une chose peu possible, quoique l'auteur lui en ait donné lieu par son expression. »

Combien la défense de Corneille eût été plus facile encore à Chapelain, qui tenait la plume, au nom de l'Académie, s'il eût connu la disposition du port de Rouen, la largeur de la Seine devant ses murs, et le nom de « port » donné spécialement à l'endroit de la rive droite où s'amarraient les navires.

L'Académie prend encore le parti de Corneille contre Scudéry, son opiniâtre contradicteur, en réfutant une autre de ses arguties. « Pour le reste, dit Chapelain en son nom, nous croyons que la flotte des Mores a pu ancrer afin que leur descente se fît avec ordre, parce qu'en cas de retraite, si elle eût été si pressée qu'ils n'eussent pas eu le loisir de lever les ancres, en coupant les câbles, ils se mettoient en état de la faire avec autant de promptitude que s'ils ne les eussent point jetées [2]. »

Nous ajouterons que la flotte des Mores « a dû » ancrer,

---

1. Chapelain pensait à Paris, où une chaîne tendue de la Tour de Nesle, rive gauche, à la Tour du Coin, rive droite, dépendant du Louvre, servait jadis à barrer la Seine, en cas de besoin. Voir *Paris à travers les âges*.
2. *Les Sentiments de l'Académie françoise sur la tragi-comédie du Cid.*

parce que, à Rouen, des bateaux entrant dans le port, avec le flot, avec la marée, auraient été entraînés en amont, sans cette précaution, par le courant dont la force est très grande, au commencement de la marée. Corneille a consigné, dans le récit de Rodrigue, un détail nautique, dont il était témoin tous les jours, tant il est vrai de dire qu'il pensait au fleuve de sa ville natale.

Par un autre motif que celui de l'Académie, M. Marty-Laveaux approuve ce passage, sans s'inquiéter du fond. « Corneille, dit-il, en mainte occasion, emploie hardiment le mot propre. S'agit-il de l'arrivée des Maures, dans le *Cid?* Il nous apprend qu'ils *ancrent*, tout comme l'eût fait un marinier de Rouen racontant un événement de ce genre [1]. » La remarque est aussi fondée que judicieuse.

On raconte que « Turenne, entendant Sertorius parler de l'*assiette du camp*, et employer longtemps le langage militaire avec autant de noblesse que de précision, s'écriait tout étonné : « Où donc Corneille a-t-il appris les termes de la guerre? » De même, le tableau retraçant l'arrivée de la flotte des Mores et leur débarquement doit nous faire dire : « Où donc Corneille a-t-il appris les termes de la marine? » La réponse serait plus facile que pour la guerre. Corneille les possédait aussi sûrement, parce que, bien souvent, il était témoin de l'arrivée d'une foule de navires, nationaux et étrangers, dans le port de Rouen, et que, en sa qualité d'avocat du roi, au siège de l'amirauté, il s'était familiarisé avec les choses de la marine. Il en connaissait la langue, parce que la police de tout ce qui se passait dans le port et sur la Seine relevait de l'amirauté, où il parlait au nom du roi.

Ce même Scudéry, que nous venons de voir épiloguant sur un mot, d'une si étrange manière, fit encore d'autres reproches à Corneille, dans cette même Querelle du Cid, au sujet du style et de la langue de ses pièces.

---

1. *Lexique de la langue de P. Corneille*, préface, t. I, p. III.

A propos du premier vers du *Cid*, il ne craint pas de lui faire ainsi la leçon :

« Entre tous ces Amants, dont la jeune ferveur...

« C'est parler françois en allemand que de donner de la jeunesse à la ferveur : cette épithète n'est pas en son lieu. »

Un peu plus loin, il fait une remarque non moins pédantesque sur ce vers :

Au surplus pour ne te point flatter.

« Ce mot de « surplus » est de chicane, et non de poésie, ny de la cour [1]. »

Ici le reproche s'adresse autant au Normand qu'à l'avocat du roi à la table de marbre du Palais à Rouen.

Continuateur de Scudéry, qui disait dans ses *Observations* : « Ce mot d'offenseur n'est point françois », un autre champion du *Cid* ajoutait : « Je réponds qu'aussi peu est-il bas-breton [2]. »

Il y avait cependant un fond de vérité dans quelques-unes de ces attaques dirigées contre la langue de Corneille. Certains tours et certains mots sentent si bien le terroir normand qu'ils ont embarrassé les éditeurs et les commentateurs de ses œuvres. Nous n'en citerons qu'un exemple emprunté à l'un des nombreux pamphlets de la Querelle du Cid.

Dans sa riposte aux attaques de Claveret, un inconnu, sous le titre de l'*Amy du Cid à Claveret*, lui disait, entre autres aménités, pour justifier la phrase blessante de Corneille : « Vrayment cela est bien ridicule que vous à qui vos parents ont laissé pour tout héritage la science de bien

---

1. *Observations sur le Cid*, par Scudéry.
2. *La Deffense du Cid*, pièce fort rare, publiée par M. Ch. Lormier pour la Société des Bibliophiles normands, 1879, p. 28. — En 1663, l'abbé d'Aubignac critiquera aussi la versification et la langue de Corneille, à propos d'*Œdipe*, en mettant la Normandie en cause.

« tirer des bottes », vous vouliez escrire, et faire comparaison avec un des plus grands hommes de notre siècle pour le théâtre. »

Ces mots : *Tirer des bottes*, ont embarrassé ceux qui ont pris la peine d'en chercher le sens.

Sur ce passage les frères Parfaict ont mis en note : « Le lecteur est bien le maître d'expliquer au propre ou au figuré le titre que l'on donne ici à Claveret de *tireur de bottes*, car pour nous ce sont lettres closes et impénétrables [1]. »

Au propre, il pouvait être un habile maître d'escrime, ou bien un valet débarrassant de leurs bottes les voyageurs qui se présentaient dans une hôtellerie, quand l'usage presque général du cheval imposait ce genre de chaussures aux voyageurs. Au figuré, on ne comprend guère comment les parents de Claveret « auraient pu lui laisser pour tout héritage la science de bien tirer des bottes », c'est-à-dire le talent d'attaquer ses adversaires dans l'escrime littéraire. C'eût été un éloge que « l'Amy du Cid » ne lui aurait pas accordé. Il ne reste donc que le sens propre à trouver.

M. Marty-Laveaux, citant la note des frères Parfaict, ajoute : « Nous ignorons également à quoi cette phrase fait allusion et quel était l'état du père de Jean Claveret [2]. »

La difficulté vient du sens tout particulier donné au mot « Botte » en Normandie, sens bien connu de « l'Amy du Cid », qui est un Normand, un Rouennais peut-être, si ce n'est Corneille lui-même, ainsi qu'on l'a supposé. Or, en Normandie, à Rouen et ailleurs, le mot « Botte » est synonyme de « Baril, Tonneau, Tonne, Vaisseau de bois [3] ». Il avait déjà ce sens au XVIe siècle, puisque Rabelais prête à Panurge le désir d'avoir « une grosse *botte* de ce bon vin de Languegoth qui croît à Mirevaulx, Canteperdris

---

1. *Histoire du Théâtre françois*, t. IV, p. 452, note *a*.
2. *Œuvres de Pierre Corneille*, t. III, p. 54, note 1.
3. Boiste, Littré et autres lexicographes.

et Frontignant ¹ ». En Normandie, dans les environs de Rouen, on dit encore aujourd'hui, assez fréquemment : « une botte de cidre », pour désigner une tonne, dont la contenance est de mille à douze cents litres.

Ce sens de « tonne » est confirmé par certains passages de quelques autres pamphlets issus de la même Querelle du Cid, et déterminant celui qu'on avait attaché à ces mots : « Tirer des bottes ». On lit, dans l'un d'entre eux, dont l'auteur est resté anonyme : « Claveret a esté le premier qui s'est esveillé, qui dans ses grandes ambitions n'a jamais prétendu au-delà de « sommelier » dans une médiocre maison, encore je lui fais beaucoup d'honneur ². » On voit donc que son père, en cette qualité, « tirait des bottes de vin ». Tel était l'état qu'il exerçait, et son fils ne pouvait aspirer qu'à cette modeste position de « sommelier », laissée en héritage.

Un autre ami de Corneille n'hésite pas à l'investir réellement de ces fonctions. « M. Claveret, dit-il, a bonne grâce à se donner l'estrapade pour mettre M. Corneille au-dessous de lui, et à reprocher aux Normands que, pour estre accoutumez au cidre, ils s'enyvrent facilement, lorsqu'ils boivent du vin ; il sçait le contraire par expérience, après « en avoir versé » plusieurs fois à M. Corneille ³. » Le fils du « sommelier » fût-il monté de grade, en devenant « échanson », le sens des mots : « Tirer des bottes », n'en reste pas moins clair, pris au propre, comme ils doivent l'être.

C'est donc un point obscur de moins dans ces vingt et quelques pamphlets que la seule année 1637 vit éclore, durant cette fameuse Querelle du Cid.

Enfin le souvenir de Rouen tient aussi sa place, à propos d'un fait révélé par l'un d'eux. Corneille avait attribué à

---

1. Rabelais, *Pantagruel*, liv. IV, chap. XLIII.
2. *Lettre pour M. de Corneille contre les mots de la Lettre sous le nom d'Ariste* : « Je fis donc résolution de guérir ces idolâtres. »
3. *Lettre du désintéressé au sieur Mairet.*

Mairet la paternité d'une seconde lettre, que celui-ci désavoua. Le principal acteur, un grand personnage de Rouen, aurait menacé Corneille, au cours de cette querelle, de se porter à des voies de fait contre lui. « Quant à la deuxième lettre, on vous la pardonne, vous avez été contraint de la lui donner (de l'attribuer à Mairet) pour satisfaire à la personne de condition qui, dans votre bonne ville,

> Vous menaça d'un chastiment,
> Contre qui l'âme la plus lasche
> Frémiroit du ressentiment.
> Ce fut au jeu de paume [1], en un coin, ce dit-on,
> Où dame Corneille enfermée
> Tremblant sous la main du Faucon
> Pour la deuxième fois crut être déplumée.
> Le bruit même en court un petit
> Que la pauvrette en esmuttit [2].

Et Mairet, son propre apologiste, pour retourner le fer dans la plaie, et piquer davantage la curiosité publique, mettait en note, sur le mot « Faucon », écrit avec une grande lettre : « Le sieur Corneille comprendra cette allusion, s'il lui plaît. »

Les contemporains la saisirent peut-être, mais il faut reconnaître qu'elle resta un point fort obscur, à partir de la révélation toute récente du pamphlet qui la contient. C'est à force de sagacité que le voile vient d'être levé, et nous laissons la parole à M. Henri Chardon, auquel en revient le mérite.

« Il s'agit, dit-il, tout simplement de Charleval, le poète normand bien connu, qui aimait tant à coqueter, l'ami de Scarron et de Sarrasin, qui lui adressa son célèbre sonnet sur Adam et Ève.

« Mairet l'a nommé lui-même, sans en avoir l'air. Il représente dame Corneille dans un jeu de paume de Rouen,

> Tremblant sous la main du Faucon,

---

1. A Rouen, comme le plus souvent ailleurs, les comédiens jouaient dans un jeu de paume, faute d'un théâtre à demeure, comme à Paris.
2. *Apologie pour M. Mairet contre les calomnies du sieur Corneille de Roüen.*

et il ajoute aussitôt « qu'il a su les détails de la scène par une lettre de M. de Charleval ».

« C'est donner aisément à entendre que *Faucon* de Charleval est le héros de l'aventure.

« D'après cette indication, ce doit être sans aucun doute Charleval qui a menacé Corneille de le bâtonner dans un jeu de paume, à Rouen, et cela, dit Mairet, pour avoir eu l'impudence d'avoir médit, par lui-même ou par ses amis, d'une maison qui peut se vanter d'une noblesse de quatre à cinq siècles [1]. »

Confirmée par la production d'autres pièces, l'attribution à Faucon de Charleval du fait injurieux pour Corneille est pleinement justifiée, et l'on trouvera, en outre, dans ces pièces, plusieurs détails entièrement nouveaux sur cette querelle littéraire, où tant de points obscurs restent encore à éclaircir [2].

On peut aussi relever, dans le *Menteur*, une trace des habitudes rouennaises, bien que Corneille en ait emprunté le sujet à l'Espagne. Aux six cabinets de feuillages dressés par J. Ruiz de Alarcon [3], sur le soto du Manzanarès, qui arrose Madrid, au milieu des bosquets du Sotillo, l'auteur français a substitué cinq bateaux sur la Seine, qui servent à Dorante pour donner, à Paris, une prétendue fête à Clarice, sa maîtresse imaginaire. Ce n'est point Paris, mais Rouen qui lui a fourni l'idée première de cette substitution par le spectacle de ce qui se passait, à Rouen, au XVIIe siècle, sous ses yeux.

Un poète latin, enfant de Rouen, comme Corneille, et son contemporain, nous apprend que, parmi les divertissements des Rouennais, à cette époque, se plaçaient précisément

---

1. *La Vie de Rotrou mieux connue.* Documents inédits sur la société polie de son temps et la Querelle du Cid, par Henri Chardon, Paris, 1884, 1 vol. grand in-8° de 268 pages. Voy. pages 113, 239, 240.

2. *Ibid.*, Appendice VI : « Documents inédits sur la Querelle du Cid », pages 229-259. Il faut l'étudier tout entier pour voir à quel degré de violence se portèrent les champions de cette lutte.

3. Et non « Lope de Véga », ainsi que le dit l'« Épître » de Corneille, rectifiée par l'« Examen ».

des promenades sur l'eau avec des musiciens et des concerts. Hercule Grisel vient de parler des plaisirs de la natation et il ajoute : « D'autres après le dîner se divertissent dans une barque couverte, que deux rameurs font voguer sur le fleuve. Quand le soleil est déjà baissé, ils amarrent la barque; une autre porte la collation, et des musiciens jouent des instruments à cordes. Pendant qu'ils jouent, un festin apaise l'appétit que le fleuve a donné aux promeneurs, et le retour a lieu aussitôt qu'arrivent les ténèbres de la nuit [1]. »

Cette « barque couverte » rappelle celles qu'on voyait encore, naguère, à la calle Saint-Éloi, connues sous le nom de « gondoles ». Leur usage le plus habituel était de servir à passer la Seine d'une rive à l'autre; mais on s'en servait aussi pour faire une promenade, en aval ou en amont de Rouen, jusqu'à nos jours.

Corneille doit aux habitudes des Rouennais, ses contemporains, l'idée première de sa collation, de son concert et même du feu d'artifice, si complaisamment inventés et décrits par Dorante.

> J'avois pris cinq bateaux pour mieux tout ajuster;
> Les quatre contenoient quatre chœurs de musique,
> Capables de charmer le plus mélancolique.....
> Le cinquième était grand, tapissé tout exprès
> De rameaux enlacés pour conserver le frais,
> Dont chaque extrémité portoit un doux mélange
> De bouquets de jasmin, de grenade et d'orange.
> Je fis de ce bateau la salle du festin....

---

[1]. Voici les vers d'Hercule Grisel :

> Contecta ludunt alii post prandia cymba,
>   Per vaga quam remex flumina binus agit.
> Sol ubi jam tepuit, religant; vehit altera cœnam
>   Cymba, cavasque viros qui tetigere lyras.
> Dumque sonant, epulis fluvius quam movit orexim
>   Exsatiant, redeunt nox ubi densa ruit.
>   (*Fasti Rothomagenses*, mois de juillet.)

Page 247 de notre édition pour la Société des Bibliophiles normands.

> Après qu'on eut mangé, mille et mille fusées,
> S'élançant vers les cieux, ou droites ou croisées,
> Firent un nouveau jour.....
>
> (Le *Menteur*, acte I, sc. v.)

Ces « quatre chœurs de musique » veulent dire : « quatre groupes de musiciens », et il faut y joindre la définition judicieuse que M. Marty-Laveaux donne du mot « concert [1] », à propos des vers suivants :

> ..... Les eaux, les rochers et les airs
> Répondoient aux accents de nos quatre *concerts*.

M. Viguier, dans une remarquable étude sur le *Menteur* [2], a dit, au sujet de cette description de Dorante : « La fête espagnole est surpassée encore par l'esprit et la verve qui animent le tableau de ce qu'était une fête parisienne vers la même époque. » C'est bien plutôt « une fête rouennaise », mais ordonnée dans de plus vastes proportions, grâce à la féconde imagination de Dorante, le menteur. Ces rochers, dont l'écho répète les harmonieux accords du concert, ne se trouvent pas sur les bords de la Seine, aux environs de Paris, mais sur les bords de la Seine, tout près de Rouen, à Lescure, à la Mi-Voie, à Croisset, à Dieppedalle, au Val-de-la-Haye. Corneille lui-même, au temps de sa vie mondaine, aux beaux jours de sa jeunesse, quand « il avait des Philis à la tête », quand il recherchait Catherine Hue, l'héroïne de sa *Mélite*, a pu lui donner une fête du même genre, plus modeste, suivant l'exemple de ses contemporains rouennais.

Quant au feu d'artifice, Rouen était aussi dans l'habitude d'en tirer en l'honneur des grands personnages que la cité voulait fêter. Ainsi, Louis XIII vint à Rouen, en 1618, pour l'ouverture de l'assemblée des notables, et les historiens locaux ont conservé le souvenir de celui qui fit partie

---

1. *Lexique de la langue de P. Corneille*, t. 1, p. 198.
2. Faite spécialement pour l'édition des *Œuvres de Pierre Corneille*, par M. Viguier, M. Marty-Laveaux l'a donnée en Appendice, t. IV. La citation est empruntée à la page 248.

du programme des fêtes. « Le 12 décembre, une collation fut offerte au roi par la ville, et, le 21, un feu d'artifice fut tiré en son honneur sur la Seine, en face de la porte du Bac, récemment construite [1]. » Corneille, âgé de douze ans, en fut frappé, et celui de Dorante pourrait bien n'en être qu'une réminiscence, avec la différence qui sépare la fiction de la réalité.

Le *Menteur* offre encore un autre souvenir de Rouen. C'est dans le passage où Dorante, faisant fi du droit pour plaire aux belles, dit à Cliton son valet, tout abasourdi de l'entendre parler de guerre, après la description des concerts et du feu d'artifice :

> On s'introduit bien mieux à titre de vaillant :
> Tout le secret ne gît qu'en un peu de grimace,
> A mentir à propos, jurer de bonne grâce,
> Etaler force mots qu'elles n'entendent pas,
> Faire sonner Lamboy, Jean de Vert, Gallas.
>   (Acte I, sc. vi.)

Au XVIIe siècle, la guerre enfantait déjà de ces stratégistes en chambre, souverains juges du mérite des généraux, de leurs plans et des troupes. Corneille saisit ce travers, plus sensible chez ses concitoyens, à la fin de la guerre de Trente ans, parce que Rouen recevait tant de prisonniers qu'on ne savait où les loger ni comment les nourrir. Parmi eux viendront, en 1643, un Montecuculli, capitaine de cavalerie, et, en 1646, un de Béthune, capitaine du régiment de Wolff, rattaché à l'armée de Lamboy [2]. Prisonniers sur parole, avec la liberté du théâtre, ils purent entendre, sur l'un des jeux de paume de Rouen, « sonner » les noms des généraux allemands, familiers aux Rouennais, et que, pour ce motif, Corneille a rappelés dans le *Menteur*.

La supposition est d'autant plus admissible que, peu de

---

1. *Histoire de la ville de Rouen*, par Nicétas Periaux, p. 409.
2. « Notice sur le Vieux-Palais de Rouen », par M. Ch. de Beaurepaire, *Bulletin de la commission des antiquités de la Seine-Inférieure*, t. VII, p. 213, 218, 220 et *passim*, 1887.

temps auparavant, un autre général allemand, cité également par Corneille, Jean de Weert, ayant été fait prisonnier, le 3 mars 1638, devant Rhinfed, par Bernard de Saxe-Weimar, passé au service de la France, jouit d'une certaine liberté, et fut même invité à assister au *Ballet de la prospérité des armes de la France*, représenté devant la cour, au Palais Cardinal, le 7 février 1641. On voulait l'éblouir par la représentation de cette pièce de Desmarets, pour laquelle le cardinal avait fait les plus grandes dépenses. « Comme on demandoit à ce général ce qu'il lui sembloit de tout cet appareil, qui surpassoit tout ce que l'on avoit veu en ce genre jusqu'alors, il répondit que tout luy en avoit paru merveilleux ; mais qu'il y avoit une chose qui l'avoit encore plus surpris que tout le reste. » Cette réponse excita de nouveau la curiosité de celui qui lui parloit. Et il le pria de vouloir bien lui marquer ce que c'étoit. « C'est, dit-il, de voir qu'en un royaume très chrétien, comme la France, les evesques soient à la comédie, pendant que les saints sont en prison. » Il parloit de l'abbé de Saint-Cyran, dont il avoit admiré la piété dans le château de Vincennes [1]. »

La même latitude put être laissée à Montecuculli et à de Béthune durant leur captivité à Rouen, et les noms de ces généraux étrangers, cités par Corneille, frapper leurs oreilles, autant que celles des Rouennais, témoins de leur captivité.

Enfin plusieurs des *Poésies diverses*, autres que celles des « Mascarades » de Rouen et le « Dialogue » entre Tirsis et Caliste (Corneille et Catherine Hue) [2], rappellent encore le souvenir de Rouen par les événements qui en font l'objet.

Ainsi, à Pâques 1658 (il tombait, cette année-là, le 21 avril), Molière vint à Rouen avec sa troupe. Il ne s'y trouvait pas encore complètement installé à la date du 10 mai,

---

1. *Mémoires de Pierre Thomas, sieur du Fossé.* Notre édition pour la Société de l'Histoire de Normandie, t. I, p. 30.
2. Voy. plus haut, chapitres IV et V.

comme on le voit par la réponse de Thomas Corneille à l'abbé de Pure : « Nous attendons ici (à Rouen) les deux beautés que vous croyez devoir disputer cet hiver avec la sienne (la beauté de mademoiselle Le Baron). Au moins ai-je remarqué en mademoiselle Bejar [1] grande envie de jouer à Paris; et je ne doute point qu'au sortir d'ici cette troupe n'y aille passer le reste de l'année [2]. »

L'une de ces belles actrices était Catherine Le Clerc du Rozet, femme de l'acteur Edme Villequin, dit de Brie, et l'autre, mademoiselle Du Parc, Thérèse de Gorla, femme de René Berthelot, dit Du Parc ou Gros-René.

Quand Molière, complètement installé, joua les pièces de son répertoire, dans le jeu de paume des Braques, situé au bas de la rue du Vieux-Palais, à quelques pas des maisons des deux Corneille, une liaison intime ne tarda pas à s'établir entre eux et les acteurs et les actrices qui jouaient leurs pièces. Ils se visitèrent, soit dans les maisons des deux frères, soit dans la rue Saint-Éloi, où se trouvaient l'entrée du jeu de paume et la maison habitée par Molière avec Madeleine Béjart [3].

La Du Parc, fort jolie et fort gracieuse, tournait toutes les têtes, et les deux Corneille, on le voit par les vers à son adresse, ne furent pas insensibles à ses charmes. Le 9 juillet 1658, Pierre Corneille faisait une partie avec elle et perdait l'enjeu, un sonnet. Le lendemain matin, il

---

1. Le texte donne REJAC, dans la lettre publiée, pour la première fois, en 1846, par M. Firmin Didot. Cette restitution, faite par nous, en 1865, dans la *Revue de la Normandie*; « Molière et sa troupe à Rouen, en 1658 », fournit la seule preuve authentique des rapports de Molière, à Rouen, avec les deux Corneille. C'est par hypothèse qu'on les admettait jusque-là.

2. *OEuvres complètes de Pierre Corneille suivies des OEuvres choisies de Th. Corneille*, Paris, Firmin Didot, 2 vol. grand in-8° à deux colonnes, t. II, pages 749-750.

3. On a beaucoup parlé, dans ces derniers temps, des visites de Molière au Petit-Couronne, en les présentant comme certaines, bien que le point de départ fût une simple hypothèse : « Peut-être même, durant cet été (de 1658), la maison du Petit-Couronne réunit-elle sous son toit les deux Corneille et le grand Molière! » Nous n'en avons rencontré la preuve nulle part. Voilà une légende qui commence, pareille à celles des propriétés qu'il ne posséda jamais. — Voy., plus haut, note 2 de la page 107.

payait sa dette et lui envoyait ce « Sonnet perdu au jeu [1] ». A la veille du départ de Rouen pour Paris, Pierre Corneille, toujours épris d'elle, lui adressa de touchants adieux dans une pièce intitulée : « Sur le départ de madame la marquise de B. A. T. », pièce qui n'a pas moins de cent deux vers héroïques. Cette qualification de « marquise » n'est point une invention de ses adorateurs, pour lui conférer un titre nobiliaire auquel elle n'avait aucun droit : c'était son prénom, précédé de l'article. On le retrouve dans son acte de mariage, où elle a signé en toutes lettres : « Marquise de Gorla », et ailleurs : « Marquise de Gorlé », sous une forme francisée de son nom de famille. Ce nom de « Marquise » est l'ancien prénom « Marquèse », qui se rencontre souvent dans les vieux titres, pour les anciennes grandes familles de Gascogne [2].

Quand donc Corneille lui dit :

Allez, belle marquise, allez en d'autres lieux
Semer les doux périls qui naissent de vos yeux,

il l'appelle par son prénom « Marquèse » francisé et ne songe nullement à lui conférer un titre nobiliaire. Les quatre derniers vers, ajoutés évidemment plus tard, marquent la fin de l'attachement de Corneille pour la Du Parc.

Cet amour de tête, inspiré au poète dramatique par le désir de voir cette fameuse actrice continuer la représentation de ses pièces, nous paraît l'avoir porté à lui adresser d'autres vers dont le séjour de la troupe de Molière à Rouen, en 1658, fut aussi la cause. On croit qu'il s'agit encore d'elle dans le *Sonnet* : « Je vous estime, Iris, » etc. ; dans les belles stances commençant par ces mots : « Marquise, si mon visage [3] », etc. ; enfin dans le *Madrigal* fait

---

1. *Œuvres de P. Corneille*, t. X, p. 482.
2. *Les points obscurs de la Vie de Molière*, par M. J. Loiseleur, note de la page 261.
3. Inutile de revenir sur l'anecdote apocryphe, où M. Edouard Fournier voit Mme de Motteville dans cette « Marquise » de Corneille. Son attri-

« pour une dame qui représentoit la nuit dans la comédie d'Endymion ». Toutes ces attributions nous semblent fondées, ainsi que nous avons eu l'occasion de le montrer ailleurs, en exposant tous les détails connus sur ce séjour de Molière à Rouen, en 1658, et sur les rapports de sa troupe avec les deux Corneille [1].

Ils se continueront par la représentation de leurs pièces, aussitôt après l'arrivée de Molière à Paris, en 1658, 1659, et, plus tard, Molière se montrera généreux envers son vieil ami, pour le prix de celles de ses pièces qu'il fera jouer sur son théâtre.

bution n'est pas plus fondée que l'envoi des stances au Palinod de Caen. L'anecdote et les stances sont dues à l'imagination de l'auteur de *Corneille à la butte Saint-Roch.* — Voy. dans les « Notes », le charmant récit servant de préambule à la citation de la pièce de Corneille, pages cij-cvij.

1. *La troupe de Molière et les deux Corneille à Rouen, en 1658.* Paris, Claudin, 1880, in-16. Elzévir, 152 pages.

DEUXIÈME PARTIE

PARIS (1662-1684)

CHAPITRE PREMIER

LES DIVERSES DEMEURES DE CORNEILLE A PARIS

Préparatifs pour quitter Rouen. — Chapelain presse son arrivée à Paris. — Il était à Rouen en octobre 1662. — Départ vers la fin de l'année. — Installation à Paris, dans l'hôtel de Guise. — Y fit-il des séjours passagers auparavant ? — Rapports de Corneille et du duc de Guise. — Affirmation positive de Tallemant des Réaux pour le logement. — Examen de l'assertion. — Il quitte l'hôtel de Guise. — Il n'a pas demandé un logement au Louvre. — Il désirait y voir représenter ses pièces. — Révélation de sa demeure dans la rue des Deux-Portes. — Il va rue de Cléry. — Il y habite avec son frère Thomas. — Anecdote de la trappe et des rimes. — Impossible à Rouen et au Petit-Couronne, le fait est possible rue de Cléry. — Dernière demeure, rue d'Argenteuil. — Corneille y meurt.

Au début de l'année 1662, Corneille songeait à quitter Rouen définitivement, avec sa famille, pour s'établir à Paris, après un séjour de cinquante-six ans dans sa ville natale. Le 25 avril de cette année-là, il adressait, de Rouen, à l'abbé de Pure, l'un de ses amis et correspondants habituels, une lettre où se lit ce passage : « Le déménagement que je prépare pour me transporter à Paris me donne tant d'affaires, que je ne sais si j'aurai assez de liberté d'esprit pour mettre quelque chose cette année sur le théâtre [1]. » Il n'avait pas encore quitté Rouen aux premiers jours d'octobre, puisque, le 4, Chapelain lui écrivait : « Vous

---

1. *Œuvres de P. Corneille*, t. X, p. 494.

tardez trop à venir vous établir à Paris, et je ne saurois plus vous attendre pour vous remercier de bouche du présent exquis que votre jeune page m'a fait de votre part[1]. » Le jeune fils de Corneille, entré comme page, chez la duchesse de Nemours, vers la fin du mois d'avril 1661, lui avait remis un exemplaire de *Sertorius*, à la fin duquel on lit : « Achevé d'imprimer le huitième jour de juillet 1662, à Rouen, par L. Maurry. » Dans cette lettre, Chapelain donne à la tragédie de Corneille force éloges, qu'il lui offre aussi de la part de Conrart, avec l'assurance de toute la gratitude de ce dernier. « Il vous le dira, de sa propre bouche, quand vous serez tous deux ici (à Paris). C'est de quoi je ne le presse pas moins que vous, vous y souhaitant également pour ma joie. »

L'un des trois derniers mois de l'année 1662, on ne sait lequel, vit donc Pierre Corneille s'établir à Paris, avec sa famille, réduite alors à sa femme et à un seul enfant, Charles Corneille, comme on le verra plus loin [2]. Son frère Thomas l'y suivit à une époque restée inconnue.

M. E. Fournier croit que Pierre Corneille, « après avoir enfin réalisé son projet de quitter Rouen, alla tout d'abord s'établir à l'hôtel de Guise ». Henri II de Lorraine, duc de Guise, ami des belles-lettres et protecteur de ceux qui les cultivaient, donnait l'hospitalité à quelques-uns d'entre eux dans son hôtel. C'est ce qui a fait dire à cet auteur :

« Il (Corneille) n'avait pas eu d'abord grand embarras, ni grande dépense d'établissement.

« Le duc de Guise, protecteur du théâtre du Marais, rue Vieille-du-Temple, dont il était voisin, et sur lequel Corneille faisait le plus volontiers représenter ses pièces, lui avait donné « une chambre [3] », c'est-à-dire un appar-

---

1. *Œuvres de P. Corneille*, t. X, p. 496.
2. Chapitre II, page 214.
3. Ce mot de « chambre » avait encore, au XVIIe siècle, le sens de : « Étage ».

> Que sert à vos pareils de lire incessamment ?
> Ils sont toujours logés à la troisième *chambre*.
> (La Fontaine, *Fables*, liv. VIII, fable XIX.)

tement, dans son hôtel de la rue du Chaume, qui est aujourd'hui, comme on sait, le palais des Archives.

« Il y avait « le couvert et la table »; on l'a su par une phrase jalouse de l'abbé d'Aubignac. Une autre de Tallemant des Réaux, qui n'est pas plus bienveillante, nous apprend en outre qu'il y logeait encore quand on joua *Othon*[1]. »

M. Marty-Laveaux ajoute au résumé de ce passage : « Mais cela ne s'applique-t-il pas aux séjours passagers que le poète venait faire seul à Paris, dans le temps où il habitait encore Rouen, plutôt qu'à une installation permanente et complète avec femme et enfants[2]? »

Le consciencieux éditeur de Corneille le pense et « est plus tenté de le croire », en se demandant « s'il n'est pas probable que Corneille eut, dès 1655, la survivance du logis laissé libre par la mort de Tristan l'Hermite, que le duc de Guise avait recueilli dans son hôtel. »

Sur la survivance ainsi entendue, impossible de se prononcer; mais il est certain que Corneille, avant de venir s'établir définitivement à Paris, dans l'hôtel de Guise, avait des rapports avec son généreux possesseur. Une lettre de Corneille à l'abbé de Pure, datée : « A Rouen, ce 25 d'avril 1662 », quelques mois avant le déménagement, prouve qu'il était en bons termes avec lui. Il lui recommande Mlle Marotte Beaupré, une très jolie actrice, « excellente comédienne, au dire de Segrais, qui avoit joué dans les commencements de la grande réputation de M. Corneille ». Aussi dit-il à l'abbé de Pure : « Je l'avois vue ici représenter *Amalasonte*, et en avois conçu une assez haute opinion pour en dire beaucoup de bien à M. de Guise, quand il fut question, vers la mi-carême, de la faire entrer au Marais. » La première représentation

---

1. M. E. Fournier, à la suite de son *Histoire de la butte des Moulins*, 1877, a mis, en Appendice : « Les demeures de Corneille à Paris », pages 257-285.
2. *Notice biographique sur Pierre Corneille*, p. XLVIII. — En 1662, Pierre Corneille n'avait plus qu'un seul enfant avec lui. Voy. plus loin, chap. II.

de la tragédie de Quinault avait eu lieu le 7 novembre 1657, et c'est postérieurement, à une date incertaine, entre 1657 et 1662, que se place la représentation, à Rouen, où Corneille commença à s'intéresser à cette actrice, pour l'avoir vue jouer le rôle de la reine des Goths.

Cependant il ne paraît guère possible d'admettre que Corneille n'ait pas eu, après des « séjours passagers » jusqu'en 1662, « une installation permanente et complète avec femme et enfants [1] », à l'hôtel de Guise, à partir des derniers mois de 1662. Les faits et les dates de l'affirmation positive, contenus dans les textes cités à l'appui, prouvent qu'il y reçut une hospitalité assez prolongée.

Tallemant des Réaux dit, en effet : « Corneille a lu par tout Paris une pièce qu'il n'a pas encore fait jouer. C'est le couronnement d'Othon. Il n'a pris ce sujet que pour faire continuer les gratifications du roi en son endroit [2]. » Comme la tragédie d'*Othon* fut représentée, pour la première fois, à Fontainebleau, le 3 août 1664, ces lectures avant la représentation ne peuvent avoir eu lieu que dans la première moitié de cette même année. De plus, le motif prêté par Tallemant à Corneille, pour le choix de son sujet, vise la même époque, puisque les premières gratifications, remises au nom du roi, sont de 1663 et 1664. Quand donc Tallemant ajoute immédiatement : « Corneille a trouvé le moyen d'avoir une chambre à l'hôtel de Guise », il est clair qu'alors Corneille jouissait encore de l'hospitalité que le duc lui accordait dans son hôtel.

Si nous croyons, avec M. E. Fournier, qu'elle dura plus d'un an, nous ne saurions partager son avis quand il ajoute : « En 1663, quelques mois après avoir été mis enfin sur la liste des pensions, Corneille avait adressé un *Remerciement au Roi*, où perçait d'une façon assez claire la demande d'une nouvelle faveur. Il désirait être logé au Louvre,

---

[1]. Voy. plus haut, p. 187.
[2]. *Historiettes*, « l'Abbé d'Aubignac et Pierre Corneille », édit. in-16, t. X, p. 234.

comme plusieurs poètes et savants l'étaient déjà. » Le motif mis en avant est que la mort du duc de Guise « fit perdre son logis à Corneille, et qu'il lui fallut chercher gîte ailleurs [1] ».

Cette assertion ne saurait être admise, parce que le *Remerciement* est antérieur à la mort du duc de Guise. Celle-ci n'arriva que le 2 juin 1664, et l'autre avait été adressé au Roi par Corneille avant le 17 août 1663, mentionné qu'il est dans une lettre de Huet à Ménage [2]. A cette date, Corneille était encore fort tranquillement établi dans l'hôtel de Guise, sans songer à se mettre en quête d'un logement inutile, grâce à l'hospitalité du duc.

Quel est alors le sens de ces vers qui terminent la pièce?

> Ouvre-moi donc, grand Roi, ce prodige des arts
> Que n'égala jamais la pompe des Césars,
> Ce merveilleux salon où ta magnificence
> Fait briller un rayon de ta toute-puissance;
> Et peut-être animé par tes yeux de plus près,
> J'y ferai plus encor que je ne te promets.

M. E. Fournier, sentant que c'eût été un trop beau logement qu'un « salon » aussi magnifique, explique ainsi ces vers : « La demande ne lui semblait pas indiscrète : ce n'eût été qu'un complément de la pension de deux mille livres qu'on lui avait accordée [3]. » C'est ranger Corneille parmi ces indiscrets qui profitent d'un premier bienfait pour en solliciter un second.

Il n'en est rien. Le poète, dans ces vers, ne demande pas au roi un logement au Louvre, mais simplement la faveur, pour ses pièces, d'être représentées sur un plus auguste théâtre, son intention étant de les faire servir à célébrer les mérites de Louis XIV et la grandeur de son règne.

> Il est temps que d'un air encor plus élevé
> Je peigne en ta personne un monarque achevé.

---

1. *Histoire de la Butte des Moulins*, Appendice, p. 262.
2. *Bibliographie cornélienne*, par M. E. Picot, p. 180.
3. *Histoire de la Butte des Moulins*, Appendice, p. 263.

Et pour cela, il lui faut un tout autre théâtre que ceux du Marais ou de l'hôtel de Bourgogne.

> Je rendrai de ton nom l'univers idolâtre :
> Mais pour ce grand chef-d'œuvre il faut un grand théâtre.

Pour nous, il pensait au théâtre que l'abbé de Pure a décrit ainsi : « le grand et superbe salon que le roi conçut et fit faire fixe et permanent pour les divers spectacles et pour les délassements de son esprit et le divertissement de ses peuples ». C'était la salle que Gaspard Vigarani, l'intendant général des bâtiments et menus plaisirs du roi, avec le concours du sieur Ratabon, contrôleur des bâtiments du roi, avait construite « dans les alignements du dessein du Louvre [1] ».

D'après l'éloge que fait Corneille de ce « salon », en 1663, il remplaçait donc déjà la salle des Gardes du Vieux-Louvre, où Molière avait représenté l'une des pièces de Corneille, dans une circonstance mémorable pour lui-même. « Le 24 octobre 1658, cette troupe (celle de Molière) commença de paroistre devant Leurs Majestez et toute la cour, sur un théâtre que le roi avoit fait dresser dans la salle des Gardes du Vieux-Louvre. *Nicomède*, tragédie de M. de Corneille l'aisné, fut la pièce qu'elle choisit pour cet éclatant début. [2] »

Si la demande du *Remerciement* de Corneille ne fut pas accueillie, ses regrets n'eurent pas pour cause le logement au Louvre, qu'il ne sollicitait pas.

En quittant l'hôtel de Guise, vraisemblablement en 1664, après la mort du duc, son protecteur, Corneille transporta ses pénates dans un autre domicile, resté inconnu jusqu'en ces derniers temps. Il n'a été révélé que par une pièce, relative à sa famille, et tout récemment découverte. Le contrat d'une donation en faveur de sa fille Marguerite,

---

1. *Œuvres de P. Corneille*, cité par M. Marty-Laveaux, t. VII, p. 280.
2. *Les Œuvres de M. Molière*, édition de Lagrange, 1682, t. I, 4º feuillet.

religieuse à Rouen, nous apprend qu'à la date du 4 mai 1668 « il demeurait à présent à Paris, rue des Deux-Portes, paroisse de Saint-Sauveur [1] ».

La rue des Deux-Portes était dans le quartier du marché Saint-Jean, d'où lui était venu aussi le nom des « Deux-Portes-Saint-Jean ».

L'église Saint-Sauveur, située alors rue Saint-Denis, aujourd'hui démolie, rappelait, par une singulière coïncidence, le nom de son ancienne paroisse à Rouen. C'est devant cette maison de la rue des Deux-Portes que fut répandue la paille du brancard sur lequel était étendu son second fils, quand on le rapporta, blessé au pied, du siège de Douai, que Lous XIV prit le 6 juillet 1667.

Combien de temps Corneille resta-t-il dans cette demeure de la rue des Deux-Portes, voisine des deux théâtres du Marais et de l'hôtel de Bourgogne? On ne saurait le dire sûrement. Mais un fait certain, il l'avait quittée en 1675. Une procuration donnée à François le Bovyer, son beau-frère, pour le représenter à Rouen dans la tutelle des enfants de Pierre Corneille, son cousin, et de Catherine de Melun, le prouve; car elle débute ainsi : « Par-devant les conseillers du roy, notaires au Châtelet de Paris soubz-signés : fut present Pierre Corneille escuyer demeurant à Paris rue de Cléry paroisse Saint-Eustache. » Elle porte la date du 23 août 1675 [2].

Il y habitait encore au commencement de l'année suivante, comme le montre une *Liste* (avec les adresses) *de Messieurs de l'Académie françoise en Ianvier* 1676.

L'article consacré à Corneille y est ainsi conçu : « 1647 [3].

---

1. Appendice XXI.
2. L'original se trouve aux archives du Palais de justice de Rouen, parmi les pièces du dossier de cette tutelle. M. Marty-Laveaux l'a publiée dans les Pièces justificatives de sa *Notice biographique de Pierre Corneille*, p. xcix, en tête de son édition des *Œuvres de P. Corneille*.
3. C'est la date de sa réception.

Pierre Corneille, cy-devant Aduocat general [1] à la table de marbre de Normandie, *rue de Cléry* [2]. »

Une autre procuration, placée à la suite d'un Aveu, prouve qu'en 1679 il était resté dans le même domicile, que partageait son frère. On y lit qu'elle fut donnée le 23 mars 1679, « par-devant les conseillers du roy au Châtelet de Paris, par Pierre et Thomas Corneille, escuyers, frères, demeurant à Paris, rue de Clery, paroisse Saint-Eustache [3] ».

M. Marty-Laveaux, éditeur de cette pièce, en signale ainsi l'importance : « L'acte que vient de nous communiquer M. de Beaurepaire, prolonge singulièrement le séjour de P. Corneille dans la rue de Cléry et nous prouve qu'il l'habitait encore à la fin de 1681 [4], c'est-à-dire moins de trois ans avant son décès. Il nous apprend encore un autre fait beaucoup plus intéressant : c'est qu'à Paris, rue de Cléry, comme à Rouen, rue de la Pie, conformément à une douce et touchante habitude, les deux frères demeuraient ensemble [5]. »

Ainsi devient vraisemblable l'anecdote de la trappe ouverte par Pierre, pour demander une rime à Thomas. « Ils logeaient ensemble. Thomas travaillait bien plus facilement que Pierre, et, quand celui-ci cherchait une rime, il levait une trappe et la demandait à Thomas, qui la donnait aussitôt. L'un était un dictionnaire à rimes, l'autre un dictionnaire d'idées et de raisonnements [6]. »

On l'a déjà remarqué. « L'anecdote nous vient d'un Parisien, l'abbé Voisenon, et, pour qu'il l'ait sue, il faut qu'elle se soit passée à Paris [7]. » Nous le croyons, mais

---

1. Les Parisiens lui ont toujours donné ce titre, qui n'était pas le sien.
2. Cité par M. Marty-Laveaux, *ibid.*, p. XLIX.
3. Appendice XIII.
4. Date de l'Aveu, en vue duquel la procuration avait été donnée, en 1679.
5. Préambule de l'Aveu publié par M. Marty-Laveaux, dans la *Revue des sociétés savantes*, 1874. Voy. Appendice XIII.
6. Article : « Thomas Corneille », dans les « Anecdotes littéraires », *Œuvres de Voisenon*, t. IV, p. 35.
7. M. E. Fournier, *Histoire de la Butte des Moulins*, Appendice, p. 265.

pour d'autres motifs que ceux qui ont été donnés. A Rouen, rue de la Pie, le fait n'était guère possible, les deux frères occupant deux maisons distinctes, Pierre, « la petite », Thomas, « la grande ». Il est vrai qu'elles étaient contiguës, mais la différence de niveau pour les parquets ne rendait la communication possible qu'à l'aide d'une porte et de quelques marches, pour remplacer « la trappe » en question. Au Petit-Couronne, l'habitation était commune, aussi bien que le cabinet de travail, établi au-dessus de la grande porte d'entrée, comme la tradition s'en est perpétuée jusqu'à nous. Là, réunis dans la même pièce, les deux frères pouvaient facilement communiquer ensemble sans avoir besoin d'une « trappe ».

On peut admettre, à Paris, l'explication ingénieuse qui a été donnée du fait. « Pour comprendre la mise en scène de l'anecdote, il faut supposer que Thomas logeait au rez-de-chaussée, et Pierre au-dessus, bien qu'il fût l'aîné de beaucoup. — Pierre ouvrait en haut une trappe ou *judas* pour demander des rimes à Thomas, travaillant au-dessous [1]. » C'est donc seulement rue de Cléry, où l'on trouve les deux frères, peut-être en 1675, mais pour sûr en 1679, que le fait de la singulière façon de demander des rimes a pu se produire, s'il n'est pas controuvé, comme tant d'autres dont on a surchargé la biographie de Corneille, aux dépens de la vérité.

Enfin les frères, quittant la rue de Cléry, se séparèrent après 1681, puisque l'Aveu du 13 décembre 1681 ne leur donne pas un autre domicile que celui de la procuration du 23 mars 1679, désignant la rue de Cléry. « Pierre choisit un second étage à la butte Saint-Roch, dans une grande maison, à deux portes : l'une sur la rue l'Évêque, l'autre sur la rue d'Argenteuil, en face du grand hôtel de la Prévôté. Thomas alla loger rue du Clos-Georgeot, qui, on le sait, était tout près [2]. »

---

[1]. M. E. Fournier, *Histoire de la Butte des Moulins*, Appendice, p. 265-266.
[2]. Idem, *ibid.*, p. 283.

Ce dernier domicile de Pierre Corneille, à Paris, est constaté, d'une façon authentique, par une mainlevée, le 31 janvier 1683 [1], et par les deux procurations et les deux actes de vente des 5 octobre et 10 novembre 1683, pour les bien du Val de la Haye et les maisons de la rue de la Pie, à Rouen [2].

C'est là, rue d'Argenteuil, que mourut Pierre Corneille, le 1er octobre 1684, après avoir habité Paris pendant vingt-deux ans [3].

---

1. *Notice des objets exposés à la Bibliothèque nationale, à l'occasion du second centenaire de la mort de Pierre Corneille,* octobre 1884, p. 40.
2. Appendice XXIV et XXV.
3. La maison qui porta longtemps le n° 18 de la rue d'Argenteuil, où demeura Corneille, a disparu dernièrement pour la percée de l'avenue de l'Opéra, de sorte que Paris a encore conservé moins de souvenirs de lui que Rouen, pour la maison où il est né.

CHAPITRE II

CHARGES DU PÈRE DE FAMILLE

Ses six enfants. — Marie Corneille, l'aînée, est deux fois marraine au Petit-Couronne. — Fausseté d'une anecdote sur un mariage manqué. — Son premier mariage avec du Buat. — Rapports avec le pays d'Alençon. — Son second mariage avec de Farcy. — Sa dot. — Par elle Charlotte Corday se rattache à la famille Corneille. — Son frère, Pierre Corneille, élève des jésuites de Rouen. — Il embrasse la carrière militaire. — Lourdes dépenses imposées au père. — Il fait valoir les services de son fils. — Un deuxième fils, page chez la duchesse de Nemours. — Il entre dans l'armée. — Sa blessure au siège de Douai — Il est rapporté à Paris. — L'affaire de la paille. — Corneille le recommande au roi. — Il est tué au siège de Grave. — Charles Corneille, tout jeune, suit son père à Paris. — Il fait l'instruction de ce fils. — Ses heureuses dispositions. — Sa mort prématurée. — Son éloge par le père de la Rue. — La date de sa mort rectifiée. — Thomas et Marguerite sont-ils les puînés de Charles? — Absence d'enfants pendant sept ans. — Conclusion négative. — Thomas entre dans les ordres. — Demande et promesse d'un bénéfice. — Elles ne sauraient concerner un jeune religieux. — Placet au roi en sa faveur. — Date présumée de sa naissance. — Nouvelles instances du père auprès du roi. — Nomination tardive à l'abbaye d'Aiguevive comme abbé commandataire. — Le père paya longtemps pension. — Nouveaux détails sur la nomination. — Marguerite Corneille. — Date présumée de sa naissance. — Elle entre pensionnaire aux dominicaines de Rouen. — Elle y devient bientôt religieuse. — Preuve du fait. — Elle y fait profession. — Donation du père à son couvent. — Motifs pour élever le chiffre de la pension. — L'antériorité de la naissance de Thomas et de Marguerite facilite l'établissement de leur père à Paris. — Un seul enfant restait avec lui à son départ de Rouen.

De son mariage avec Marie de Lampérière, contracté en 1640, Pierre Corneille eut six enfants, comme il a été dit plus haut [1], et c'est leur éducation et leur établissement qui pesèrent lourdement sur la vie de Corneille, surtout

1. Voy. chap. IX, p. 162.

après qu'il se fut fixé à Paris. Ces charges finirent par le mettre dans une gêne momentanée durant les dernières années de sa vie.

Il est donc utile de donner quelques détails, peu connus, sur chacun d'eux, et de rappeler les sacrifices pécuniaires les plus importants que sa qualité de père lui imposa, tant à Rouen qu'à Paris, pour mieux mettre en relief la cause de cette gêne, surtout à la fin de sa carrière.

Marie Corneille, née le 10 janvier 1642, fut la première qui fit dire à Corneille, dans une lettre adressée, le 1ᵉʳ juillet 1641, à son ami et condisciple Jacques Goujon, avocat au conseil privé du roi, à Paris : « Je me sens des bénédictions du mariage [1]. »

Une découverte récente a constaté qu'elle fut marraine au Petit-Couronne, lieu où se trouvait la modeste maison de campagne de son père. Le 10 août 1646, à l'âge de quatre ans et neuf mois, et, le 4 mai 1648, à l'âge de six ans et quatre mois, elle nommait, avec le curé de la paroisse et un avocat de Rouen, deux enfants, une fille et un garçon, appartenant à deux familles voisines et amies de Pierre Corneille [2].

D'autres découvertes, également récentes, ont été faites sur les deux mariages de Marie Corneille.

Il faut rejeter comme un conte ridicule l'anecdote inventée, à la fin du xviiiᵉ siècle, qui en vit éclore tant d'autres. On y met en scène un prétendant, qui vient aborder Pierre Corneille pour retirer sa parole, après avoir été accepté par la famille, et auquel il aurait dit : « Ne pourriez-vous pas, sans m'interrompre, parler de tout cela à ma femme? Montez chez elle : je n'entends rien à toutes ces affaires. » La vraisemblance, autant que la vérité, manque à cette anecdote, que l'auteur a cru rendre piquante en lui donnant ce ton dégagé [3]. Corneille s'occupait beau-

---

[1]. *OEuvres de P. Corneille*, t. X, p. 437.
[2]. Appendice XVIII.
[3]. M. Taschereau, *Histoire de la vie et des ouvrages de Pierre Corneille*,

coup, au contraire, de la direction de sa famille, ainsi qu'on va le voir.

Cette fille aînée, Marie, « n'avait pas vingt ans, lorsque, le 13 novembre 1664, ses parents la marièrent à un jeune officier, Félix Guénébaud de Bois-Lecomte, sieur du Buat. »

On pourrait s'étonner de voir Corneille marier ainsi sa fille au pays d'Alençon. Mais il y avait des relations depuis longtemps, puisqu'il adressait vers 1650, à Mlle Marthe Cosnard, de Sées, qu'il avait connue à Rouen ou à Paris, une pièce de vingt-deux vers, pour la féliciter sur sa tragédie : *les Chastes Martirs* [1].

« Le manoir du Buat, situé aux Ligneries, dans le doyenné de Trun [2], devint la résidence de Marie Corneille.

« Félix du Buat fut tué, en 1668, au siège de Candie. Marie Corneille, restée veuve avec un fils, Benoît [3] de Bois-le-Comte du Buat, épousa, en secondes noces, le 17 août 1673, Jacques de Farcy, chevalier sieur de l'Isle, conseiller du roi, trésorier de France en la généralité d'Alençon, veuf de Marguerite de Marcilly.

« Ce mariage valut à Alençon l'honneur de posséder dans ses murs les deux Corneille, Pierre et Thomas, ainsi que leurs femmes, Marie et Marguerite de Lampérière. Leurs signatures se voient au bas du contrat passé devant les notaires de la ville [4].

« Le premier enfant issu de l'union de Marie Corneille et de Jacques de Farcy fut une fille. Elle naquit le 30 juillet 1674 et reçut, au baptême, le nom de Marie.

---

t. II, p. 92. — L'anecdote est rapportée par un M. Taillefer : *Tableau historique de l'esprit et du caractère des littérateurs français.* Versailles, 1785, 4 vol. in-8°, t. II, p. 66.

1. *Une Muse normande inconnue*, par M. L. de la Sicotière, pages 19-20.
2. Département de l'Orne, arrondissement d'Argentan, dans le pays d'Auge, près de Vimoutiers. — M. Taschereau a mis : « Ligneries », dans sa descendance de Jacques-Adrien de Corday. (*Ibidem*, t. II, p. 199.) D'autres noms, rectifiés ici, s'y trouvent encore inexactement donnés.
3. Il est appelé « Gilles » dans le contrat du second mariage. Voy. Appendice XIX.
4. Le fac-similé en est joint à cet appendice.

« Elle eut pour parrain, disent les registres de N.-D. d'Alençon, messire Pierre de Farcy, seigneur du Parc; et, pour marraine, Marie de Lampérière, femme de M. de Corneille [1]. »

Le premier mariage, celui de 1664, avec Félix Guénébaud, fut la première brèche faite à la fortune de Pierre Corneille, peu de temps avant de quitter Rouen, à cause de la dot qu'il dut fournir, et dont l'importance ne nous est pas connue. Mais son second époux promit de « conserver la dot de ladite dame portée par son contrat de mariage avec ledit deffunct sieur de Bois-le-Conte et en cas qu'il le reçoive il en fera remplacement au nom et ligne d'elle. » Cette stipulation était en faveur du fils du premier lit, Gilles de Bois-Leconte du Buat [2].

Quant à elle, « elle donna et paya au sieur de Farcy la somme de quatre mil livres qu'elle avoit en argent ». Cette seconde dot ne paraît pas avoir été fournie par Pierre Corneille, le père; mais il est vraisemblable que la première s'élevait à un chiffre voisin de celui-là. Au reste les stipulations du contrat, où il est question de ses « immeubles », de « carosse et de chevaux », prouvent que Marie Corneille fit, avec de Farcy, un riche mariage, et qu'elle-même possédait une assez belle fortune [3].

De ce second mariage naquit, le 2 novembre 1682, Françoise de Farcy. C'est par cette petite-fille de Pierre Corneille, mariée, le 25 octobre 1701, à Adrien de Corday, capitaine des gardes du duc de Bourgogne, que Marie-Anne-Charlotte Corday se rattache à la famille du grand Corneille, en ligne directe, et non en ligne collatérale, comme l'ont avancé quelques biographes. Adrien de Corday

---

1. M. J. Rombault, « Mariage de Françoise de Farcy, petite-fille du grand Corneille, avec Adrien de Corday. » (*Société historique et archéologique de l'Orne*, t. IV, 4° bulletin, 1885, pages 229-231.)

2. Dans le contrat, Appendice XIX. C'est celui que M. Taschereau appelle : « *Benoit* de Bois-le-Comte du Buat, religieux théatin ». Tableau de la descendance directe de Pierre Corneille. (*Ibid.*, t. II, p: 197.) De même, M. J. Rombault, *Bulletin de la Société historique de l'Orne*, 1885, p. 229.

3. Voy. Appendice XIX, le contrat publié en entier.

eut pour fils, en effet, Jacques Adrien de Corday, qui, marié à Renée-Adélaïde de Belleau de la Motte, donna le jour à Jacques-François de Corday d'Armont, qui fut le père de Charlotte Corday, née en 1768 [1].

L'enfant qui vint après Marie Corneille fut un garçon, né le 7 septembre 1643, et nommé Pierre, comme son père. Il fut élevé à Rouen, chez les jésuites de cette ville, puisque Corneille a dit, pour expliquer au public sa traduction en vers français d'un poème latin du père de La Rue, jésuite : « J'ai été bien aise de pouvoir donner par là quelques marques de reconnoissance aux soins que les PP. jésuites ont pris de ma jeunesse et de celle de mes enfants, et à l'amitié particulière dont m'honore l'auteur de ce panégyrique [2]. »

Une fois ses études terminées, ce fils, en sa qualité d'aîné et d'anobli, prit la carrière des armes, en 1664. L'administration de l'armée reçut bientôt une vive impulsion de Louvois, entré au ministère de la guerre en 1666, et le service militaire devint rigoureux autant que l'avancement se fit avec lenteur. « La noblesse, trop longtemps accoutumée à obtenir d'emblée les dignités militaires, apprit à obéir avant de commander. »

Le fils de Corneille, de noblesse récente, dut donc, encore plus que la noblesse du sang, débuter par être « cadet » dans les gardes du corps, et puis entrer dans une compagnie de cavalerie, avant d'obtenir l'autorisation de devenir capitaine. « L'ancienneté, ou, comme on disait alors, l'*ordre du tableau*, l'emportait sur la naissance [3]. » Cette dernière lui manquait d'ailleurs, à lui fils d'anobli.

Enfin il put acheter une compagnie, pour en devenir le capitaine, comme on achetait alors un régiment pour en devenir le colonel. Or l'achat d'une compagnie était

1. M. J. Rombault, *ibid.*, *passim*.
2. Au Lecteur, en tête du « Poème sur les victoires du roy », p. 3. — L'achevé d'imprimer est du 15 décembre 1667.
3. *Histoire de l'Administration monarchique en France*, par M. A. Chéruel, t. II, p. 312-313.

une grosse affaire, puisque le prix en pouvait aller jusqu'à 12 000 livres [1]. En supposant que celle du fils de Pierre Corneille ne coûta que 10 000 livres, ce fut toujours une lourde dépense pour son père, quand vint le moment de l'acheter.

Une fois pourvu de sa compagnie, le capitaine de chevau-légers dut la maintenir en bon état, sous l'administration rigide d'un Louvois, ministre de la guerre. Il fallait la pourvoir d'hommes et de chevaux, qui coûtaient cher, et cela était fort onéreux à entretenir. Il fallait aussi, en dehors de l'équipage de capitaine, force argent pour vivre, pour recevoir et pour aider, au besoin, quelques compagnons d'armes. « Au service du roi, il fallait donc de l'argent sans fin et toujours... Qu'on n'aille pas croire pourtant qu'on y regardât! Jamais plus folle vaillance ne se montra dans nos armées; mais on se ruinait au service du roi en même temps qu'on s'y faisait tuer [2]. »

Corneille, le poète, ne se ruina pas, en achetant une compagnie pour son fils, et en pourvoyant aux frais de son entretien. Il y parvint, grâce à la pension de deux mille livres reçues du roi, qu'il « appliquait, non à ses besoins particuliers, mais à entretenir ses deux fils dans les armées de Sa Majesté [3] ». Toutefois, en 1678, la pension du roi lui faisant défaut depuis quatre ans, il put dire à Colbert : « Cette disgrâce me met hors d'état de faire encore longtemps subsister ce fils dans le service où il a consumé la plupart de mon peu de bien pour remplir avec honneur le poste qu'il y occupe. » Ceci explique comment le fils aîné de Pierre Corneille, faute de finances, fut toujours condamné à marquer le pas dans les grades inférieurs. On le trouve simple capitaine à quarante ans, quand il y avait

---

1. Tel est le prix qu'on espérait, en 1689, de la compagnie du jeune marquis de Grignan, « en la vendant au mieux ». — *Le marquis de Grignan, petit-fils de Mme de Sévigné*, par M. Frédéric Masson, 1885. Elle fut vendue 9 000 livres.
2. Idem, *ibidem*.
3. Lettre de Corneille à Colbert. Voy. plus loin, p. 284.

des colonels de dix-huit ans, le comte de Grignan, par exemple. Mais les parents de ce dernier étaient alors en état de lui acheter un régiment.

Aussi, pour ce fils aîné et pour son jeune frère, qui embrassa aussi la carrière des armes, Corneille n'oubliait pas, à l'occasion, de mêler aux éloges du roi le rappel de leurs services, pour attirer sur eux l'attention et les faveurs de la cour.

En 1667, au monarque revenu vainqueur des ennemis de la France, Corneille vantait leur dévouement à sa personne :

> Sur mon théâtre ainsi tes vertus ébauchées
> Sèment ton grand portrait par pièces détachées.
> C'est tout ce que des ans me peut souffrir la glace.
> Mais j'ai d'autres moi-même à servir en ma place ;
> Deux fils dans ton armée, et dont l'unique emploi
> Est d'y porter du sang à répandre pour toi.
> Tous deux ils tâcheront, dans l'ardeur de te plaire,
> D'aller plus loin pour toi que le nom de leur père ;
> Tous deux impatients de le mieux signaler,
> Ils brûleront d'agir, quand je tremble à parler,
> Et le feu qui sans cesse eux et moi nous consume
> Suppléera par l'épée au défaut de la plume [1].

Corneille sent bien que cette digression en faveur de ses fils, mêlée à l'éloge du roi, peut paraître insolite, sinon déplacée, et il s'empresse de l'excuser par la tendresse naturelle d'un père pour ses enfants. Il faut y joindre aussi le désir d'un avancement en grade, qui lui viendra en aide à lui-même, par la diminution des charges que le service du roi impose au père de famille.

Du deuxième fils, dont il vient d'être question dans les vers ci-dessus, on ignore et le prénom et la date de naissance. Mais, comme on sait qu'il entra page, en 1661, chez la duchesse de Nemours, et qu'en 1664 il était déjà sous les drapeaux, en plaçant sa naissance en 1645, on ne doit pas s'éloigner beaucoup de la vérité.

---

1. *Au roy sur son retour de Flandre.* Louis XIV revint à Paris, à la fin du mois d'août 1667. Voy. M. E. Picot : BIBLIOGRAPHIE CORNÉLIENNE, p. 181.

Au début de 1661, son père fit d'actives démarches pour le faire entrer, comme page, dans la maison de la duchesse de Nemours. A cette époque, on ne trouvait plus guère de pages que chez les rois et les princes du sang royal. Tel était le cas pour Marie d'Orléans, damoiselle de Longueville, fille d'un premier mariage de Henri, II⁰ du nom, duc de Longueville, gouverneur de Normandie, auquel Corneille avait dédié *Clitandre*, la première de ses pièces imprimées, en 1632. Mariée, le mardi 22 mai 1657, avec Henri de Savoie, II⁰ du nom, duc de Nemours, elle avait perdu son mari le 14 janvier 1659 [1]. Mais « la plus riche héritière de France [2] » (car elle avait cinquante mille écus de rentes) continua de tenir maison, d'une façon digne de son rang, après la mort de son époux. Corneille se servit de Chapelain auprès d'elle, dans le but « de lui faire agréer un de ses fils pour page », et une lettre de ce protecteur, à la date du 30 mars 1661 [3], lui transmettait, à Rouen, la promesse, faite par la duchesse de Nemours, de prendre ce fils à la première occasion.

L'effet suivit de près la promesse. Le 30 avril, Jean Loret, qui depuis douze ans adressait toutes les semaines à Mlle de Longueville, devenue alors duchesse de Nemours, sa gazette rimée, la remercia au nom des poètes d'avoir pris pour page le fils de Corneille.

> Princesse, vous faites la grace
> Aux sieurs courtizans du Parnasse
> D'avoir de l'estime pour eux,
> Témoin cet instinc généreux
> Qui vous a fait prendre pour page
> Un jouvenceau de Rotomage,
> Parce qu'il est le noble enfant
> De Corneille, esprit triomphant,

---

1. On l'a quelquefois confondue avec Élisabeth, damoiselle de Vendôme, mariée à Paris avec Charles-Amédée de Savoie, duc de Nemours, tué en duel à Paris, le 30 juillet 1652.
2. *Mémoires de Mlle de Montpensier*, édit. de M. Chéruel, t. III, p. 94.
3. Publiée par M. Taschereau, *Histoire de la Vie de Corneille*, t. II, p. 31-32. Elle fait partie de la correspondance inédite de Chapelain.

> Qui par les beaux vers de sa veine
> A surpassé sur notre scène,
> Les poëtes les mieux sensez,
> Tant les présens, que les passez [1].

Pendant les quinze années qu'il rima sa gazette, le pauvre Loret, en sa qualité de Normand, épris d'une admiration bien sincère pour Corneille, et poussé par un sentiment tout patriotique, ne cessa de faire l'éloge de son compatriote et de ses pièces, transporté d'une joie touchante, quand le succès les attendait au théâtre.

Le page de la duchesse de Nemours la quitta pour entrer dans l'armée, et presque aussitôt, en 1667, blessé au siège de Douai, que Louis XIV prit le 6 juillet de cette même année, il fut rapporté à son père sur un brancard garni de paille, un coup de mousquet au talon l'ayant mis hors d'état de marcher. La paille, répandue devant sa maison, rue des Deux-Portes, où il demeurait alors [2], valut au père une assignation en simple police, au Châtelet. Mais le juge, au lieu de le condamner à l'amende, lui dit :

> La paille tourne à votre gloire;
> Allez, grand Corneille, il suffit [3].

Après l'éloge collectif des deux frères, Corneille n'eut garde d'oublier la blessure du plus jeune, dans les vers qu'il adressa au roi sur cette campagne, et dont nous avons parlé plus haut [4]. Enchanté de l'assurance donnée par le roi qu'il a vu ses deux fils avec plaisir, Corneille rappelle ainsi la blessure du dernier au siège de Douai :

> Le plus jeune a trop tôt reçu d'heureuses marques
> D'avoir suivi les pas du plus grand des monarques;

---

1. *La Muze historique,* édit. de M. Ch. Livet, t. III, p. 346.
2. Et non « rue d'Argenteuil », d'après M. E. Fournier, *Corneille à la butte Saint-Roch,* Notes préliminaires, p. cxlviij. Il n'y viendra que treize ou quatorze ans plus tard. Voy. plus haut, p. 193.
3. Cette lettre en vers, de Robinet, est du 10 juillet 1667.
4. Voy. p. 201 et note.

Mais s'il a peu servi [1], si le feu des mousquets
Arrêta dès Doüay ses plus ardents souhaits;
Il fait gloire du lieu que perça leur tempête :
Ceux qu'elle atteint au pied ne cachent pas leur tête;
Sur eux à ta fortune ils laissent tout pouvoir,
Ils s'offrent tous entiers aux hazards du devoir.
De nouveau je m'emporte. Encore un coup pardonne
Ce doux égarement que le sang me redonne;
Sa flatteuse surprise aisément nous séduit.
La pente est naturelle, avec joie on la suit :
Elle fait une aimable et prompte violence,
Dont pour me garantir je n'ai que le silence [2].

Corneille sent combien cette seconde mention de ses fils, dans une épître au roi, pouvait paraître singulière, et il s'en excuse sur l'amour paternel, capable d'appeler la bienveillante attention du roi sur la blessure d'un jeune homme ayant « peu servi ».

En 1674, ce même fils, devenu lieutenant de cavalerie, faisait partie de la garnison assiégée dans Grave, ville du Brabant septentrional, que le général Rawenhaup, sous les ordres du prince d'Orange, prit le 26 octobre de cette année. Il fut tué dans une sortie tentée à la tête de sa compagnie, et cette perte vint de nouveau attrister le cœur de Corneille.

Une relation de ce siège de Grave donne le nom du régiment où servait le second fils de Pierre Corneille, avec la liste des officiers qui y furent tués ou blessés, et celui du lieutenant Corneille y figure au second rang. En voici le titre et la disposition.

CAVALERIE

Régiment de Carcado.

Marcilly, capitaine, blessé.
Corneille, lieutenant, tué.
De Prades, lieutenant, blessé.
La Marcelle, lieutenant, tué.
La cornette de Moncal, tué [3].

---

1. Ce passage prouve qu'en 1667 le second fils de Pierre Corneille venait d'entrer dans l'armée, où son aîné était entré en 1664. Voy. plus haut, p. 199.
2. *Av roy svr son retour de Flandre.* Voy. plus haut, p. 201.
3. *Relation du siège de Grave en 1674 et de celui de Mayence en 1689,*

Après cette perte, le dévouement à ses enfants conseilla, plus que jamais, à Pierre Corneille, de saisir l'occasion de faire valoir la mort de l'un pour hâter et pour assurer la récompense des services de l'autre.

Ainsi Louis XIV ayant fait représenter de suite devant lui, à Versailles, en octobre 1676, six des tragédies de Corneille, le poète lui en adressa un Remerciement, dans lequel reparaît, fort discrètement, le souvenir du fils tué, deux ans auparavant, au siège de Grave, en l'associant aux craintes que l'aîné, resté sous les drapeaux, lui inspire, tant que durera la guerre.

> Je sers depuis douze ans [1], mais c'est par d'autres bras
> Que je verse pour toi du sang dans nos combats;
> J'en pleure encore un fils, et tremblerai pour l'autre
> Tant que Mars troublera ton repos et le nôtre :
> Mes frayeurs cesseront enfin par cette paix
> Qui fait de tant d'États les plus ardents souhaits.

Le fils survivant profita-t-il de ce rappel des services rendus? C'est ce que nous ne saurions dire, d'autant plus que la pièce se termine par la demande d'un bénéfice pour un autre fils, entré dans les ordres, et dont nous parlerons plus loin.

Charles Corneille, son troisième fils, né en 1653, eut pour parrain Charles de la Rue [2], alors âgé de dix ans, et qui a grandement contribué à sauver de l'oubli la mémoire de son filleul. Quand Pierre Corneille quitta Rouen, en 1662, cet enfant n'avait guère que neuf ans, et son père paraît s'être chargé lui-même du soin de ses études, tant à Rouen qu'à Paris. On peut le conjecturer d'après l'éloge funèbre

---

avec le plan de ces deux villes. A Paris, chez C.-A. Jombert... 1756, p. 263. Ce volume se trouve à la Bibliothèque nationale. — Communication due à l'obligeance de M. Léopold Delisle, son administrateur général.

1. Cet hémistiche donne la date de 1664, pour l'entrée de Pierre Corneille au service du roi, la pièce du père, publiée en 1677, ayant suivi de très près les représentations de 1676.

2. On le suppose, d'après une note fournie par M. P.-A. Corneille, à M. Taschereau, *ibid.*, t. II, p. 66.

que son parrain, devenu professeur chez les jésuites, fit de cet enfant, doué d'un esprit aussi remarquable que précoce. « Tu te flattais, dit-il au père, que Charles partagerait un jour ta grande renommée ; tant il avait de facilité et de docilité pour les belles études, tant il brûlait de l'amour des Muses!.... C'est avec empressement que tu lui prodiguais ton zèle et tes soins, le dirigeant vers les chemins et les sommets du Pinde, de toi si bien connus, et souhaitant ardemment de te faire passer tout entier dans ton fils. »

Tout à coup, au milieu de ses poétiques études, l'enfant, en proie à une maladie de langueur, mourut à la fleur de l'âge. Ni les secours, ni les soupirs d'une tendre mère ne purent fléchir les Parques. Toute la maison fut frappée de deuil, et le père infortuné gémit sur ses espérances brisées et sur ses joies ravies en un instant. « Il meurt. Hélas! il est mort celui qui était le portrait de son illustre père; s'il eût vécu, le fils eût égalé son père [1]. » Nous redirons avec M. Taschereau : « La pièce est touchante, et il n'est guère possible de croire que l'enfant qui inspira ces regrets n'eût, s'il eût vécu, justifié en quelque chose les espérances qu'il avait fait concevoir. [2] »

Mais, en plaçant la mort de cet enfant en 1667, à l'âge de quatorze ans, comme on fait d'ordinaire [3], on s'éloigne quelque peu de la vérité. La découverte récente de l'édition originale de la pièce adressée par le père de la Rue « à Pierre Corneille, lors de la mort de son fils », en fournit la preuve. L'achevé d'imprimer est du 27 décembre 1665, et, comme il est certainement voisin de la date de cette mort, il est clair que Charles Corneille mourut en 1665, à l'âge de

---

1. Voy. le texte latin, Appendice XX. — La pensée du dernier vers est rendue plutôt que les mots mêmes, reproduisant la devise de l'Emblème, un parhélie qui se résout en pluie :

Et patri fuerat PAR, SI DURASSET imago.

2. *Vie de Pierre Corneille*, en tête de la pièce citée en entier dans les Notes du troisième livre, t. II, p. 168.

3. M. Taschereau, *ibid.*, t. II, p. 66; M. Marty-Laveaux, *Œuvres de P. Corneille*, t. X, p. 383; M. E. Picot, *Bibliographie cornélienne*, p. 445.

douze ans, après trois ans de séjour à Paris, et non en 1667[1].

On a donc prolongé de deux années l'existence de ce fils de Corneille. On a abrégé, au contraire, suivant nous, celle de son fils Thomas et de sa fille Marguerite. Tous ceux qui ont dressé la généalogie de la famille du poète ont placé leur naissance après celle de leur frère Charles, sans donner aucune date, ni produire aucun document pour justifier cette assertion constamment répétée, depuis qu'elle a été émise pour la première fois[2], tandis que la vérité nous paraît tout autre. Pour nous la naissance de ces deux enfants de Pierre Corneille est antérieure, et de plusieurs années, à celle de Charles. Quand on examine cette question, un fait frappe tout d'abord : c'est qu'entre les deux dates de la naissance du troisième enfant, dont le prénom n'est pas plus connu que la date de sa naissance, et celle de la naissance de Charles, en 1653, c'est-à-dire en sept ans, de 1645 à 1652[3], Pierre Corneille n'ait eu aucun enfant. Il semble plus naturel d'admettre que sa famille se soit accrue, quand il était arrivé à la quarantaine, qu'au moment où il touchait à la cinquantaine, et même où il l'aurait dépassée, pour sa fille Marguerite.

Si l'on n'admet pas l'hypothèse de cette date antérieure pour la naissance de ces deux enfants, il devient impossible d'expliquer les faits constatés, d'une façon authentique, qui les concernent l'un et l'autre.

Le fils de Corneille, qui avait nom Thomas, embrassa la vie religieuse. Fut-ce par vocation ou bien par intérêt de famille? Il serait difficile de répondre aujourd'hui. Mais on entrait alors assez fréquemment en religion pour le dernier de ces motifs. Nous en donnerons pour preuve les paroles de saint François de Sales, au début du XVIIe siècle.

---

1. Communication due à l'obligeance de M. Léopold Delisle. Voy. Appendice XX.
2. On la trouve notamment chez MM. Ballin, Taschereau et Marty-Laveaux, où elle figure en termes à peu près identiques.
3. Voy., plus haut, la raison de ces dates, p. 201 et 205.

Il vient de citer plusieurs exemples et il ajoute ces considérations pour les intérêts de famille. « Il y en a encore d'autres... qui vont en religion, à cause de quelque défaut naturel... et, ce qui semble encore le pire, c'est qu'ils y sont portez par leurs Pères et Mères, lesquels bien souvent, lorsqu'ils ont des enfants borgnes, boiteux, ou autrement défectueux, les laissent au coin du feu, et disent, cecy ne vaut rien pour le monde, il le faut envoyer en Religion, il luy faut procurer quelque bénéfice, ce sera autant de descharge pour nostre maison.[1] »

Corneille père a bien pu faire ce calcul, non pas à cause des défauts physiques de son fils, que nous ne connaissons pas, mais pour alléger d'autant les charges du père de famille, qui pesaient encore lourdement sur lui. Il avait en plus le motif également signalé par saint François de Sales : « D'autres ont une grande quantité d'enfants ; eh bien, disent-ils, il faut descharger la maison, et envoyer ceux-ci en religion, afin que les aisnez ayent tout, et qu'ils puissent paroistre [2]. »

Ces motifs peuvent bien n'avoir pas été étrangers à l'entrée en religion de Thomas et de Marguerite Corneille, lorsque la famille était au complet et les deux fils aînés à l'armée.

En tout cas, Thomas Corneille, ayant embrassé la vie religieuse avant que sa famille eût quitté Rouen, en 1662, ne put faire profession qu'à l'âge de vingt et un ans, d'après les prescriptions de l'Église. Il en résulte que sa naissance est nécessairement antérieure à celle de son frère Charles, né en 1653.

Corneille ne perdit pas un instant pour « lui procurer quelque bénéfice », car ce devait être « autant de descharge pour sa maison ». Il en adressa donc la demande au Roi, en faveur de son fils, et il en obtint aussitôt la promesse.

---

1. *Les vrays entretiens spirituels du Bienheureux François de Sales.* A Tournay, 1630, Dix-septième Entretien, p. 482.
2. *Ibidem.*

Mais le bénéfice ne vint pas. C'est alors que Corneille rappela au roi sa promesse, par un placet qui a révélé ses démarches et son insuccès, en nous renseignant sur toute cette affaire.

La date de ce *Placet* est connue par une anecdote qui se rattache aux deux derniers vers d'un Remerciement au Roi pour la représentation de quelques-unes de ses pièces devant lui. Elle est dans « LE NOUVEAU MERCURE GALANT, *contenant tout ce qui s'est passé de curieux depuis le premier janvier jusques au dernier mars 1677.* » La scène a lieu entre un chevalier, qui donne lecture de ce Remerciement, une duchesse et une marquise qui l'écoutent. « Ces vers, dit la duchesse, en interrompant la lecture du chevalier, sont d'une netteté admirable, et je préfère de beaucoup ces sortes d'expressions, faciles et naturelles, au style pompeux qui approche fort du galimatias. — Je suis de votre sentiment, reprit la marquise ; mais j'avoue que je n'entends point les deux derniers vers qu'on nous vient de lire, n'y trouvant aucune liaison avec ceux qui précèdent. — Vous n'avez donc pas vu, lui dit une dame qui était auprès d'elle, un placet que M. de Corneille présenta au roi il y a quelques mois et dont tant de gens ont pris copie [1] ? »

Pour en donner l'explication, lecture fut faite de ce « Placet », dont la date est de 1676, « quelques mois » avant l'impression de ce volume de *Mercure*, postérieure au mois de mars 1677. Corneille y dit au début :

> Plaise au Roi ne plus oublier
> Qu'il m'a depuis quatre ans promis un bénéfice.

Il poursuit en disant que le père Ferrier, confesseur de Louis XIV, qui lui avait confié le soin des nominations ecclésiastiques, « fut chargé par lui de choisir le moment propice » pour accorder au fils de Pierre Corneille le bénéfice promis.

---

1. Cité par M. Marty-Laveaux, Notice de la pièce : *Au roi sur Cinna, Pompée, etc., qu'il a fait représenter devant lui en octobre 1676*, t. X, p. 309-310.

La demande et la promesse sont donc de l'année 1672, et, si Thomas fût né après son frère Charles, qui vit le jour en 1653, il aurait eu lui-même, tout au plus, dix-sept à dix-huit ans, c'est-à-dire l'âge où l'on ne pouvait pas encore entrer dans les ordres. Aussi sa naissance, reportée à l'une des années comprises entre 1645 et 1650, permet-elle à son père de demander, avec plus de justice et de raison, un bénéfice en 1672, quand il a dépassé de beaucoup cet âge.

Le père Ferrier étant mort le 29 octobre 1674, son successeur pour la direction de la conscience du roi fut le père de la Chaise, chargé, comme lui, de la feuille des bénéfices. Après une vaine attente de quatre années, Corneille lança, dans le courant de 1676, le fameux *Placet* ci-dessus terminé par l'espoir que le père de la Chaise aurait plus de mémoire que le père Ferrier et rappellerait mieux à Louis XIV

> Qu'un grand roi ne promet que ce qu'il veut tenir.

Faire ainsi la leçon au plus absolu des monarques, dans un vers d'un tour fort épigrammatique, n'était pas d'un courtisan habile. Cette maladresse put même bien compromettre le succès de la demande.

A la fin de cette même année 1676, le bénéfice n'ayant pas été accordé après le *Placet*, Corneille en renouvela brusquement la demande, à la fin de son Remerciement au Roi pour les pièces qu'il avait fait représenter, en octobre, devant lui. Bien qu'il eût déjà rappelé les services de ses deux autres fils, à l'armée, il n'hésita pas à dire à Louis XIV :

> Cependant s'il est vrai que mon service plaise,
> Sire, un bon mot de grâce, au père de la Chaise.

On a vu, plus haut [1], la critique qu'en firent les contemporains, parce qu' « ils manquaient de liaison » avec le reste.

---

[1] Page 209.

Mais la demande, introduite, cette fois, avec la discrétion et la mesure que n'avait point le *Placet*, ne fut pas exaucée davantage, et le père et le fils devront attendre quatre ans encore le bénéfice sollicité dès 1672. Le 20 avril 1680 seulement il était fait droit aux demandes réitérées du poète, après huit ans d'instance. « Pierre Corneille qui a fait, il y a quarante ans, des tragédies qu'on représente encore devant le Roi, a obtenu de Sa Majesté une abbaye pour un de ses enfants [1]. » Thomas Corneille était enfin nommé à l'abbaye d'Aiguevive, au diocèse de Tours, dans la paroisse de Faverolles, à deux lieues sud de Montrichard (Loir-et-Cher). C'était un bénéfice de trois mille livres, qui dispensa le père de servir plus longtemps une pension à ce fils, dans le couvent où il était entré.

Là se trouve l'explication de ces demandes de bénéfice faites en 1672, et répétées deux fois en 1676. Cette pension, dont le chiffre dut atteindre trois cents livres, suivant le taux ordinaire, était devenue onéreuse pour Corneille, en raison de sa longue durée et des circonstances où il se trouvait lui-même en 1676, ne recevant plus depuis deux ans les libéralités de Louis XIV, comme on le verra plus loin. Telle est l'explication de ces vives instances du *Placet*, et de leur rappel dans le *Remerciement au Roi*.

Voici comment le bénéfice put être enfin accordé, d'après un état général de l'abbaye d'Aiguevive, dressé en 1703 et conservé aux archives de Loir-et-Cher :

« M. Bernin, peu de temps après ayant été nommé par le roy à la thrésorerie de Saint-Martin de Tours, il fit une démission de son abbaye entre les mains de Sa Majesté qui en pourveut M. Corneille en 1680, lesquels sieurs Bernin et Corneille firent une transaction à Paris le 19 may 1681 devant Lenormand et Clément, notaires, par laquelle ledit sieur Bernin s'obligea de faire édifier un logis abbatial proche de la grande grange... »

---

1. *Gazette* du 27 avril 1680, cité par M. Marty-Laveaux, *ibid.*, t. X, p. 314.

Dans un acte de 1693 figure, avec ces titres : « Messire Thomas Corneille, escuier, conseiller aumonier du roy, abbé commandataire de l'abbaye royale de Nostre-Dame d'Aiguevive, demeurant ordinairement en ladite abbaye [1]. »

Quant à Marguerite Corneille, la date de sa naissance, aussi bien que pour Thomas, ne saurait être postérieure à celle de leur frère Charles, en 1653. Elle se placerait, au plus tôt, en 1654, et quand ses parents quittèrent Rouen, en 1662, elle eût été une fillette d'une huitaine d'années, qui, ayant encore besoin de toute la tendresse maternelle, aurait dû suivre ses parents à Paris. Loin de là, elle reste à Rouen, et on la trouve, l'année suivante, chez les dominicaines du faubourg Cauchoise, ordre fort sévère dont les membres « gardaient l'abstinence continuelle de viande et étaient soumis à une clôture perpétuelle [2] ».

« Les faibles ressources dont jouissait ce monastère obligèrent les dominicaines à établir dans leur clôture un pensionnat de jeunes filles. Je suis très porté à supposer que Marguerite Corneille y fut placée dans le temps où ses parents étaient encore à Rouen [3]. »

Leur établissement étant de 1658, Marguerite Corneille ne put y être admise qu'à la condition d'être née avant 1653, pour être simple pensionnaire. Ce qui le montre encore mieux, c'est que, « dès 1663, elle appartenait à la communauté des dominicaines », et que, parmi les « noms des religieuses de Saint-Dominique hors Cauchoise entrées en la grande confrérie du Rosaire (du couvent des jacobins de Rouen), on lit celui de *Marguerite Corneille* [4] ».

---

1. Nous devons ces détails tout nouveaux, sur cette nomination et sur cette abbaye, à M. E. Roussel, archiviste de Loir-et-Cher, qui a bien voulu les rechercher pour nous en faire part. Nous le remercions vivement de son obligeance.
2. M. Ch. de Beaurepaire, *Pierre Corneille et sa fille Marguerite, dominicaine à Rouen*. Rouen, 1885, in-8° de 40 pages. — Là se trouvent consignées des découvertes entièrement nouvelles, où nous puiserons les renseignements qui vont suivre.
3. Idem, *ibidem*, p. 13, 14.
4. M. Ch. de Beaurepaire, *ibid.*, note des pages 14, 15, tirée du « Registre

Elle n'aurait eu alors que neuf ans, en plaçant sa naissance un an immédiatement après celle de son frère Charles.

La suite de sa vie religieuse démontre également l'impossibilité de cette date. Un acte authentiqué de 1668 prouve que, lors du départ de ses parents, en 1662, elle était entrée au couvent du faubourg Cauchoise, « il y a environ cinq ans et qu'elle y a pris l'habit de religieuse de chœur, en telle sorte que son année de noviciat estant expirée et ayant esté trouvée capable par les prieure et religieuses dudict couvent, elle est en résolution d'y faire sa profession [1] ».

Dans cet ordre fort sévère, on respectait rigoureusement le temps exigé pour la vêture, pour le noviciat et pour la profession. Aussi, quand Marguerite fit la sienne, elle avait certainement les dix-huit ans révolus, exigés par les édits.

Pierre Corneille vint à Rouen peu de temps avant la profession de sa fille, et, le 4 mai 1668, il faisait aux Dominicaines de Cauchoise, à Rouen, donation d'une rente de 300 livres, à titre de pension pendant la vie de Marguerite [2]. C'était « pour seconder la sainte intention qu'avait sa fille de quitter le monde et d'entrer en religion et, désirant qu'elle ne fût à charge audit couvent, qui n'était pas suffisamment doté, il avait donné cette pension de trois cents livres tournois de rente ». Il l'assignait sur tous ses biens et spécialement sur sa ferme du Petit-Couronne, louée alors à un nommé Jean Gueroult, pour ce même prix de trois cents livres. Le payement devait commencer à partir du jour où Marguerite Corneille serait devenue sœur de la Sainte-Trinité, au jour prochain, sans doute, où elle atteindrait ses dix-huit ans.

A ces détails donnés par le contrat, M. Ch. de Beaure-

de la confrérie du Rosaire », aux Archives de la Seine-Inférieure, fonds des jacobins de Rouen.

1. « Donation par Pierre Corneille aux Dominicaines de Rouen. » Appendice XXI.
2. Voy. le texte entier, Appendice XXI.

paire, qui l'a découvert, ajoute : « La pension de trois cents livres, assez forte pour le temps, était certainement au-dessus de la moyenne des pensions de religieux et de religieuses [1]... » Ainsi, en 1668, Corneille se trouvait assez riche pour offrir spontanément, au couvent où sa fille se faisait religieuse, un chiffre supérieur au taux ordinaire de ces sortes de pensions. Cette générosité provenait de ce que « ledict monastère n'était suffisamment doté », motif qui vint s'ajouter à la piété habituelle de Corneille.

Le double déplacement dans l'ordre et dans la date de naissance pour les deux enfants de Corneille, dont nous venons de parler, est en contradiction formelle avec les tableaux généalogiques précédemment dressés par MM. Lepan, en 1817; Taschereau, en 1829; Ballin, en 1833; Marty-Laveaux, en 1868. On y voit invariablement que Thomas et Marguerite sont les puînés de Charles, né en 1653. Aussi, s'appuyant sur cet ordre généalogique, M. E. Fournier a cru pouvoir dire : « Il (Corneille) avait amené rue de Cléry, [2] avec sa femme, trois enfants : Charles, qui malheureusement mourut cinq ans après [3], Thomas et Marguerite [4]. »

L'assertion était toute naturelle, car ils ne pouvaient faire autrement que de suivre leurs parents, plus jeunes encore que Charles, alors âgé de neuf ans, et emmené certainement avec eux à Paris. Ces deux autres enfants si jeunes étaient alors un grand embarras pour la famille.

Notre système, justifié par des faits et par des dates dont ces tableaux généalogiques et ces affirmations sont complètement dépourvus, permet d'espérer que, loin d'avoir été un embarras, Thomas et Marguerite, entrés tous les deux dans des maisons religieuses, ont laissé à leur père plus de liberté pour s'établir à Paris. Aussi cette considération

---

[1]. *Pierre Corneille et sa fille Marguerite, dominicaine à Rouen*, p. 16.
[2]. Ce serait à l'hôtel de Guise et dans la rue des Deux-Portes, avant la rue de Cléry. Voy. plus haut, p. 191.
[3]. Trois ans seulement, en 1665. Voy. plus haut, p. 206.
[4]. « Les demeures de Corneille à Paris », Appendice de l'*Histoire de la butte des Moulins*, p. 266.

de famille n'a pas dû être étrangère à l'exécution d'un projet qui aurait été rendu bien plus difficile par la présence de trois enfants en bas âge.

Il nous reste maintenant à montrer au moyen de quelles ressources, ajoutées aux anciennes déjà signalées, Corneille put, à partir de son établissement à Paris, en 1662, faire face à tous les besoins de son ménage, fournir, l'année précédente, une dot à sa fille Marie, entretenir ses deux fils au service du roi, et payer les pensions du fils et de la fille qui s'étaient consacrés à Dieu, sans parler de l'éducation du jeune Charles, resté avec lui et enlevé à la fleur de l'âge.

CHAPITRE III

NOUVELLES RESSOURCES FINANCIÈRES A PARIS

Revenus et rentes. — Pas de changements notables.
Théatre. — Vente à forfait de pièces à Molière. — Corneille bien traité par lui. — Incertitudes sur le prix des autres pièces.
Impressions. — Il n'en fait plus « aux dépens de l'auteur ». — Cessions de privilèges aux libraires. — Il les leur fait payer. — Réimpressions. — Nouvelles éditions collectives de son Théatre. — Additions et corrections. — Reproche de Boileau sur la vente de ses ouvrages. — Elle fut avantageuse pour Corneille.
Pension de Louis XIV. — Suppression de celle de Foucquet. — Listes dressées par ordre de Colbert. — Attachement des gens de lettres pour Foucquet. — Celui de Corneille déplait à Colbert. — Il ne le met pas sur la liste des pensionnaires. — Corneille ne fait pas de démarches. — Intervention de l'abbé Gallois et de Perrault. — Il est porté sur la liste. — Modes de payement des premières pensions. — Remerciement de Corneille au roi. — Point de visite à Colbert. — Reproches. — Il s'exécute. — Silence calculé sur Colbert. — Éloges constants du roi en rabaissant ses ministres. — Moyen employé pour faire maintenir la pension. — Placet sur un retard de payement. — Éloge du roi dans son Théatre. — Remerciements réguliers pour les pensions accordées. — Sommes qu'en retire Corneille. — Elles l'aident pour subvenir à ses charges de famille.
Jetons de l'Académie. — Méprise à leur sujet. — Leur création tardive par Colbert. — Son projet primitif sur leur valeur vénale. — Réduction considérable. — Détails sur ce point. — Le nombre des séances. — Corneille en tire peu de profit.

Pendant cette période de son séjour à Paris, Corneille continua d'avoir à sa disposition tous les revenus de son patrimoine, ceux des biens dotaux de sa femme, et les rentes de ses divers placements, tels qu'ils ont été établis précédemment [1]. Ses revenus s'étaient même accrus par la location de la maison de la rue de la Pie, à Rouen, qu'il laissait

---

1. Voy. chap. x, pages 92-120.

libre en s'établissant à Paris, mais le chiffre n'en est pas connu.

Le théâtre continua aussi de lui valoir des sommes importantes. En voici la preuve pour celui de Molière, dont il avait connu la troupe à Rouen, en 1658. Un de ses compagnons, La Grange, en a conservé le chiffre pour deux d'entre elles, dans son registre.

L'une est *Attila*, représentée, pour la première fois, le vendredi 4 mars 1667. On lit à la marge :

« Pièce nouvelle de Mr de Corneille l'aisné ; pour laquelle on lui donna 2000 livres, prix faict. »

L'autre est *Tite et Bérénice*, représentée, pour la première fois, le vendredi 28 novembre 1670. On lit aussi à la marge :

« Pièce nouvelle de Mr de Corneille l'aisné, dont on luy a payé 2000 livres [1]. »

C'est sous cette forme d'une somme une fois payée par les comédiens que Corneille reçut de Molière ses droits d'auteur. Elle était de son choix, car déjà, à cette époque, la troupe de Molière donnait aux auteurs des droits proportionnels sur les recettes, ou bien traitait avec eux à forfait, comme ici. On le voit pour Thomas Corneille, à propos de *Circé*, « pièce nouvelle en machines de Mr de Corneille le J[eune] » ; le vendredi 14 juin 1675. « Ce jour la troupe a délibéré de donner les parts d'autheur sur 14, sans conséquence pour les autres pièces ». Deux ans plus tard, au gré de Thomas Corneille, il en fut autrement. « La trouppe a dellibéré de payer à Mr Corneille le J[eune] la somme de deux cents louis d'or pour la pièce du *Festin de Pierre*, le 8 mars 1677. Escrit sur le grand registre de la compagnie [2]. »

L'aîné des Corneille aura préféré, les deux fois, demander un prix à forfait, au lieu d'attendre chaque représentation

---

1. *Registre de La Grange* (1658-1685), publié par les soins de la Comédie-Française, janvier 1876. Paris, 1 vol. petit in-f°, pages 86 et 116.
2. *Registre de La Grange*, même édition, pages 168 et 188.

de ses pièces, pour recevoir successivement ses droits proportionnels d'auteur sur les recettes. Le premier mode de payement, en recette unique, lui procurait plus de facilités pour faire face à ses charges de famille, au moment où elles se présentaient.

On peut voir aussi, dans ce prix de 2000 livres, supérieur à celui que Molière donnait habituellement aux auteurs dramatiques qui défrayaient son théâtre, une nouvelle preuve de l'amitié qu'il n'avait cessé de témoigner à Corneille depuis son séjour prolongé à Rouen, en 1658.

On ne connaît pas les sommes qu'il reçut pour ses trois dernières pièces, *Psyché*, 1671, en collaboration avec Quinault et Molière ; *Pulchérie*, 1672 ; *Suréna*, 1674. Mais il est sûr qu'il n'en donna pas gratuitement le manuscrit aux comédiens. Il les leur fit payer, comme pour chacune des vingt-neuf autres pièces dont se compose son Théâtre.

Les éditions collectives de son Théâtre ne cessèrent de rester pour Corneille une source de profits par la vente des privilèges aux libraires ; car, bien avant son établissement à Paris, il avait renoncé à faire des publications sur le titre desquelles on pût mettre : « Imprimé aux dépens de l'Autheur. » A cause de sa position nouvelle, il aura reculé devant les frais que l'impression devait entraîner, préférant toucher immédiatement la somme convenue entre les libraires et lui, pour la cession des privilèges.

Jusqu'à une certaine époque, les cessionnaires d'anciens privilèges, rappelés en entier ou par extraits dans les réimpressions des *OEuvres de Corneille*, ne paraissent pas avoir été dans l'obligation de donner de nouveaux honoraires à Corneille, pour plusieurs réimpressions successives de ses pièces (1647, 1648, 1652, 1654, 1655, 1656 et 1657), d'autant plus qu'ils les ont quelquefois réimprimées en se servant même de privilèges expirés.

Il en fut autrement à partir de l'année 1660, qui vit paraître : « *Le Théâtre de P. Corneille*, reveu et corrigé par l'autheur. Imprimé à Roüen. Avec privilège du roy,

3 vol. in-8°. » Le titre de *Théâtre de P. Corneille* était nouveau, aussi bien que la mention : « revu et corrigé par l'auteur », le format in-8° et des figures pour chaque pièce. Mais la plus grande nouveauté fut les trois « Discours sur le poème dramatique », et les « Examens », où Corneille passe en revue chacune des pièces comprises dans cette édition. Il les avait composés spécialement pour elle, et on les mit en tête de chacun des volumes dans des pages préliminaires. « Le privilège est daté de janvier 1653, sans indication du quantième ; il est donné pour neuf ans à Corneille lui-même, qui déclare le céder à *Augustin Courbé* et *Guillaume de Luyne,* suivant l'accord fait entre eux. On lit à la fin : « Achevé d'imprimer et pour la première fois [en] vertu du présent privilège le dernier d'octobre 1660, à Rouen, par Laurens Maurry. » Le privilège de 1653, donné pour neuf ans, permettait aux libraires cessionnaires de faire cette édition de 1660 sans bourse délier, si elle n'eût été qu'une simple reproduction des précédentes. Mais comme « Corneille lui-même nous entretient, dans une lettre à l'abbé du Pure datée du 25 août 1660, de la peine que lui donna la publication de ce nouveau recueil, en particulier la confection des *Discours*[1] », il est certain qu'il se fit payer par ses cessionnaires pour cette « peine » et pour l'addition de ces trois Discours, « travail fort pénible sur une matière fort délicate ».

Le 3 décembre 1657, Augustin Courbé obtenait un nouveau privilège pour les *OEuvres de Pierre Corneille*, et il lui était accordé pour vingt ans, du consentement de Corneille [2], qui dut toucher une somme quelconque, sinon pour ce consentement, au moins pour tous les soins donnés aux éditions du *Théâtre de Pierre Corneille*, faites, en vertu de ce privilège, pendant qu'il résidait à Paris. Car celles de 1663, 1664, 1665, 1666, 1668 parurent toutes

---

1. *Bibliographie cornélienne,* par E. Picot, p. 136, 137.
2. *Ibid.*, p. 140.

avec cette mention sur le titre : « LE THÉATRE DE PIERRE CORNEILLE. *Reveu et corrigé par l'Autheur*. »

Il n'existe aucune preuve écrite des conditions que Corneille imposait aux libraires pour la cession des privilèges qui lui étaient directement accordés, ni pour la revision et les corrections qu'il ne cessa de faire dans les nombreuses éditions de ses œuvres. Mais on peut affirmer qu'il ne les faisait pas gratis, ni pour son *Théâtre*, ni pour l'*Imitation*, qui eurent encore des éditions, en 1662, 1665, 1670, 1673 et 1675.

Sans cela Boileau, indigné de la vente de ses ouvrages aux libraires, n'aurait pas adressé à Corneille ces reproches directs, mêlés aux conseils qu'il donne aux poètes sur ce point :

> Travaillez pour la gloire et qu'un sordide gain
> Ne soit jamais l'objet d'un illustre écrivain.
> Je sais qu'un noble esprit peut sans honte et sans crime
> Tirer de son travail un tribut légitime :
> Mais je ne puis souffrir ces auteurs renommés,
> Qui, dégoûtés de gloire, et d'argent affamés [1],
> Mettent leur Apollon aux gages d'un libraire,
> Et font d'un art divin un métier mercenaire.
> (*Art poétique,* chant IV, vers 125-132.)

Ces vers sont de 1674, et, si la concession visait Racine, l'attaque s'adressait en plein à Corneille, avec une dureté et une injustice qui révolteront, plus tard, le père Tournemine [2]. Aussi le satirique est-il pour beaucoup dans la réputation d'avarice faite à Corneille.

Toutefois, il faut le reconnaître, la vente des pièces de théâtre aux acteurs, la vente de ses ouvrages et la cession des privilèges aux libraires, furent pour lui, après comme avant son établissement à Paris, une source abondante de

---

1. Ce mot aurait été dit à Boileau lui-même par Corneille, d'après le commentaire de Brossette sur ce vers. « Notre auteur félicitoit le grand Corneille du succès de ses tragédies, et de la gloire qui lui en revenoit : *Oui*, répondit Corneille, *je suis saoul de gloire et affamé d'argent.* »

2. Voy. plus loin, « Défense du grand Corneille », p. xxxj, publiée par Granet, en tête des *Œuvres diverses de Corneille.*

profits et de revenus, bien que le père Tournemine l'ait cru fort désintéressé sur le prix de ses pièces. Il n'en était rien ; sa dignité autant que le soin de pourvoir à ses charges de famille lui conseillèrent toujours de demander la récompense de ses travaux à ceux qui en tiraient profit. Lui-même aurait réussi à s'enrichir, si ces charges avaient été moins lourdes. Aussi son neveu Fontenelle a-t-il reconnu que « son talent lui avoit beaucoup rapporté [1] ».

La meilleure aubaine de Corneille, après son installation à Paris, fut une pension de Louis XIV, presque immédiatement accordée, avec des circonstances utiles à rappeler.

L'une des premières conséquences de l'arrestation de Foucquet, le 5 septembre 1661, fut la suppression de toutes les pensions que le surintendant des finances avait accordées, non seulement sur sa cassette, ce qui allait de soi, mais aussi sur les fonds du trésor, pendant qu'il était au pouvoir. Les pères de Trévoux l'affirment positivement : « Nous avons en main des preuves que la pension procurée au grand Corneille par M. Foucquet fut retranchée après sa disgrâce, avec toutes celles qui s'étoient données pendant son ministère ; que M. Corneille, qu'on sçait avoir porté le désintéressement jusqu'à une négligence blâmable [2], ne se donna aucun mouvement pour la faire rétablir [3]. »

La suppression pour les pensions servies sur les fonds du trésor vint de Colbert, qui ne tarda pas à les rétablir.

---

1. *Vie de Corneille*. Cette phrase a été supprimée dans l'édition des Œuvres *de Fontenelle*, 1743, t. III, p. 126, sans doute parce que Fontenelle avait reconnu la fausseté de l'explication qui venait après ces mots : « Quoique son talent lui eût beaucoup rapporté, il n'en était guère plus riche. Ce n'est pas qu'il eût été fâché de l'être, mais il eût fallu le devenir par une habileté qu'il n'avoit pas, et par des soins qu'il ne pouvoit prendre. » — Pendant toute sa vie, au contraire, Corneille donna des preuves qu'il était fort entendu aux affaires et défendait bien ses intérêts.

2. En contradiction avec l'opinion des contemporains, qui l'ont accusé d'avarice (voy. plus haut, chap. xi), et le soin apporté à la défense de ses intérêts.

3. *Mémoires pour l'histoire des sciences et des beaux-arts*. A Trévoux, 1713, septembre, p. 1587. Art. cxxviii : « La Vie de M. Boileau Despréaux, par M. Dés Maizeaux. » A Amsterdam, chez Henri Schelte, 1712, in-12, 315 pages.

Bien qu'on en rapporte généralement le mérite à Louis XIV, « qui aurait recommandé à ses ministres, Lionne et Colbert, de choisir un nombre de Français et d'étrangers distingués dans la littérature, auxquels il donnerait des marques de sa générosité [1] », il est certain que l'initiative de la mesure appartient à Colbert, comme l'a reconnu M. Clément. « Colbert, à peine arrivé au pouvoir, s'occupa donc de la position des littérateurs, et il demanda à deux d'entre eux, Chapelain et Costar, une liste des gens de lettres auxquels le roi pourrait accorder des pensions, avec l'indication sommaire de leurs titres à cette faveur, et c'est sur ce double travail que l'état des pensions de 1663 fut arrêté [2]. »

Les deux listes furent dressées immédiatement, et celle de Costar dans la première moitié de 1662, puisqu'on y lit le nom de Pascal, proposé pour une récompense comme mathématicien, et qu'il mourut le 19 août de cette année. On ne sait pas à quelle date Chapelain dressa la sienne; mais il est sûr que Corneille fut porté, d'office et l'un des premiers, sur les listes, sans avoir eu besoin de recourir aux moyens que Boileau réprouvait pour lui-même. Un de ses motifs pour fuir loin de Paris, c'est qu'il ne veut pas s'avilir devant Chapelain, comme une foule d'autres, pour être couché sur la liste nouvelle des gratifications et des pensions.

> Enfin je ne sçaurois, pour faire un juste gain,
> Aller bas et rampant fléchir sous Chapelain.
> Cependant pour flatter ce rimeur tutélaire,
> Le frère, en ce besoin, va renier son frère [3];
> Et Phébus en personne, y faisant la leçon,
> Gagneroit moins ici qu'au métier de maçon;
> Ou, pour être couché sur la liste nouvelle,
> S'en iroit chez Bilaine admirer *la Pucelle* [4].

1. Voltaire, *Siècle de Louis XIV*, ch. xxv.
2. *Histoire de la Vie et de l'Administration de Colbert*, p. 186.
3. Gilles II Boileau, l'un des frères aînés de Nicolas, avec lequel il fut toujours brouillé. Son nom figure, « par gratification, pour 1200 livres », sur l'état de 1665, et celui de Nicolas, « pour une pension de 2000 livres », sur l'état de 1674 seulement.
4. Ces vers de la satire I, le *Départ du poète,* écrits en 1661 ou 1662, dis-

Corneille ne fit pas davantage la cour à Colbert, et cependant, de ce côté, il eût été prudent et utile de prendre ses précautions. Car c'est à Colbert qu'il faut rapporter la radiation du nom mis certainement, par Costar et par Chapelain, sur les deux listes qu'il leur avait demandées, pour dresser celle qu'il se proposait de présenter au roi.

Le grand grief du ministre est tout à l'honneur de notre poète. Chez Corneille, comme chez la plupart de ceux que Foucquet avait obligés, la reconnaissance survécut au bienfait, et, ce qui est plus rare encore, à la disgrâce. L'attachement de la Fontaine est resté célèbre, et on peut en citer bien d'autres. « On ferait tout un chapitre de cette protection indulgente et libérale que Fouquet accordait aux gens d'esprit et aux gens de lettres et de la reconnaissance qu'il trouva en eux. En apprenant son arrestation, le gazetier Loret, l'un de ses pensionnaires, parla de lui en termes qui firent supprimer sa pension par Colbert. Fouquet le sut, et, tout prisonnier qu'il était, il fit prier Mlle de Scudéry d'envoyer secrètement à Loret 1500 livres pour le dédommager; ce qui fut exécuté, et sans qu'on pût deviner d'abord d'où venait le bienfait. Le médecin anatomiste Pecquet avait été choisi par Fouquet pour être son *médecin de plaisir*, pour l'entretenir à ses heures perdues des plus jolies questions de la physique et de la physiologie; Pecquet ne se consola jamais d'avoir été séparé de lui. Le poète épicurien Hesnault fit contre Colbert, en faveur de l'accusé, un sonnet sanglant et implacable, d'une vigueur toute stoïque. Mais le plus grand témoignage rendu à Fouquet, dans sa disgrâce, fut assurément celui du poète Brébeuf, lequel, dit-on, mourut de chagrin et de déplaisir de le savoir arrêté : voilà une mort qui est à elle seule une oraison funèbre [1]. »

---

parurent dans l'édition de 1674, et dans toutes celles du temps de Boileau, parce que son frère était mort en 1669, et qu'il avait lui-même obtenu la la pension ci-dessus.

[1]. *Causeries du lundi*, par M. Sainte-Beuve, 1852, t. V, p. 245 : « Le surintendant Fouquet », à propos de l'article Fouquet, dans l'*Histoire de Colbert*, par M. P. Clément, 1846.

Il faut y joindre Saint-Évremond, enveloppé dans sa disgrâce, et qui pensait à lui, sans le nommer, au cours de ses réflexions philosophiques *sur l'Amitié*, adressées à Mme la duchesse Mazarin.

Tous ces hommes de lettres ou de science, restés fidèles à Foucquet dans le malheur, étaient Normands : Loret, né à Carentan; Pecquet, à Dieppe; Brébeuf, à Thorigny, et Saint-Évremond, à Saint-Denis-du-Guast. Ils partageaient tous les sentiments de reconnaissance que Corneille conservait pour son ancien bienfaiteur, depuis *OEdipe* [1]; de pitié, depuis son malheur, et d'éloignement pour le principal auteur de sa disgrâce, Colbert, ennemi acharné du surintendant, et le trop intéressé révélateur de ses malversations.

Colbert n'ignorait pas ces sentiments chez Corneille. Aussi, quand vint le moment de dresser la liste définitive de ceux auxquels des gratifications ou des pensions devaient être accordées au nom du roi, il n'y mit pas Corneille, malgré la double présentation de Chapelain et de Costar. Le bruit en transpira, et deux hommes de cœur et de sens épargnèrent à Colbert le ridicule et l'odieux d'une pareille injustice. « Quelques années se passèrent [2], mais M. l'abbé Gallois et M. Perraut ayant sçu que cette pension étoit retranchée, ils firent comprendre à M. Colbert, si zélé pour la gloire de l'État, combien il étoit honteux pour la France qu'un homme tel que Corneille fût sans récompense [3]. »

L'un et l'autre étaient puissants auprès du ministre. Jean Gallois, savant universel, plus tard abbé de Cores en Auvergne, enseigna un peu de latin à Colbert, qui prenait ses leçons en carrosse, dans ses voyages de Versailles à Paris, et Charles Perrault, le littérateur, était en rapport avec lui à cette époque même. « Dès la fin de l'année 1662,

---

1. Voy. plus haut, p. 160.
2. Quatorze mois seulement, après la disgrâce de Foucquet, en assignant la date extrême de décembre 1662 pour cette intervention.
3. *Mémoires de Trévoux*, septembre 1713, p. 1583.

M. Colbert ayant prévu ou sachant déjà que le roi le ferait surintendant de ses bâtimens, commença à se préparer à la fonction de cette charge..... Il voulut en conséquence assembler un nombre de gens de lettres, et les avoir auprès de lui pour prendre leur avis, et former une espèce de petit conseil pour toutes les choses dépendantes des belles-lettres [1]. » Colbert choisit Perrault, le 3 février 1663, pour composer ce conseil, avec Chapelain, l'abbé Bourzeis et l'abbé de Cassagne, et il en fit son commis dans la surintendance des bâtiments, vers la fin de cette même année. Aussi tous les trois ne furent-ils pas oubliés sur l'état des gratifications de 1664, ni sur les états suivants.

Se rendant aux observations que lui avaient faites l'abbé Gallois et Perrault, Colbert mit les noms de Pierre Corneille et de son frère sur la liste présentée à Louis XIV, et on les lit sur l'« Estat des gratifications que S. M. a ordonné estre faites aux personnes illustres et bien versez dans toutes les sciences, tant en France qu'aux pays estrangers, qui sont employées au compte des bastiments du roy de l'année 1664 ».

Parmi les cinquante-neuf « gens de lettres françois » et « gens de lettres estrangers » auxquels Louis XIV fait des gratifications, on trouve qu'il en adressa :

« Au sieur CORNEILLE l'aisné, en considération des beaux ouvrages qu'il a donnez au théâtre françois... 2000 livres. »

« Au sieur CORNEILLE le jeune, pour luy donner moyen de continuer son application aux belles-lettres... 1000 livres. [2] »

Louis XIV, ou plutôt Colbert, ne séparait pas les deux frères que Foucquet avait précédemment réunis pour en faire l'objet de ses libéralités, avec cette différence qu'en

---

1. *Œuvres choisies de Charles Perrault*, 1826, in-8°, « Mémoires », p. xx-xxiii.
2. *Gratifications faites par Louis XIV aux savants et hommes de lettres, depuis 1664 jusqu'en 1679.* Imprimé pour la Société des bibliophiles français, 1825, in-8°, 104 pages. — M. P. Clément a publié une liste plus étendue, de 1664 à 1683, avec des différences pour l'ordre des noms et pour les titres scientifiques ou littéraires des personnages gratifiés. Voy. *Lettres, Instructions et Mémoires de Colbert*, t. V, p. 466.

1664 on récompensait le passé de l'un, et que l'on encourageait l'avenir de l'autre.

Les premières gratifications avaient été accordées au mois de décembre 1662, et les intéressés en furent avisés au commencement de 1663. On ne sait sur quels fonds elles furent prises, parce qu'on n'a pas retrouvé les états de cette année, et il est à croire que la cassette royale en fit les frais jusqu'au jour où Colbert les imputa sur le compte des bâtiments, comme on vient de le voir.

Il s'établit aussitôt un usage qui fit loi pour l'avenir. « Les écrivains qui avaient eu part aux faveurs royales durent adresser à Louis XIV leurs remerciements dans une forme solennelle. Ils ne furent pas tout à fait libres de conserver leur reconnaissance dans leur for intérieur. C'est ce que nous apprend une curieuse lettre de Huet à Ménage, à la date du 17 août 1663. » On y lit, en effet, que « le roy désirait des vers de remerciement, que M. Colbert s'en était expliqué, et on ajoutait même que ceux qui y manqueraient seraient remarqués [1] ».

Devant cet ordre formel, Corneille s'exécuta, puisque son « Remerciement au Roy » est antérieur au 17 août 1663, date de la lettre où Huet prie Ménage de le comprendre parmi les remerciements imprimés qui ont déjà paru, sans doute pour lui servir de modèle. Il en était bien digne et par la pensée et par l'expression.

Corneille commence en rapportant tout le mérite de ces gratifications au roi.

> Tel est l'épanchement de tes nouveaux bienfaits :
> Il prévient l'espérance, il surprend les souhaits,
> Il passe le mérite, et ta bonté suprême
> Pour faire des heureux les choisit d'elle-même.

Le poète sait bien qu'il doit au roi des vœux et des éloges, d'autant mieux qu'aujourd'hui le roi n'a plus le con-

---

[1]. *Bibliographie cornélienne*, par E. Picot, pages 179 et 180, où la lettre est citée en entier.

cours de Mazarin, et qu'il exerce seul le gouvernement personnel.

> Maintenant qu'on te voit en digne potentat
> Réunir en ta main les rênes de l'État,
> Que tu gouvernes seul et que par ta prudence
> Tu rappelles des rois l'auguste indépendance,
> Il est temps que d'un air encor plus élevé
> Je peigne en ta personne un monarque achevé;
> Que j'en laisse un modèle aux rois qu'on verra naître,
> Et qu'en toi pour régner je leur présente un maître.

Corneille trace alors un tableau aussi brillant que vrai du règne de Louis XIV, depuis la mort de Mazarin (9 mars 1661), en des vers que Boileau ne surpassera pas, six ans plus tard, bien qu'on les cite plus souvent que ceux de Corneille, pour faire l'éloge du grand roi [1].

Restaient les devoirs à remplir envers Colbert, le véritable promoteur de la mesure, quoiqu'il en rapporte habilement tout le mérite au roi.

Pour tout remerciement, les auteurs favorisés paraissent s'en être tenus à une simple visite. Ainsi avait procédé Ménage, comme on le voit par la lettre que Huet lui adressa, de Rouen, le 17 août 1663. « Je suivray vostre exemple en ce qui regarde M. Colbert. » Corneille, qui pour le roi avait suivi l'exemple de tous les intéressés, ne jugea pas à propos de faire une visite de remerciement au ministre. Il crut qu'il suffisait de remercier le prince, au nom duquel ces libéralités étaient faites.

En cela, il se fit rappeler à l'ordre, et pour une autre négligence encore, d'après le père Tournemine. « Quand la pension fut supprimée après la disgrâce de M. Fouquet...., M. Colbert, plus Mécène que le favori d'Auguste, ne tarda pas à la rétablir. Corneille laissa passer un an sans demander le brevet et sans remercier, je le sçai de l'abbé Gallois, à qui le ministre en avoit fait des reproches et qui

---

1. *Épitre au roi*, « les Avantages de la paix », 1669.

conduisit Corneille à l'hôtel Colbert [1]. » Colbert devait d'autant plus se plaindre à l'abbé Gallois que l'intervention de ce dernier avait décidé le ministre à mettre le nom de Corneille sur la liste des gratifications, d'où il l'avait exclu tout d'abord. Le reproche atteignait autant le protecteur que le protégé, dont la faute fut réparée par la visite faite à Colbert, sous la conduite de l'abbé Gallois.

En cette circonstance, il y eut chez Corneille plutôt calcul qu'oubli, puisque la visite fut faite par les auteurs récompensés, et si Corneille s'abstint, c'est qu'il avait des motifs sérieux pour le faire. Il ne pardonna pas à Colbert l'acharnement déployé pour perdre Foucquet, et il lui sut peu de gré de l'avoir mis sur la liste des gratifications, après avoir songé tout d'abord à l'en exclure. Enfin cette visite au ministre, imposée au poète informé de ses premières dispositions peu bienveillantes, dut laisser une grande irritation dans son cœur. Déjà l'obligation de faire des vers pour le roi avait dû le froisser; mais il s'y était résigné, se demandant avec Huet : « La honte et la bassesse qui peut estre en cela n'est-elle pas couverte et effacée par ce commandement? » Oui, pensait-il; et il s'était exécuté, « voyant d'ailleurs que tout le monde le faisait », et réfléchissant « que cette singularité qu'il aurait affectée, serait sans doute condamnée; qu'il faisait bon suivre le torrent, et *in neutram partem conspici* », comme Huet en donnait, quelque temps après, le conseil à Ménage indigné et hésitant [2].

Mais si Corneille avait consenti à faire l'éloge du roi, dans son « Remerciement », ses griefs personnels le détournèrent toujours de faire celui de son ministre, qu'il ne voulait pas même visiter, après avoir obtenu la gratification de 1663. Chose remarquable, en effet : loin de donner

---

1. *Défense du grand Corneille*, mise par l'abbé Granet en tête de sa publication : *OEuvres diverses de P. Corneille*, 1738, p. xxxiij. — Ce passage n'est pas dans l'édition de la « Défense » donnée, en 1717, par les *Mémoires de Trévoux*.
2. « Lettre à Ménage. » Voy. *Bibliographie cornélienne*, p. 180.

des éloges à Colbert, comme la plupart des poètes de ce temps, Corneille a toujours passé, systématiquement, son nom sous silence [1], en rapportant à Louis XIV tout l'éclat de son règne, et en insistant, d'une façon désobligeante pour eux, sur la fragilité du pouvoir de ses ministres.

C'est dans le Remerciement de 1663 qu'il les a le moins maltraités, quand il dit à Louis XIV que son dessein est de peindre

> Ce choix de serviteurs fidèles, intrépides,
> Qui soulagent tes soins, mais sur qui tu présides;
> Et dont tout le pouvoir qui fait tant de jaloux,
> N'est qu'un écoulement de tes ordres sur nous.

A ce titre peut-être il avait cru ne rien devoir à Colbert, compris dans cet éloge collectif et peu flatteur.

L'année d'après, il le traita encore moins bien. Ces « gratifications », que leur continuité seule devait transformer en « pensions », n'étaient pas définitives, surtout au début, mais essentiellement renouvelables, chaque année, au gré de Louis XIV, ou plutôt de son ministre Colbert, chargé de ce service. Aussi Corneille prit-il ses précautions auprès du roi, à l'aide de ce moyen, révélé par un contemporain. « Corneille a lu par tout Paris une pièce qu'il n'a pas encore fait jouer. C'est le couronnement d'Othon. Il n'a pris ce sujet que pour faire continuer les gratifications du roi en son endroit; car il ne fait préférer Othon à Pison par les conjurés qu'à cause, disent-ils, qu'Othon gouvernera lui-même, et qu'il y a plaisir à travailler sous un prince qui tienne lui-même le timon [2]. »

Voici les vers auxquels il est fait allusion dans ce passage, et, pour accentuer l'éloge, Corneille les met dans la

---

1. On trouve, une fois, le nom de Colbert, dans une pièce de Corneille, « Au Roi sur sa libéralité envers les marchands de la ville de Paris ». 1674. Mais c'est une traduction du latin de Santeul louant en lui le ministre du commerce.
2. *Historiettes de Tallemant des Réaux*, édit. in-18, t. X, p. 235.

bouche de Lacus, préfet du prétoire, l'un des ministres d'Othon.

> Sous un tel souverain nous sommes peu de chose :
> Son soin jamais sur nous tout à fait se repose :
> Sa main seule départ ses libéralités :
> Son choix seul distribue états et dignités.
> Du timon qu'il embrasse il se fait le seul guide,
> Consulte et résout seul, écoute et seul décide,
> Et quoique nos emplois puissent faire de bruit,
> Sitôt qu'il nous veut perdre, un coup d'œil nous détruit.
> (*Othon*, acte II, sc. IV.)

Corneille, pour des motifs intéressés peut-être, tenait ainsi la promesse, faite l'année précédente, dans son « Remerciement au Roy », d'employer le théâtre

> A peindre en sa personne un monarque achevé [1].

Othon fut joué, pour la première fois, à Fontainebleau, le 3 août 1664, et tous les spectateurs, roi, ministres et courtisans, saisirent sans peine l'allusion évidente au gouvernement personnel de Louis XIV, inauguré depuis trois ans. Mais, si le roi fut flatté de ce tableau véridique de son gouvernement, de quelle oreille Colbert dut-il entendre ce que Corneille disait des « libéralités » d'Othon, c'est-à-dire de Louis XIV? Puisque lui seul les accordait, il devenait inutile d'en remercier le ministre, comme il l'avait exigé. Cette protestation tardive ne dut pas lui plaire plus que le rappel, par son propre aveu, de la fragilité de son pouvoir.

Cette sorte d'hostilité de Corneille vis-à-vis de Colbert se manifesta encore davantage, et toujours à l'occasion des pensions, l'année suivante, en 1665. Charles Perrault, le second protecteur de Corneille auprès de Colbert [2], nous a conservé ces curieux détails sur le mode de distribution des premières « gratifications », qu'il fait synonymes de « pen-

---

1. Voy. plus haut, p. 227.
2. Voy. plus haut, p. 224.

sions ». « A l'égard de celles qui se distribuaient à Paris, elles se portèrent la première année chez tous les gratifiés par le commis du trésorier des bâtiments, dans des bourses d'or, les plus propres du monde; la seconde année, dans des bourses de cuir. Comme toutes choses ne peuvent pas demeurer au même état, et vont naturellement en dépérissant, les années suivantes il fallut aller recevoir soi-même les pensions chez le trésorier, en monnaie ordinaire. Les années bientôt eurent quinze et seize mois [1]. »

Le payement de la première année, où l'on eut tant d'égards pour les « gratifiés », est celui qui se fit dans les premiers mois de 1663, sur la cassette du roi; le deuxième est celui du début de l'année 1664, et enfin les autres payements partent de l'année suivante, dont les retards progressifs inspirèrent au chevalier de Cailly [2] une petite pièce de six vers, sous ce titre explicatif : « Aux poètes, en 1665, sur le reculement de leurs pensions assignées sur les mêmes fonds que les bâtiments du Louvre. » Il les console en leur disant « qu'ils seront payés, après les maçons, s'il reste des fonds ».

Corneille, tout étonné de n'avoir encore rien reçu en avril 1665, s'en plaignit directement à Louis XIV, en dénonçant le fait dans cette pièce.

PLACET AU ROI

Sur le retardement du payement de sa pension.

Grand Roi, dont nous voyons la générosité
  Montrer pour le Parnasse un excès de bonté,
    Que n'ont jamais eu tous les autres;
Puissiez-vous dans cent ans donner encor des loix,
  Et puissent tous vos ans être de quinze mois,
    Comme vos commis font les nôtres [3] !

---

1. « Mémoires de Ch. Perrault », en tête de ses *OEuvres choisies*, Paris, 1826, p. xxxj.
2. Plus connu sous son pseudonyme anagrammatique « d'Aceilly ».
3. Tel est le texte donné, en 1738, de ce *Placet* tant cité depuis. Voy. *OEuvres diverses de P. Corneille*, dans un carton placé à la fin du volume.

Colbert dut être d'autant plus blessé de cette réclamation directe qu'elle le mettait lui-même en cause. Ces « commis » relevaient de lui, comme surintendant des bâtiments du roi, et puis le mode de payement n'admettait pas de procédés plus expéditifs. « Les ordonnancements des gratifications étaient toujours tardifs, les payements ne pouvant avoir lieu que sur les reliquats constatés du crédit des Bâtiments pour l'année précédente. Les maçons passaient donc naturellement les premiers, et l'état des hommes de lettres n'était dressé qu'en raison de la somme libre et alors qu'elle avait été bien reconnue telle, c'est-à-dire dans l'année suivante, plus tôt ou plus tard [1]. »

Pour reconnaître les libéralités du roi, Corneille introduisit quelquefois le souvenir de plusieurs événements récents de son règne dans les tragédies qu'il était en train de composer. Ainsi celle d'*Attila* fut représentée le 4 mars 1667, et, dans le portrait de Mérovée, que fait Octar, capitaine des gardes du roi des Huns, le poète s'est appliqué à peindre Louis XIV comme guerrier, et à rappeler le fameux camp de Compiègne et les grandes revues de l'année précédente. Bien sûr de plaire au père, il y a joint l'éloge prématuré du Dauphin, pour son caractère guerrier, quand il allait entrer dans sa sixième année [2].

De peur que le public ne s'y trompât, Corneille eut grand soin de faire connaître, quelques mois après, son intention formelle d'introduire des allusions au roi dans ses pièces de théâtre et de retracer son portrait dans celui de ses personnages. Ainsi la pièce de vers intitulée : « Au Roi, sur son retour de Flandre », qui eut lieu vers la fin du mois d'août 1667, en contient l'aveu non déguisé. Il se plaint de voir ses contemporains, délaissant son théâtre, s'éprendre des pièces de Racine, parce que

---

1. M. Taschereau, *Vie de Corneille*, t. II, pages 183-184.
2. *Attila*, acte II, sc. v.

> On croit ses vers glacés par la froideur du sang ;
> Leur dureté rebute et leur poids incommode
> Et la seule tendresse est toujours à la mode.

Mais s'agit-il de célébrer les exploits du roi, son esprit retrouve sa vigueur première, pour les mettre sur la scène, sous le nom des héros empruntés à l'antiquité.

> Et dès que je vois jour sur la scène à te peindre,
> Il rallume aussitôt le feu prêt à s'éteindre.
> Mais comme au vif éclat de tes faits inouïs
> Soudain mes foibles yeux demeurent éblouis,
> J'y porte, au lieu de toi, ces héros dont la gloire
> Semble épuiser la fable et confondre l'histoire ;
> Et m'en faisant un voile entre la tienne et moi,
> J'assure mes regards pour aller jusqu'à toi.....
> Sur mon théâtre ainsi tes vertus ébauchées
> Sèment ton grand portrait par pièces détachées ;
> Les plus sages des rois comme les plus vaillants,
> Y reçoivent de toi les plus dignes brillants.
> J'emprunte, pour en faire une pompeuse image,
> Un peu de ta conduite, un peu de ton courage,
> Et j'étudie en toi ce grand art de régner,
> Qu'à la postérité je leur fais enseigner.

C'est ce qu'il venait de faire, au mois de mars 1667, dans la tragédie d'*Attila*, quand Octar retrace le portrait de Mérovée, qui n'est autre que celui de Louis XIV. C'est ce qu'il fera de nouveau, trois ans plus tard, dans *Tite et Bérénice*, la première de ses tragédies, après *Attila*.

Ce nouvel éloge de Louis XIV, Titus le fait, en se jugeant lui-même, dans la scène entre son confident Flavian et lui, au début du second acte. Les vers de Corneille visaient si bien le roi de France que « le célèbre M. de Santeul, voulant composer des vers sur la campagne d'Hollande de 1672, crut ne pouvoir mieux faire que de traduire en latin ces huit vers.... Il présenta au roi ses vers latins sous ce titre : *Sur le départ du roi*, et mit à côté ceux de M. Corneille [1]. » Ils avaient été faits deux ans auparavant, quand

---

[1]. Jolly, *Avertissement du théâtre de Corneille*, pages LXIX et LXX, cité par M. Marty-Laveaux, *ibid.*, t. VII, p. 217. — L'abbé Granet s'est mépris dans

la duchesse d'Orléans mit aux prises Corneille et Racine, en les engageant à traiter le même sujet. La tragédie du vieil athlète fut représentée le 28 novembre 1670, tandis que celle de son jeune et heureux rival occupait déjà la scène depuis huit jours consécutifs. Mais les contemporains avaient devancé Santeul en appliquant à Louis XIV les beaux vers de Corneille, qui les avait faits dans cette intention.

A partir du jour où il reçut une gratification de Louis XIV, en 1663, bientôt transformée en pension régulière, Corneille ne cessa de témoigner sa reconnaissance par les pièces qu'il adressait au roi, ou par des éloges mêlés à d'autres travaux. On a vu, plus haut, son « Remerciement au Roy », aussitôt après avoir reçu la première gratification ; on vient de voir les allusions comprises dans son Théâtre, auxquelles s'ajoutent d'autres poésies pour le même objet. L'abbé Granet en a réuni plus d'une vingtaine, tant originales que traduites du latin des auteurs qui célébraient, en cette langue, les grands événements du règne de Louis XIV [1]. Pour faire suite aux pièces déjà citées, nous signalerons, en 1667, son épître : « Au Roi sur son retour de Flandre », et, la même année, le « Poème sur les victoires du Roi », traduit du P. Charles de la Rue ; en 1668, ses nouveaux vers : « Au Roi sur sa conquête de la Franche-Comté », précédés ou suivis de traductions ou d'imitations de petites pièces latines, toujours à la gloire de Louis XIV. Bientôt il fit, en latin et en français, les « Vers présentés au Roi à son retour de la guerre de Hollande, le 2 août 1672 », pour le féliciter d'avoir rétabli la foi catholique par ses conquêtes en ce pays, et il joignit à ce premier hommage la traduction en vers français du poème

---

cette note sur ces vers : « Il y a apparence que Corneille, en les mettant dans la bouche de Tite, fit allusion au départ du roi pour la Hollande. » (*OEuvres diverses de Pierre Corneille*, p. 45.) — L'impossibilité est évidente, puisque la pièce de Corneille est de 1670 et que Santeul voulait célébrer la campagne de 1672.

1. *OEuvres diverses de Pierre Corneille*, pages 1-106.

latin du P. de la Rue, en lui donnant pour titre : « Les victoires du Roi sur les Estats de Hollande, en l'année M. DC. LXXII. » Elle n'a pas moins de 444 vers, presque autant que quelques chants de la *Henriade*. Enfin, Maestrich ayant été pris, le 1er juillet 1673, Corneille composa sur cet événement un « Sonnet [1] », que le rédacteur du *Mercure galant* déclare « avoir plu et à la cour et à la ville [2] ». Mais, quand il parut, en 1674, Corneille avait déjà perdu la pension, cause première de tant de vers à l'éloge de Louis XIV, et dans ses tragédies et dans des pièces détachées, ce qui ne l'empêchera pas d'en faire d'autres, même après cette suppression, comme on le verra plus loin. Plus exactement et plus longtemps que La Fontaine à Foucquet, Corneille payait en vers sa dette de reconnaissance à Louis XIV.

A propos des vers de *Tite et Bérénice*, rappelés plus haut [3], Palissot a fait cette remarque : « Ces vers furent appliqués à Louis XIV, et c'était l'intention de Corneille, qui n'avait eu cependant qu'une part bien médiocre aux bienfaits de ce prince. » Il est vrai que, sur l'état de 1664, la pension de Chapelain est de 3000 livres, celle de l'abbé de Bourzeis également, et celle de Mézeray, de 4000 livres, tandis que Corneille n'est couché, sur le même état, que pour 2000 livres. Mais cette pension, il la toucha, pendant dix années consécutives, sans aucune interruption, ainsi que le prouvent tous les états des pensions et gratifications ordonnées par le roi, de 1664 à 1673. Cela fait donc une somme de 20 000 livres, que Corneille dut à la munificence de Louis XIV, sans compter la première gratification, de 2000 livres, accordée en 1663, et dont l'état n'a point été retrouvé. Ces sommes diverses représenteraient plus de 100 000 francs aujourd'hui, et elles vinrent grandement en aide à Corneille, pour faire face à

---

1. Cité par M. Marty-Laveaux, *ibidem*, t. X, p. 285.
2. 1675, t. VI, p. 37.
3. Page 233.

ses charges de famille, d'après son propre témoignage [1].

Enfin, il faut encore faire entrer en ligne de compte le bénéfice des jetons de présence à l'Académie; la durée et l'importance n'en furent pas telles qu'on l'a supposé.

On sait que Corneille, reçu assez tardivement à l'Académie française, après du Ryer, dont la réception est du 21 novembre 1646, y prononça un bien médiocre discours, le 22 janvier 1647. L'un des obstacles à son élection paraît avoir été sa non-résidence à Paris, et, pour le lever, « il fit dire à la Compagnie qu'il avoit disposé ses affaires de telle sorte qu'il pourroit passer une partie de l'année à Paris [2] ». La promesse de 1646 dut rester sans effet jusqu'en 1662.

Cependant Corneille, même à cette date, se fit-il un vrai revenu du jeton de présence à l'Académie, ainsi qu'on l'a cru? « Une fois installé à Paris, et pouvant ne plus manquer à une seule séance de l'Académie française, dont, après bien des difficultés, on l'avait fait membre en 1646, il se fit de cette assiduité un revenu. Le *jeton* de présence, qu'il rapportait chaque fois, était toujours impatiemment attendu dans le ménage; c'était une de ses ressources [3]. »

M. E. Fournier a dû le croire, après avoir dit : « N'ayant que fort difficilement le principal, Corneille chercha souvent sa vie dans l'accessoire. » Si, par malheur, telle avait été sa détresse à son arrivée à Paris, en 1662, le revenu du jeton n'y aurait pas apporté un grand remède, par la raison toute simple que le jeton n'existait pas alors et que sa création se fera attendre dix ans encore.

Le mérite en revient à Colbert, qui, reçu le 21 avril 1667 membre de l'Académie française, « y fit un discours à la louange du roi avec tant de grâce et de succès qu'il en fut admiré de toute cette savante Compagnie [4] ». La réception

---

1. Voy. plus loin, p. 284.
2. *Histoire de l'Académie françoise,* par Pellisson et d'Olivet, t. I, 1743, p. 208.
3. *Corneille à la butte Saint-Roch,* « Notes sur la Vie de Corneille », par M. E. Fournier, p. lxxix.
4. *Gazette de France,* 30 avril 1667. — Colbert ne fut donc pas dispensé du discours, comme le dit l'abbé d'Olivet dans son *Histoire de l'Académie.*

du tout-puissant ministre fut une bonne fortune pour l'Académie, à cause des faveurs qui en furent la conséquence. Elle tenait ses séances, à cette époque, dans l'hôtel Seguier, son protecteur; après la mort du chancelier, Colbert obtint du roi qu'elle les tiendrait au Louvre. Aussi Charpentier lui en adressa-t-il un compliment, au nom de l'Académie, le 13 juin 1672. Une nouvelle faveur, à la fin de cette même année, fut suivie d'un nouveau « compliment, fait le 16 janvier 1673, par Monsieur Charpentier à Monsieur Colbert, après qu'il eut fait sçavoir à la Compagnie que le roy lui avoit donné ordre de faire un fonds tous les ans pour les menus besoins de l'Académie, comme bois, bougie, journées de copiste pour transcrire le Dictionnaire, *même pour faire des jettons d'argent* pour être distribuez au nombre de 40, à chaque jour d'assemblée, aux Académiciens qui se trouveroient présens [1] ».

Le jeton est donc une création de 1672, dont Corneille ne put profiter dans les dix années antérieures de son séjour à Paris.

De plus, la valeur en « était fort modique », d'après Charles Perrault, qui a fourni les plus curieux détails sur les faveurs accordées à l'Académie française par l'habile ministre. Il avait songé, tout d'abord, à donner au jeton une valeur vénale assez élevée; mais, pour des motifs sérieux que l'on trouvera plus loin, la valeur vénale du jeton ne dépassa guère une livre monnaie de compte [2].

En lui attribuant une valeur qu'il n'eut pas, on a dit : « Très assidu aux séances de l'Académie française, Corneille avait, si bon lui semblait, la ressource de toucher régulièrement son jeton de présence, ci : huit cents livres de rentes annuelles, le calcul en est fait. Il est fort exact, et Furetière le constate, le jeton était d'un bon rapport : « La libéralité des quarante jettons que le roi fait distri-

---

1. En tête du second compliment, dans le *Recueil des harangues de MM. de l'Académie françoise*, 1698, in-4°, p. 222.
2. Voy. Appendice XXII.

« buer à ceux qui sont presens à chaque assemblée n'a pas
« peu contribué à la brigue des places vacantes [1]. » Ce chiffre
de 800 livres est le résultat d'une confusion faite par
Furetière ou par ses interprètes. Il y eut bien un projet
primitif de Colbert « de faire donner un demi-louis d'or [2] à
chacun des présens ; mais il fit réflexion que cette libéralité pourrait faire tort à l'Académie, parce que cette distribution irait à 800 ou 900 livres par an, ce qui serait
regardé comme un bon bénéfice, que les grands de la cour
solliciteraient et feraient avoir à leurs aumôniers, aux précepteurs de leurs enfants, et même à leurs valets de
chambre [3]. » Pour parer à cet inconvénient, Colbert remplaça le « demi-louis d'or » projeté par un jeton d'argent,
dont la valeur était environ d'une livre, d'après les extraits
des registres du secrétariat de l'Académie française [4].

Le nombre des séances, fixé par le règlement, ne permettait pas non plus de se faire avec ce jeton, ainsi réduit,
un revenu considérable. Nommé protecteur de l'Académie,
depuis le 19 décembre 1643, en remplacement du cardinal
de Richelieu, le chancelier Seguier avait proposé, le
20 avril 1651, « de s'assembler deux fois la semaine, pour
avancer le travail du Dictionnaire », au lieu d'une fois,
suivant l'ancien usage. La mesure était en vigueur lors de
la création des jetons. De plus, « l'Académie prenait d'ordinaire des vacations sur la fin du mois d'août qui duraient
jusques à la Saint-Martin [5] » (11 novembre). Il en résulta
que les Académiciens siégeaient à peine dix mois, environ
quarante semaines, soit quatre-vingts séances en tout, de
sorte que les plus assidus des « jettoniers », comme Corneille appelait ceux qui venaient très régulièrement à l'Aca-

---

1. *Pierre Corneille*, par M. Arthur Heulhard, 1884, p. 21-22.
2. Le demi-louis d'or était alors de 12 livres, et chaque académicien, pouvant en recevoir 75 par an, au maximum, aurait touché les 800 livres dont parle Perrault, et peut-être 900, avec des séances extraordinaires.
3. *Mémoires de Ch. Perrault*. — Voy. Appendice XXII.
4. Appendice XXII.
5. *Histoire de l'Académie françoise*, par M. Pellisson, 1700, p. 98, 92 et 158.

démie, « pour y gagner des jettons plutôt que pour y rendre service au public », arrivaient à grand'peine à toucher cent livres par leurs jetons de présence.

Sans doute Corneille en tira quelques ressources, mais cette gratification, si peu considérable, ne dut jamais être « impatiemment attendue dans le ménage », d'autant plus que la détresse de Corneille a été singulièrement exagérée, comme la valeur réelle du jeton, et, par suite, le modeste revenu qu'il en put tirer.

CHAPITRE IV

RECHERCHES DES USURPATIONS DE NOBLESSE
LE FIEF SEIGNEURIAL DE PIERRE CORNEILLE

Préliminaires de la recherche. — Hésitations du pouvoir. — Édit infligeant une amende. — Déclaration pour l'exécution. — Elle est générale et imminente. — Craintes des anoblis. — Réclamation en vers par de Boisrobert. — Il y comprend son ami Corneille. — Date de cette épître. — Le sonnet de Corneille à Louis XIV est postérieur. — Discussion et preuves. — La recherche est fiscale avant tout. — Nouvelles mesures. — Réduction de l'amende. — Corneille garde d'abord le silence. — Révocation des lettres de noblesse antérieures. — Corneille lance le sonnet. — Le texte en fixe la date. — Sa demande est pour l'honneur de ses vers. — Un certificat provisoire lui est accordé. — Maintien définitif des deux frères. — Enregistrement à Rouen. — Recherche dans la généralité de Rouen. — Barin de la Galissonnière. — Article erroné sur Pierre Corneille. — Modification des armes. — Comédie de Claveret contre « les Faux Nobles ». — Elle ne vise pas Corneille. — Preuves tirées de la pièce. — Son fief ou titre seigneurial. — Diversité des noms donnés à ce fief. — Elle naît d'une similitude de son et de mauvaises lectures. — Le vrai nom est « Hauville ». — Corneille s'en dit tardivement « le sieur ». — Preuves par plusieurs actes authentiques. — La situation de ce fief est inconnue. — Fausse hypothèse sur ce point. — Est-ce Hauville en Roumois?

Cette mesure administrative, toute fiscale, eut plusieurs phases successives, et l'orage gronda longtemps avant d'éclater. Il y eut les préliminaires de la recherche et la recherche elle-même. Faute de les avoir distingués, la confusion s'est mise dans la fixation de la véritable date des pièces où figurait le nom de Corneille, à propos de cette mesure. De là plusieurs points obscurs que nous allons tâcher d'élucider.

Avant d'en venir à l'exécution, le pouvoir hésita longtemps sur l'emploi des moyens propres à réprimer les abus. Sous Louis XIV, comme de nos jours, bien fréquentes furent les usurpations de noblesse, et, pour y mettre obstacle, sinon un terme, le premier moyen imaginé fut une amende. « L'édit de janvier 1654 condamnait à la somme de deux mille livres et aux deux sols pour livre tous ceux qui se trouvoient sans être nobles et sans titres valables avoir induement pris la qualité de chevalier ou d'écuyer avec armes timbrées ou usurpé le titre de noblesse [1]. »

Deux ans après seulement, en 1656, le pouvoir prescrivit les mesures à prendre pour l'exécution de l'édit, et le titre les rappelle en ces termes : « Déclaration pour la recherche des usurpations de noblesse, et de ceux qui ont induement pris la qualité de chevalier ou d'écuyer, et confirmation des annoblis par lettres, et autres privilèges qui ont été cy-devant accordez par le roy dans le ressort de la cour des Aydes. A Paris le 30 décembre 1656, reg. (istré) en la cour des Aydes le 11 septembre 1657 [2]. »

La mise à exécution des mesures prescrites par la déclaration ne fut pas immédiate, ni restreinte au seul ressort de la cour des Aides de Paris. Elle fut étendue aussi à la Normandie, et, à la date du 16 mars 1658, elle était imminente par tout le royaume.

> On va poursuivre avec adresse
> Les uzurpateurs de noblesse,
> Suivant les édits et les lois ;
> Mais, dans tous les ressorts gaulois,
> Aussi bien qu'au pays des pommes,
> On avertit les gentils-hommes
> D'être sans apréhention
> Pour cette déclaration
> Bien et deüment vérifiée,
> Et, mesmement, signifiée.

---

1. *Traité de la Noblesse,* par La Roque, 1735, p. 419.
2. *Table chronologique des Ordonnances des Rois de France,* par Guillaume Blanchard, 1687, in-4°. Le titre cité est de lui, en tête de l'ordonnance, p. 488.

> L'édit du monarque des lis
> N'en veut qu'à ces faux *nobilis*,
> Qui, pour n'être contribuables,
> Se donnent à cent mille diables,
> Jurans, comme des fiérabras,
> Qu'ils sont nobles, à vingt carats.
> Il est vray qu'ils ont des chaumières,
> Chevaux, pistolets et rapières,
> Ils ont des habits clinquantez,
> Ils ont quelques laquais crotez;
> Mais de véritable noblesse,
> Qui vient de vertu, de sagesse,
> Et d'avoir porté le harnois,
> Ils n'en ont pas pour un tournois.
> Ce n'est donc que pour ces personnes,
> Bien moins nobles que fanfaronnes,
> Que les loix du prince agiront;
> Et ceux, qui ces miens vers liront,
> Aprendront que les nobles races
> Qui de l'honneur suivent les traces,
> Par l'ordre de nos Majestez,
> N'en seront point inquietez [1].

Cette déclaration jeta l'alarme parmi tous les faux nobles, qui avaient usurpé leurs titres, « pour n'être pas contribuables », comme le dit Loret[2]. Il y avait guerre entre eux, qui ne voulaient rien verser dans le trésor, et le pouvoir, qui visait, avant tout, à le remplir. Les anoblis n'étaient pas non plus sans crainte, car la confirmation des lettres d'anoblissement et des privilèges anciennement accordés devenait douteuse, soumise qu'elle se trouvait à une nouvelle décision du pouvoir. Tel était le cas de Pierre Corneille, et de l'un de ses amis, qui va plaider sa cause d'office, en plaidant la sienne.

De Boisrobert, disgracié en 1655, était rentré en grâce au mois de février 1658, par l'entremise de Mme de Mancini[3], auprès du cardinal Mazarin. A son retour à Paris,

---

1. *La Muze historique*, par J. Loret, édition de M. Ch. Livet, 1877, t. II, p. 456-457.
2. Loret en parle dans sa lettre du 23 février. *Ibid.*, p. 447.
3. De Boisrobert l'en a remerciée dans une épître. Voy. ses *Épistres en vers*, 1659, pp. 195-199.

il apprend la publication de l'Edit ci-dessus, et aussitôt il adresse une épître : « A Monseigneur le chancelier », qui était alors Seguier, son protecteur depuis longtemps. D'après le sommaire de cette épître « il luy veut rendre ses Lettres d'annoblissement, s'il ne le fait distinguer des autres nouveaux annoblis sur lesquels on a mis des taxes ». C'étaient surtout les taxes qui blessaient de Boisrobert et tous ceux qu'atteignait l'édit. De là l'exorde *ex abrupto* de l'épître, pour protester contre les sommes exigées d'eux.

> Qu'est ce que l'on m'a fait entendre,
> Grand Seguier, que viens-je d'apprendre ?
> S'il est bien vray ce qu'on m'a dit,
> Qu'on a fait un nouvel édit
> Contre les nouveaux gentils-hommes,
> Qu'on taxe à de bien rudes sommes.
> Ie te vay rendre dès demain
> Ce que j'ay receu de ta main ;
> Oüy, tiens déjà pour suranées,
> Les lettres que tu m'as données,
> Si pour moy l'on y met le prix
> Ie les regarde auec mépris ;
> Mon mérite y paroist trop ample,
> Et je puis bien estre excepté
> Sans que l'édit en soit gasté.

Il rappelle alors le souvenir de Richelieu, qui le fit anoblir, par les motifs qu'on trouve aussi dans les lettres d'anoblissement du père de Corneille.

> Lorsqu'Armand, ce Dieu tutélaire,
> Par qui j'eus l'honneur de te plaire,
> Fit sur ma vertu seulement
> Fonder cet anoblissement,
> Auec honneur tu me fis prendre,
> Ce qu'auec honte on me veut vendre,
> Si tu ne peux m'en dispenser,
> Ie fais gloire d'y renoncer.

1. Un édit du mois de janvier 1654 condamnait à une amende de « deux mille livres » les usurpateurs de noblesse. *Traité de la Noblesse*, par La Roque, édit. de 1735, p. 449. Voy. plus haut, p. 241.

Lié avec Corneille, qu'il avait connu à Rouen, après avoir été pourvu, en 1634, d'un canonicat dans la cathédrale de cette ville, il ne cessa de le servir, au temps de sa faveur auprès du cardinal de Richelieu. Pendant la Querelle du Cid, « M. de Boisrobert, qui estoit de ses meilleurs amis, luy écrivit diverses lettres, luy faisant savoir la proposition de Monsieur de Scudery à l'Académie ». Il s'agissait d'obtenir son consentement à l'Examen du Cid par cette compagnie. C'était lui qui prenait soin de lui faire toucher la pension que lui accordait le cardinal de Richelieu, en même temps que Corneille lui confiait ses pensées intimes sur *les Sentiments de l'Académie françoise*, le 23 décembre 1637, et ce fut lui qui, par ses conseils, l'amena à ne pas y répondre, « veu les personnes qui s'en sont meslées [1] ».

Toujours fidèle à cette vieille amitié, de Boisrobert joint à sa demande personnelle le souvenir de Corneille, atteint par le même édit.

> J'apprends que l'illustre Corneille
> Souffre une disgrâce pareille :
> Penses-tu que les bons autheurs
> Soient un gibier à collecteurs ?
> Distingue nous de la canaille,
> Qui pour s'affranchir de la taille
> A beaux deniers ont acheté
> Cette nouvelle qualité [2].

En plaçant la date de ces vers de Boisrobert après son rappel de l'exil, c'est-à-dire en 1658, nous différons un peu de l'opinion de M. Marty-Laveaux. « La probabilité est, suivant lui, que cette réclamation poétique de Boisrobert fut rédigée et doit être placée en 1657 [3]. »

---

1. *Histoire de l'Académie françoise*, par M. Pellisson, 1700, p. 121-136, *passim*.
2. *Les Épistres en vers et avtres OEvvres poétiques* de M. De Bois-Robert-Metel, conseiller d'Estat ordinaire, abbé de Chastillon-sur-Seine. Paris, Courbé, 1659, 1 vol. in-8°, p. 113-114.
3. Notice sur les « Poësies diverses », t. X, p. 16.

Nous ne pensons pas qu'un exilé par ordre de la cour, ait pu écrire de ce ton à un chancelier de France, et qu'il l'ait fait, en tout cas, avant la menace de l'exécution d'une mesure projetée depuis longtemps. Mais après sa rentrée en grâce, obtenue le lundi 18 février 1658 par le cardinal Mazarin, et vue d'un fort bon œil par les grands de la cour, et après l'accueil gracieux d'Anne d'Autriche, il pouvait se permettre une réclamation de ce genre. Loret en parle en témoin oculaire.

> La reine, en bontez admirable,
> Luy fit un accueil favorable,
> (A trois ou quatre pas de moy)
> En présence de nôtre roy,
> Et d'une cour fort grosse et belle,
> Qui, lors, étoit alentour d'elle [1].

Fort de cet appui, de Boisrobert aura lancé sa requête au chancelier Seguier, avec plus de chances de la voir exaucée, ce qui n'aurait pas eu lieu pendant son exil.

En tout cas, ces deux pièces de vers de Loret, du 16 mars 1658, et de Boisrobert, vers la même époque [2], sont évidemment deux échos de la déclaration du 30 décembre 1656, enregistrée le 11 septembre 1657.

Mais eut-elle immédiatement un troisième écho dans un sonnet de Corneille lui-même, adressé au roi Louis XIV pour lui demander la confirmation des lettres de noblesse accordées à son père en 1637, comme l'a cru M. Marty-Laveaux, contrairement à l'opinion de ceux qui en avaient

---

1. *Muze historique*, édit. de M. Ch. Livet, t. II, p. 448.
2. M. E. Fournier a cru qu'une dizaine de vers de Corneille : « A M. de Boisrobert, abbé de Châtillon, sur ses *Épîtres* », cités par l'abbé Granet, *Œuvres diverses de P. Corneille*, p. 164, se rapportaient à ce passage de l'épître de Boisrobert au chancelier, compris dans la deuxième partie de ses *Épîtres*, imprimée en 1659. C'est faute d'avoir lu la note de l'abbé Granet : « Ces vers sont au commencement de la première partie des *Épîtres* de l'abbé de Boisrobert, imprimée en 1647, in-4°. » Ils se rapportent à l'épître XXX de ce volume, où se trouve aussi le nom de Corneille. Voy. M. Marty-Laveaux, *Œuvres de Pierre Corneille*, t. X, p. 102-103, qui a signalé et démontré l'erreur.

déjà parlé? « Il était fort naturel, dit-il, de supposer que cette fière supplique était postérieure à l'édit célèbre du mois de septembre 1664, par lequel Louis XIV révoquait toutes les lettres de noblesse accordées depuis le 1ᵉʳ janvier 1634 : M. Lalanne, dans la petite notice qui accompagnait sa découverte [1], et M. Taschereau, dans son *Histoire de la vie et des ouvrages de Corneille*, ont tous deux adopté cette opinion; mais quelques vers de Boisrobert prouvent qu'elle n'est pas exacte et que les plaintes de Corneille remontaient à une époque beaucoup plus reculée. » Puis sont cités les vers de Boisrobert, rappelés ci-dessus, avec la mention de l'édition de ses *Épîtres* de 1659, et la conclusion suivante : « On voit par là que le sonnet de Corneille est au moins de cinq ans plus ancien qu'on ne l'a pensé [2]. »

Cependant, un peu plus loin, dans la notice en tête de ce sonnet, M. Marty-Laveaux revient sur cette assertion, pour en reculer encore l'acte de naissance, non plus de cinq ans, mais de sept ans. « Cette requête paraît avoir été composée en 1657, à l'occasion de la *déclaration du roy du trentième décembre 1656, pour la recherche des usurpateurs de noblesse* [3]. »

Suivant nous, les faits historiques relatifs à cette affaire de la noblese et le fond même du sonnet donnent raison à MM. Ludovic Lalanne et Taschereau, quand ils lui assignent la date de 1664.

Une première preuve se tire de la progression des mesures de sévérité prises par le pouvoir pour combattre ces usurpations de noblesse, et qui motivent les deux pièces de vers citées plus haut. En 1658, Loret se borne à annoncer qu' « on va poursuivre les usurpateurs de noblesse ».

---

1. « M. Ludovic Lalanne le découvrit dans la bibliothèque de l'Institut et le publia dans le numéro du 26 mars 1853 de l'*Athenæum français*. » M. Marty-Laveaux, *Œuvres de P. Corneille*, t. X, p. 15.
2. *Ibidem*, t. X, pages 15 et 16.
3. *Ibidem*, t. X, p. 135.

En 1658 aussi, de Boisrobert s'indigne contre « le nouvel édit qui taxe les nouveaux anoblis à de très fortes sommes ». Il y eut un temps d'arrêt dans la mise à exécution des édits, puis, le 8 février 1664, on fit une nouvelle « Déclaration pour la recherche et condamnation des usurpations de noblesse », qui, restée encore lettre morte, fut suivie d'une autre « Déclaration pour l'exécution de celle du 8 février 1664, à la date du 22 juin 1664, enregistrée le 5 juillet suivant [1] ».

La teneur de cette déclaration du 22 juin 1664 est donnée par l'édit de révocation du mois de septembre 1664, et nul document n'est plus propre à montrer que, dans cette affaire de recherche de noblesse, le pouvoir ne songeait qu'à rétablir ses finances. Le roi disait : « Nous étant fait représenter plusieurs ordonnances, règlements et arrêts expédiés en conséquence, entre autres nos déclarations des 8 février 1661 et 22 juin 1664, pour la recherche des usurpateurs de noblesse qui, n'étant point gentilshommes, prennent néanmoins les qualités de chevalier et d'écuyer, portent armes timbrées, et s'exemptent du paiement de nos impositions et des charges auxquelles les roturiers sont sujets, à notre grand préjudice et des véritables gentilshommes d'anciennes et nobles maisons et à l'oppression de nos autres sujets, à cause des indues exemptions dont jouissent lesdits usurpateurs....... Nous ordonnons de les condamner à l'amende que nous avons modérée à la somme de mille livres et aux deux sols pour livre au lieu de celle de deux mille livres portées par l'édit du mois de janvier 1654 au payement de laquelle ils seront contraints comme pour nos propres deniers et affaires [2]. »

Le pouvoir, par la diminution de l'amende, en 1664, donnait raison à la remarque de Boisrobert sur l'édit de 1654, faite en 1658, quand il trouvait qu'on taxait les nouveaux

---

1. *Tableau chronologique des Ordonnances des Rois de France,* par Guillaume Blanchard, p. 507 et 523.
2. *Traité de la Noblesse,* par La Roque, 1735, p. 418-419.

gentilshommes « à de bien rudes sommes [1] ». Corneille s'en tint à la réclamation de son défenseur d'office, sans agir par lui-même, jusqu'au jour où le péril s'accrut.

Mais le pouvoir, ennuyé de tant de remises et de lenteurs apportées à l'exécution des précédentes mesures, en prit une plus grave que toutes les autres. Ce fut la suppression même de toutes les lettres de noblesse accordées depuis trente-quatre ans, en Normandie, et depuis trente ans, dans le ressort de la cour des Aides de Paris.

A un mois de distance, en 1664, furent rendus les deux édits suivants, après la déclaration du mois de juin de la même année.

« Edit portant révocation des Lettres de Noblesse expédiées depuis le 1er janvier 1630, et règlement pour les Tailles dans la province de Normandie, contenant quarante-quatre articles. A Fontainebleau, en aoust 1664. Registré en la cour des Aides de Normandie...... »

« Edit portant révocation des Lettres de Noblesse accordées aux particuliers depuis l'année 1634. A Vincennes, en septembre 1664. Registré en la cour des Aides le 11 décembre suivant [2]. »

A partir du mois de décembre 1664, la noblesse de Corneille était donc supprimée par ces édits, qui frappaient tous les anoblis, d'une façon générale et sans nulle exception. Quand vint l'exécution de l'édit, en face de la nécessité pressante de se faire maintenir dans sa noblesse, Corneille lança le sonnet en question.

> La noblesse, grand Roi, manquoit à ma naissance;
> Ton père en a daigné gratifier mes vers,
> Et mes vers anoblis ont couru l'univers
> Avecque plus de pompe et de magnificence.

---

[1] Voy. plus haut, p. 243.
[2] *Tableau chronologique des Ordonnances des Rois de France*, par Guillaume Blanchard, pages 507 et 523.

> Ce fut là, de son temps, toute leur récompense,
> Dont même il honora tant de sujets divers,
> Que sur ce long abus tes yeux enfin ouverts
> De ce mélange impur ont su purger la France.
>
> Par cet illustre soin mes vers déshonorés
> Perdront ce noble orgueil dont tu les vois parés,
> Si dans mon premier rang ton ordre me ravale.
>
> Grand Roi, ne souffre pas qu'il ait tout son effet,
> Et qu'aujourd'hui ta main, pour moi si libérale,
> Reprenne le seul don que ton père m'ait fait.

Certaines expressions du dernier tercet prouvent que la date du sonnet ne saurait être 1657. Est-ce qu'en cette année-là Corneille aurait pu saluer du titre de « Grand Roi » le jeune Louis XIV, dans sa dix-neuvième année, et encore sous la tutelle de Mazarin? Est-ce qu'en 1657 Corneille recevait la moindre gratification du roi, pour vanter ainsi sa libéralité? Mais, sept ou huit ans plus tard, au début de l'année 1665, date que nous assignons au sonnet, Louis XIV justifiait ce titre de « Grand Roi », puisque, depuis bientôt quatre ans, il avait inauguré le gouvernement personnel, et que, secondé puissamment par Colbert, il assurait à la France un rang prépondérant parmi les nations de l'Europe, qu'il la voyait grandir de jour en jour et devenir de plus en plus florissante. Enfin, en 1665, Corneille pouvait parler « de la main du roi aujourd'hui si libérale », car depuis deux ans, en 1663 et 1664, il avait touché les 2000 livres de pension annuelle que le roi lui avait accordées, et il venait peut-être de les toucher encore en 1665, après le retard dont il s'est plaint [1].

Il faut remarquer aussi le motif mis en avant par Corneille pour être maintenu dans sa noblesse. Il ne parle pas de la permission « de pouvoir porter le titre d'escuyer, jouir et user de tous les honneurs, privillèges et exemptions, franchises, prérogatives, prééminences dont jouissent les nobles de naissance », comme il était dit dans les lettres

---

[1]. Voy. p. 231.

patentes de 1637. Il faisait bon marché de ces droits honorifiques, qui étaient la recommandation nominale aux prières de l'Église, la présidence dans les assemblées de fabrique, la préséance dans les bancs et processions de l'église, l'offrande, l'encens, la sépulture dans le chœur. Il tenait beaucoup plus aux privilèges réels, l'exemption des tailles et autres immunités de ce genre. Mais il a le bon goût et la pudeur de n'en rien dire au roi. C'est pour ses vers que le poète réclame le maintien de sa noblesse; car c'est à ce titre que Louis XIII « l'en avait gratifié ». Sans cela, dit-il au roi,

> Mes vers déshonorés
> Perdront ce noble orgueil dont tu les vois parés,
> Si dans mon premier rang ton ordre me ravale.

La question d'intérêt a pu se mêler au sentiment de la dignité personnelle; mais, au fond, Corneille, supérieur à son siècle, avait déjà l'opinion du nôtre : « La seule aristocratie est celle de l'âme. »

M. Taschereau ne va pas jusqu'à affirmer le succès immédiat de la requête contenue dans le sonnet. « La réclamation du poète, dit-il, fut sans doute prise d'abord en considération et lui valut un effet suspensif[1]. » Le doute sur le succès devient une certitude, quand on voit que le sieur le Tellier, secrétaire d'État et des commandements de sadite Majesté, atteste, par un certificat daté du 24 novembre 1665, « qu'elle luy a commandé de comprendre lesdits frères Corneille au roolle de ceux qu'elle a estimé à propos en considération de leurs services de confirmer en leur noblesse[2] ». La découverte récente de cette pièce jette un jour nouveau sur ce point obscur du maintien de la noblesse de Corneille, et, grâce à ce certificat, il semble qu'il ne dut pas perdre longtemps l'affranchissement des taxes attachées à cette noblesse.

1. *Vie de Corneille*, t. II, p. 58.
2. Appendice XXIII.

Ce fut au mois de mai 1669, quatre ans plus tard seulement, que les deux frères obtinrent des lettres confirmatives de cette faveur royale [1]. Corneille, établi à Paris depuis six ans passés, dut les faire enregistrer à la cour des Aides de cette généralité.

Il eut soin aussi de procéder de même à la cour des Aides de Rouen, un an après leur délivrance, à cause des intérêts qu'il avait encore en Normandie, pour ses biens patrimoniaux et dotaux. L'enregistrement est du 16 mai 1670, et nous publions la pièce inédite qui rappelle les différentes phases de cette affaire [2]. Précédemment, il avait été question de cette confirmation de noblesse pour Corneille dans la généralité de Rouen, quand Colbert, faisant un changement presque général des intendants, en décembre 1665, appela, de l'intendance d'Orléans à celle de Rouen, Jacques Barin de la Galissonnière. La grosse affaire, dans sa nouvelle intendance, fut la recherche des usurpations de noblesse. Commencée au mois de juillet 1666, elle prit fin dans les derniers mois de 1670, par la révocation de cet intendant.

Le manuscrit de ce travail existe, et on lit dans le préambule : « La recherche étoit absolument nécessaire, puisque le désordre étoit venu à un point qu'il n'y avoit plus que les pauvres et les insolvables qui portassent toutes les charges publiques. » De la Galissonnière procéda avec rigueur, et plus d'une fois ses décisions furent portées devant une commission établie à Paris, en mai 1666, et dont parle le conseiller d'Ormesson, du parlement de cette ville. « M. Besnard m'a dit qu'il avoit esté nommé, par M. Colbert, pour une commission qui s'establissoit à Paris pour juger les appellations des commissaires des provinces sur la recherche des faux nobles. Cette recherche fait crier

---

1. M. Taschereau les a publiées, en partie, telles que M. Gosselin les lui avait transmises, avec l'indication de source : « Archives du Parlement de Rouen », *Vie de Corneille*, t. II, pages 58-59.
2. Appendice XXIII.

dans les provinces, parce que l'on oblige tous les nobles, même des meilleures familles, de représenter leurs titres ¹. »

Voici les singuliers renseignements que donne la recherche faite par l'intendant de la Galissonnière, dans la généralité de Rouen, sur Pierre Corneille.

« Jean Corneille Mᵉ particulier des eaux et forêts de Rouen, poète fameux annobly en janvier 1637 et confirmé en 1662,

« N'a produit.

« Porte d'azur à la fasce d'argent chargée de trois têtes de Lion de gueules et accompag. de 3 molettes d'or susp. C. ² Lions.

« Il est fils de Noble homme Pierre Corneille ayant la même charge, qui mourut le 12 février 1639, et de Demoiselle Marthe Le Pesant. Gist à Saint-Sauveur ³. »

Il faut avouer que, si tous les articles de ce travail n'étaient pas plus exacts, cette source de renseignements, pour être officielle, n'en mérite pas plus de confiance. *Jean* y remplace *Pierre*. C'est le père, et non pas le fils, qui fut Maître particulier des Eaux et Forêts. La date de la confirmation est 1665, si l'on s'en tient au certificat de Le Tellier, et 1669, d'après l'arrêt de la cour des Aides de Paris. Les armoiries timbrées et empreintes dans les lettres d'anoblissement de 1637 étaient celles que de la Galissonnière avait trouvées dans les Registres de la chambre des Comptes de Normandie, sauf que la fasce était d'or, au lieu d'être d'argent ⁴.

Mais, à Paris, les armes furent modifiées de cette façon : « D'azur, à la fasce d'or, chargées de trois têtes de lion de gueule, et accompagnées de trois étoiles d'argent posées deux en chef et une en pointe ⁵. » M. Guizot, citant cette

1. *Journal d'Olivier Lefèvre d'Ormesson*, édit. de M. Chéruel, t. II, p. 421.
2. Ces abréviations veulent dire : « Supports, cimier. »
3. Manuscrit de la Bibliothèque publique de Rouen, $\frac{Y}{65}$, p. 15.
4. Voy. plus haut, chap. VII, p. 82.
5. *Armorial général de France*. Ville de Paris, folio 1066. Bibliothèque nationale, Département des manuscrits.

description, croit que ce sont les armes « données et empreintes » dans les lettres de Noblesse de 1637 [1]. On a vu qu'il n'en était rien par le texte des Registres de la chambre des Comptes de Normandie. On changea aussi les supports et le cimier : des « lévriers » y remplacèrent les « lions » [2].

Il fallait être tout à fait étranger à Rouen et à la province pour entasser autant d'erreurs de nom, de fait et de date, en si peu de lignes, sur le membre le plus glorieux d'une famille bien connue, et en possession, depuis longtemps, de cette noblesse récemment supprimée.

Au cours de l'exécution de la Recherche et à son occasion parut une pièce intitulée : *L'Ecuyer ou les Faux Nobles mis au billon* [3], c'est-à-dire « déchus de leur rang », devenus des gens du commun, des gens de rien [4]. La plate comédie de Claveret, en cinq actes et en vers, avait été complètement laissée de côté par tous les écrivains qui s'étaient occupés de Corneille, quand M. E. Fournier, à cause du nom de son auteur, affirma qu'elle était dirigée contre Corneille.

Partant de ce principe que « les ennemis sont d'ordinaire de trempe plus vivace que les amis », M. E. Fournier prétendit que tel fut le cas de Claveret. « Dans le nombre s'en trouvait un qui avait, trente ans auparavant, attaqué le *Cid*, et dont l'infatigable inimitié cherchait encore à se prendre au grand homme : c'est le poète-avocat Jean Cla-

---

1. *Corneille et son Temps*, édit. de 1852, p. 287.
2. Ce sont ces armes ainsi modifiées qu'on cite et qu'on représente partout aujourd'hui, et elles figurent sur les prix du lycée de Rouen, devenu le lycée Corneille, depuis le décret du 25 avril 1873, rendu par M. Thiers, président de la République, sur le rapport de M. Jules Simon, ministre de l'Instruction publique, et à la demande de M. A. Gautier, son proviseur alors.
3. *L'Écvyer ov les Favx Nobles mis av billon*. Comédie du Temps. Dédiée aux vrais nobles de France. Par le sieur De Claveret. A Paris, M.DC.LXV, in-12, 104 pages et sept feuillets non paginés pour une « Épistre avx vrais nobles de France. — Le libraire av lecteur. — Un extrait du privilège. » — L'achevé d'imprimer pour la première fois est du 28 avril 1665.
4. « BILLON. Terme de monnoie, qui marque les espèces de moindre prix, ou de bas alloi. Il s'emploie très bien au figuré : *Hors Paris, je mets tout au billon*, c'est-à-dire tout me paraît peu de chose, méprisable au prix de Paris. » Le Roux, DICTIONNAIRE COMIQUÉ.

veret..... Il guettait depuis trente ans sa vengeance contre Corneille, et, s'en croyant bien sûr cette fois, il fit sans tarder une pièce à l'adresse des nobles si brusquement démonétisés et replacés sous la férule des percepteurs d'impôts. » Cette affirmation, dénuée de preuves, est suivie du passage de la Dédicace aux vrais Nobles, où Claveret déclare l'édit de révocation de 1664 parfaitement juste et très opportun. Il ne fallait pas moins, suivant lui, « dans ce grand chaos de la France, où tant de gens d'une naissance basse et méprisable entreprenoient de marcher de pair avec les vrais nobles, en usurpant le *titre d'écuyer* qu'ils ne méritoient pas ». Ceci va droit à Corneille, dont le titre nobiliaire était en effet celui d'écuyer [1]. »

Si telle avait été l'intention de Claveret, le coup portait à faux, car Corneille n'avait rien usurpé en prenant ce titre. En 1637, Louis XIII, anoblissant Corneille le père et ses enfants nés et à naître, avait voulu « qu'ils pussent porter le titre d'escuyer [2] ». Claveret ne l'ignorait pas et sa critique s'attaquait à tous ceux qui l'avaient pris sans droit.

Inutile d'insister sur l'invraisemblance de cette « inimitié de trente ans », même en la réduisant aux vingt-huit années écoulées depuis la Querelle du Cid, en 1637, jusqu'à la date de la comédie de l'*Écuyer ou les Faux Nobles mis au billon*, en 1665. Le « *genus irritabile vatum* » ne saurait haïr aussi longtemps, et Claveret proteste lui-même contre l'attaque personnelle qu'on lui prête. S'adressant aux vrais nobles, dans son Épître liminaire, il leur dit : « C'est donc vous, que ie loüe, c'est eux (les faux nobles), que ie ioüe, sans toutefois désigner personne en particulier; parce que ie ne veux pas insulter sur leurs disgrâces. »

La sincérité de cette déclaration ne saurait faire aucun doute, quand on voit que, dans toute la pièce, pas un mot,

---

1. « Notes sur la Vie de Corneille », en tête de *Corneille à la butte Saint-Roch*, pages cxlj-cxliij, *passim*.
2. Lettres patentes de noblesse. Voy. plus loin, p. 258.

pas une situation, pas une simple allusion, même lointaine, ne peut se rapporter particulièrement à Corneille.

La scène est dans une grande place d'une ville frontière de Picardie. Un gentilhomme, du nom de Damon, revenu la veille de Paris, raconte qu'à Paris, de tous les pays et de tous les quartiers,

> Sont en foule venus des troupeaux d'escuyers,
> A pied, dans des bateaux, en coches, en charrettes,
> Sur baudets mal-bâtez, sur piteuses mazettes......
> Ainsi, dans tout Paris nulle auberge n'est vuide,
> Ainsi, Guespin [1], Picard, Champenois, Bourguignon,
> Sont contraints de loger avecque le Gascon,
> Leur dust-il, en dormant, d'une malice adrette,
> Nettoyer le gousset, et plier la toilette.
> (Acte I, sc. I.)

Cette énumération contient toutes les provinces qui relevaient de la cour des Aides de Paris, et les Normands y font défaut, parce qu'ils avaient leur cour des Aides particulière, et que l'édit spécial de révocation de noblesse, rendu au mois d'août 1664, les obligeait à comparaître à Rouen devant l'intendant de la Galissonnière [2].

Le dénouement de la comédie se fait par un mariage. Damon, déclaré écuyer et confirmé noble, épouse Fanchon, fille du riche bourgeois Aronte. Entêtée de noblesse, elle est ravie de lui donner sa main, parce qu'il est noble et écuyer, ainsi qu'elle peut s'en convaincre, en entendant la lecture de l'arrêt de la cour des Aides de Paris, en date du 3 janvier 1665. Rien de tout cela ne saurait convenir à Corneille, marié depuis vingt-cinq ans et père d'une nombreuse famille. C'est donc bien gratuitement que Claveret a été accusé d'avoir voulu l'attaquer, dans sa piètre comédie de *l'Écuyer ou les Faux Nobles mis au billon*. Ainsi qu'il l'a déclaré lui-même, sa pièce est une critique générale

---

1. Nom donné aux habitants d'Orléans, et, en général, aux gens fins et rusés. On le fait venir de « Guêpe », mot qu'on écrivait aussi « Guespe ».
2. Voy. plus haut, p. 251.

et rien de plus. C'est déjà bien assez d'avoir fait une mauvaise comédie, sans qu'il y ait lieu de lui prêter une mauvaise intention, suivie d'une mauvaise action.

Outre le droit de « porter le titre d'escuyer », les lettres de noblesse, octroyées par Louis XIII à la famille Corneille, permettaient à ses membres anoblis l'acquisition d'un fief et la jouissance des droits qui s'y trouvaient attachés [1].

Tout ce qui se rapporte à ce fief est resté l'un des points les plus obscurs de la vie de Corneille. Son vrai nom, la date de son acquisition, l'endroit où il était situé, sont encore à découvrir.

A commencer par le nom, rien de plus variable que la manière dont on écrit celui du fief seigneurial dont Corneille fut possesseur, et cela dans des actes authentiques. On trouve jusqu'à huit manières de l'écrire, car nous avons relevé : *Douille, d'Oville, Dauville, Danville, d'Anville, d'Auville, d'Amville* et même *Damville*. Or il paraît qu'aucun de ces noms, donnés par plusieurs notaires, n'était le vrai, d'après un acte authentique, où Corneille a dicté lui-même le nom au notaire d'Alençon faisant le contrat de mariage de sa fille Marie avec Jacques de Farcy, le 17 août 1673. On y lit, en effet, que « Dame Marie Corneille est fille de Pierre Corneille, escuier sieur de *Hauville*, et de dame Marie de Lamperière [2] ».

Ce notaire était Normand, et, guidé par Corneille, il a correctement écrit le nom du fief. Mais les autres notaires, presque tous Parisiens, ne tenant pas compte de l'aspiration, ont écrit le nom comme ils l'entendaient prononcer, et de là sont venues les formes : *Douille* (*u* pour *v*), *d'Oville*, *Dauville* et *d'Auville* ; quant à *Danville* et *d'Anville*, ces mots sont dus à la confusion si facile de *n* et de *u* dans la lecture des anciens textes. Enfin, *d'Amville* et surtout *Damville* sont les plus mauvaises façons de l'écrire.

Le vrai nom du fief dont Pierre Corneille fut le posses-

---

1. Voy. le texte plus loin, p. 258.
2. Appendice XIX.

seur, et put se dire le « sieur » ou « seigneur », est donc *Hauville*. On ne saurait en douter, puisqu'il a apposé son nom au bas de la pièce où il figure, le contrat de sa fille aînée, après en avoir suivi la lecture avec la plus grande attention, où le notaire le qualifiait : « *Sieur de Hauville.* »

Le père de Corneille, durant les deux années qu'il vécut encore après son anoblissement, ne prit le nom d'aucun fief seigneurial, du moins à en juger par l'inscription mise dans l'église Saint-Sauveur de Rouen [1].

Son fils, Pierre Corneille, l'imita pendant longtemps. On connaît plusieurs pièces, écrites de sa main, qui ont été publiées, et dans aucune d'elles on ne lit d'autre mention nobiliaire que celle d' « écuyer », immédiatement après son nom, suivi de l'indication de ses fonctions.

Il y a mieux encore. En 1651 et 1652, le sommaire de son compte de gestion, comme trésorier de Saint-Sauveur, se borne au titre « d'écuyer » et, au chapitre des deniers reçus, ledit comptable se charge :

« De la somme de trente livres reçues de Thomas Corneille, escuyer, sieur de Lisle, frère dudit comptable, etc. [2]. »

Evidemment, si l'aîné des deux frères avait eu un titre seigneurial, il l'aurait mentionné, comme il l'a fait pour son frère cadet.

Sur le point de quitter Rouen, en 1662, il rédige un modèle de procuration qui débute par ces mots : « Pierre Corneille, escuyer, cy-devant avocat du Roy à la table de marbre du Palais à Rouen, et Thomas Corneille, escuyer, sieur de Lisle estantz de présent à Rouen, etc. [3] ». Son père était mort depuis vingt-trois ans, que lui n'était encore « le sieur » d'aucun fief, bien que son jeune frère lui en eût donné depuis longtemps l'exemple.

Cependant il se décida à en prendre un à une époque

---

1. Voy. plus haut, p. 90.
2. « Notice biographique sur Pierre Corneille », par M. Ch. Marty-Laveaux, qui a publié la pièce en entier, p. LXXXVI.
3. L'original appartient aujourd'hui à M. Jules Gosselin, économe de l'établissement de Quatre-Mares, près de Rouen.

qui se place entre 1662 et 1673. L'acte de donation aux dominicaines de Rouen d'une rente de trois cents livres, à titre de pension pendant la vie de sa fille Marguerite, le 4 mai 1668, ne fait encore aucune mention d'un titre seigneurial, et le notaire de Rouen n'y aurait pas manqué, si déjà Corneille avait été « sieur » d'un fief quelconque. En 1673, au contraire, Corneille était à l'unisson de son noble gendre, « Messire Jacques de Farcy, chevallier sieur de Lisle [1] conseiller du Roy trésorier de France en la généralité d'Alençon ». Le notaire pouvait mettre et mettait dans le contrat : « Pierre Corneille, escuier, *sieur de Hauville* », père de la future épouse, et tous prenaient la particule nobiliaire, sauf les deux Corneille, le père et l'oncle, Pierre et Thomas. On lit en effet, au bas du contrat : « *de* Farcy, Marie *de* Corneille, Marie *de* Lamperière, Marguerite *de* Lamperière [2] ». Il est assez piquant de voir que la fille prenait le *de* que son père laissait de côté, dans le même acte. C'est pour n'être pas en reste, sur ce point, avec son second mari, non moins noble que le premier, « Félix Guénébaud de Bois-Leconte, sieur du Buat [3] », qu'elle signait : « Marie *de* Corneille ».

A partir de 1673, la mention de la seigneurie se retrouve dans les actes où figure Pierre Corneille, en vertu du droit conféré par Louis XIII aux membres de sa famille : « Voulons et nous plaist qu'en tous *actes* et endroits, tant en jugement que dehors, ils soient tenus et reputtez pour nobles, et puissent porter le titre d'écuyer... et ils puissent acquérir tous fiefz, possessions nobles, de quelque nature qu'ils soient et d'iceux... jouir et uzer tout ainsy que s'ils estoient nais et issus de noble et ancienne race [4]. »

La mention, non pas de « sieur de Hauville », portée sur

---

1. Par une rencontre singulière, Thomas Corneille était aussi « sieur de Lisle », comme on vient de le voir. Mais son nom ne figure au contrat que pour la signature.
2. Appendice XIX, où se trouve le fac-similé de ces signatures.
3. Voy. plus haut, p. 197.
4. Lettres de noblesse. Voy. plus haut, p. 82.

le contrat de 1673, mais de quelque chose d'approchant, ne s'est pas rencontrée jusqu'ici sur des actes antérieurs à l'année 1683 [1].

La première est dans l'acte d'un notaire de Paris, du 31 janvier 1683. « Aujourd'huy est comparu par devant les conseillers notaires du Roy, au Chastelet de Paris, soussignez Pierre de Corneille, escuyer, sieur d'Oville, demeurant à Paris, rue d'Argenteuil, paroisse Saint-Roch. » Par cet acte, Corneille donne mainlevée de l'opposition mise par lui entre les mains d'un débiteur du sieur de Tourville-Calué. Avec sa signature se trouvent celles des deux notaires « LECLERC, GARNIER [2] ». Si, supprimant l'aspiration, on a dit : « d'Hauville », et non : « de Hauville », on comprend que le notaire ait écrit : « d'Oville », qui reproduit exactement les sons perçus par son oreille.

On rencontre une seconde altération de ce nom dans l'acte de vente des biens du Val-de-la-Haye, fait à Rouen le 5 octobre 1683. « *Sçavoir faisons* que par devant Jean Liesse et Martin Le Pelletier, notaires gardenottes royaux à Rouen, fut présent Pierre Corneille, escuier, sieur Danville, capitaine de cavalerye, au nom et comme procureur et fondé de procuration de Pierre Corneille, escuyer, son père, demeurant à Paris, rue dargenteuil parroisse de Saint-Rocq... [3] » Nous ne savons pourquoi le notaire de Rouen fait le fils « escuier, sieur Danville », tandis qu'il se borne à dire simplement : « Pierre Corneille, escuyer, son père ». N'a-t-il fait que copier le texte de la procuration de Paris? C'est possible. En ce cas, on ne s'expliquerait guère comment le père est dépouillé de son titre au profit du fils.

---

1. Sur une procuration du 23 août 1675, et sur une supplique du 21 avril 1678, on lit seulement : « Pierre Corneille, escuyer ». *Notice biographique de P. Corneille*, par M. Marty-Laveaux, Pièces justificatives, XIII et XIV.

2. *Notice des objets exposés dans la salle du Parnasse français, à l'occasion du second centenaire de la mort de Pierre Corneille*, octobre 1884, p. 40. — Ces détails complémentaires sont dus à l'obligeance de M. Léopold Delisle, le promoteur de cette exposition.

3. Voy. Appendice XXIV, l'acte entier, publié, pour la première fois, par M. l'abbé Tougard, en 1884.

Quant au sieur « Danville », il est évident que c'est une mauvaise lecture de la procuration parisienne. Le notaire avait écrit : « Dauville », au lieu de : « d'Auville », comme l'autre avait mis : « d'Oville », en s'en rapportant à son oreille, et le notaire de Rouen avait cru lire : « Danville », qu'il écrit encore sans apostrophe, comme il le fait immédiatement pour : « Rue dargenteuil ».

Moins de cinq semaines après, une autre procuration donnée, le 4 novembre 1683, par Pierre Corneille à son beau-frère, François Le Bovyer, sieur de Fontenelle, pour vendre, en son nom, sa maison de la rue de la Pie, à Rouen, lui restitue son titre seigneurial. « Par devant nous conseillers du Roy, notaires garde-notes au Chastelet de Paris, soussignez, fut present Pierre Corneille, escuyer, sieur d'Anville, demeurant à Paris, rue d'Argenteuil, parroisse Saint-Roch.[1] » — Ces mots : « sieur Danville », n'offrant pas un sens complet, l'éditeur a dû les interpréter par l'apostrophe : « sieur d'Anville », mis pour « d'Auville », remplaçant lui-même : « de Hauville ».

Le notaire de Rouen, qui procéda à la vente le 10 novembre 1683, commença son acte par ces mots : « Fut présent M. François Lebouier, escuier, sieur de Fontenelle,... au nom et comme procureur général et spécial de Pierre Corneille, escuier, sieur d'Anville, etc. », reproduisant fidèlement les termes mêmes de la procuration dans l'acte de vente. Mais tous les deux avaient peut-être mis « d'Auville », qu'une mauvaise lecture avait transformé en « d'Anville ».

Ce n'est pas la dernière métamorphose que devait subir le nom de ce fief. M. Taschereau lui en ménageait une nouvelle. « Il semblait que les préjugés s'augmentassent chez lui (Corneille) de tout l'affaissement de son génie, et qu'il cherchât de quelqu'autre côté les distinctions dont

---

1. Voy. Appendice XXV. — Elle a été publiée, pour la première fois, par M. Ch. de Beaurepaire, 1885.

son amour-propre avait besoin, mais que ses dernières œuvres ne pouvaient malheureusement plus lui promettre. C'est ainsi qu'on le voit, lui qui avait si longtemps laissé à son frère seul le travers d'allonger son nom, le partager à la fin de sa carrière, et, répudiant en quelque sorte le beau nom de Corneille qu'il avait rendu plus grand que tous les titres, que celui même de prince décerné par Napoléon à sa mémoire, essayer vainement de le faire disparaître sous la qualification ridicule d'*écuyer*, *sieur de Damville*. Il faut voir sans doute l'explication de ceci dans ce qu'a dit son neveu : « Ses forces diminuèrent de plus en plus, et la dernière année de sa vie son esprit se ressentit beaucoup d'avoir tant produit et si longtemps [1]. »

L'auteur, se rendant aux observations faites à propos de la particule, se corrigea, et modifia ce passage, réduit à fort peu de chose dans les deux éditions suivantes [2]. Mais il ajouta : « Quant à la qualification de *sieur de Damville*, il ne l'a jamais prise; elle ne lui a été donnée que dans un acte où il ne figurait pas, par un beau-frère gentillâtre, le père de Fontenelle, dans l'année d'épuisement dont celui-ci nous parlait tout à l'heure [3]. »

La seule chose vraie ici, c'est que Corneille n'a jamais pris la qualification de *sieur de Damville*, même dans le contrat de vente du 10 novembre 1683, auquel on renvoie [4], et où se lisent ces mots : « escuier, sieur d'Anville [5] ». Ce n'est pas non plus « son beau-frère gentillâtre » qui inventa la qualification. Il y avait déjà dix ans que Corneille la prenait lui-même, sous une forme un peu différente, quelque peu défigurée, dans deux ou trois actes de notaires en 1683. La paternité de ce *sieur de Damville*

---

1. *Histoire de la Vie et des Ouvrages de P. Corneille*, 1829, pages 246-247. — M. Taschereau renvoie, pour la citation, à la « *Vie de Corneille*, par Fontenelle ». Dans l'édition de ses OEuvres, 1742, elle est à la page 120, t. III.
2. Édit. de 1855, pages 232 et 258; édit. de 1869, t. II, pages 99 et 178.
3. *Vie de Corneille*, par M. J. Taschereau, éditions de 1855 et 1869, p. 358 et 178.
4. *Vie de Corneille*, édit. de 1829, note de la page 247.
5. Appendice XXV.

appartient à M. J. Taschereau tout seul. C'est à son exemple que M. E. Fournier a écrit : « A son titre nobiliaire d'écuyer, il ajoutait quelquefois le nom de *sieur de Damville* [1]. »

M. Marty-Laveaux n'a pas partagé cette erreur, et même le texte de sa « Notice biographique sur P. Corneille » ne mentionne nulle part un titre seigneurial. On ne le trouve que lorsqu'il vendit la maison de Rouen, le 10 novembre 1683. Le contrat lui donne cette forme nouvelle : « Pierre Corneille escuyer, sieur d'Amville [2] ». Ce doit être une méprise, car M. Ch. de Beaurepaire, publiant la même pièce, a lu : « sieur d'Anville [3] ».

Enfin M. A. Heulhard a dit quelques mots sur ce titre, en une simple note, à propos de la même vente. « Dans cet acte, Corneille se qualifie d'écuyer, sieur d'Amville. Mais dans l'acte de vente de la maison du Petit-Couronne, son fils, Pierre Corneille, le capitaine de chevau-légers, est qualifié de sieur de Damville. »

Le « sieur d'Amville » a été emprunté à M. Marty-Laveaux, et le « sieur de Damville » ne se trouve pas dans l'acte de vente de la propriété du Petit-Couronne, à la date du 27 décembre 1686. On y lit : « Vente par Pierre Corneille, escuyer, sieur d'Anville, capitaine de cavalerie, demeurant ordinairement à Paris rue Neuve-des-Petits-Champs, parroisse Saint-Roch, maintenant en cette ville de Rouen, chez M. de Fontenelle, escuyer, avocat en la cour de Parlement, demeurant rue Ganterie, parroisse Saint-Laurent, fils et héritier de M. Pierre Corneille, escuyer, conseiller et avocat du Roi en la table de marbre du Palais à Rouen [4]... » Cette fois le titre seigneurial lui appartenait en propre.

---

1. « Notes sur la Vie de Corneille », en tête de : *Corneille à la Butte Saint-Roch*, p. cxliij.
2. Pièces justificatives, XV, p. 85 de la Notice.
3. *Pierre Corneille et sa fille Marguerite*, p. 33, 1885.
4. *Tabellionage de Rouen*. Extrait de l'*Essai sur la statistique du canton du Grand-Couronne*, par A.-G. Ballin. Manuscrit de la bibliothèque de l'Aca-

M. Heulhard continue sa note ainsi : « Le père de Corneille n'est nulle part ainsi qualifié (sieur de Damville). Corneille lui-même ne se dit sieur d'Amville que dans cet acte. » On vient de voir qu'il n'en est rien, et que les notaires ou tabellions ont toujours mis « Danville » ou « d'Anville », mots qui sont pour « Dauvillé » ou « d'Auville », au lieu et place de ceux-ci : « de Hauville », dictés par Corneille, en 1673, au notaire d'Alençon, qui faisait le contrat de sa fille Marie.

Désireux de tout expliquer, M. Heulhard ajoute, à propos de « d'Amville » : « C'est sans doute le nom d'un fief qu'il tenait de son beau-père, Mathieu de Lampérière, lieutenant au présidial des Andelys. Damville est un petit village du département de l'Eure [1]. » On ne sait pas comment Pierre Corneille devint possesseur du fief « de Hauville », qui ne semble avoir subi la métamorphose de « d'Amville » que pour aboutir à « Damville ». A l'erreur sur le nom s'ajoute l'impossibilité de la possession, parce que le fief de « Damville » (chef-lieu de canton du département de l'Eure), érigé en duché, était alors possédé par la famille de Lévis, dont les membres prenaient le titre de « ducs de Lévis [2] ».

On se rapprocherait peut-être plus de la vérité en cherchant ce fief dans « Hauville-en-Roumois », commune du canton de Routot, en ce même département de l'Eure; car on sait qu'il existait un fief du nom de « Hauville », et on l'attribue à cette commune [3]. Mais ce n'est là qu'une pure hypothèse, et il faut se résigner à ignorer l'endroit où se

---

démie. Ainsi avait lu M. Legendre, archiviste de la Seine-Inférieure. — M. Gosselin avait lu : « sieur de Danville ». Voy. Appendice I, à la date du 27 décembre 1686.

1. *Pierre Corneille, 1606-1684 : ses dernières années, sa mort, ses descendants,* par Arthur Heulhard, 1884. Note de la page 35.
2. *Dictionnaire historique de l'Eure,* par M. Charpillon, verbo DAMVILLE, p. 932.
3. *Dictionnaire topographique du département de l'Eure,* par M. le marquis de Blosseville, p. 111. — La famille Corneille était originaire de Conches, à peu de distance de là. Voy. p. 2.

trouvait le fief dont Pierre Corneille possédait le titre seigneurial, de même qu'on ne sait pas davantage où se trouvait la propriété ou le fief qui permettait à Thomas Corneille de se dire « sieur de Lisle », ou « de l'Isle [1] ».

On voit comment l'erreur d'une première lecture a pu éloigner de la vérité tous ceux qui ont parlé de ce titre seigneurial. Il n'a été possible d'en connaître le véritable nom que par le contrat de mariage dont nous devons la communication à l'obligeance de M. de la Sicotière, avec la permission de le publier. Grâce à lui, ce sera donc un point obscur de moins dans la biographie de Pierre Corneille.

1. Dans le département de l'Eure, il n'y a pas moins de cinq fiefs de ce nom. Voy. le *Dictionnaire topographique de l'Eure* par M. de Blosseville, p. 118.

CHAPITRE V

LA LÉGENDE SUR LA MISÈRE DE CORNEILLE

La date en est récente. — Les contemporains, La Bruyère, Fontenelle, Charles Perrault, Thomas Corneille, ne parlent pas de sa misère. — Leurs successeurs immédiats, le P. Tournemine, le P. Niceron, l'abbé Goujet, n'en disent rien non plus. — Elle naît avec l'anecdote du soulier. — Gabriel Feydel publie la lettre qui la contient. — Critique du fond et du texte de cette lettre. — Elle est apocryphe. — G. Feydel en est l'auteur. — La mode était alors aux ouvrages apocryphes. — Les Poésies d'Ossian et de Clotilde de Surville. — L'anecdote du soulier passe inaperçue. — M. E. Gaillard la signale à l'Académie de Rouen. — Elle se répand alors. — Le théâtre s'en empare. — « Corneille chez le savetier », par deux auteurs rouennais. — Poésie de M. Théophile Gautier sur le même sujet. — Attaques et reproches immérités à l'adresse de Louis XIV. — M. Taschereau accepte l'anecdote. — M. Marty-Laveaux émet des doutes. — M. A. Heulhard la répudie. — Comme à lui elle nous paraît nettement apocryphe. — Elle a cela de commun avec d'autres anecdotes admises précédemment sur P. Corneille.

Cette misère, sur laquelle on a tant insisté depuis un demi-siècle, les contemporains et les premiers biographes de Pierre Corneille l'ont passée complètement sous silence. Elle n'a été relevée que fort tard, par des écrivains moins bien informés, et il est à croire que leurs successeurs l'ont singulièrement exagérée, aux dépens de la vérité.

En effet, les témoignages contemporains parlent du peu de fortune de Corneille. Nous n'en avons pas rencontré un seul sur sa misère. Ainsi La Bruyère, en 1688, dans la première édition de ses *Caractères*, s'est borné à dire : « C. P. étoit riche, et C. N. ne l'étoit pas : la *Pucelle* et *Rodogune* méritoient chacune une autre aventure. » Comme si les titres des deux ouvrages ne faisaient pas suffisamment connaître les auteurs visés, la quatrième et la cinquième édition des *Caractères* complètent ainsi les noms indiqués par les initiales ci-dessus : « Chapelain » — « Corneille ». Mais ce contemporain, ce collègue de Corneille à l'Académie française, encore sous l'impression de la gêne des dernières années de sa vie, dit seulement, quatre ans après sa mort : « Corneille n'étoit pas riche ». Il s'est bien gardé de dire : « Corneille étoit pauvre », pour rester dans les limites de l'exacte vérité. Bien grande est la distance entre « n'être pas riche », et « être pauvre » et surtout « être dans la misère ».

Fontenelle, son neveu et son premier biographe, n'a jamais prononcé non plus ces mots de « pauvreté » ni de « misère », retrouvés si souvent sous la plume des écrivains de nos jours quand ils abordent ce point obscur de la vie de Corneille. En 1729, mêlant à l'appréciation de son caractère une simple remarque sur son aptitude à s'enrichir, Fontenelle lui en refuse les moyens. « Il avoit l'âme fière et indépendante, dit-il, nulle souplesse, nul manège, ce qui l'a rendu très propre à peindre la vertu romaine, et très peu propre à faire sa fortune. » Un peu plus loin, il ajoute : « Quoique son talent lui eût beaucoup rapporté, il n'en étoit guère plus riche [1]. » En 1742, dans une autre édition de sa *Vie de Corneille*, Fontenelle remplaça cette dernière phrase par celle-ci : « Il avoit plus d'amour pour l'argent que d'habileté ou d'application pour en amasser [2]. » En cela Fontenelle se trompe ; Corneille était, au contraire, très habile à défendre ses intérêts et à tirer de l'argent de ses travaux littéraires, comme on l'a vu plus haut [3]. Mais cette suppression des mots : « Il n'en étoit guère plus riche », est une preuve que Fontenelle s'était trompé en

---

1. *Histoire de l'Académie françoise*, par M. l'abbé d'Olivet, t. II, p. 199. — Au lieu de retracer lui-même la biographie de Corneille, l'auteur avait emprunté celle qu'en avait donnée Fontenelle, comme il en avertit, t. II, p. 177.
2. *Œuvres de M. de Fontenelle*, 1742, t. III, p. 126.
3. Chap. XI : « Les produits financiers de ses ouvrages. »

les écrivant, et elle ne permet pas de conclure qu'un homme, « ayant l'amour de l'argent », soit tombé dans la pauvreté. Rien de tel ne s'est trouvé ni dans l'esprit, ni sous la plume de Fontenelle.

Charles Perrault [1] et Thomas Corneille [2] n'ont pas dit un seul mot de la fortune de Corneille, ni pendant sa vie, ni à la fin de sa carrière, bien qu'ils fussent à même d'en parler pertinemment. Thomas aurait été fort étonné d'entendre parler de la « pauvreté » d'un frère qui partageait avec lui les revenus des biens dotaux des Andelys, assez considérables pour l'époque.

En 1716, Thomas Corneille était mort depuis sept ans, et Boileau depuis cinq, quand Brossette donna une nouvelle édition des *OEuvres de Boileau-Despréaux*, avec une Vie et des notes. A propos d'une dernière libéralité de Louis XIV, sur laquelle nous aurons à revenir, il s'éleva une discussion entre lui, le père Tournemine et le père Niceron. Aucun d'eux ne parle ni de « pauvreté », ni de « misère ». Le P. Tournemine dit que « l'argent manquoit à cet illustre malade, fort éloigné de thésauriser », d'accord en cela avec le P. Niceron. C'est une absence passagère d'argent, et non un état constant de gêne, qui est mise en avant par l'un et par l'autre.

Un peu plus tard, en 1756, l'abbé Goujet, dans un article assez complet sur Corneille, ne dit pas un seul mot de son état de fortune [3].

On arrivait ainsi jusqu'aux dernières années du xviiie siècle, sans avoir même soupçonné cette pauvreté de Corneille, sur laquelle les contemporains avaient tous gardé le silence, quand elle fut révélée d'une façon aussi étrange qu'inattendue.

Un sieur Gabriel Feydel, complètement inconnu d'ail-

---

1. *Les Hommes illustres qui ont paru en France pendant ce siècle*, Paris, 1696-1700, 2 vol. in-f°, t. I, p. 77.
2. *Dictionnaire universel, géographique et historique*, 1708, 3 vol. in-f°, t. III, p. 301, à la suite de l'article Rouen.
3. *Bibliothèque françoise*, 1756, t. XVIII, p. 140-164.

leurs, envoya aux auteurs du *Journal de Paris*, en 1788, l'extrait suivant d'une lettre anonyme, en la faisant précéder de ce petit préambule :

« Un de mes amis vient de me communiquer l'extrait d'une lettre qu'il a trouvée à Rouen, dans des papiers de famille, et qui en dit plus que tous les tomes possibles......

« J'ay veu hyer Monsieur Corneille nostre parent et amy. Il se porte assez bien pour son aage. Il m'a prié de vous faire ses amitiez. Nous sommes sortys ensemble après le disner, et en passant par la rue de la parcheminerie il est entré dans une boutique pour faire acommoder sa chaussure qui étoit decousuë. Il s'est assis sur une planche et moy auprez de luy, et lorsque l'ouvrier eust refait il lui a donné trois pièces qu'il avoit dans sa poche. Lorsque nous fusmes rentrez je luy ay offert ma bourse, mais il n'a point voulu la recevoir ni la partager. J'ay pleuré qu'un si grand génie fust reduit à un tel excez de misère....

« Cette lettre est de 1679. Corneille avoit alors *soixante-treize ans*. Signé : FEYDEL [1]. »

Une première chose frappe surtout, le vague des indications de source données par Feydel. « Un ami », de Rouen, qu'il ne nomme pas, lui a envoyé, en 1788, à lui habitant de Paris, l'extrait « d'une lettre trouvée à Rouen dans des papiers de famille ». C'est sans doute que cet ami rouennais se rattachait à la famille du destinataire de la lettre écrite, en 1679, à Paris, plus d'un siècle auparavant. Il faut avouer que Feydel procède ici comme tant « de faiseurs d'histoires dont le propre est de s'assurer par à peu près un garant, qui n'est généralement plus là pour le démentir [2] ». Celui-ci ajoute encore à la précaution l'impossibilité de retrouver ce garant anonyme.

---

1. *Journal de Paris*, 14 janvier 1788, p. 102. — La lettre était connue, à Rouen, en 1834, comme on va le voir. En 1876, M. E. Picot la mentionne : *Bibliographie cornélienne*, p. 438. Elle lui avait été signalée par M. Paul Lacroix.
2. *La comédie de Molière, l'auteur et le milieu*, par M. Gustave Larroumet, p. 267. — Ceci est dit à propos de la légende de l'*En-cas de nuit*, où Louis XIV fait manger Molière.

Le vieillissement calculé de l'orthographe ne saurait faire illusion sur le fond de la lettre. Le style, le tour et certaines locutions n'appartiennent pas au xviie siècle, où l'on ne trouverait pas : « Faire ses amitiés.... Acommoder sa chaussure.... Quand il eut refait.... Les trois pièces qu'il avait dans sa poche. » Et puis la phrase est courte, comme au siècle de Voltaire.

En outre, la conduite tenue par l'auteur de la lettre et l'ensemble des faits nous font douter de son authenticité. Tout cela n'a guère sa raison d'être. Corneille et son parent, après avoir dîné, rue de Cléry, paroisse Saint-Eustache, font un tour de promenade, dans la direction du quartier latin. Ils ont traversé les ponts, la cité, et sont arrivés au delà de l'église Saint-Severin, dans la rue de la Parcheminerie, après avoir quitté la rue Saint-Jacques, quand Corneille s'aperçoit que sa chaussure décousue ne lui permet pas d'aller plus loin. Il donne alors à un savetier, qu'il voit, un de ces larges souliers, à grandes oreillettes, suivant la mode du temps, pour être en état de poursuivre sa route et surtout de regagner son logis. Est-ce donc là un motif suffisant « pour offrir sa bourse », au retour, sans craindre de blesser la fierté naturelle de Corneille? Aussi la refuse-t-il. Pour un soulier décousu et raccommodé chez un savetier, au cours d'une promenade, est-on en droit de dire que Corneille était « réduit à un excès de misère »? N'est-ce pas plutôt la conclusion qui est excessive? Quant à « pleurer », comme le dit l'auteur de la lettre, il n'a pu le faire qu'en vertu de cette sensiblerie de commande, tant prônée par Jean-Jacques Rousseau, et si fort à la mode avant et pendant la Révolution. Aussi ce seul trait, étranger aux mœurs du xviie siècle, mais qui se rencontre partout dans les écrits du xviiie, nous donne-t-il à penser que la lettre produite par Feydel n'est pas authentique et qu'il en est l'auteur [1].

---

1. Tel est aussi l'avis de M. Arthur Heulhard, dans son travail sur *Pierre Corneille*, p. 13.

En la fabriquant, Feydel aurait été atteint de la manie de son siècle, qui vit éclore tant de poésies publiées sous le nom de grands personnages. Le journaliste Meusnier de Querlon, par exemple, dans cette même moitié du xviiie siècle, fit la chanson gratuitement attribuée par lui à Marie Stuart :

> Adieu, plaisant pays de France, etc.

On la trouve imprimée, pour la première fois, dans une *Anthologie française*, en 1765, et il s'en est, plus tard, déclaré l'auteur.

Le même de Querlon passe encore pour avoir fait la chanson mise sur le compte de Henri IV et commençant par ces mots :

> Viens, Aurore !
> Je t'implore !

Cédant à l'influence du milieu et atteint de la contagion de l'exemple, Feydel se sera permis, pour une lettre, la supercherie littéraire que l'Écossais Macpherson venait de pratiquer en grand pour les prétendues poésies d'Ossian [1], et que Vanderbourg continuera par les poésies non moins apocryphes de Clotilde de Surville [2], en prenant tous les deux la France et l'Angleterre pour dupes de leurs mensonges. L'anecdote contenue dans le pastiche de Feydel ne mérite pas plus de confiance qu'une foule d'autres débitées sans cesse sur Corneille, et dont la fausseté est démontrée depuis longtemps, comme nous l'avons déjà rappelé à plusieurs reprises [3].

Publiée pour la première fois en 1788, l'anecdote du soulier fut longtemps ignorée ou négligée. On n'en trouve nulle trace chez les biographes modernes de Corneille,

---

1. *Fragments de poésie ancienne, recueillis dans les montagnes de l'Écosse, et traduits de la langue erse ou gallique*, 1760.
2. *Poésies de Clotilde de Surville*, 1803, Paris, 1 vol. in-8°.
3. Chap. v, ix, etc.

immédiatement après sa publication. Les événements politiques en sont-ils cause? Ou bien fut-elle considérée, dès le début, comme apocryphe, et, par conséquent, indigne de toute créance?

M. Guizot n'en dit rien, dans sa *Vie de Pierre Corneille*, en 1813, ni dans *Corneille et son temps*, en 1852, ce qui est plus surprenant encore, car alors l'anecdote était bien connue. M. Taschereau n'en parle pas davantage en 1829, quand il donna la première édition de l'*Histoire de la vie et des ouvrages de P. Corneille*, preuve manifeste que l'anecdote n'avait pas encore passé sous ses yeux.

Après être restée ensevelie dans les colonnes du *Journal de Paris* pendant près d'un demi-siècle, de 1788 à 1834, elle reparut avec éclat au sein de l'académie de Rouen, tirée de l'oubli par M. Emmanuel Gaillard, l'un de ses membres. Cet académicien, en citant la lettre de Feydel, la fit précéder de ces mots : « Notre poëte aimant les réunions savantes, quitta sa ville pour l'Académie française; mais il attendit pour cela d'avoir mis sa mère au tombeau [1], cette mère par lui si pieusement honorée et servie. Il fut à Paris, et y vécut dans une si profonde misère que voici une lettre écrite en 1679, Corneille ayant soixante-treize ans [2]. »

M. E. Gaillard connut et cita cette lettre de Feydel, sans dire où il l'avait trouvée, le *Journal de Paris*, et en taisant le nom de celui qui l'avait publiée et les détails dont il l'avait accompagnée. Mais il eut bien soin de mettre en avant la « profonde misère » de Corneille. C'est un mot qui ne sera pas perdu, bien que son auteur ait imaginé cette « profonde misère » en 1679, démentie l'année précédente par la lettre attristée de Corneille à Colbert [3].

Un tort non moins considérable est d'avoir fait suivre

---

1. A une date incertaine, entre 1650 et 1658.
2. *Nouveaux détails sur Pierre Corneille*, recueillis dans l'année où Rouen élève une statue à ce grand poète. Rouen, 1834. *Extrait du Précis analytique des travaux de l'Académie de Rouen*, pages 164 et suivantes. — Les confusions et les erreurs sont assez nombreuses dans ce travail de M. E. Gaillard.
3. Voy. plus loin, p. 284.

cette assertion erronée d'une réflexion qui n'est pas mieux fondée. « Les anciens, qui mettaient de longs discours sur leurs monuments, n'auraient pas manqué d'inscrire cette lettre sur l'un des côtés du piédestal de la statue de Pierre Corneille, leçon pour les rois qui négligent les hommes de génie [1]. » Le comité de Rouen, chargé du soin d'élever une statue à Corneille, a sagement fait de ne point se rendre à l'avis qui lui était donné. Ce n'est pas seulement parce qu'il se serait éloigné des « anciens », fort brefs dans leur style lapidaire; mais la lettre apocryphe eût servi uniquement à propager une erreur, et tel ne doit pas être le but des inscriptions gravées sur le socle des statues ou sur les frontispices des monuments publics.

Cependant, à partir de 1834, la lettre, retrouvée et publiée dans le *Précis de l'Académie de Rouen*, fit fortune, et l'anecdote qu'elle contenait devint le trait saillant de la vie de Pierre Corneille. Chaque écrivain enchérit sur les réflexions de l'académicien de Rouen, et la pauvreté de Corneille et l'abandon du roi devinrent un texte inépuisable pour les diatribes et les invectives lancées contre Louis XIV, comme développements de sa réflexion finale.

Tout d'abord le théâtre s'empara de l'anecdote contenue dans la lettre. Elle donna naissance à « *Corneille chez le savetier*, scène historique de la vie de Pierre Corneille, représentée sur le théâtre de Rouen, le 29 juin 1841, le jour de la Saint-Pierre ». Dans cet à-propos, les auteurs, MM. Beuzeville et Lebreton, surent se tenir dans une juste réserve.

Mais à combien d'autres l'anecdote, mal comprise et mal interprétée, servit pour réduire Corneille à une extrême misère et pour honnir et avilir le roi, en vers et en prose!

En 1851, M. Théophile Gautier, à l'occasion de l'anniversaire de la naissance de Corneille, le 6 juin, fit une

---

1. *Précis de l'Académie de Rouen*, 1834. — La lettre inventée par Feydel y est citée, pp. 167-168.

pièce de vers dont le sujet est emprunté à l'anecdote du soulier. Saisi d'une grande indignation, le poète s'écrie :

> O pauvreté sublime ! ô sacré dénûment,
> Par ce cœur héroïque accepté seulement !
> Louis, ce vil détail que le bon goût dédaigne,
> Ce soulier recousu me gâte tout ton règne.
> A ton siècle vanté, de lui-même amoureux,
> Je ne pardonne pas Corneille malheureux [1].

Comme conclusion, Louis XIV, si vivement apostrophé, est complètement sacrifié à Corneille.

> Dans la postérité, perspective inconnue,
> Le poète grandit et le roi diminue.

Si la postérité, mieux éclairée par l'histoire, a rectifié quelques-uns des jugements précédemment portés sur le règne de Louis XIV, ce n'est pas à cause de l'abandon où il aurait laissé Corneille; car elle a enregistré les marques d'intérêt et les bienfaits, pensions et libéralités que le roi lui a prodigués, et que Corneille lui-même s'est plu à reconnaître, avant et pendant la suppression momentanée d'une pension finalement rétablie.

La légende de la pauvreté étant faite et acceptée par tous, après la publication de la lettre apocryphe, M. Taschereau l'introduisit dans la deuxième et dans la troisième édition de son ouvrage [2], sans éprouver et sans émettre le moindre doute. En 1855, rappelant la suppression de la pension de Corneille, il s'était borné à dire : « Son sort devint alors digne de pitié. » En 1869, après la citation de la lettre adressée par Corneille à Colbert, il ajouta ces mots : « L'année suivante, sa gêne était encore plus pénible, plus digne de pitié. » Et, pour preuve, vient le texte de la lettre inventée par Feydel et acceptée par M. Taschereau sans

---

1. Théophile Gautier, *Poésies nouvelles. Emaux et Camées, Théâtre, Poésies diverses*, 1863, in-12, p. 269-271. — La pièce a 64 vers.
2. *Histoire de la Vie et des Ouvrages de Pierre Corneille*, en 1855, p. 233, et, en 1869, t. II, p. 96.

la moindre hésitation et sans le moindre doute sur son authenticité.

M. Marty-Laveaux la cite, à son tour, en regrettant que « M. E. Gaillard, qui l'a publiée, n'ait pas, par malheur, dit ni où est l'original de la lettre, ni quel en est l'auteur, ni à qui elle est adressée [1] ». Ces lacunes sont en partie comblées aujourd'hui. Mais les renseignements que Feydel a jugé à propos de donner, loin de démontrer l'authenticité de la lettre, servent à l'infirmer, en raison du vague de ces indications, où l'on peut voir les précautions familières aux inventeurs de pareils pastiches, de pareilles supercheries littéraires [2]. Ce que nous venons d'en dire suffit bien, à nos yeux, pour prouver la fausseté de l'anecdote et pour en démasquer l'auteur.

Un seul écrivain a examiné cette question d'authenticité, et sa conclusion a été la nôtre, moins affirmative sur l'auteur, mais identique sur le fond, et pour les mêmes motifs. « Ce Feydel ne serait-il pas l'auteur, presque inconnu d'ailleurs, de cette lettre que nous considérons, jusqu'à plus ample information, comme apocryphe? Notez qu'il n'a pas eu l'original en main, et depuis nul n'a entendu parler des papiers de famille que détenait l'ami de Rouen. En la supposant vraie, elle n'en est pas moins extraordinaire. Le fait de donner sa chaussure à raccommoder n'implique en aucune façon un état habituel de misère; le refus de l'argent proposé à Corneille semble indiquer tout le contraire, et les larmes que verse le parent sur l'infortune du poète ont un air de sensiblerie qui rattache la rédaction de cette lettre au siècle de Rousseau plus qu'à celui de Corneille. L'anecdote n'en a pas moins fait son chemin dans le monde; c'est, actuellement, le trait le plus connu de la vie de Corneille, et un de ses historiens (M. Lavavasseur), mécontent que la scène se passât rue

---

[1]. *Notice biographique sur Pierre Corneille*, 1868. En tête de l'édition des *Œuvres de Pierre Corneille*, p. LVI.
[2]. Voy. plus haut, p. 268.

de la Parcheminerie, n'a pas hésité à la placer sur le Pont-Neuf, pour lui donner une publicité plus retentissante [1]. »
Il est clair que Feydel, partageant le travers de son siècle, a inventé cette lettre, en 1788, comme on inventera, en 1857, une lettre de Corneille lui-même à Rotrou sur le *Cid*, et comme on avait inventé auparavant une foule d'anecdotes tout aussi peu authentiques. Outre celles que nous avons citées, rappelons les deux faits mensongers concernant *Polyeucte* [2]; le conte débité sur la traduction de l'*Imitation de Jésus-Christ*, imposée par le père Paulin à Corneille, pour le punir d'avoir fait l'*Occasion perdue et recouvrée* [3], qui est de Cantenac; enfin l'anecdote relative au *Menteur*, où Molière, mis en scène avec Boileau, va jusqu'à faire la plus singulière des méprises sur l'un des personnages de la pièce de Corneille. On fait dire à Molière : « La scène où Dorante oublie lui-même le nom supposé qu'il s'est donné m'éclaira sur la bonne plaisanterie [4]. » Or Dorante n'a jamais pris un autre nom que le sien, et c'est à son beau-père supposé qu'il donne successivement le nom de « Pyrandre », après l'avoir appelé d'abord « Armédon [5] ». Cette seule erreur nous fait mettre à la charge de François de Neufchâteau l'invention de l'anecdote; car Molière connaissait trop bien le *Menteur* de Corneille, son ami, pour commettre jamais une pareille confusion. Après la lettre de Feydel, c'est le mensonge le plus audacieux qu'on ait introduit dans la biographie de Corneille.

1. *Pierre Corneille, 1606-1684 ; ses dernières années, sa mort, ses descendants,* par Arthur Heulhard. Paris, Rouam, 1884, p. 13-14. — Avant de connaître ce travail, nous avions soutenu la même thèse, au même moment, dans un article : « La prétendue misère de Corneille », publié par le *Nouvelliste de Rouen*, 11 octobre 1884.
2. *Anecdotes dramatiques,* 1775, t. II, p. 84-85.
3. *Carpentariana,* 1724, p. 284.
4. *Bolæana,* au dire de M. François de Neufchâteau, dans l'*Esprit du grand Corneille.* Paris, Didot, 1819, 1 vol. in-8°, p. 149-150. — Nous l'y avons vainement cherchée, après M. Taschereau.
5. Ce point a été complètement élucidé dans notre « Examen critique d'une Anecdote littéraire sur le *Menteur* de Pierre Corneille ». REVUE DE LA NORMANDIE, 1865, pp. 211-221.

En inventant de leur cru tant d'anecdotes apocryphes, certains écrivains ont si bien achevé d'accréditer la légende et d'obscurcir la vérité, pour un trop grand nombre d'entre elles, que personne n'a essayé de dissiper l'une et de rétablir l'autre, en face de l'erreur acceptée comme article de foi, sans le moindre contrôle. Nous avons voulu procéder autrement pour la légende sur la misère de Corneille, dût cette discussion n'avoir d'autre résultat que de montrer comment ce mensonge s'est tardivement introduit dans sa biographie. Bien vain, en effet, serait l'espoir d'avoir réussi à l'en bannir, à l'aide des autres arguments contenus dans cette étude sur la position de fortune de Corneille, aux différentes époques de sa vie, tant les légendes ont la vie dure, et tant ceux qui les combattent se heurtent à l'incrédulité!

CHAPITRE VI

SUPPRESSION DE LA PENSION, SON RÉTABLISSEMENT ET DERNIER SECOURS DE LOUIS XIV

Remaniements dans les États des pensions. — Fausse date chez Perrault. — La pension de Corneille est supprimée. — Économies commandées par la guerre et par les bâtiments. — Réductions et éliminations en 1674. — Causes relatives à Corneille. — Il ne produisait plus pour le théâtre. — Griefs personnels de Colbert. — Point d'éloges et son nom même toujours passé sous silence. — Maladresse de Corneille. — Racine le remplace sur l'état des pensions. — Moyens indirects pour s'y faire rétablir. — Éloges intéressés du roi en toute occasion. — Autre maladresse vis-à-vis de Colbert. — Le ministre ne le rétablit pas sur l'état. — Lettre touchante que Corneille lui adresse. — Confirme-t-elle la légende de sa misère? — Noble fierté de Corneille. — Il regrette la pension comme marque d'estime et non pour ses besoins personnels. — Lettre de Boursault sur le rétablissement. — Intervention de Boileau auprès de Mme de Montespan. — Erreurs de Brossette. — Protestation des pères de Trévoux. — Brossette a égaré des écrivains modernes. — Diversité des dates de la suppression. — Date de la démarche de Boileau. — Il possédait alors une pension. — Toute-puissance de Mme de Montespan. — Boileau s'adresse à elle et non à Louis XIV. — Langage déplacé qu'on lui prête. — Corneille rétabli sur les états de 1682 et 1683. — Dernier secours envoyé par Louis XIV. — Nouvelle confusion de Brossette. — Le secours est obtenu par le P. la Chaise et non par Boileau. — Résumé sur ces deux points obscurs, la pension et le secours.

La pension de 2000 livres dont Corneille avait joui pendant dix années consécutives, de 1664 à 1673 [1], fut supprimée tout à coup, et son nom disparut de l'état de 1674 et des états suivants [2].

---

1. Voy. plus haut, p. 235.
2. Ceux qui ont été publiés par la Société des Bibliophiles français (voy. plus haut, p. 225), que nous continuons à prendre pour base de notre étude, et ceux que M. Pierre Clément a donnés dans : *Lettres, Instructions et Mémoires de Colbert*, t. V, Appendice X, pp. 466-498.

Loin de rester toujours immuables, ces états subissaient des changements ou des radiations importantes, afin de faire face à de pressants besoins d'argent, le cas échéant. « Quand on déclara la guerre à l'Espagne, une grande partie de ces gratifications s'amortirent. Il ne resta presque plus que les pensions des académiciens de la petite académie, et de l'académie des sciences : ce qui a continué et continue encore jusqu'à présent [1]. »

Le faits se passèrent ainsi, mais non pas dans la mesure ni à l'époque que Perrault signale, car la déclaration de guerre à l'Espagne est de 1667, et voici les chiffres des pensions et gratifications accordées par le roi aux gens de lettres, français et étrangers, et portés sur les trois états suivants :

En 1666, 95 000 livres.
En 1667, 91 300 —
En 1668, 89 400 —

Une diminution de 5600 livres, en trois ans, ne constitue pas « l'amortissement d'une grande partie des pensions et gratifications », quand le total de ce qui reste s'élève encore à 89 400 livres.

La pension de Pierre Corneille, maintenue intacte, à cette époque, ne fut atteinte que six ou sept ans plus tard, et la remarque de Perrault se trouvera alors pleinement justifiée, en 1673.

Il est évident que le premier motif de cette réduction fut de faire des économies impérieusement commandées par les charges de la guerre de Hollande et par les grands travaux exécutés dans Paris et ailleurs. L'Observatoire, le canal du Languedoc, l'hôtel des Invalides, et surtout les merveilles de Versailles, l'œuvre capitale et personnelle de Louis XIV, avaient singulièrement diminué les crédits portés au « Compte des bastiments du Roy », dont le reli-

---

[1]. « Mémoires de Ch. Perrault », en tête de ses *OEuvres choisies*, 1826, p. xxxij.

quat était appliqué, chaque année, au service des pensions et gratifications accordées aux savants et aux gens de lettres, français et étrangers.

Toutefois les réductions et les éliminations faites à cette époque atteignirent surtout les gens de lettres français, et en grand nombre. L'état de 1673 accuse le chiffre de 84 200 livres, et, en 1674, il est réduit à 62 250 livres, pour tomber à 57 550 livres en 1675. Dans l'état de 1674, on ne trouve plus, comme hommes de lettres français, que Charles Perrault, Nicolas Boileau, Jean Gallois, Quinault, Charpentier, Baluze, Félibien, tandis que Le Laboureur, Conrart, Fléchier, Benserade, Corneille l'aîné, Racine, Huet, les frères Vallois, Cassagne, de Sainte-Marthe, Godefroy, portés sur l'état de 1673, ne figurent plus sur celui de l'année suivante. Au reste, ce dernier a subi une réduction fort considérable, et pour le nombre des personnes, et pour le chiffre des sommes accordées. En 1673, il s'élevait à 84 200 livres, réparties entre 57 personnes, et, en 1674, on ne trouve plus que 37 noms, avec un crédit de 62 250 livres [1].

Outre les causes générales de suppression, les économies à faire, Corneille avait encore contre lui des causes personnelles. Récompensé comme auteur dramatique, il ne donna aucune pièce au théâtre en 1673; car, si l'impression de *Pulchérie* est du 20 janvier 1673, la composition remontait aux premiers mois de 1672, et la représentation au 15 novembre suivant. Quant à *Suréna*, jouée dans les derniers mois de 1674, son insuccès complet n'était pas fait pour maintenir le vieux poète sur l'état de 1674. Il en fut rayé, et ne composant plus, n'étant plus en état de composer pour le théâtre, Corneille n'eut plus de part aux

---

[1]. La liste publiée par M. P. Clément, *ibidem*, t. V, Appendice X, donne, pour 1673, le chiffre de 74 900 livres, réparties entre 53 personnes, et, pour 1674, celui de 58 850 livres accordées à 33 personnes. Les États publiés par la Société des Bibliophiles français, dont nous nous servons, sont donc plus complets, au moins pour ces deux années-là. Il en est à peu près ainsi pour tous les états, de 1664 à 1679, dernière limite de cette publication.

libéralités du roi, ni sur cet état, ni sur les suivants, bien plus par le fait de son ministre Colbert que par la volonté ou bien avec l'assentiment du monarque.

Le ministre pouvait avoir des griefs personnels contre Corneille. Il n'avait pas été sans remarquer l'affectation mise par le poète à passer systématiquement, dans ses vers, son nom sous silence, lui si prodigue d'éloges envers le roi, chaque année et à la moindre occasion. Au lieu de louer Colbert, comme il le méritait, il avait eu l'imprudence de signaler au roi lui-même le retard de payement de sa pension, en 1665, dans le « Placet », dont nous avons parlé [1]. Pour grand que fût Colbert, il était homme, et il aura bien pu couvrir son ressentiment personnel de la raison d'État. Ce *vir marmoreus*, suivant l'expression de Gui Patin, sans tenir compte de toute la gloire passée de Corneille, aura biffé son nom sur l'État des pensions, du jour où il crut avoir des motifs suffisants pour ne plus l'y maintenir.

Le dernier état, où se trouve le nom de Corneille pour une pension de 2000 livres, est celui de 1673, et, suivant les habitudes financières de ce temps, il les toucha dans les premiers mois de 1674. Supprimé sur l'état de 1674, il se flatta peut-être de voir son nom compris sur celui de 1675. Il n'en fut rien, tandis que celui de Racine, supprimé en même temps que le sien, s'y trouvait rétabli avec cette mention : « Au sieur Racine, en considération des ouvrages de poésie qu'il compose et donne au public, 1500 [2]. » Ce rétablissement et ce motif surtout, tiré des succès de *Bajazet* (1672), de *Mithridate* (1673) et d'*Iphigénie* (1674), durent être bien pénibles au vieux poète ainsi sacrifié à son jeune rival.

1. Voy. p. 231.
2. Liste publiée par les Bibliophiles français, p. 80. — Celle de M. P. Clément porte : « Au sieur Racine pour les beaux ouvrages de théâtre qu'il compose. » *Ibidem*, t. V, Appendice X. — La pension de Corneille était autrefois motivée en termes presque identiques. Voy. p. 225.

Il ne perdit cependant pas tout espoir de faire aussi rétablir sa pension supprimée, et, pour appeler sur lui la bienveillance du roi et de son puissant ministre, il continua de faire des pièces de vers à l'éloge de Louis XIV, espérant être plus heureux que dans sa traduction, en 1674, d'une pièce de vers latins de Santeul, sous ce titre : « Au Roy sur sa libéralité envers les marchands de la ville de Paris. » Il avait pourtant mêlé l'éloge du ministre à celui du roi, qui venait de charger Colbert[1] de remettre à la corporation des merciers les 50 000 livres offertes par elle, en y joignant un don de deux mille écus.

> Cet éclat surprenant de magnanimité
> Par la Nymphe aux cent voix en tous lieux est porté.
> Que de ravissements suivent cette Nouvelle !
> COLBERT y met le comble en Ministre fidelle :
> Ce grand homme, sous luy maistre de ses Thresors,
> Mande par ordre exprès ce grand et nombreux corps ;
> Le force d'admirer des bontez sans mesure,
> Et remet en ses mains ses dons avec usure.

C'est la première et l'unique fois que le nom de Colbert apparaît dans les vers de Corneille. Mais, si le ministre en sut gré à Santeul, il n'en fut pas de même pour son traducteur, obligé qu'il était de mettre le nom donné par l'original, sous peine de devenir infidèle. Toujours est-il que Corneille ne fut pas compris dans l'état de 1675, et que son calcul échoua, si sa traduction des vers de Santeul avait eu l'intérêt pour mobile.

En l'année 1676, il fit plusieurs autres pièces, où revenait toujours l'éloge de Louis XIV.

La première fut encore une traduction, celle d'une ode latine du père Lucas, jésuite, sous ce titre : « Au Roi sur

---

[1]. « Une note de l'édition de Santeul, de 1729, fait remarquer qu'il s'agit de Charles Colbert, marquis de Croissy, qui était frère du célèbre Colbert, et qui fut ministre et secrétaire d'État en 1679. » M. Marty-Laveaux, *ibidem*, t. X, note de la page 293. — L'édition de 1698, page 14, ne contient rien de tel, et avec raison, car il s'agit ici du grand ministre, Jean-Baptiste Colbert.

son départ pour l'armée, en 1676. » Mais peut-être Corneille, en la traduisant, chercha-t-il moins à plaire au Roi qu'au père Lucas, un Normand, qui professa la rhétorique puis la théologie, au collège Lous-le-Grand, où Corneille comptait bien des amis.

Il en fut tout autrement de ses « Vers présentez au Roy sur sa campagne de 1676 ». Parlant en son nom personnel et en historien fidèle, il retrace, dans cette pièce de 76 vers alexandrins, tous les événements de cette campagne, et surtout les sièges et les prises de villes où se signalèrent Louis XIV et ses généraux, en les comblant d'éloges, malgré toutes les peines qu'eut le roi pour maintenir la supériorité de ses armes.

Une occasion plus personnelle s'offrit à Corneille de se rappeler au souvenir du roi. A l'automne de cette même année 1676, le roi fit représenter, à Versailles, six tragédies du vieux poète, qui, dans l'élan de sa reconnaissance, le remercia chaleureusement par une troisième pièce de vers intitulée : « Au Roi sur *Cinna*, *Pompée*, *Horace*, *Sertorius*, *Œdipe*, *Rodogune*, qu'il a fait représenter de suite devant lui à Versailles, en octobre 1676. » Ces vers furent faits en 1677, au dire de l'abbé Bordelon [1]. Le poète seul y parle d'abord pour prier le roi de faire représenter aussi ses autres pièces sur son théâtre, puis il joint le rappel des services de ses fils à l'armée, en terminant par la demande d'une abbaye pour son fils Thomas [2].

Si le Roi fit donner une gratification quelconque à Corneille, pour les représentations de ses pièces sur son théâtre, sans le croire assez récompensé par cet honneur, le ministre Colbert ne jugea pas à propos de le comprendre dans les états des pensions ou gratifications, ni de 1676, ni de 1677, et son fils Thomas dut attendre quatre

---

1. M. Marty-Laveaux, *ibidem*, notice sur cette pièce, t. X, p. 310. La date est probable, d'après la place qu'occupent ces vers dans le *Mercure galant* de 1677.
2. Voy. plus haut, pages 209-211.

ans encore le bénéfice promis dès 1672 et obtenu en 1680 seulement [1].

A peu près à la même époque, Corneille eut la fâcheuse idée de faire la « Version de l'ode à M. Pellisson ». L'éloge de l'ami et du défenseur de Foucquet disgracié, inaperçu dans les vers latins d'un auteur anonyme, mais répandu par les vers français du traducteur, dut déplaire singulièrement au principal auteur de la disgrâce de Foucquet et de la persécution de son premier commis, Pellisson. Colbert put-il lire de sang-froid ces beaux vers sur la détention de ce dernier à la Bastille, et sur son inaltérable dévouement envers son bienfaiteur ?

> En vain, pour ébranler ta fidèle constance,
> On vit fondre sur toi la force et la puissance;
> En vain dans la Bastille on t'accabla de fers;
> En vain on te flatta sur mille appas divers;
> Ton grand cœur inflexible aux rigueurs, aux caresses
> Triompha de la force et se rit des promesses.
> Et comme un grand rocher, par l'orage insulté,
> Des flots audacieux méprise la fierté;
> Et sans craindre le bruit qui gronde sur sa tête,
> Voit briser à ses pieds l'effort de la tempête;
> C'est ainsi, PELLISSON, que dans l'adversité
> Ton intrépide cœur garda sa fermeté;
> Et que ton amitié constante et généreuse
> Du milieu des dangers sortit victorieuse.

Rappeler ainsi, par cette traduction intempestive, la fermeté du persécuté, c'était infliger un blâme indirect au persécuteur, quinze ans après les faits accomplis, et s'enlever des chances d'être rétabli par lui sur l'état des pensions ou des gratifications. Aussi Colbert ne tint-il aucun compte des « Vers sur les victoires du Roy en l'année 1677 », composés et imprimés au début de cette même année, et reproduits dans le *Mercure galant* de juillet 1677. Malgré tous les éloges donnés au Roi et à Philippe d'Orléans, son frère, dans les 72 vers de la pièce, Colbert ne rétablit pas, pour

---

[1]. Voy. plus haut, p. 241.

la quatrième fois, le nom de Corneille sur l'état de 1677. Cela devait être; il avait bien loué le Roi, mais, l'année précédente, il avait offensé le ministre. Il fallait lui infliger l'humiliation de voir les noms de Racine, Cassagne, Godefroy, Huet, retranchés en même temps que le sien, reparaître successivement, l'un après l'autre, sur les états de 1675, 1676 et 1677.

Ne recevant donc pas, dans les premiers mois de 1678, le mandat qui l'aurait convaincu du rétablissement de son nom sur l'état de l'année précédente, et voyant l'inutilité de ses éloges poétiques à l'adresse du Roi pour l'obtenir, Corneille se résolut enfin d'écrire à son tout-puissant ministre pour s'en plaindre. Voici sa lettre à Colbert, lettre restée si longtemps ignorée.

« Monseigneur,

« Dans le malheur qui m'accable, depuis quatre ans, de n'avoir plus de part aux gratifications dont Sa Majesté honore les gens de lettres, je ne puis avoir un plus juste et plus favorable recours qu'à vous, Monseigneur, à qui je suis entièrement redevable de celle que j'y avois. Je ne l'ai jamais méritée, mais du moins j'ai tâché à ne m'en rendre pas tout à fait indigne par l'emploi que j'en ai fait. Je ne l'ai point appliquée à mes besoins particuliers, mais à entretenir deux fils dans les armées de sa Majesté, dont l'un a été tué pour son service au siège de Grave; l'autre sert depuis quatorze ans, et est maintenant capitaine de chevau-légers. Ainsi, Monseigneur, le retranchement de cette faveur, à laquelle vous m'aviez accoutumé, ne peut qu'il ne me soit sensible au dernier point, non pour mon intérêt domestique, bien que ce soit le seul avantage que j'aye reçu de cinquante années de travail, mais parce que c'étoit une glorieuse marque de l'estime qu'il a plu au Roi faire du talent que Dieu m'a donné, et que cette disgrâce me met hors d'état de faire encore longtemps subsister ce fils dans le service où il a consumé la plupart de mon peu de bien pour remplir avec honneur le poste qu'il y occupe. J'ose espérer, Monseigneur, que vous aurez la bonté de me rendre votre protection, et de ne laisser détruire votre ouvrage. Que si je suis assez malheureux pour me tromper dans cette espérance, et de demeurer exclu de ces grâces qui me sont si précieuses et si nécessaires, je vous demande cette justice de croire que la continuation de cette mauvaise influence n'affoiblira en aucune manière ni mon zèle pour le service du Roi, ni les sentiments de reconnoissance que je vous dois pour le passé, et que, jusqu'au dernier soupir, je ferai gloire d'être, avec toute la passion et le respect possible,

« MONSEIGNEUR,
« Votre très humble, très obéissant et très obligé serviteur,
« CORNEILLE [1]. »

Cette lettre touchante doit être examinée avec autant de soin que Corneille en a mis à l'écrire; car, révélée pour la première fois en 1835, au sein de l'académie de Rouen, un an après l'apparition de l'anecdote du soulier, qu'elle semblait confirmer, elle est devenue décisive pour tous ceux qui croient à la réalité de sa misère. Rien de tel ne résulte du texte de cette lettre authentique, et, quand on vient à la considérer dans son ensemble et dans ses termes, c'est même la conséquence contraire qu'on doit en tirer.

La lettre n'est pas datée; mais les seuls mots où Corneille parle du « malheur de n'avoir pas de part, depuis quatre ans, aux gratifications de Sa Majesté », montrent qu'elle fut écrite en 1678, puisque c'est en 1674, au début de l'année, qu'il reçut pour la dernière fois les 2000 livres portées sur l'état de 1673 [2]. Son lieu d'origine est Paris, où il s'était fixé depuis 1662.

Chez l'homme le plus fortement trempé, quand l'adversité vient l'assaillir, il y a des moments d'abattement, où l'esprit et le caractère fléchissent sous le poids du malheur. Corneille ne connut pas ces défaillances, comme le prouve sa lettre si digne et si fière. En l'écrivant, il put se redire

---

1. « Cette lettre, dont la Bibliothèque nationale possède l'autographe original, a été découverte par M. Lacabane dans la collection généalogique de Chérin de Barbimont et publiée par M. Floquet dans le *Précis analytique des travaux de l'Académie de Rouen*, 1835, in-8°, p. 240 sqq. » *Bibliographie cornélienne*, par M. Picot, p. 192.

2. Voy. plus haut, p. 280.

à lui-même ces mots de Montaigne : « Tout assaiché que je suis et appesanti, je sens encore quelques tièdes restes de mon audace passée. » La lettre, en effet, respire d'un bout à l'autre une fierté toute cornélienne, adressée qu'elle est au ministre dont il s'était toujours gardé de faire l'éloge dans ses vers [1].

Laissant de côté ce qu'il a pu savoir des intentions primitives du ministre lors de la formation de la liste des pensions [2], il se reconnaît « entièrement redevable à Colbert de la place qu'il y avait ». Il ne l'a pas méritée, « mais il a tâché de ne pas s'en rendre tout à fait indigne par l'emploi qu'il en a fait », en la consacrant à l'entretien de ses deux fils, dont il rappelle les services dans les armées du roi. S'il demande aujourd'hui le rétablissement de cette pension, c'est d'abord comme « une marque de l'estime que le roi fait de son talent », et puis pour être en état de « faire encore longtemps subsister le fils qui lui reste dans le service du roi ». Voilà les motifs qui dictent sa démarche auprès du ministre, et, on le voit, ils n'ont rien de personnel, en dehors de l'honneur que cette marque d'estime procurait à ses vers.

Voir dans cette lettre une preuve ou un simple aveu de sa pauvreté à cette époque, c'est en méconnaître l'esprit et le sens général. Corneille, en effet, a grand soin de se mettre en dehors, dans l'emploi qu'il a fait de l'ancienne pension. « Il ne l'a point appliquée à ses besoins particuliers..... Le retranchement de cette faveur ne lui est pas sensible pour son intérêt domestique. » Il vivait donc avec ses ressources personnelles, sans le secours de cette pension, qu'il employait ailleurs. Enfin la déclaration que « son fils a consumé la plupart de son peu de bien », ne veut pas dire non plus qu'il est dans la misère ; car « la plupart de son bien » n'est pas la totalité de son patrimoine,

---

[1]. Voy. plus haut, p. 229.
[2]. Voy. plus haut, p. 224.

ni de ses revenus. Il ne pouvait pas se représenter, en 1678, comme dénué de toutes ressources, alors qu'il n'avait pas aliéné une seule partie de son patrimoine, qu'il touchait les revenus de ses immeubles dotaux, et possédait encore d'autres avantages tirés de ses publications. Loin donc de démontrer sa pauvreté, le texte de cette lettre sert plutôt à établir le contraire, par les paroles mêmes de Corneille sur ce point douloureux et délicat.

Une fois sa supplique envoyée à Colbert, malgré tout le mystère possible, il en transpira quelque chose, dans une cour où la vérité finissait toujours par être connue. C'est alors que se produisit en sa faveur une intervention dont un contemporain a conservé le souvenir. Boursault[1], dans une lettre à l'évêque de Langres, rappelle d'abord la conduite généreuse de Boileau envers Patru, à l'occasion de la vente de sa bibliothèque, que le satirique acheta et laissa à son premier possesseur, et envers Cassandre, le traducteur de la *Rhétorique d'Aristote*, qu'il secourut dans sa détresse. Puis il ajoute : « Le même M. Despréaux ayant appris à Fontainebleau qu'on venoit de retrancher la pension que le Roy donnoit au grand Corneille, courut avec précipitation chez Madame de Montespan, et luy dit que le Roy, tout équitable qu'il étoit, ne pouvoit, sans quelqu'apparence d'injustice, donner pension à un homme comme luy, qui ne commençoit qu'à monter sur le Parnasse, et l'ôter à un autre, qui depuis si longtemps étoit arrivé au sommet, qu'il la supplioit, pour la gloire de Sa Majesté, de luy faire plutôt retrancher la sienne, qu'à un homme qui la méritoit incomparablement mieux : et qu'il se consoleroit plus facilement de n'en avoir point, que de voir un si grand poète que Corneille cesser de l'avoir. Il luy parla si avantageusement du mérite de Corneille, et Madame de Montespan trouva sa manière d'agir si honnête, qu'elle luy

---

1. *Lettres nouvelles de feu Monsieur Boursault*, 3ᵉ édition, Paris, 1709, 3 vol. in-12. — La première édition est de 1697. Edme Boursault mourut en 1701.

promit de le faire rétablir ; et lui tint parole. Quoyque rien ne soit de plus beau que les poësies de M. Despréaux, je trouve que les actions que je viens de dire à Votre Grandeur sont encore plus belles. »

Ce curieux document, si honorable, en effet, pour Boileau, a reçu bien des interprétations diverses et pour la date du fait et pour le fait lui-même. Ce sont là deux points obscurs, qu'il est indispensable d'élucider, afin de montrer la fausseté des conséquences qu'on a tirées.

Ainsi Desmaiseaux ayant cité la lettre de Boursault [1], les auteurs des *Mémoires de Trévoux* crurent que Boursault parlait du retranchement de la pension de Corneille, « après la disgrâce de Foucquet » (1661), et qu'il rapportait le mérite de ce rétablissement à Boileau, tandis « qu'elle fut rétablie par l'intervention de M. l'abbé Gallois et M. Perraut [2] », et, à cette époque, « M. Despréaux n'avoit encore aucun crédit à la cour [3] ».

En 1716, Brossette fit paraître une nouvelle édition des œuvres de Boileau [4], et, dans une de ses remarques sur le texte de l'auteur, il assigne une autre date à cette intervention. « Après la mort de M. Colbert, la pension que le Roi donnoit à M. Corneille fut supprimée. » Puis vient le résumé de la lettre de Boursault, mais en rapportant le fait au dernier secours envoyé par Louis XIV à Corneille, voisin de la mort. A l'appui de cette assertion est cité le passage du discours de Racine, recevant à l'Académie française Thomas Corneille, en remplacement de son frère. « Des témoignages si authentiques, ajoute Brossette, seront sans doute suffisans pour faire connoître l'erreur dans laquelle sont tombés des Écrivains, d'ailleurs très-judicieux

---

1. *La Vie de Monsieur Boileau-Despréaux.* Amsterdam, 1712, in-12 de 315 p.
2. Voy. plus haut, p. 224.
3. *Mémoires pour l'histoire des sciences et des beaux-arts.* A Trévoux, septembre 1713. Voy. Appendice XXVI.
4. A défaut de l'édition des *Œuvres de Boileau*, par Brossette, 1716, que nous n'avons pu nous procurer, nous citons d'après la remarque de Brossette, que M. de Saint-Marc a placée dans son édition des *Œuvres de Boileau-Despréaux*, 1772, t. III, pp. 113-115.

et très-estimés, en publiant que M. Despréaux n'avoit point contribué au rétablissement de la pension de M. Corneille. Ils ont confondu celle que M. Colbert lui procura après la disgrâce de M. Fouquet, avec la pension que M. Despréaux fit rétablir après la mort de M. Colbert[1]. » Les « écrivains », que Brossette ne nomme pas, étaient les journalistes de Trévoux, dont on vient de voir la protestation contre le récit de Boursault.

A son tour, voulant corriger les pères de Trévoux, Brossette était tombé dans une confusion nouvelle, vivement relevée par ceux-ci. « M. Boileau, disent-ils, si l'on en croit son commentateur, a réparé ses critiques indiscrètes par un beau trait de générosité envers Corneille; il fit rétablir sa pension, qu'on avait supprimée. Ce fait, déjà allégué dans la vie de M. Despréaux, avoit été convaincu de faux dans nos Mémoires[1] : on se flatte ici de le rétablir, en changeant les circonstances. Ce n'est plus après la mort[2] de Monsieur Fouquet, ce n'est plus par M. Colbert que la pension étoit supprimée; c'est, dit le commentateur, après la mort de M. Colbert, par M. de Louvois[3]. En vain réforme-t-on la fable, on ne peut en faire une vérité : à une fiction grossière on en substitue une mieux concertée, mais c'est toujours une fiction. La pension de Corneille ne fut point retranchée par Monsieur Louvois après la mort de Monsieur Colbert : on défie de donner la moindre preuve de ce fait. Ainsi Monsieur Boileau n'a pas été dans l'occasion de joüer le rôle genereux qu'on lui attribuë, de courir chez Madame de Montespan, de parler au Roi avec chaleur. » L'auteur de l'article accorde l'intervention probable de Boileau pour le don de deux cents louis envoyés par Louis XIV à Corneille mourant. « Mais,

1. Année 1713, mois de septembre. Voy. plus haut, p. 288.
2. Brossette avait mis « disgrâce » (1661) et non « mort » (23 mars 1680), dans le texte cité par de Saint-Marc.
3. Ces quatre mots ne sont pas dans le texte de Brossette, cité par de Saint-Marc; mais la conséquence se tire d'elle-même, Louvois ayant remplacé Colbert, mort le 6 septembre 1683.

dit-il, Monsieur Boileau n'a pas fait rétablir la pension de Monsieur Corneille, ni dit ce qu'on lui fait dire pour en obtenir le rétablissement : c'est tout ce que j'avois à prouver, je l'ai prouvé sans replique : quand la pension fut supprimée après la mort[1] de Monsieur Fouquet, Monsieur Boileau n'étoit pas en état d'agir pour la faire rétablir : elle n'a pas été supprimée après la mort de Monsieur Colbert [2]. »

L'abbé Granet, qui a réimprimé cette « Défense du Grand Corneille [3] », nous apprend que l'auteur si vif à l'égard de Brossette, le commentateur de Boileau, est « le Père TOURNEMINE, *Jésuite* ». Ce passage y est plus développé, et l'auteur le termine par ces mots : « Monsieur l'Abbé de Louvoy jaloux de la gloire de Monsieur son père tira du Trésor Royal des preuves qu'elle avoit été exactement payée [4]. »

Toutes ces contradictions et tous ces démentis ont jeté les biographes de Corneille dans de grandes perplexités au sujet de la date et des circonstances de l'intervention de Boileau en faveur de Corneille.

M. Taschereau croit qu'il intervint lorsque Corneille était « près de l'heure dernière », c'est-à-dire en 1684. « Boileau, en apprenant la position cruelle de ce vieillard, victime d'un révoltant oubli, courut chez le roi offrir le sacrifice de sa propre pension, disant qu'il ne pouvait sans honte la toucher, tandis qu'à ses derniers moments Corneille était privé du nécessaire... [5] » Après avoir cité un passage de l' « Éloge de Boileau » par d'Alembert qui renvoie à la lettre de Boursault, M. Taschereau finit par

---

1. Même remarque que ci-dessus, note 2, p. 289.
2. *Défense du Grand Corneille contre le commentateur des Œuvres de M. Boileau Despréaux.* — *Mémoires de Trévoux*, mai 1717, pp. 797-798.
3. En tête de son édition des *Œuvres diverses de Pierre Corneille*, 1738, 4 vol. in-12, p. xxv-xxxiv.
4. « Défense du grand Corneille », p. xxxiij. — On connaît un état du 18 juin 1683, où figure le nom de Corneille, mais c'était encore sous Colbert, mort le 6 septembre 1683.
5. *Vie de Corneille*, 1829, p. 251 ; 1855, p. 236 ; 1862, t. II, p. 100.

invoquer l'autorité de ce dernier pour son compte [1]. Mais il faut remarquer que, chez Boursault, la démarche de Boileau est faite auprès de Mme de Montespan, et non auprès du Roi lui-même. De plus, le motif mis en avant par lui est, « non pas la privation du nécessaire », mais « l'intérêt de la gloire du roi », à ne pas méconnaître à ce point le mérite de Corneille. C'est Brossette qui ajouta, le premier, ces mots au texte de Boursault : « M. Despréaux en parla lui-même au Roi », tandis que le P. Tournemine, au sujet du don final de deux cents louis, se borne à dire : « Je veux croire que Monsieur Boileau, instruit de l'état où était Monsieur Corneille, en parla à Madame de Montespan, et peut-être au Roi [2]. »

M. Guizot dit à son tour : « Après la mort de Colbert (septembre 1683), et peu avant sa propre mort (1er octobre 1684), Corneille se trouvait encore dans une pénurie extrême. Ce fut alors que Boileau, se récriant noblement contre une telle honte pour les lettres, en informa Louis XIV, et offrit le sacrifice de sa propre pension pour que Corneille malade retrouvât au moins le nécessaire [3]. » C'est la répétition de la confusion déjà relevée entre le rétablissement de la pension et l'envoi d'un secours *in extremis*, sur l'autorité de Boursault mal interprété.

Résumant quelques-uns des documents ci-dessus, M. Marty-Laveaux tire la même conclusion que ses devanciers [4], sans établir la distinction qui nous paraît pouvoir seule expliquer tous les témoignages invoqués sur ces deux faits si différents de la vie de Corneille, et contradictoirement rapportés, par Boursault, Brossette, les pères de Trévoux, Tournemine et leurs successeurs jusqu'à nos jours.

1. *Vie de Corneille*, 1869, t. II, pp. 100 et 179.
2. *Mémoires de Trévoux*, mai 1717. « Défense du grand Corneille », p. 797-799.
3. *Corneille et son Temps*. « Éclaircissements et Pièces historiques », édit. de 1852, p. 305.
4. *Notice biographique sur Pierre Corneille*, p. LVIII.

Il ne pouvait guère en être autrement, avant la découverte de la lettre attristée écrite, en 1678, par Corneille à Colbert. Elle seule a permis d'établir sûrement la date de la suppression de sa pension, et de déterminer le vrai rôle de Boileau dans l'affaire du rétablissement, dont la lettre de Boursault rappelle les circonstances.

La suppression de la pension a été placée successivement en 1661, après la disgrâce de Foucquet; en 1680, après la mort du surintendant; en 1683, après la mort de Colbert; enfin en 1684, peu de jours avant la mort de Corneille lui-même [1]. Or aucune de ces dates n'est admissible, si l'on accepte l'intervention de Boileau auprès de Mme de Montespan, affirmée si positivement dans la lettre de Boursault. En 1661, en effet, Boileau et Mme de Montespan étaient sans crédit à la cour, pour faire rétablir la pension supprimée après la disgrâce de Foucquet, et si, en 1680, Boileau était encore en faveur à la cour, Mme de Montespan en avait complètement disparu.

A prendre à la lettre ces mots de Boursault : « M. Despréaux ayant appris qu'on venoit de retrancher la pension que le Roy donnoit au grand Corneille », il semblerait, aujourd'hui qu'on connaît la date de la suppression par la lettre de Corneille, et la disparition de son nom sur l'état de 1673, que la démarche de Boileau eut lieu dans les premiers mois de 1674, alors que Corneille fut instruit de la triste réalité. La preuve qu'il n'en est rien, c'est que Boileau ne pouvait offrir à Mme de Montespan le sacrifice d'une pension qu'il n'avait pas encore obtenue. Son nom figure seulement sur l'état de 1674, arrêté à la fin de cette année, suivant l'habitude. On y lit : « A Nicolas Boilleau pour la pension que le Roi luy a accordée, 2000 livres [2]. » Son nom disparaît de l'état de 1675, pour se retrouver sur celui de 1676, et ceux de 1677 et 1678, avec celui de

---

1. Voy. plus haut, p. 290.
2. Listes publiées par les Bibliophiles français, p. 74.

Racine. Porté, pour la première fois, en 1674, Boileau ne savait encore si c'était une gratification passagère qui lui était accordée, ou le point de départ d'une pension. Mais, après trois années consécutives, c'était bien une pension dont il pouvait offrir le sacrifice à Mme de Montespan, en faveur de Corneille, vers l'année 1678.

De son côté, à cette date, Mme de Montespan était en état de servir Corneille auprès du Roi. Devenue sa maîtresse en 1668, elle ne prit de l'ascendant sur lui qu'à partir de 1669. Une première rupture, en 1675, n'avait guère duré, et, malgré l'intervention de Bossuet, la passion du roi reprit le dessus la même année, et il recommença « ses commerces [1] » avec la favorite, pour trois ans.

En 1676, elle lui donnait un sixième enfant, et, le 6 juin 1678, grosse pour la septième fois, elle accouchait secrètement d'un fils, le comte de Toulouse. Sa naissance fut suivie d'un fait qui donne la mesure de la faveur de la mère auprès de Louis XIV. Neuf jours après l'accouchement, voici la lettre que le roi n'hésita pas à écrire à Colbert.

« Saint-Germain-en-Laye, le 15 juin 1678.

« Monsieur Colbert, il me revient que Montespan se permet des propos indiscrets. C'est un fou que vous me ferez le plaisir de suivre de près, et, pour qu'il n'ait plus de prétexte de rester à Paris, voyez Novion [2], afin qu'il se hâte au Parlement.

« Je sais que Montespan a menacé de voir sa femme, et, comme il en est capable, et que les suites seroient à craindre, je me repose encore sur vous pour qu'il ne parle pas. N'oubliez pas les détails de cette affaire, et surtout qu'il sorte de Paris au plus tôt.

« Louis [3]. »

---

1. *Lettres de Mme de Sévigné.*
2. Nicolas Potier, chevalier, seigneur de Novion, venait d'être pourvu de la charge de premier président du parlement de Paris, en 1678, et Louis XIV en attendait quelque service judiciaire.
3. Cité par M. P. Clément, *Histoire de la Vie et de l'Administration de Colbert*, p. 152, et tiré des *OEuvres de Louis XIV*, t. V, p. 576.

Bien grande était donc alors l'influence de Mme de Montespan à la cour et sur l'esprit de Louis XIV, et Boileau put tenter en 1678, avec plein espoir de succès, sa démarche en faveur de Corneille. Car c'est bien à elle, comme le dit Boursault, et non au Roi, que Boileau tint le langage qu'on a très singulièrement travesti de la sorte. « Sire, lui fait-on dire, j'ai une pension et Corneille n'en a pas. Cependant il en mérite mieux et il en a plus besoin. Une pension à Corneille, Sire, ou transmettez-lui la mienne [1]. » Ce ton impératif et ce tour cavalier ne sauraient convenir au courtisan habile, au constant panégyriste de Louis XIV, pendant toute la durée de son règne. Ils sont dus à l'imagination de ceux pour lesquels c'est un besoin incessant de tout dramatiser, fût-ce aux dépens de la vérité. Ici l'on n'a eu d'autre peine que de metre en style direct, à l'adresse de Louis XIV, le langage que Boursault avait résumé sous la forme indirecte, comme étant celui de Boileau à Mme de Montespan [2].

Quel fut le succès de l'intervention de Boileau en 1678? A en croire Boursault, il fut complet, puisque Mme de Montespan « lui promit de faire rétablir Corneille ; et luy tint parole [3] ». Quand et comment? Boursault ne le dit pas. Si le rétablissement avait été immédiat, le nom de Corneille devrait se trouver sur l'état de 1678, dressé à la fin de l'année et connu dans les premiers jours de l'année suivante. Or il n'y est pas, non plus que sur ceux des trois années suivantes.

Mais sur l'état de 1682 on lit :

« Au sieur Corneille, en considération de divers ouvrages de poësie qu'il a composés, 2000 livres [4]. »

1. Cité, sans nom d'auteur, par M. A. Heulhard, *Pierre Corneille, 1606-1684*, note de la page 36.
2. Voy. plus haut, p. 287.
3. Voy. plus haut, p. 288.
4. La liste des états publiée par la Société des Bibliophiles français s'arrêtant à l'année 1679, nous citerons désormais ceux que M. P. Clément a publiés dans : *Lettres, Instructions et Mémoires de Colbert*, t. V, p. 469. — La

Les motifs sont à peu près les mêmes que ceux de l'état de 1673, le dernier où Corneille figure. Il n'y est plus question de « pièces de théâtre », comme autrefois, et peut-être ne voulait-on plus récompenser que l'auteur de ces petites pièces de poésie adressées au roi, depuis la suppression de sa pension, et dont les deux dernières étaient, en 1678 : « Au Roi, sur la paix de 1678 » (celle de Nimègue); et, en 1680 : « A Monseigneur, sur son mariage ».

Son nom reparaît encore deux fois sur d'autres états. M. Clément met en note, sur la lettre de Corneille à Colbert, en 1678 :

« La prière du grand poète fut accueillie par Colbert. — On lit en effet dans une liste de gratifications du 18 juin 1683 :

« Au sieur Corneille, en considération des divers ouvrages de poësie qu'il a composés, 2000 livres tournois [1]. »

Enfin M. Taschereau fournit la preuve d'une dernière gratification. « Le fait raconté par Boursault, dit-il, se trouve en quelque sorte confirmé par la mention suivante, qu'on lit à la date du 3 septembre 1684 sur un des registres des bâtiments du roi :

« Au sieur Corneille, par gratification (1683), en considération de divers ouvrages de poësie qu'il a composés, deux mille livres [2]. »

Ces trois mentions prouvent que Corneille eut, sur la fin de sa vie, une part encore aux libéralités de Louis XIV, soit comme pension, soit comme gratification, peu importe le nom.

Brossette, cause première de la confusion qui s'est produite sur le rôle de Boileau dans le rétablissement de la

---

source indiquée est : « Archives de l'Empire, Registre du secrétariat, vol. O, 10415, fol. 263. »

1. *Lettres, Instructions et Mémoires de Colbert*, par M. P. Clément, t. V, p. 563. — L'indication de source est : « Archives de l'Empire, Registres du secrétariat, E. 3385. »

2. *Vie de Pierre Corneille*, 3ᵉ édit., t. II, p. 101. — La source indiquée : « Archives de l'Empire, O. 10418. Bâtiments du roi, 1684, t. II, fᵒ 125 recto, à imputer sur les reliquats de 1683. »

pension de Corneille, en ajoutant au texte de Boursault :
« Il (M. Despréaux) en parla lui-même au roi », tandis qu'il
s'adressa à Mme de Montespan, est cause aussi d'une autre
méprise au sujet de la dernière libéralité accordée, à la fin
de septembre 1684, par Louis XIV, à Corneille mourant.
Pour les deux cents louis envoyés par le roi, il met encore
Boileau en scène et lui attribue le mérite de les avoir obte-
nus du roi. « M. Despréaux en parla avec tant de chaleur,
et son procédé parut si grand et si généreux, que sur-le-
champ le roi ordonna que l'on portât deux cents louis à
M. Corneille ; et ce fut M. de la Chapelle, parent de M. Despréaux, et différent du fameux Chapelle L'Huilier, qui les lui
porta de la part du roi. Outre le témoignage d'une infinité
de personnes, aujourd'hui vivantes (1716), qui ont connaissance de ce fait, il a été rendu public par l'impression
dans les *Lettres de Boursault* [1]. » Or le texte de Boursault
se borne à rappeler la démarche de Boileau auprès de
Mme de Montespan pour le rétablissement de la pension, et
ne dit pas un seul mot des « deux cents louis », dernière libéralité de Louis XIV. Son affirmation est sans fondement,
et due à une confusion qui s'est perpétuée jusqu'à nos
jours.

Le P. Tournemine ne réfuta pas moins Brossette sur la
dernière libéralité du roi, qu'il ne l'avait fait au sujet de la
pension [2]. « Pour les deux cents louis envoyez par le roi au
grand Corneille peu de jours avant sa mort, le fait est vrai ;
le roi sçut du père de la Chaise que l'argent manquoit à cet
illustre malade, fort éloigné de thesauriser, et Sa Majesté
envoya deux cens louis. Je ne conteste pas qu'ils n'ayent
été portés par M. de la Chapelle, parent de M. Boileau [3]. »
Mais il relevait l'erreur sur la personne : c'est le père de la

---

1. Remarque de Brossette, sous l'Épigramme XXIX de son édition des *OEuvres de Boileau*, reproduite dans la nouvelle édition des *OEuvres de Boi-leau-Despréaux*, par M. de Saint-Marc, 1772, t. III, p. 113.
2. Voy. plus haut, p. 289.
3. *Défense du grand Corneille contre le commentateur des OEuvres de Mr Boileau Despréaux*, Mémoires de Trévoux, mai 1717, p. 799.

Chaise, et non Boileau, qui avait entretenu le roi de la position critique de Corneille.

D'Alembert s'inscrivit en faux contre cette assertion du P. Tournemine. « Les jésuites, dit-il, nièrent cet acte de bienfaisance du satirique, et l'attribuèrent au père de la Chaise, mais ils sont les seuls qui en aient fait honneur à leur confrère. Le témoignage de Boursault, qui rapporte le fait dans ses *Lettres*, et qui n'aimoit pas Despréaux, suffit pour les réfuter [1]. » L'argument est sans valeur, puisque Boursault est muet sur ce point.

C'est à cette libéralité du roi que Racine faisait allusion, quand, trois mois après la mort de Corneille, recevant, le 2 janvier 1685, Thomas Corneille à l'Académie française, en remplacement de son frère, et prédisant le rang glorieux que le grand Corneille occuperait dans le souvenir de la France, il terminait ainsi le magnifique éloge qu'il venait d'en faire : « On croira même ajouter quelque chose à la gloire de nostre auguste monarque, lorsqu'on dira qu'il a estimé, qu'il a honoré de ses bienfaits cet excellent génie; que mesme deux jours avant sa mort, et lorsqu'il ne luy restoit plus qu'un rayon de connoissance, il luy envoya encore des marques de sa libéralité; et qu'enfin les dernières paroles de Corneille ont été des remerciements pour LOUIS LE GRAND [2]. »

Ainsi une pension a été successivement accordée, supprimée et rétablie par Louis XIV, ou plutôt par son ministre Colbert, sur les fonds de l'État, et un dernier secours, pris sur sa cassette, a été envoyé par le roi à Corneille près de mourir. Ces quatre faits sont incontestés et incontestables. L'incertitude commence avec les contradictions sur le rôle assigné à chacun des acteurs, pour la pension ou pour le secours, et sur la date de l'intervention de chacun d'eux. Elles proviennent des diverses interprétations don-

---

[1]. *Histoire des membres de l'Académie françoise.* Éloge de Despréaux.
[2]. *Recueil des Harangues prononcées par MM. de l'Académie françoise dans leurs réceptions.* In-4º, 1698, p. 476.

nées aux témoignages contemporains ou immédiatement postérieurs, produits sur la pension et sur le secours. La divergence est complète, surtout au sujet du rôle prêté à Boileau, tantôt auprès du roi, tantôt auprès de Mme de Montespan, à des dates dont l'examen des faits démontre la fausseté. Par exemple, il n'est pas exact que Boileau, sans crédit en 1662, ait déterminé Colbert à mettre le nom de Corneille sur la liste des pensions ; il n'est pas exact qu'en 1678, après la suppression de la pension, il ait fait auprès de Louis XIV la démarche qu'on lui prête, ni tenu un langage déplacé et peu propre à la faire rétablir. C'est à Mme de Montespan qu'il s'est adressé, et c'est par l'intervention de la toute-puissante maîtresse du roi que le nom de Corneille figura de nouveau sur la liste des gratifications. Enfin Boileau n'est pour rien dans l'envoi du dernier secours accordé à Corneille, en 1684 ; c'est le père de la Chaise qui l'obtint de Louis XIV.

Telles sont les conséquences que nous tirons, par l'interprétation nouvelle des faits contenus dans les différents textes empruntés à Boursault, à Brossette, aux pères de Trévoux, au P. Tournemine, à Jean Racine et à d'Alembert. En dehors du nom des personnes qui s'intéressèrent à Corneille et de la date de l'intervention de chacune d'elles, on voit encore que le poète, dans deux des dernières années de sa vie, retrouva au moins deux fois une gratification de deux mille livres, qui, jointe à ses autres ressources pécuniaires, dont il nous reste à parler, lui vinrent bien en aide pour subvenir à ses charges de famille et à ses besoins personnels.

C'étaient là des points obscurs dans la vie de Corneille et sur lesquels les littérateurs et les biographes modernes n'ont jeté qu'un jour fort douteux, en s'en tenant aux affirmations erronées de Brossette et de quelques autres.

CHAPITRE VII

RESSOURCES DES DERNIÈRES ANNÉES

Charges de famille à cette époque. — Il se fait pauvre, en qualité de Normand. — Rentes et revenus. — Représentations de ses pièces. — Citation. — Droits d'auteur. — Le droit proportionnel et le prix fait. — Dernière édition de son Théâtre. — Privilèges de noblesse. — Jetons de l'Académie. — Aliénations d'immeubles. — Fief du Val-de-la-Haye. — Motifs de la vente. — L'immeuble était resté intact. — Vente de la maison de la rue de la Pie. — C'est pour amortir la pension de sa fille. — La maladie le confine au logis. — Exagération croissante de la légende. — Ressources de la dernière année. — La gêne réduite à quelques mois. — Possibilité d'y faire face. — La vérité doit prévaloir sur la légende. — Nécessité historique et morale qu'il en soit ainsi. — Conclusion.

Arrivé à cette période de sa vie, Corneille vit diminuer ses charges de famille, par la nomination de son fils Thomas, abbé commendataire d'Aiguevive, en 1680 [1]. C'était une pension de moins à servir. Il n'avait pas eu à se préoccuper de celle de sa fille Marguerite, religieuse aux dominicaines, puisque les revenus de sa ferme du Petit-Couronne, 300 livres, y étaient spécialement affectés [2]. Mais il lui restait toujours le capitaine de cavalerie, Pierre, son fils aîné, qui faisait de fréquents appels à la bourse paternelle, pour faire bonne figure à l'armée. C'est le motif invoqué dans la lettre à Colbert, en 1678, afin d'obtenir du ministre le rétablissement de la pension de 2000 livres, dont il était privé depuis quatre ans [3], soit une perte de

---

1. Voy. plus haut, p. 211.
2. Voy. plus haut, p. 213.
3. Voy. plus haut, p. 284.

8000 livres, somme qu'il avait dû prendre sur ses revenus, rentes et autres ressources pécuniaires.

Aussi avait-il déclaré au ministre que, « ce fils ayant consumé la plupart de son peu de bien », il se trouvait, en 1678, « hors d'état de faire encore longtemps subsister ce fils dans le service du roi ». Ce serait là une déclaration inquiétante pour sa position financière, si elle n'était pas entachée d'un peu d'exagération, qui s'explique tout naturellement par l'esprit de la province où il est né. Autant par habitude que par précaution, les Normands ne se vantent jamais d'être riches; ils ont même, en général, la tendance contraire.

Quelle était, en effet, la position de fortune de Corneille, à l'époque même de ses plaintes à Colbert et jusqu'aux dernières années de sa vie?

On a vu, plus haut, qu'il y a de l'exagération à parler « de son peu de bien [1] ». Son patrimoine était au contraire assez considérable, et son fils n'avait pas consumé « la plupart de son bien », s'il attache à ce mot le sens qu'il paraît avoir, celui de patrimoine. Car, en 1680, et même jusqu'en 1683, il possédait encore tous les immeubles qu'il avait trouvés dans l'héritage de son père, en 1639, et qui lui étaient restés après le partage avec son frère Thomas, c'est-à-dire la maison de la rue de la Pie, à Rouen, la ferme du Petit-Couronne et les petits immeubles du Val-de-la-Haye. L'un d'eux est frappé d'une hypothèque au profit du couvent de Marguerite Corneille; mais la propriété de tous appartient encore au père, et il en touche les revenus.

Ce qui a dû souffrir une grande diminution, ce sont les rentes provenant des placements nombreux, dont le chiffre et l'importance ont été constatés [2], et sur la disparition desquels on ne possède aucun renseignement. Mais Cor-

---

1. Chap. x, « De la fortune de Pierre Corneille, le fils », pp. 104-110.
2. *Ibidem*, p. 114.

neille eut toujours les revenus des biens dotaux que sa femme avait aux Andelys, et leur nombre répond que le chiffre en était assez élevé. Restaient aussi les rentes de la fortune mobilière de sa femme, à laquelle il ne pouvait toucher, comme bien dotal de femme normande [1].

Les produits financiers de ses ouvrages avaient singulièrement diminué, puisque depuis longtemps il ne composait plus pour le théâtre. Toutefois les représentations de ses pièces anciennes lui procurèrent encore quelques ressources. Nous ne pouvons croire que les représentations consécutives de six de ses tragédies, devant Louis XIV, à Versailles, en 1676, ne lui aient valu, de la part du roi, que de stériles éloges, ou une simple satisfaction d'amour-propre, quand le poète en a si chaleureusement remercié le monarque [2].

Depuis la mort de Molière, en 1673, le théâtre de Corneille était bien moins goûté de sa troupe qu'au temps où elle fut sous sa direction. Cependant, en 1680, elle joua cinq tragédies de Corneille, et le nombre des représentations de ces pièces s'éleva à treize. La même année, cette troupe, réunie à celle de l'Hôtel de Bourgogne, puisa quatorze fois dans le répertoire de ses pièces, en représentant huit d'entre elles. Enfin les représentations que la troupe royale a données des pièces de Corneille, pendant les quatre dernières années de sa vie (1681, 1682, 1683, 1684), s'élevèrent au chiffre de 176 [3].

« J'estime que ces représentations ne furent pas sans profit pour Corneille...

« On joua *Andromède* trente-trois fois de suite, du dimanche 19 juillet 1682 jusqu'au 4 octobre, et on la mena encore en 1683 jusqu'au 4 avril, jour de la quarante-cinquième représentation avec des recettes formidables...

« Il résulte des calculs auxquels nous nous sommes livré

---

1. Voir plus haut, p. 111.
2. Voir plus haut, p. 282.
3. *Pierre Corneille, 1606-1684*, par M. Arthur Heulhard, p. 24.

d'après le Registre de La Grange, que les recettes d'*Andromède* s'élevèrent à plus de 46,000 livres, chiffre magnifique dont le neuvième (et le droit de l'auteur allait souvent au delà) représente une part enviable...

« Autre bonne aubaine en 1683.

« Encouragés par les recettes d'*Andromède*, les comédiens reprirent *la Toison d'or* ... Les recettes furent moindres que celles d'*Andromède*, mais néanmoins très belles : en moyenne 1,000 livres. La pièce fut d'abord donnée neuf fois de suite du 9 au 30 juillet... La seconde reprise du 15 octobre n'eut pas moins de vingt-cinq représentations, toutes fructueuses... Quoique le *Registre de La Grange* ne mentionne pas de paiement à l'auteur, nous savons par les *Anecdotes dramatiques* des frères Parfaict [1] que les comédiens, pour marquer leur reconnaissance au sieur La Chapelle, qui avait ajouté un prologue en vers à la tragédie, « résolurent dans une assemblée de lui faire présent de quinze louis d'or qu'ils lui envoyèrent par un de leurs camarades [2] ».

« Si La Chapelle a reçu quinze louis pour son Prologue, il est à supposer que Corneille a touché des droits proportionnels comme auteur du reste [3]. »

Pour que l'hypothèse soit admissible, il faut que la demande de privilège touchant les pièces imprimées, faite par Corneille en 1643, et repoussée par le conseil privé du roi [4], ait été postérieurement accordée. Mais nous n'en savons rien, et nous craignons le contraire. S'il y eut un gain quelconque pour Corneille, ce fut seulement une gracieuseté des comédiens, car leur habitude était d'accorder des parts d'auteur, uniquement pour les pièces nouvelles, sans cependant exclure « les prix faits ». L'affaire se traitait au gré des auteurs.

---

1. On a attribué cet ouvrage à J.-B. Clément et l'abbé De la Porte. F. B.
2. Le fait est consigné dans les *Anecdotes dramatiques*, 1775, t. II, p. 233. F. B.
3. M. Heulhard, *ibidem*, pp. 23-27, *passim*.
4. Voy. plus haut, pages 126-127.

On en trouve la preuve pour deux pièces de Thomas Corneille. Ainsi, en 1675, à propos de la « Pièce nouvelle en machines de M. de Corneille le Jeune (Circé) », on lit, en marge du Registre de La Grange :

« Avec l'auteur, partagé sur 19 parts, 55 liv. »

C'était pour la recette du 19 mars, qui s'était élevée à 2661 livres 10 sols.

Et immédiatement on lit :

« Sans l'autheur : vendredi 22 mars à Circé. 2723 10 s.
« Part sur 17. . . . . 142 liv. 10 s. »

Il est probable que Thomas, peu satisfait du partage sur dix-neuf parts, à la date du 19 mars, n'aura pas voulu l'accepter de nouveau, en adressant une réclamation aux comédiens, qui s'empressèrent d'y faire droit; car voici leur décision, toujours à propos de *Circé :*

« Vendredi 14 juin. Ce jour la Troupe a délibéré de donner les parts d'autheurs sur 14, sans conséquence pour les autres pièces [1]. »

Deux ans après ce nouveau mode de payement de ses droits d'auteur, Thomas Corneille revint à l'ancien, car le même Registre porte, à la date du 8 mars 1677 :

« La Troupe a délibéré de payer à M. de Corneille le J. (eune) la somme de deux cents louis d'or pour la pièce du Festin de Pierre [2]. »

Voilà bien la preuve qu'à côté du « prix fait » il y avait aussi, pour les pièces nouvelles, des parts d'auteur. Mais en était-il accordé pour les pièces anciennes, remises sur la scène, et imprimées depuis longtemps?

Nous le désirons plus que nous n'osons l'affirmer.

Il n'en est pas de même de la dernière édition collective de son Théâtre, la quatorzième, faite à l'époque qui nous occupe, « revue et corrigée par l'auteur », comme on le voit sur le titre. « Le privilège, « donné à Saint-Ger-

---

1. *Registre de La Grange* (1658-1685). Édition de la Comédie-Française, 1876, pp. 168 et 171.
2. *Ibidem*, p. 188.

main-en-Laye, le 17.ᵉ jour d'Avril, l'an de grâce 1679 », est accordé pour dix ans à *Guillaume de Luyne*, qui déclare y associer *Estienne Loyson* et *Pierre Trabouillet*. L'achevé d'imprimer pour la première fois est du 26 février 1682 [1]. » L'édition est en quatre volumes in-12, et Corneille y donna tous ses soins. Elle offre le texte définitif adopté par lui, après une revision complète et rigoureuse de toutes les trente-deux pièces de son Théâtre. Il est sûr que Corneille, fidèle à son passé, aura exigé une rémunération du libraire qui s'était chargé de l'édition.

Nul document n'en détermine le chiffre, que le dernier éditeur des *OEuvres de Pierre Corneille* croit n'avoir pas été fort élevé. Citant la fin de la pièce que Corneille présenta au Roi et au Dauphin, au commencement de 1680, quand fut déclaré le mariage de ce dernier, M. Marty-Laveaux ajoute : « Ce sont là les derniers vers qui nous restent de lui, les derniers sans doute qu'il ait écrits. Depuis lors son unique travail fut la révision définitive de ses œuvres pour l'édition de 1682. Il ne paraît pas que cette édition ait été bien fructueuse pour lui [2]. » La preuve positive, dans un sens ou dans l'autre, n'a pas encore été produite. Mais il est permis d'affirmer qu'il tira de cette édition des ressources quelconques, ce qu'on ne saurait dire de la représentation de ses anciennes pièces pendant cette dernière période de sa vie.

Il faut encore faire entrer en ligne de compte l'exemption des taxes due à ses privilèges de noblesse, et aussi le bénéfice des jetons de présence à l'Académie française. A nos yeux, on a beaucoup exagéré l'importance de ces derniers [3]. Cependant il est certain que Corneille put en profiter pour faire face aux besoins de sa maison.

Comme dernière preuve de sa « pauvreté », ce n'est pas assez de sa « misère », M. Taschereau joignit, à la lettre

---

1. *Bibliographie cornélienne*, par M. Émile Picot, p. 150.
2. « Notice biographique sur Pierre Corneille », p. LVII.
3. Voy. plus haut, p. 238.

désolée adressée à Colbert et à l'anecdote inventée par Feydel, l'aliénation des immeubles que le poète possédait au Val-de-la-Haye, et dans la rue de la Pie, à Rouen, sans soupçonner les vrais motifs de ces deux ventes.

« Sa misère s'accrut en même temps que la mort approchait. Dans cette dernière année de son existence, force lui fut de laisser réaliser presque tout ce qu'il possédait. Le 5 octobre 1683, par un acte trouvé dans les minutes du tabellionage de Rouen, « Pierre Corneille, écuyer, sieur de « Damville [1], capitaine de cavalerie, au nom et comme por- « teur de procuration de Pierre Corneille, écuyer, son père, « demeurant à Paris, rue d'Argenteuil, paroisse Saint- « Roch », aliéna le domaine du Val-de-la-Haye. C'était sur une commnication de M. E. Gosselin que M. Taschereau avait ajouté ces détails dans la troisième édition de son ouvrage [2].

Le fils vint à Rouen et vendit à Guillaume Chouard, marchand boucher, demeurant en la paroisse de Saint-Jean du Val-de-la-Haye, tous les petits immeubles que son père y possédait. « Cette baille à rente et fieffe est faite moyennant le prix et somme de *quatre-vingt-quinze livres* tournois de rente foncière, perpétuelle et irraquitable, que ledit Chouard s'est soumis faire bailler et payer par chacun an audit sieur Corneille père. » Le payement commençait à partir de la Saint-Michel (29 septembre) 1683, et devait s'effectuer à la Saint-Michel 1684 [3].

Ce ne fut donc pas la misère, ni même un pressant besoin d'argent qui porta Corneille à faire, en 1683, cette vente de ses biens au Val-de-la-Haye, sous la forme de fieffe. Sans cela, il aurait fait une vente pure et simple; il en aurait touché immédiatement le prix, au lieu de stipuler une rente, dont le payement, en une seule fois, est

---

1. Le contrat porte « sieur Danville », qui est pour « d'Hauville », et non « de Damville ». Voy. Appendice XXIV, et le chap. IV, sur « le fief seigneurial de Pierre Corneille », pp. 256-264.
2. *Histoire de la Vie et des Ouvrages de P. Corneille*, 1869, t. II, p. 99.
3. Voy. le contrat, Appendice XXIV.

remis à un an de distance. Le vrai motif fut d'être agréable à son fermier, Guillaume Chouard, devenu acquéreur de ces petits immeubles par un prix un peu supérieur à celui de la location.

Un fait à remarquer encore, c'est que Corneille, depuis l'Aveu du 13 août 1653, avait conservé intégralement ces biens du Val-de-la-Haye, provenant de l'héritage de son père. Il accusait alors 3 acres 1 vergée et 10 perches (1 hectare 87 ares 50 centiares[1]); en 1683, les neuf articles fieffés représentent 3 acres et une demi-vergée (1 hectare 77 ares 19 centiares). La différence insignifiante de 10 ares 31 centiares peut bien provenir d'une simple rectification de mesure[2]. Ses besoins n'avaient donc jamais été assez pressants pour l'obliger à aliéner la moindre parcelle de cet héritage, et la détresse ne l'y obligeait pas encore, trente ans plus tard.

Un mois après, Corneille fit aussi l'aliénation de la partie de l'héritage paternel qu'il possédait, à Rouen, rue de la Pie, où lui-même et ses enfants étaient nés. Le 4 novembre 1683, il donnait, par-devant les notaires de Paris, procuration à son beau-frère, Le Bovyer, sieur de Fontenelle, avocat au parlement de Rouen, et demeurant en cette ville, « pour vendre une maison seize en ladite ville de Rouen, rue de la Pie et les dépendances[3] ». Le principal motif de cette vente n'est pas « sa misère qui s'accrut en même temps que la mort s'approchait[4] », mais bien celui qui est consigné, après coup, en marge de la procuration. Corneille désirait amortir et acquitter les trois cents livres de pension viagère constituées en faveur de sa fille Marguerite Corneille, dite en religion sœur Marguerite de la Trinité, religieuse chez les Dominicaines du faubourg Cauchoise, à Rouen[5].

1. Voy. Appendice X.
2. Voy. Appendice XXIV.
3. Appendice XXV, 1º.
4. Voy. plus haut, p. 305.
5. Voy. chap. II, p. 213.

Le mandataire remplit immédiatement son mandat. Le 10 novembre 1683, le notaire vint dans la maison de François Le Bovyer, sise alors rue du Cordier, et vendit l'immeuble de la rue de la Pie au « sieur Dominique Sonnes, chirurgien juré à Rouen, y demeurant paroisse Saint-Sauveur », pour le prix de 4300 livres, payées comptant[1]. Comme le stipulait la procuration, 3000 livres furent prises sur le prix total, « pour racquitter la pension de dame Marguerite Corneille ».

De cette circonstance que la procuration, donnée à Paris, fut faite dans la maison de Corneille, et qu'elle est signée d'une main défaillante, tant à la marge qu'au bas de l'acte, on peut affirmer que Corneille, le 4 novembre 1683, était déjà bien malade[2]. Il l'était même depuis longtemps, puisqu'en 1684 La Monnoye écrivait à l'abbé Nicaise, le 5 octobre : « Corneille se meurt. » Il y avait donc grande urgence, et même nécessité absolue, deux ans plus tard, de mettre ordre à ses affaires de famille. Tel est le motif bien naturel qui le porta à vendre cet immeuble de la rue de la Pie, pour assurer le sort de sa fille Marguerite, dans le couvent de Rouen, où elle était religieuse.

A défaut d'autres, ce fait-là seul suffirait pour réfuter une imputation nouvelle, le manque d'ordre, dont M. Cousin est l'inventeur. Allant plus loin que ses devanciers, il en vint à dire : « Il était pauvre, sans nul ordre, et avait toujours besoin d'argent[3]. » C'est sans doute parce que, suivant Platon, « le poète est chose légère ; la froide raison n'habite pas en lui ». Mais cette affirmation nouvelle n'est pas mieux fondée que les deux autres, et, tout ce qui précède le démontre, Corneille faisait une heureuse exception à la règle[4].

1. Appendice XXV, 2°.
2. M. Ch. de Beaurepaire en a fait la remarque dans *Pierre Corneille et sa fille Marguerite*, en reproduisant le fac-similé des deux signatures, pp. 36 et 37.
3. *La jeunesse de Mme de Longueville*, in-12, 8e édit., 1872, p. 146.
4. Voy. Ire partie, chap. x, xi, xii et IIe partie, chap. iii, vi et vii.

Après la révélation de l'anecdote de Feydel, la découverte de la lettre à Colbert, et la communication relative à la vente des deux immeubles, la pauvreté de Corneille fut acceptée, comme une vérité incontestable, par tous ceux qui s'occupèrent de lui. Les contemporains, ou les écrivains voisins de son temps, n'en avaient rien dit du tout. Mais, du jour où notre siècle lut, dans la lettre de Feydel : « J'ay pleuré qu'un si grand génie fust réduit à un tel excez de misère », on crut à cette misère, et chacun la regarda comme un fait avéré, sans prendre la peine de le discuter.

A partir de ce moment, on ne s'arrêta plus dans cette voie. On commença par dire : « Il connut les privations, le besoin. » Les plus modérés parlèrent ensuite de « dénuement », de « détresse », de « pénurie ». Puis arrivèrent la « pauvreté », la « misère », et bientôt la « pénurie absolue », la « misère profonde ». Enfin, on alla jusqu'à dire : « Le prix très minime de ses pièces n'empêchait pas le grand Corneille de mourir de faim ou à peu près [1] ».

Il y a là une exagération manifeste avec le langage du père de la Chaise, sollicitant un dernier secours de Louis XIV, peu de jours avant la mort de Corneille. Pour l'obtenir, il disait au roi que « l'argent manquait à cet illustre malade [2] ». C'était donc une crise passagère, une gêne momentanée, qui s'explique par ses frais de maladie, pendant la dernière année, et surtout pendant le dernier mois de son existence.

A bien examiner cette gêne, elle se réduit même à quelques mois. Si l'on se rend compte, en effet, de ses ressources pendant cette dernière année, du 1er octobre 1683 au 1er octobre 1684, on voit qu'avant de faire la fieffe des biens du Val-de-la-Haye, et la vente de la maison de la rue de la Pie, aux mois d'octobre et de novembre 1683, il dut

---

1. MM. Floquet, Marty-Laveaux, E. Fournier, Guizot, E. Gaillard, Taschereau, Th. Gautier, Louis de Brienne.
2. Voy. plus haut, chap. VI, « la Défense du grand Corneille par le Père Tournemine », page 296.

en toucher les loyers, pour le terme de Saint-Michel, suivant l'usage ordinaire. Sur le prix de l'immeuble de la rue de la Pie, il resta 1300 livres, dont il eut la libre disposition, après l'amortissement de la pension de sa fille Marguerite. La rente viagère hypothéquée sur sa terre du Petit-Couronne n'existant plus, les revenus lui appartenaient désormais, c'est-à-dire 300 livres. « Il est à remarquer que c'était précisément le prix pour lequel cette terre était louée à un nommé Jean Gueroult (4 mai 1668) [1]. » Il avait encore les revenus des immeubles dotaux de sa femme, situés aux Andelys, qu'il partageait avec son frère Thomas, vivant tous les deux dans la plus touchante intimité. Celui-ci ne l'aurait pas laissé « mourir de faim », comme on l'a prétendu, à la veille de lui fermer pieusement les yeux, le 1er octobre 1684. Enfin la présence de son nom sur un état des pensions, en 1683 et en 1684, pour 2000 livres, permet de croire qu'il les toucha, aux dates indiquées [2].

Mais il est possible aussi que les retards dans le payement des fermages et de la pension aient causé ce « manque d'argent », signalé par le père de la Chaise à Louis XIV, ou bien encore que l'entretien de son fils dans les armées du roi ait continué d'absorber la majeure partie de ses ressources, comme il s'en plaignait déjà à Colbert en 1678.

Sans doute, il importe peu que l'auteur de tant de chefs-d'œuvre ait vécu dans l'aisance ou soit mort dans la misère : ce sont là les petits côtés de l'histoire, dont la postérité, en fin de compte, ne se soucie guère. Mais il importe beaucoup d'établir la nature et l'étendue et la durée de la gêne qui pesa sur Corneille, pour réduire à sa juste valeur une légende née d'une anecdote controuvée, d'une lettre authentique mal interprétée, et d'une aliénation de biens dont la misère ne fut nullement la cause. Il le fallait encore pour montrer l'injustice de tant d'imputations injurieuses lancées contre Louis XIV et contre son siècle.

---

1. M. Ch. de Beaurepaire, *Pierre Corneille et sa fille Marguerite*, p. 15.
2. Voy. plus haut, p. 295.

CONCLUSION

La seule biographie complète que nous possédions sur notre poète se trouve dans l'*Histoire de la vie et des ouvrages de Pierre Corneille* par M. Taschereau. Après elle vient l'excellente *Notice biographique sur Pierre Corneille* par M. Ch. Marty-Laveaux, travail fort substantiel, mais nécessairement privé de tout le développement qui sépare le livre de la notice, une histoire d'une esquisse.

Quand parut la troisième édition de l'ouvrage de M. Taschereau, en 1869, tout en rendant justice à son mérite, on lui adressa plusieurs critiques, à Rouen. La découverte de certains détails, relatifs à la vie de P. Corneille, avait permis d'y constater plusieurs lacunes, dont nous avons déjà parlé [1].

Le même critique ajoutait cette remarque sur la disposition du livre : « C'est ici le lieu de regretter que l'auteur n'ait pas fondu, dans son texte primitif, une foule d'additions qui en eussent doublé la valeur. Les deux volumes qui, réunis, ne forment guère plus de 500 pages, contiennent plus de 160 pages de notes. C'est là vraiment un abus des *Pièces justificatives*, précieux appendices, utiles assurément pour éclaircir une foule de détails secondaires, et mieux pénétrer toute une époque, mais qui ont toujours le

---

[1]. Introduction, p. xi.

grave défaut d'interrompre sans cesse la lecture et, par suite, de diminuer l'intérêt [1]. »

Nous-même, en félicitant l'auteur de ces remarques, nous lui disions, le 17 mars 1870 : « Quand je lisais cette troisième édition, j'avais noté bien des passages défectueux. » Et le nombre s'en est augmenté depuis. A mesure que nous poursuivions nos recherches sur Corneille, jusqu'à ce jour, nous partagions, de plus en plus, l'opinion de M. l'abbé Tougard. « M. Taschereau est loin d'avoir donné le dernier mot sur ce poète, ainsi qu'on l'a pu voir par ce simple aperçu. Nous ne craindrons pas de dire : « Une bonne vie de Corneille est peut-être encore à faire [2] ».

Que l'on compare le travail de M. Taschereau avec l'*Histoire de la vie et des ouvrages de J. de la Fontaine* par M. Walckenaer, qui, publiée en 1820, pouvait lui servir de modèle, et l'on verra toute la différence qui existe entre eux, pour la disposition du sujet et pour l'exactitude des faits et de la chronologie.

Si l'on comble les lacunes déjà signalées, si l'on y joint les rectifications et les compléments d'information et de détail contenus dans cette étude, on aura une biographie du poète, utilement transformée et plus voisine de la vérité qu'autrefois. Avec la rectification de vieilles erreurs accréditées, elle offrirait bon nombre de résultats nouveaux, peu importants sans doute en eux-mêmes, mais auxquels le nom seul de Corneille attache toujours un intérêt suffisant.

Loin de nous la pensée de croire que ces *Points obscurs et nouveaux* puissent remplacer une histoire complète de la vie de Corneille. Ils contiennent seulement une suite d'observations, de corrections et d'additions sur des points spéciaux, qu'il était nécessaire d'élucider, quand la vérité paraissait obscurcie ou méconnue. Ce sont de simples ma-

---

1. Article bibliographique par M. l'abbé A. Tougard, *Revue de la Normandie*, 1870, p. 166.
2. *Ibid.*, p. 167.

tériaux, des pierres d'attente, qui pourront être utilisés, un jour à venir, pour la composition d'une *Histoire de la vie et des ouvrages de Pierre Corneille*, complète et définitive, histoire qui est encore à faire, malgré les plus louables tentatives pour en doter notre littérature.

Vienne cette histoire, reprise en sous-œuvre avec des matériaux plus solides et plus nombreux, et nous serons heureux qu'un Rouennais, aidé de beaucoup d'autres, ait pu contribuer, pour sa faible part, à mieux faire connaître la vie de Corneille, le premier en date de ces grands classiques du XVIIe siècle, cette troisième antiquité, qu'il faut toujours étudier et respecter à l'égal des deux autres.

APPENDICES

I

Notes et fiches recueillies par M. E. Gosselin, sur Pierre Corneille et sa famille.

M. Édouard Gosselin, greffier-audiencier et archiviste de la Cour d'Appel de Rouen, pendant plus de vingt-six ans, avait fouillé, avec autant de zèle que d'intelligence, les archives confiées à ses soins, tant celles de l'ancien Parlement de Rouen que de son Tabellionage, par goût d'abord, puis en vue de travaux personnels, ou pour répondre, avec la plus grande obligeance, aux demandes de tous ceux qui s'adressaient à lui.

Il s'attacha surtout à former un dossier Corneille, et il ne cessa de le compléter que peu de temps avant sa mort, arrivée le 8 novembre 1876.

Ce dossier, composé de cent trente fiches, comme il a été dit plus haut [1], donne un résumé concis et fidèle, le plus souvent dans les termes mêmes des originaux, de tous les actes ou pièces authentiques dont elles sont extraites. Son résumé est tel qu'on devait l'attendre d'un homme versé dans la connaissance des affaires judiciaires. Il n'y a mis d'autre ordre que l'ordre chronologique, avec l'indication des sources qui les ont fournies, les chambres du Parlement, le Bailliage, le Tabellionage, etc., et la nature de l'affaire en question. Elles embrassent une étendue de deux siècles, de 1492 à 1692, et les affaires d'intérêt privé, les procès civils, y sont en plus grand nombre que les faits se rapportant à la vie publique de Corneille, parce que M. Gosselin s'était servi de ces fiches pour ses travaux personnels, ou les avait envoyées à Paris. — Nous y joindrons quelques annotations sur les endroits qui sembleront le demander.

---

1. Introduction, p. xiv.

Tabellionage, 30 mars 1492. — Robinet Corneille, de la paroisse de Cléon, et Adam Corneille, son frère, demeurant à Rouen (Saint-Maclou), fils de Colin Corneille, avaient une rente sur un sieur Laurens de Cléon.

Une île à Cléon figure parmi les biens de Pierre Corneille; en doit-on conclure qu'il était originaire de Cléon [1]?

Tabellionage, 2 août 1494. — Jean Lamy vend à Guillebert Pouchet un hostel, héritage et tennement, contenant plusieurs louages avec le jardin, le tout assis paroisse Saint-Sauveur, borné d'un côté le pavé de la rue Mignotte, non encore nommée rue de la Pie, d'autre côté les hoirs Jean Houel, d'un bout M° Robert Goupil, et d'autre bout Thomas Du Bos. (Maison voisine, si ce n'est celle de Corneille [2].)

Rapports civils, 9 juin 1524. — Il s'agit d'un acte passé devant Robert Bouton et Jehan Des Vaux, tabellions à Rouen, le pénultième de mai 1524.

Et dans cet acte figure un Pierre Corneille.

L'acte fait-il connaître la paroisse de Corneille? — Non.

Tabellionage, 13 septembre 1541. — Jehan Hardy et Robert Corneille, tenneurs, demeurant à Conches.

Rapports civils, 6 juin 1545. — Jehan Langlois appelant du Bailliage de Gisors contre Philippe Corneille.

Préparatoire.

Tabellionage, 24 décembre 1565. — Noble homme, M° Pierre Houel, sieur de Vaudetot, greffier criminel en la cour de Parlement à Rouen, constitue son Procureur général, Pierre Corneille.

Registre secret, 5 juillet 1570. — « Nota de ce que je n'ai fait le registre pour raison que je ne suis allé au Palais, parce que je me suis trouvé malade, et envoïé M° Pierre Corneille de dire qu'il plust à messieurs de me excuser. »

Pierre Corneille (père [3]) était commis au greffe de la cour.

La note ci-dessus est du greffier civil... N.

Tabellionage, 2 mai 1571. — Jacques Dufour et Marie Le Pesant de présent sa femme et au précédent veuve de feu honorable homme Jacques Frontin, en son vivant bourgeois marchand, demeurant paroisse Saint-Cande le Viel, ladite Le Pesant tutrice principale des enfants soubzaagés dudit défunt et d'elle, nommée par justice le 24 mars 1568, donnaient leurs procurations aux fins de poursuivre ceux

---

1. Non; sa famille était originaire de Conches. C'est devant Orival que Corneille, le père, acheta « une pièce de terre en isle nommée la Litte, contenant cinq vergées ou environ ». Dans la « grande isle de Cléon », il ne possédait « qu'une vergée de terre en isle en plant et labeur ». Cela résulte de l'Aveu du 18 juin 1642, fait par Pierre Corneille, en son nom et en celui de Thomas. L'île de la Litte fut aliénée par Pierre Corneille, au nom de son frère, le 10 décembre 1663. — F. B., et toutes les notes qui vont suivre.

2. C'est bien la maison de la famille Corneille. Voy. ci-après, p. 316.

3. C'est « le grand-père », comme il sera dit plus bas, le futur référendaire, p. 315.

qui ont homicidé et volé ledit défunt Jacques Frontin, lors étant et faisant son trafic de marchandise de vins au pays de l'Auxerrois.

Signé : Marye Le Pesant.

Tabellionage, 12 janvier 1572. — Pierre Corneille, conseiller référendaire en la chancellerie à Rouen. Procuration. Signé : Corneille.

Tabellionage, 12 octobre 1574. — Honorable homme Pierre Corneille, conseiller référendaire, demeurant en la paroisse Saint-Sauveur de Rouen.

Ce ne fut qu'en 1584 qu'il acheta sa maison [1]. Il l'occupait donc à titre de bail [2]. Depuis quand?

Ici revient Corneille à l'enseigne de la Pie.

Registre secret, 1575, folios 447, 449. — Pierre Corneille reçu avocat.

Pierre Corneille, conseiller référendaire en la chancellerie, reçu avocat.

Registre secret, 28 avril 1578. — Messieurs sont montés hault à l'audience.

Entre l'expédition des requêtes, M. Paixdecœur a rapporté l'information faite *de vitâ et moribus* de Mᵉ Pierre Corneille, conseiller référendaire en la chancellerie, pour ledit être reçu à la cour. (Sic.)

Lecture faite d'icelle, consentement du procureur général du Roy, et veu les lettres de licence, ladite information jugée bien rapportée, et arrêté qu'il sera reçu au serment.

« Mᵉ Pierre Corneille, licencié ès loix, a esté receu advocat à la cour, oij le procureur général du Roy et de son consentement, et a fait et presté le serment en tel cas requis, aux charges ordinaires et accoustumées. »

Tabellionage, 17 février 1578. — Jehan Corneille, marchand tanneur, demeurant à Conches, lequel de son bon gré constitue son Procureur, c'est à savoir honorable homme Pierre Corneille, son frère, conseiller référendaire de la chancellerie à Rouen et une espace en plaidoirie et spécialement de pour et au nom dudit pourchasser près le sieur de Saint-Cler de lui bailler acquit de la somme de 21 écus.

Rapport civil, 15 janvier 1579. — Charles Le Pesant, eleu à Rouen, contre le bailly de Rouen [3].

Tabellionage, 4 septembre 1579. — Pierre Corneille, référendaire en la cour de Parlement, constitue sa procuratrice spéciale damoiselle Barbe Houel, sa femme.

Archives du Notariat. (*M. Barabé* [4].) — Dans un acte notarié du 6 août 1584.

---

1. Il acheta « plusieurs corps et tennemens de maisons ». Voy. *Revue de Rouen*, t. I, 1833, p. 235, premier semestre.

2. Il logeait ailleurs, dans une autre maison de la paroisse Saint-Sauveur. En 1584, « l'héritage était occupé par Gaspard Rabault, Jean Duchemin, Philippe Millon, Malline, Leroux et autres ». *Ibid.*

3. C'est-à-dire « avait intenté une action, un procès ».

4. C'est le nom de l'auteur de cet ouvrage. — M. A. Ballin a publié l'acte

Pierre Corneille, le grand-père de Pierre Corneille, le poète, achète de François Auber le tennement de maisons où naquirent Pierre et Thomas.

Et la signature : « Corneille », est parfaitement celle de mes deux requêtes. Donc le grand-père de Pierre Corneille était en 1586 (1584?) commis au greffe du parlement [1].

Tabellionage, 11 août 1586. — Jacques Dufay, conseiller du Roy en la chambre des comptes, Achilles Frontin, conseiller du Roy, lieutenant général au Bailliage de Gisors, rendent à noble homme Me Jacques Frontin, conseiller du Roy, auditeur en la chambre des Comptes, la somme de 1935 livres, pour laquelle ledit Jacques Frontin avait cautionné Marye Le Pesant, sa mère, femme à présent séparée de Jacques Dufour.

Bailliage civil, Rouen, 26 juin 1587. — Où l'on voit tous les parents de Robert Corneille, conseiller au Bailliage, parmi lesquels ne figure aucun Corneille.

C'est une nomination de tuteur.

Il est maintenant démontré que cette famille était étrangère à celle de Corneille.

Ce qui confirme ma prétention que Pierre Corneille, le père [2], était commis au greffe en 1586 [3].

Tabellionage, Meubles, 7 octobre 1587. — Pierre Corneille, conseiller référendaire en la chancellerie de Rouen, demeurant en la paroisse Saint-Sauveur.

Se démet de cette charge en faveur de Jean Bozier, avocat.

Signature toute tremblée, presque illisible.

Il décéda peu de temps après [4].

C'est le grand-père du grand Corneille.

Audience civile, 26 juin 1590. — Barbe Houel, veuve de Pierre Corneille, vivant avocat en la cour [5], tutrice de ses enfants mineurs, pour la reddition des comptes des revenus de Pierre Lecuilier [6], fils de Robert, dont ledi. Corneille avait eu l'administration.

10 juillet, Examen du compte par des commissaires.

Caen [7]. *Audience civile, 24 septembre 1590.* — Messire Jean de Piron, sieur de Fermanville.

---

dans les Pièces justificatives de son travail : *Maison et généalogie de Corneille*, REVUE DE ROUEN, 1833, prem. semestre, p. 235-242.

1. Voy. plus haut, p. 314.
2. Le « grand-père » du poète.
3. Voy. plus haut, p. 314.
4. En 1588.
5. Après la démission de sa charge de référendaire.
6. Dans une lettre de Pierre Corneille, collationnée par M. Ch. de Beaurepaire, le poète dit que « sa grand'mère donna deux quittances », l'une comme tutrice des enfants de Nicolas *Letelier*, et l'autre comme tutrice des enfants de son mari et d'elle. Édit. de Corneille, par M. Marty-Laveaux, t. X, p. 435. — *Lecuillier* est le vrai nom, qui se retrouve ailleurs. Voy. p. 321.
7. Parce que le parlement royaliste s'y était transporté dans les premiers jours de février 1589.

Marin Lairondelle et Pierre Corneille, fermiers de la terre et seigneurie de Mallou, de la vicomté de Pont-Authou en Pontaudemer [1].

Rapports civils, 17 mars 1595. — Antoine Corneille [2], pourvu à la cure de Sainte-Marie des Champs [3], contre la présentation faite par le sieur de Houdetot, d'un autre titulaire, demande d'en prendre possession en l'une des chapelles de l'église de Notre-Dame de Rouen.

La cour enjoint au doyen rural de le mettre en possession de ladite cure.

Audience civile, 2 mai 1596. — Pierre Corneille (le père du poète), licentié es loix, après que par ordonnance de la cour a esté informé d'office de la vie, mœurs et conversation catholique dudit Corneille, oy sur ce le procureur général du Roy et de son consentement, a esté receu à l'estat d'advocat en sa cour et exercice d'icelluy. Duquel a ceste fin il a fait et presté le serment en tel cas requis et accoustumé.

Tabellionage, 1er juillet-15 juillet 1596. — Barbe Houel, veuve de feu honorable homme Pierre Corneille, vivant conseiller référendaire en la chancellerie de Rouen, demeurant paroisse de Saint-Sauveur, tutrice de ses enfants mineurs.

Rapports civils, 24 mars 1597. — Robert Corneille, conseiller au siège présidial.

Thomas Dupont, conseiller correcteur en la chambre des comptes, doit payer mille écus à sa sœur, damoiselle, mais il n'a pas d'argent.

Il offre de lui donner en garantie la terre de Servaville [4], à condition de la pouvoir reprendre dans deux ans.

C'est le père de celui qui épousa Catherine Hue, amie de Corneille.

Il avait eu trois sœurs décédées filles.

Les deux autres furent mariées.

Audience civile, 29 juillet 1597. — Entre Antoine Corneille, pourvu à la cure de Sainte-Marie des Champs par la présentation de messire René du Bellay, prince d'Yvetot, demandeur en requête du 24 de ce mois, présent en personne, et par Me Guillaume Halley son procureur d'une part, et Me Charles Prevost prétendant droit aud. bénéfice, sentence des requêtes du Palais du 5 août 1596.

La cour renvoie les parties à huitaine, et ordonne que les fruits de lad. cure seront séquestrés.

Rapports civils, 15 septembre 1597. — Antoine Corneille (oncle du poète), clerc, pourvu au bénéfice de Sainte-Marie des Champs, sur la présentation de René du Bellay, prince d'Yvetot.

Attendu que Charles Leprevost aussi pourvu du même bénéfice refuse de fournir caution du prix de l'adjudication à lui faite des fruits et revenus dud. bénéfice et de satisfaire aux autres charges de son adjudication,

---

1. Ce qui prouve que les Corneille étaient originaires de Conches.
2. Fils de Pierre Corneille le référendaire, présumé né en 1577, oncle du poète.
3. Paroisse contiguë à Yvetot (Seine-Inférieure).
4. Seine-Inférieure, canton de Darnétal.

Le condamne par corps à représenter lesd. fruits et accorde en outre à Corneille 12 écus pour les frais par lui faits à la poursuite de lad. adjudication.

La cour décide qu'en fournissant caution de payer le prix de son adjudication et en satisfaisant aux charges d'icelle, Leprevost aura délivrance desd. fruits et revenus [1].

Le même jour, autre arrêt qui adjuge audit Charles Leprevost cinquante écus pour avoir desservi le bénéfice de Sainte-Marie des Champs, pendant une année, à prélever sur les revenus dud. bénéfice.

Et ce en présence de René Hervé [2] prétendant droit aud. bénéfice et en présence aussi de Guillaume Halley.

Tabellionage. (Meubles.) 16 septembre 1597. — Antoine Corneille, clerc, pourvu à la présentation du sieur du Bellay à la cure et bénéfice de Sainte-Marie aux Champs.

Procuration pour recevoir 10 écus à lui adjugés par arrêté du 15 courant à prendre sur Charles Leprevost prétendant droit aud. bénéfice.

Signé : A. Corneille.

Rapports civils, 18 juillet 1598. — Antoine Corneille, curé de Sainte-Marie aux Champs,

Contre Jacob Deshayes, adjudicataire du bénéfice de ladite Paroisse,

Demande que, faute par Deshayes de fournir caution suffisante, lesd. revenus soient séquestrés.

Rapports civils, 14 décembre 1599. — René Hervé, doyen de l'église d'Yvetot, pourvu au bénéfice de Sainte-Marie des Champs, à la présentation de messire René du Bellay, prince d'Yvetot, contre les adjudicataires, pour les années 1597 et 1599 dud. bénéfice.

Antoine Corneille n'était-il déjà plus curé, ou bien *cure* et bénéfice sont-ils deux choses distinctes [3] ?

Rapports civils, 31 juillet 1599. — Pierre Corneille (le père) pourvu par le Roy à l'estat et office de Mᵉ particulier des eaux et forests en la vicomté de Rouen par la résignation de Mᵉ Jean Desmignières, sieur de Bois-Berlin.

Veu la requête, la lettre de provision, lecture donnée par les juges des eaux et forests de la Table de marbre du palais à Rouen le 24 de ce mois par laquelle, attendu défenses portées par la lettre de cachet du Roy d'avril dernier de ne recevoir aucuns officiers aud. siège par résignation qu'au préalable il ne soit informé de la justification des-

---

1. Nous supprimons ici l'allocation accordée pour les frais, portée dans le paragraphe précédent, et qui n'est plus que de « 10 écus ». C'est le chiffre réel, comme on va le voir.

2. Doyen de l'église d'Yvetot. Voy. plus loin, p. 320.

3. Il était toujours curé. Les *bénéfices*, c'est-à-dire les possessions attachées aux titres ecclésiastiques, étaient distincts des cures. Cela ressort de l'article de Houard, au mot BÉNÉFICES, dans son *Dictionnaire de droit normand*.

dites résignations, led. Corneille avait été renvoyé se pourvoir devant la cour.

La cour, du consentement du Procureur général, a renvoyé et renvoie led. Corneille aud. siège de la Table de marbre, pour être procédé à la réception aud. estat et office de Maître particulier des eaux et forests de la vicomté de Rouen, ainsi qu'il est en tel cas requis et accoustumé, à la charge que led. Corneille demeurera saisi des deniers dud. estat et office comme dépositaire de justice jusqu'à ce que l'instance concernant led. Desmignière [1] jugée et décidée autrement en eût été ordonné.

AUZERAY [2], DECAHAGNES [3].

Rapports civils, 28 juillet 1599. — Barbe Houel, veuve défunt Pierre Corneille, vivant référendaire en la chancellerie de Rouen, contre Pierre Gascoin.

Accordé mandement aux parties.

Audience civile, 28 janvier 1600. — Jehan Machon ayant épousé Catherine Corneille, fille et seule héritière de défunt Pierre Corneille, et héritière en partie de défunte Marie d'Espinay, sa mère.

Voir arrêt du Parlement du 24 mars 1599.

Quel est ce nouveau Corneille?

Audience civile, 4 février 1600. — Suite de l'affaire ci-dessus, Catherine Corneille, fille de Pierre Corneille.

Il s'agit d'une maison sise à Dieppe. Mais rien ne prouve qu'il s'agisse de la famille du poète.

Peut-être des collatéraux.

Rapports civils, 23 mars 1600. — Veuve Lepesant.

Pierre Lepesant, son fils, conseiller notaire-secrétaire du Roy.

C'est le grand-père maternel de Pierre Corneille et de Thomas Corneille.

C'est à tort qu'on l'a mis dans le tableau généalogique. Il était certainement son oncle [4].

Rapports civils, 24 novembre 1600. — Jacob Deshais, vicaire, et les paroissiens de Sainte-Marie des Champs, demandent qu'en attendant la vide du procès d'entre Antoine et Charles Leprevost prétendant droit respectivement à lad. cure, la somme de 200 écus leur soit versée pour les plus urgentes réparations à faire sur le chancel et

---

1. Nous conservons l'orthographe de M. E. Gosselin, qui varie avec celle des pièces originales.

2. Il signait *Anzerey* sur les registres du Parlement. Il était sieur de Courvaudon.

3. Jean de Cahaignes, conseiller-clerc au parlement de Rouen. — Cette affaire est mentionnée dans : *Pierre Corneille* (le père), *maître des Eaux et Forêts*, etc., par M. E. Gosselin, p. 16 de l'Extrait.

4. Nous ne savons dans quel tableau généalogique on l'a dit. Mais Pierre Lepesant, né de François Lepesant et d'Isabeau Lecuillier, comme Marthe Lepesant, mère de Pierre Corneille, le poète, était bien son oncle. Il fut, de plus, son parrain, et épousa Marguerite Colombel.

manoir presbytéral et 20 écus pour un prêtre qui desservira l'église avec led. vicaire.

Accordé sur les dixmes.

Audience civile, 7 décembre 1601. — Charles Leprevost, pourvu au bénéfice et cure de Sainte-Marie des Champs à la présentation du sieur de Houdetot, suivant lettres du 2 septembre 1595,

Et Mᵉ Antoine Corneille prétendant droit aud. bénéfice,

Et Mᵉ René Hervé, pareillement pourvu aud. bénéfice, pour l'incapacité dud. Corneille [1], à la présentation du sieur du Bellay, prince d'Yvetot, donnant adjonction aud. Hervé, son présenté.

La cour... ouï, etc. (*sic*), a évincé Leprevost de ses conclusions, a maintenu et maintient Hervé en pleine possession du bénéfice de Sainte-Marie des Champs, avec restitution des fruits perçus ou empêchés percevoir tant au préjudice dud. Leprevost que Corneille,

Et en ce faisant fait main levée aud. Hervé du séquestre dud. bénéfice.

Condamne Leprevost aux dépens envers Hervé et du Bellay, et sans dépens pour le regard dud. Corneille.

Rapports civils, 27 mars 1602. — Permis à Mᵉ Pierre Corneille (le père), Mᵉ enquesteur et réformateur particulier des eaux et forests du Bailliage de Rouen,

D'exercer son état et charge en la vicomté du Pont-de-l'Arche, supprimé par le décès de Pierre Le Guerchois.

Rapports civils, 19 septembre 1602. — Requête par Mᵉ Pierre Corneille Mᵉ particulier des eaux et forests des vicomtés de Rouen et Pont de l'Arche.

23 septembre 1602. — Arrêt à l'occasion d'une maison sise rue de la Pie, paroisse Saint-Sauveur, appartenant à Thomas Duval, commis au greffe de la cour, achetée de Marie Leroux, veuve de Jacques Février. Ce voisin était Hélie Pollin et Catherine Rolland, sa femme.

Audience civile, 26 avril 1603. — Desmignières, Mᵉ particulier des eaux et forests, avait cédé son office à Mᵉ Pierre Corneille, en 1598, afin d'échapper aux poursuites que lui avaient méritées ses concussions nombreuses. Quoiqu'il eût motivé sa retraite sur un état de maladie qui n'existait pas, le procureur général et la cour défendirent à Corneille de payer son prix sans autorisation. Un arrêt condamna Desmignières à de fortes amendes, qui devaient être payées sur ce prix.

Alors et sournoisement Desmignières exposa au Conseil privé du Roi que, réduit en extrémité de maladie, il avait cédé son office, et qu'ayant été convenu entre Corneille et lui que le prix ne serait payé qu'après son rétablissement, Corneille aujourd'hui faisait difficulté

---

1. Probablement à cause de son âge. Pierre Corneille, son neveu, dans une lettre qui concerne son oncle, en date du 1ᵉʳ juillet 1641, nous apprend que celui-ci « est devenu majeur en 1605 ». Voy. l'édition des *OEuvres de Corneille*, par M. Marty-Laveaux, t. X, p. 435.

de payer, pourquoi (il) suppliait le roi d'ordonner aud. Corneille de payer son prix.

Il obtint cet arrêt, mais quand il voulut l'exécuter, le Parlement s'y opposa, parce que l'office ayant été confisqué à cause de crimes de concussion, ce prix appartenait au Roi, et il ordonna que des remontrances seraient faites à Sa Majesté et renvoya Desmignières et Corneille devant le Conseil privé du Roi.

Rapports civils, 31 octobre 1603. — Débats entre Pierre Corneille (le père), M⁰ des eaux et forêts, et Charles de La Vache, verdier en la vicomté de Pont-de-l'Arche.

Audience civile, 4 février 1605. — Pierre Corneille, M⁰ des eaux et forêts, a été injurié, lorsqu'il tenait sa juridiction, par René de la Mothe, huissier en la cour, à l'occasion de la lecture que voulait faire celui-ci d'un arrêt et d'une commission au profit de Jacques de Gaugy fils.

Ordonné d'informer. — Le procureur général s'en mêle.

Rapports civils. Dernier février 1605. — Grands-parents maternels de Pierre Corneille le poète.

Ysabeau Lecuilier, veuve de François Lepesant, vivant avocat en la cour,

Et M⁰ Pierre Lepesant, son fils, conseiller, notaire et secrétaire du Roi,

Créanciers sur Nicolas Lecuilier, frère d'Ysabeau, de la somme de 6 017 livres 17 sols, restant de plus forte somme, pourquoi ils le retiennent prisonnier en la conciergerie de la Cour.

Bailliage de Rouen, 26 avril 1605. — Noble homme Charles Lepesant, conseiller de Sa Majesté et maître ordinaire de ses comptes en Normandie [1].

Rapports civils, 22 juin 1605. — Jeanne Valdori, veuve de Nicolas Drieu,

Barbe Houel, veuve de Pierre Corneille, vivant conseiller référendaire en la chancellerie de Rouen.

Il s'agit de la saisie d'une maison, jardin, clos, etc., vendue à Drieu devant les tabellions de Conches, et d'une constitution de 30 livres de rente sur tous les biens de Drieu, au profit dudit Pierre Corneille, et d'un transport fait par sa veuve Barbe Houel à un sieur Galopin, devant les tabellions de Rouen, le 19 octobre 1602.

Elle perd son procès. Nullité des saisies.

Jacques Duval était héritier de Barbe Houel, femme de Pierre Corneille, au nom de sa femme qui était leur fille; il avait repris ces biens des mains de Nicolas Drieu.

Rapports civils, 23 novembre 1605. — Quoiqu'un arrêt du 25 juin 1597 eût ordonné que le verdier chastelain [2] en la forêt de Rouvray tien-

---

1. C'était le grand-oncle maternel de Pierre Corneille, étant né, comme François Lepesant, père de Marthe Lepesant, de Guillaume Lepesant, mais d'un second mariage avec Marie Martel.

2. Ce n'est pas un nom propre, et il faut ajouter : « héréditat ». Voy. plus loin, p. 326.

drait ses plés [1] de quinzaine en quinzaine, au lieu qu'il lui serait le plus commode, soit ville, bourg ou village coutumier, et ce entre Hercule Bacheler et Jean Desminières, Pierre Corneille, successeur de ce dernier, voulut attenter à cet arrêt. La cour le lui défend, mais sans le nommer autrement que par ces mots : « Le M^e particulier des eaux et forêts. »

Voir l'arrêt du 25 juin 1597.

Rapports civils, 17 décembre 1605. — Le M^e particulier des eaux et forêts, Pierre Corneille, et le lieutenant général desdites forêts, reviennent encore contre le verdier de la forêt de Rouvray, Antoine Gaugy [2], pour l'obliger à tenir ses plés au Grand-Essart, et non ailleurs.

La cour, en rappelant le M^e particulier et le lieutenant général à l'exécution des ordonnances et arrêts antérieurs, fait défenses aux verdiers de tenir leurs plés ailleurs qu'au Grand-Essart, au Chouquet, à Dieppedalle et la Neuville Champ-d'Oisel pour ladite forêt.

Rapports civils, 29 avril 1606. — Sur la requête de Pierre Corneille contre Antoine de Gaugy, verdier en la forêt de Rouvray,

La cour octroie mandement aud. Corneille, M^e particulier des eaux et forêts, à de Bretteville, lieutenant général, et Leboullenger, lieutenant particulier, pour faire appeler en icelle, à bref délai, led. de Gaugy et ce pendant a fait défenses à ce dernier de procéder à la vente et adjudication des bois cabliz en lad. forêt de Rouvray par l'impétuosité des vents [3], desquels néanmoins il dressera procès-verbal descriptif, y aura l'œil, à peine d'en répondre en son privé nom.

Rapports civils, 9 août 1606. — Pierre Corneille, M^e particulier des eaux et forêts,

Contre Antoine de Gaugy, verdier de la forêt de Rouvray, et les verdiers de Roumare et de La Londe, obtient de procéder à la vente des bois cablis des forêts de la vicomté de Rouen, à l'exclusion des verdiers, sans préjudice des procès pendants.

Voir eaux et forêts [4], 5 octobre 1598.

Rapports civils, 4 novembre 1606. — Malgré les commissions du sieur de Fleury [5] adressées aux sieurs Carlet père et fils pour exercer

---

1. Plès, pleds ou plaids.

2. C'est le même que « le verdier chastelain », plus haut, p. 321, et plus loin, p. 324. Une forêt était divisée en plusieurs « verderies » ou « gardes », à la tête desquelles était un verdier. Voy. le *Code de Henry III*, liv. XVIII, titre V.

3. Plus ordinairement « chablis » pour les arbres abattus par le vent. L'année 1606 ne figure pas parmi celles des grands vents, ni chez Farin, ni chez M. Nicetas Periaux.

4. Ce renvoi concerne les fiches recueillies par M. Gosselin sur cette administration.

5. Henri Clausse, seigneur de Fleury-en-Bierre, grand maître et général réformateur des Eaux et Forêts de France.

la charge de soucheteurs [1] visiteurs des eaux et forêts de Rouen et des trois autres bailliages de la Généralité [2].

Malgré l'arrêt qui cassait une première sentence de Pierre Corneille leur défendant l'exercice de cette charge, Pierre Corneille en rend une nouvelle dans le même sens.

La cour, sans y avoir égard, maintient les Carlet en l'exercice de leurs charges, et cependant dit que les parties seront ouïes.

Tabellionage, Meuble, 2 janvier 1607. — Certificat des médecins qui ont visité M° Charles Lepesant, maître ordinaire en la chambre des comptes, jusqu'à sa mort qui arriva à minuit le 29 juillet 1606 [3].

Autre du 4 janvier 1607 délivré par les prêtres de Saint-Maclou, même constatation [4].

Rapports civils, 29 janvier 1607. — Antoine Corneille, oncle du poète, curé de Sainte-Marie des Champs, avait été présenté par Pierre Feron, chanoine de l'église Notre-Dame de Rouen, à la chapelle Sainte-Anne, fondée à Notre-Dame, et en avait pris possession le 6 mai 1602. Mais précédemment, et dès l'année 1583, le 17 janvier, Nicolas de Brenetot y avait été pourvu par Marian de Martinbost, grand vicaire de l'archevêché. Son droit se trouvant contesté par Corneille, de Brenetot se pourvut de lettres de maintenue audit bénéfice, le 31 octobre 1602. Corneille contesta, et l'on vint au Parlement, lequel décida que de Brenetot serait maintenu à la chapelle Sainte-Anne, du consentement de Corneille, affranchit ce dernier des réparations qui pourraient être nécessaires à la maison dépendante de lad. chapelle. De la maison néanmoins il continuera de jouir jusqu'à Pâques prochain, à la condition qu'il desservira jusque-là lad. chapelle.

Rapports civils, 30 mars 1607. — Pierre Houel, sieur de Valleville [5], ancien élu de Caudebec,

Nicolas Houel, sieur des Parcs, fils de Jean Houel, sieur de Valleville, leur père.

Ce sont, par conséquent, les frères de Barbe Houel, qui épousa Pierre Corneille, grand-père du poète.

On y voit que Pierre Houel, sieur de Vaudutot [6], leur oncle, était greffier criminel du Parlement, notaire et secrétaire de la maison et

---

1. Expert chargé du souchetage ou visite dans une forêt, pour compter les souches après une coupe.
2. Avec Rouen, Caux, Gisors, Évreux.
3. Âgé de soixante-trois ans.
4. Ce grand-oncle de Pierre Corneille avait épousé, le 20 octobre 1574, Marie Dufour, morte le 20 novembre 1617, et tous les deux furent enterrés, à Saint-Maclou de Rouen, dans la chapelle Saint-Claude et Saint-Léonard, par les soins de leurs fils Charles et Louis Lepesant. — Farin donne leur épitaphe latine. *Hist. de Rouen*, 1668, t. II, p. 100.
5. Hameau de la commune d'Ectot-les-Baons, commune d'Yerville, arrondissement d'Yvetot, et non *Vatteville*, près de Caudebec.
6. Plus haut, Vaudetot, p. 314.

couronné de France. (Ce qui explique comment Pierre Corneille était devenu commis au greffe criminel, puis référendaire [1].)

Ce Pierre Houel avait hypothéqué certains biens et, entre autres rentes, il avait constitué deux cents livres de rente en dot à sa nièce Barbe Houel, et; après la mort de celle-ci, Pierre et Antoine Corneille, ses deux fils, les recueillirent.

Tout ce procès porte sur le partage de la succession de Pierre Houel, sieur de Vaudutot.

Rapports civils, 22 août 1607. — Pierre Corneille, M⁰ particulier et les lieutenants contre les verdiers. On y voit que ses lettres de provision de M^c particulier sont du 5 mai 1599.

C'est la fin du procès contre de Gaugy et les autres verdiers [2].

Pour obtenir cet arrêt et clore ces débats, qui ont commencé peu de temps après sa réception, Pierre Corneille a réuni et produit, devant le Parlement, tous les arrêts, sentences, règlements et édits donnés sur la matière, depuis 1534.

Enfin le Parlement couronne tous ses travaux par un arrêt de règlement, qui détermine exactement les droits du M^c particulier de ceux des verdiers.

Ce jour-là Corneille dut se trouver heureux, car désormais ses prérogatives n'étaient plus contestables. Les verdiers ne pouvaient procéder à aucune vente, prononcer une simple amende, sans lui avoir soumis l'affaire. Ils doivent tenir leur juridiction de quinzaine en quinzaine, au lieu qu'il leur indiquerait, faire les visites des forêts, soumettre leurs procès-verbaux, etc.

Ce règlement était si bon que, dès le 22 décembre 1607, les verdiers d'Argentan en réclamaient le bénéfice.

G(rand) R(egi)stre, f⁰ 426. 15 décembre 1607 et *R(egistre) s(ecret)*, *même date.* — François Corneille est reçu Procureur au Parlement.

C'est l'oncle de Pierre, le poète.

Rapports civils, 6 février 1608. — Jacques de Gaugy, sieur des Fourneaux, contre le substitut aux Eaux et Forêts, appelant d'une sentence de la Maîtrise de Rouen (Corneille), pour trois chevaux chargés de petits hêtrots saisis en sortant de la forêt de Rouvray.

Rapports civils, 26 avril 1608. — Les adjudicataires des ventes de bois des forêts des vicomtés de Rouen, Pont-de-l'Arche, Pontaudemer et Caudebec demandent permission d'exploiter le reste du bois des dites ventes jusques à la fin de juin, ce qui ne peut porter préjudice au Roi ni au jeune rejet des dites ventes.

Pierre Corneille est mandé pour donner son avis sur cette demande. Voir Registre secret. — Accordé jusqu'à fin mai.

Fiche sur la maison du Petit-Couronne. Acquisition et établissement de propriété [3].

---

1. Voy. plus haut, pp. 314 et 315.
2. Voy. plus haut, pp. 321 et 322.
3. Cette fiche a été supprimée, parce que nous donnons l'acte même d'acquisition, ci-après, Appendice II, p. 327.

Audience civile, 23 juin 1608. — Antoine de Gaugy, verdier, et Pierre de Gaugy, garde-marteau,

Contre Pierre Corneille, M⁰ des E. et F.

Celui-ci avait décrété six ou sept fois Gaugy de paraître devant lui; il n'en avait rien fait. Grande animosité de part et d'autre. Chacun se reproche d'avoir manqué à son devoir.

Instruction.

Registre d'audience, 23 juin 1608. — Pierre Corneille, appelant de la Table de marbre, se plaint de ce que la Table de marbre se soit réservé la vente du bois confisqué par ses soins, à lui Corneille, sur un nommé Lemarié.

Le procureur général est reçu aussi appelant.

Renvoi. — Par arrêt du 28 juin [1], il est constaté que le bois ainsi confisqué sur Lemarié s'élevait à dix grands milliers de cotterets et fagots que Lemarié, qui était adjudicataire de ventes, avait apportés sur le quai de Rouen.

Mais la disette était si grande, malgré la saison (juin), que, bourgeois et peuple, malgré la saisie du bateau opérée par le sergent Legrix, s'étaient rués sur le bateau et qu'il avait fallu la force pour empêcher qu'il ne fût pillé et enlevé.

Ordonné que moitié sera délivré au peuple et moitié aux bourgeois qui l'avaient acheté, sur le lieu même de la vente.

Rapports civils, 17 décembre 1608. — Jacques Lecarpentier, pourvu par le Roy à l'estat et office de second avocat de Sa Majesté ès juridiction des Eaux et Forêts et de l'Amirauté de France au siège de la Table de marbre du Palais à Rouen,

Et Ysaac Pohier, avocat du Roy esdits sièges de la Table de marbre défendeur pour être reçu opposant.

Pohier est évincé de son opposition et Lecarpentier est reçu au serment de second avocat du Roi.

C'est absolument la condamnation de Pierre Corneille, en 1639 [1].

Curieuse coïncidence.

Tabellionage, Meubles, 14 janvier 1609. — Noble homme, Pierre Corneille, conseiller du Roy, maître enquesteur et réformateur particulier des Eaux et Forêts en la vicomté de Rouen, résigne son office.

Que signifient toutes ces résignations de tant de magistrats qui ne paraissent pas avoir eu de suite?

Audience civile, 6 février 1609. — Jean Houdouaire, curé de Fleury, prisonnier à Alençon,

Et M⁰ Claude Corneille, soi-disant chapelain de la chapelle de Musique du Roy, prétendant au dévolut de 300 fr. sur le bénéfice de Fleury.

Quel est ce Claude Corneille?

Rapports civils, 7 février 1609. — Le sieur de Thou, en 1578, avait fieffé aux Bigards de la Londe deux acres et demie de terrain vague dans la forêt de Rouvray; celui-ci, en 1607, en avait vendu la dépouille à Roger Lemarié.

---

1. Voy., plus loin, l'affaire concernant les provisions de François Hays, p. 332.

Les gens de la Table de marbre, le 2 avril 1607, avaient accordé à Lemarié le congé nécessaire pour enlever la dépouille de ce terrain, et de l'apporter et vendre à Rouen. Mais Lemarié avait été surpris coupant au delà des deux acres fieffées et les gardes avaient saisi le bois. Pierre Corneille se transporta sur les lieux, le 21 mai, et dressa procès-verbal de l'abus de Lemarié. (V. la carte du 23 juin 1608 [1].) 28 haîtres, 6 chênes, de deux à trois pieds de tour, 12 grands milliers d'échalats, 1600 grosses bourrées, 2 cordes de bois de haître et 2 mesures de petit bois avaient été saisis.

Corneille seul, le 13 août 1607, le condamne en 140 l. 3 s. 6 d. d'amende pour les arbres coupés et confisque le reste pour être vendu au profit du Roi, et pour l'abus en 60 l. d'amende.

Appel par Lemarié devant la Table de marbre. Celle-ci réforme et décharge Lemarié.

Appel par Corneille devant le Parlement, qui réforme la sentence de la Table de marbre et maintient la sentence de Corneille [2].

Audience civile, 11 février et 9 septembre 1609. — Antoine et Pierre de Gaugy contre Pierre Corneille, le père. Grande animosité. Gaugy père et fils sont blâmés. Les parties renvoyées se pourvoir au mois devant le Roi. Plaidoiries.

Rapports civils, 11 mars 1609. — Pierre Corneille, M° particulier, etc., et plusieurs autres poursuivent le décret des héritages d'un sieur François Romain.

Audience civile, 23 juin 1609. — Pierre Corneille renvoyé devant la cour par arrêt du conseil privé du 12 juin 1609,

Contre Antoine de Gaugy, verdier, chastelain hérédital en la forest de Rouvray, et Pierre de Gaugy, ci-devant garde-marteau [3].

Tabellionage, Meubles, 4 décembre 1609. — Noble homme, M° Pierre Corneille, M° particulier des E. et F., et François Corneille, son frère, Procureur au Parlement demeurant en la paroisse Saint-Sauveur, cautionnent Barbe Houel, leur mère.

Les deux frères ont signé.

Tabellionage, Meubles, 12 janvier 1610. — P. Corneille (le père), M° partic. des E. et F., se démet de sa charge.

1611, 17 janvier. Même mention.

1612, 4 janvier. Même mention.

Audience civile, 11 janvier 1611. — P. Corneille et les autres officiers des E. et F. contre les officiers de la Table de marbre,

Pour qu'il soit fait défense aux sergents et huissiers des E. et F., pour le siège général de la Table de marbre, de rapporter leurs exploits ailleurs que devant eux,

Et défendu aux juges de la Table de marbre d'en connaître en première instance.

1. Voy. plus haut, p. 325.
2. M. Gosselin a mis cette affaire dans *Pierre Corneille* (le père), *maitre des Eaux et Forêts, et sa maison de campagne*, p. 20-21 de l'Extrait.
3. Voy. plus haut, p. 321 et 322, 323.

3 février (1611). Arrêt qui ordonne aux parties de communiquer leurs articles et arrêts de règlement au Procureur général, et cependant leur enjoint de garder les règlements.

Rapports civils, 21 février 1612. — Pierre Corneille père pour la révolte dans la forêt de Roumare.

Registre secret, 13 décembre 1612. — Voir, aux Rapports civils ou Audiences, un arrêt de cette date entre Eudeline Hays, Corneille et Marin fils, Lecerf, Sarrey, Lemoine et joints.

Il s'agit d'héritages.

Audience civile, 24 janvier 1613. — Pierre Corneille, M^c enquesteur et refformateur particulier des E. et F. de la vicomté de Rouen, et Nicolas de Bretteville et Jean Le Boullanger, lieutenants généraux audit siège des E. et F., contre les officiers du siège général de la Table de marbre.

Question d'attribution. — On s'est pourvu au conseil privé du roi. Les parties comparaîtront, issue d'audience.

Voir Registre secret.

Tabellionage, meubles, 3 janvier 1613. — Pierre Corneille donne sa démission de M^c particulier des E. et F.

Audience civile, 19 avril 1613. — François Duval, lieutenant particulier, assesseur criminel au bailliage et siège présidial d'Andely, s'oppose à la réception de Mathieu de Lamperière, avocat en la cour, à l'office de lieutenant particulier, civil et criminel du bailly de Gisors, au siège d'Andely.

Cependant Lamperière est maintenu.

Et le 27 avril 1613, enregistrement et transcription des lettres patentes qui, sur la présentation du duc de Nemours [1] et de Chartres, comte de Gisors, nomment Mathieu de Lamperière, avocat, lieutenant particulier civil et criminel au bailliage et siège présidial de Gisors estably à Andely.

Beau-père de Pierre Corneille (le poète).

Bailliage, meubles, 4 janvier 1614. — Noble homme, Me Pierre Corneille, conseiller du roy, maître des E. et F. en la vicomté de Rouen, résigne ses fonctions.

Audience du vendredi 11 juillet 1614. — Affaire Amfrye, sergent à garde, commis à la forêt de Rouvray.

Corneille père. — Concussion. — Attaque contre un avocat. — Blâme contre Corneille [2].

Registre d'audience, 13 juillet 1614. — Pierre Corneille demande que Amfrye soit contraint d'exécuter l'arrêt du onze en ce qui touche

---

1. Henri de Savoie, duc de Nemours, premier du nom, l'avait nommé à cette charge, le 10 mars 1613. Les lettres du roi, confirmant cette nomination, sont du 15 mars 1613. Mathieu de Lamperière, le futur beau-père des deux Corneille, remplaçait son propre beau-père, Georges Tournebus.

2. L'affaire occupe huit feuillets petit format (et non plus des fiches). Inutile de les transcrire, d'autant plus que M. Gosselin les a résumés dans *Pierre Corneille* (le père), *maître des Eaux et Forêts*, etc., p. 32-34 de l'Extrait.

la nomination des arpenteurs et soucheteurs nécessaires pour la vérification ordonnée.

Ordonné que, faute par Amfrye d'en désigner, il en sera nommé d'office.

Du 14 juillet. — Nouvel incident qui ordonne que Colombel, substitut du bailly, remettra aux commissaires des mémoires et instructions.

Registre secret, 15 septembre 1614. — Voir aux rapports quel est le procès en matière de partage, dont Mᵉ Martel est rapporteur.

Il y a en marge : CORNEILLE.

Rapports civils, 16 février 1615. — De grands dégâts sont commis en la forêt de Roumare [1] par une infinité de fainéants, sous prétexte de disette de bois et de la rigueur de la saison : ils y vont en troupes, coupent, pillent et emportent le bois.

Pierre Corneille est mandé : il prouve avoir fait tout le possible pour arrêter ces dégâts et avoir fait tout son devoir ainsi que ses agents qui ont été violentés ; il a fait emprisonner plusieurs délinquants, mais, n'ayant la main assez forte pour faire exécuter la condamnation qu'il a prononcée, il supplie la cour d'y interposer son autorité, d'autant plus qu'il y a, de présent, aux ventes des forêts, du bois en assez grande quantité pour subvenir au peuple.

La cour ordonne aux adjudicataires de faire apporter le bois, aux enquesteurs de faire des perquisitions aux maisons des regrattiers,

Défend à tous d'aller aux forêts et de s'assembler pour cet effet, enjoint aux sergents d'arrêter les contrevenants [2].

Audience civile, 1 juin 1615. — P. Corneille contre Amfrye et la dame de Couronne. Suite du procès. — Corneille attend les preuves des délits qui lui sont reprochés, et, quant à lui, il ne veut produire aucun témoin.

Tabellionage, meubles, 4 janvier 1616. — P. Corneille donne sa démission.

Rapports civils, 13 février 1616. — Malgré l'arrêt du 27 janvier 1616 contre les fainéants et manouvriers qui dévastaient la forêt de Roumare et ne s'arrêtaient pas devant les ordonnances du Mᵉ particulier des E. et F. (Pierre Corneille, quoiqu'il ne soit pas nommé), ces larcins et dégâts continuent tellement dans cette forêt, que les sergents et gardes des E. et F. ont dû céder devant le grand nombre et multitude, à cause des voies de fait et rébellion constatées par les procès-verbaux des 8, 9, 10, 11 et 12 février 1616.

Rapports civils, 14 mai 1616 [3].

Audience civile, 20 juin 1616. — P. Corneille (le père) contre Amfrye et la dame de Petit-Couronne.

---

1. Commune à 12 kilomètres N.-O. de Rouen. La forêt existe encore.
2. Ces détails et plusieurs autres qui vont suivre, sur le pillage des forêts, ne figurent pas dans le travail de M. Gosselin : *Pierre Corneille (le père), maître des Eaux et Forêts, et sa maison de campagne.*
3. Quatre pages, petit format, sur l'affaire Amfrye, laissées de côté, comme plus haut, pour les mêmes motifs. Voy. p. 327.

Arrêt d'incident. — Plaidoiries. — On parle de faire évoquer pour *parentelle* de Corneille.

Tabellionage, meubles, 2 juillet 1616. — Catherine de Bauquemare, veuve de Charles Hue, tutrice de ses enfants, vend l'office de receveur de son mari 18 000 livres.

C'est la mère de la jeune fille qui fut aimée de P. Corneille et qui devint Mme Dupont.

Registre secret, 22 avril 1617. — Pierre de Mogeretz, Sr de Neuville, reçu avocat du Roi au siège de la Table de marbre, mais non des E. et F.

C'est le prédécesseur de P. Corneille (le poète).

Rapports civils, 13 juin 1618. — Quel est cet arrêt obtenu par la dame de Couronne au Parlement de Paris, le 1er juin 1618, et dont elle obtient de poursuivre l'exécution contre P. Corneille (le père)?

Tabellionage, meubles, 15 janvier 1619. — Pierre Corneille donne, une dernière fois, sa démission.

Tabellionage, 23 janvier 1619. — Partage entre Antoine, Guillaume, François et Pierre Corneille de la maison de la rue de la Pie [1].

Rapports civils, 22 mars 1619. — Jean Gravé, ayant résigné son office de vicomte de l'Eau, demande à exercer la charge d'avocat. Accordé.

Cette note prise seulement pour comparer à Corneille [2].

Audience civile, 18 juillet 1619. — Sentence donnée par Me Charles Lecointe, Sr du Mesnil, Me particulier des E. et F. en la vicomté de Rouen, le 16 juillet 1619.

Donc Corneille avait déjà cessé ses fonctions.

Réformation des Eaux et Forêts, 10 janvier 1622. — On y voit que déjà Corneille n'était plus Me particulier. Le sieur Lecointe Du Mesnil l'avait remplacé.

Rapports civils, 17 septembre 1622. — Charles Corneille pourvu à la cure de Houeteville [3]. Jean Lejan, l'un des grands vicaires d'Évreux, lui refuse le visa et collation nécessaires.

La cour ordonna au doyen Lejan de faire connaître la cause de son refus.

Rapports civils, 21 août 1623. — P. Corneille n'est plus Me particulier des E. et F.; c'est Charles Lecointe Sr Dumesnil qui l'a remplacé.

Ce dernier, ainsi que le lieutenant général, le lieutenant particulier et le substitut obtiennent du Roi la permission de porter et faire porter, par leurs gens et serviteurs allant pour l'exercice de leurs charges, arquebuses, pistolets et bâtons à feu.

---

1. L'ordre de primogéniture des fils de Pierre Corneille et de Barbe Houel est : Pierre, Antoine, Guillaume, François. — Par *maison*, il faut entendre tout l'héritage et tenement de maisons dont se composait l'immeuble.
2. Corneille, le père, qui aurait pu être avocat, après sa démission de maître particulier des Eaux et Forêts.
3. Houetteville, commune du canton du Neufbourg (Eure).

Palais de justice. Tourelle.

Registre de l'état civil du Petit-Couronne. — Copie textuelle.

« 1623. 16 octobre.

« Adrien fils de Guillaume Heron et sa femme. — Ses parrains Jean Bihorel et Adrien Quimbel, sa marraine, Marie Corneille. »

Née à Rouen, le 4 novembre 1609 ; sœur du poète. — Elle était alors âgée de quatorze ans moins 19 jours.

Audience civile, 18 juin 1624. — Pierre Corneille est reçu au serment d'avocat.

Rapports civils, 21 mars 1625. — Des arrêts de la cour, des 28 avril 1594 et 18 juin 1606, défendent aux juges inférieurs de se faire recevoir ailleurs que devant la cour.

Les M^{es} particuliers des E. et F. et les avocats du Roi à la Table de marbre étaient-ils de ce nombre ?

Voir ces deux arrêts.

Rapports civils, 23 juin 1625. — Mathieu de Lamperière, lieutenant particulier au siège d'Andely, et les autres confrères de la confrérie de Sainte-Clotilde, fondée en la chapelle de Saint-Nicolas et Sainte-Clotilde du Grand-Andely,

Contre Bourdon, l'un des vicaires perpétuels de Notre-Dame d'Andely.

Les confrères avaient placé un bassin en la chapelle Sainte-Clotilde pour y recevoir les offrandes des pèlerins.

Bourdon obtint de l'official sentence qui ordonnait de retirer ce bassin et aux confrères de restituer aux vicaires perpétuels les offrandes ainsi reçues.

Sur cet appel. — Mandement.

Registre de la réformation des E. et F., 7 décembre 1626. — Arrêt pour Pierre de Marbeuf, où l'on voit que le parlement, par commission du 7 avril 1602, adressée à P. Corneille, M^e particulier des E. et F., permet d'exercer la charge de M^e particulier des E. et F. de Pont-de-l'Arche.

Commission révoquée par lettres patentes du 9 septembre 1604, lesquelles rétablissaient cette charge au profit d'un Sr Lefontainier.

Il n'était plus maître partic. des E. et F. de Rouen, en 1625 [1], mais il l'était encore le 7 février 1618. Cela résulte d'un arrêt de la chambre de réformation du 28 février 1618.

(Pierre Houssaye garde-chasse.)

Audience civile, 17 juin 1627. — Marin Dupont, conseiller du Roy et correcteur en la chambre des comptes, dont la femme [2] fut, dit-on, tant aimée de Pierre Corneille, eut d'assez nombreux procès devant le parlement, dans les années 1627, 1628 et 1629. Mais on ne voit pas

---

1. Il ne l'était plus, le 16 juillet 1619. Voy. plus haut, p. 329.

2. « Sa belle-fille », seulement, comme on le voit plus loin, p. 332. Le prénom du père, qui sera aussi celui du fils aîné, suivant l'habitude normande, est *Thomas*, et non *Marin*, son autre prénom peut-être, s'il en avait deux. Voy. p. 332.

qu'il ait choisi soit François Corneille pour son procureur, soit Pierre Corneille comme avocat [1].

Rapports civils, 11 août 1627. — Quelle est cette déclaration du roi du 25 juillet 1625, relative au serment d'avocat [2]?

A voir par rapport à Corneille.

Rapports civils, 1er mars 1628. — Quel est ce Guillaume Corneille?

Ce doit être l'oncle du poète, qui fut baptisé le 5 mars 1581 [3]. Il paraît habiter près d'Evreux, car il s'agit d'une vente par saisie devant le bailli d'Evreux, au siège d'Orbec.

Audience civile, 7 mars 1630. — Pierre Corneille (le père), créancier sur la succession de Charles de la Champagne, ancien conseiller au parlement [4].

Renvoyés vers le roi.

Audience civile, 8 juin 1635. — Antoine Grenier, payeur des gages des officiers du siège présidial d'Andely, et Pierre Corneille, ci-devant Mᵉ particulier des E. et F.

Renvoi au mardi suivant.

Et le 12 juin 1635, sur le fait du procès, qui est la réclamation du payement de 500 livres de rentes, au capital de 6 184 livres, en obtient condamnation.

Audience civile, 26 juin 1638. — Thomas Dupont, correcteur en la chambre des comptes, et Jacques Dupont, Sʳ de Servaville, son frère, comparant par François Corneille, son procureur, Guillaume Dupont, etc.

Est-ce le mari de Marie Millet [5]?

Guillaume Dupont et Marie Courrant, veuve de Mᵉ Thomas Dupont, en son vivant escuyer, conseiller correcteur en la chambre des comptes de Normandie,

En présence de Thomas Dupont, escuyer, conseiller correcteur en la chambre des comptes de Normandie.

---

1. L'insuccès de Corneille au barreau, et peut-être « la perte de sa matricule » y mettaient obstacle. — Voy. plus haut, ch. III, p. 25.

2. « Louis XIII modéra le temps d'étude (dans une université de droit) *à un an*, par un édit qu'il fit, en 1625, pour réformer l'abus, qui s'était glissé peu à peu, d'usurper les noms et qualités de Docteur *sans lettres*, et d'Avocat *sans degré.* » Froland, *Recueil d'arrêts, de règlements,* etc., p. 596.

3. Ce détail figure dans le *Tableau généalogique* de M. A. Ballin, qui dit en outre : « Demeurait à Conches en 1619, épousa Madeleine, fille de Jean Osmont, verdier de la forêt de Conches. »

4. Parlement de Rouen, où il avait été reçu en 1586, et fut remplacé par son fils, en 1622.

5. M. Gosselin n'a pas répondu ici à sa question; mais son travail, *Un Épisode de la jeunesse de Pierre Corneille,* a pour objet de démontrer que « Marie Milet et la dame Dupont sont deux personnes distinctes ». Ce Dupont est le fils de celui dont il a été question plus haut, p. 330. La découverte de M. Gosselin a ruiné, pour toujours, la légende de Marie Milet et de *Mélite*, qui aurait été l'anagramme de son nom. *Revue de la Normandie,* 1867, p. 480-485. — Voir, plus haut, chapitre V, pp. 61-62.

Ce Thomas est le fils de Marie Courrant et de Thomas Dupont, laquelle Marie Courrant décéda le 15 janvier 1641. (Tabellionage, 21 décembre 1646.) Il épousa Catherine Hue.

Thomas, Jacques et Guillaume étaient fils de Marie Courrant [1].

Cour des Aides, 14 janvier 1641. — Enregistrement des provisions de François Hays comme avocat du Roy à la Table de marbre.

Ces provisions sont datées du 24 octobre 1640.

Un arrêt du conseil privé du 31 juillet 1640 débouta Corneille de son opposition et ordonna délivrance de provisions à François Hays.

[Affaires où Pierre Corneille occupa, comme avocat du roi, d'après un registre des audiences de l'Amirauté, durant les années 1643, 1644, 1645 [2].]

Le 9 septembre 1643. — Soit défendu à Lepicard d'exercer l'office de greffier criminel en l'àdmirauté de Veules sous peine de faux. Mais, quelques jours plus tard, le 15 septembre, Lepicard ayant justifié à Corneille de provisions régulières de cet office...... [3]

Le 16 septembre. — Occupe plusieurs jours. Indifféremment désigné le Procureur du Roi [4] et Corneille.

Le 11 avril 1644, pour la réception d'un huissier priseur vendeur, il conclut de même [5].

Le 23 mai 1644, aux appeaux, il conclut défaut contre les officiers de l'admirauté du Costentin et défense d'exercer leurs offices, sous peine de faux.

Le même jour 23, il requiert information d'un enfant ambourgeois (de Hambourg) noyé.

14 juin, 28 juin 1644. Pilotes de Villequier.

Rapports civils, 31 octobre 1643. — Pierre Corneille, 1er advocat du Roy, etc., demande qu'ayant toujours vécu et porté qualité de gentilhomme, suivant qu'il appert par les lettres patentes du feu Roy en forme de charte données à Paris au mois de janvier 1637, il soit

---

1. A la suite de cet article, M. Gosselin avait mis : « Cette veuve Dupont est-elle l'amie de Corneille? » Il a biffé cette ligne et a ajouté : « J'ai eu le tort de le dire. » — C'est dans un *Nota*, à la fin des *Particularités de la Vie judiciaire de Pierre Corneille*, 1865. Depuis il a démontré clairement, dans *Un Épisode de la jeunesse de Pierre Corneille*, que « Marie Courant, veuve de Thomas Dupont, était la belle-mère de Catherine Hue, qui avait épousé son fils, Thomas Dupont, et que c'est Catherine Hue qui avait été aimée de Corneille ». — Voir plus haut, chapitre v, pp. 61-62.

2. Nous ajoutons cette indication extraite des *Particularités de la Vie judiciaire de Pierre Corneille révélées par des documents nouveaux*, p. 10. — Les fiches qui vont suivre ont été le point de départ de ce travail tout nouveau de M. E. Gosselin.

3. La phrase est inachevée. Le sens se complète par le retrait de la demande de défense.

4. Le registre porte, en d'autres affaires : « Par le procureur du Roi en ce siège, *parlant par* Me Pierre Corneille, premier advocat de Sa Majesté. » *Particularités*, etc., p. 11.

5. Défense d'exercer.

déchargé de ce qui se lève, par les Echevins de la ville de Rouen, des droits nouvellement imposés sur les boissons et denrées entrant en la ville de Rouen pour la provision de sa maison et que ce qu'il a ci-devant payé lui soit restitué.

La cour décharge ledit Corneille, mais sans restitution du passé. 19 juillet 1644 [1].

Les pilotes de Villequier veulent obliger les maîtres des heux [2] du Havre d'accepter leurs services, ils entrent de force dans leurs navires et les dirigent malgré eux.

Corneille intervient; il demande que les marchands de Rouen soient entendus et ceux-ci déclarent que les pilotes veulent créer ainsi un droit nouveau.

Les maîtres de heux disent : « Nous savons mieux la Seine que vous, nous y naviguons. »

Corneille demande que la prétention des pilotes de Villequier soit rejetée.

Audiences des 19, 20, 28 juillet.

Mais le 12 septembre, les pilotes reviennent avec ceux de Quillebeuf. C'est inutilement.

Le 12 juin 1645. Appeaux.

Il requiert contre les mêmes officiers du Cotentin défaut et saisie de leurs gages.

Du 11 août 1645.

Vente de bois dans les forêts d'Arques et d'Eawy faite par Baudry, avocat, en vertu d'une commission de Son Altesse royale [3].

Corneille demande que les officiers de Dieppe soient entendus.

17 août. Mais en vertu de *Committimus* l'affaire fut portée aux Requêtes du Palais.

Enfin pour ne pas abuser des citations... (sic) [4].

Registre secret, *21 octobre 1649*. — Thomas Corneille (baptisé le 24 août 1625) est reçu avocat.

Il avait donc plus de vingt-quatre ans.

Registre secret, 19 février 1650. — A son retour à Rouen, le 17 février [5], le Roi nomme Pierre Corneille procureur des États jusqu'à ce qu'il ait été par lui pourvu aux prochains États.

1. Suite des affaires où Corneille occupa.
2. « Heu, s. m. Terme de mer; est un vaisseau du port de 300 tonneaux, dont se servent ordinairement les Hollandois, Flamands et Anglois, qui tire peu d'eau, parce qu'il est plat de varangue. » *Dict. de Trévoux*.
3. Gaston d'Orléans, frère du feu roi Louis XIII et oncle du jeune roi Louis XIV, qui le premier prit « l'Altesse royale », en sa qualité de prince issu directement du sang royal. Louis XIII l'avait déclaré, en mourant, lieutenant général de l'État et chef de ses conseils, sous l'autorité de la reine, pendant la minorité de Louis XIV, ce qui avait été confirmé par le Parlement le 18 mai 1643.
4. La phrase est inachevée. Les *Particularités de la Vie judiciaire* ne citent pas non plus d'autres faits.
5. La nomination est du 15 février, d'après MM. Guizot et Marty-Laveaux,

Destitution de Baudry.

On va saluer le Roi et la Reine.

Rapports civils, 20 juin 1651. — Thierry Oudin de Moulhenot? ayant épousé Anne de Potart.

Héritiers de Pierre de Potart de la Ruelle,

Et Pierre Corneille au nom de sa femme et plusieurs héritiers.

Corneille représente Françoise de Tournebu, veuve de Mathieu de Lamperière.

Deux lots pour les créanciers.

Un lot pour les héritiers.

Contredit sur ce lot.

Et enfin la cour dit à tort les blâmes de Corneille et joints et ordonne que devant un rapport il sera procédé à la choisie des lots tels qu'ils ont été arrêtés.

Corneille et joints sont condamnés aux dépens pour un tiers.

Paroisse Saint-Sauveur. — Compte de Pâques 1651 à Pâques 1652, rendu par Pierre Corneille ci-devant avocat du Roi, 33 pages de son écriture [1]. — Il était marguillier en 1625, en remplacement de son père. Il y était encore en 1653.

Registre d'audience, 23 février 1651. — Alexandre Leprevost, avocat au Parlement, reçu premier avocat du Roi en l'amirauté de France au siège général de la Table de marbre du Palais, sur la résignation à lui faite en nos mains par M° Pierre Corneille [2].

Les deux provisions sont du 17 juin 1650.

Rapports civils, 21 février 1651. — François Hays, avocat du Roi aux sièges de l'Amirauté de France et des E. et F. de Normandie contre Jacques Parent.

Pareatis.

Pierre Corneille plaidait contre lui en 1639, à cause de sa charge. Il perdit son procès, puisqu'en 1651 Hays se retrouve toujours avocat du Roi aux deux juridictions [3].

Registre secret, 23 février 1651. — Réception d'Alexandre Leprevost à l'office de premier avocat du Roi au siège de la Table de marbre succédant à Corneille.

Registre secret, 23 mars 1651. — Lettre du Roi qui rétablit Bauldry dans ses fonctions de Procureur des États auquel Pierre Corneille avait été nommé précédemment [4].

---

qui citent la pièce. Le 16, elle fut signifiée aux échevins, et, le 17, Saintot présenta à MM. de la Grand'chambre la lettre de cachet qui la leur signifiait également. Voy. *Corneille et son Temps,* par M. Guizot, in-8°, p. 292.

1. Publié par M. Marty-Laveaux parmi les Pièces justificatives de sa *Notice biographique sur Pierre Corneille,* p. LXXXI-XCVIII.

2. La résignation, le 18 mars 1650, a été publiée par M. Marty-Laveaux, *ibid.,* p. LXXVIII-LXXX.

3. Voy., plus haut, l'enregistrement de ses provisions, le 14 janvier 1641, dix ans auparavant, p. 332.

4. Un an auparavant, 15 février 1650.

Registre secret, 23 mars 1651.

Requêtes du Palais, 8 mars 1659. — Pierre Corneille est encore avocat du Roi à la Table de marbre [1]. Prête à Alexis Dumoucel Sr Dubuc 3200 livres pour une rente de 200 livres.

Raoul Masselin, Sr du Jonquay, lui succéda [2]. Il siège en 1682.

René Corneille de Cotte Coste, conseiller au Bailliage, de père en fils, depuis une siècle [3].

Histoire de Pierre Corneille. — Marie Corneille, fille du grand Corneille, veuve de Félix Guenebaud de Bois le Comte, épouse, en deuxièmes noces, Jacques-Adrien de Farcy, président des trésoriers de France.

Et sa fille, Françoise de Farcy, née en 1684, épousa, le 22 octobre 1701, Adrien de Corday, grand-père de Charlotte Corday.

Cour des Aides. Registre secret, 16 avril 1666. — Richard Corneille contre les habitants du Thil Nollent.

Rayé des rôles du Thil Nollent et maintenu sur ceux de N.-D. de Préaux [4].

Tabellionage I. m. [5] *18 janvier 1667.* — Pierre Corneille épouse Marie Lepicard [6].

Ce Pierre Corneille est fils de Pierre et de Catherine Delamare.

1. Tout ce paragraphe manque d'exactitude. La date du prêt fait par Corneille est le 15 mars 1644, quand il était encore avocat du roi. Il ne l'était plus en 1659, puisqu'on vient de voir qu'il avait résigné ses fonctions en 1650, p. 334.
2. Le successeur de Corneille fut Alexandre Leprévost. Voy. plus haut, p. 334. Ce dernier dut être remplacé par Masselin; car, en 1668, on trouve, parmi les gens du roi aux deux sièges de l'amirauté et des eaux et forêts : « Raoul Masselin, sieur du Jonquay, avocat du roy ». Farin, *Hist. de Rouen*, 1668, t. I, p. 291.
3. Il y a eu un « Pierre Corneille, sieur de Cottecoste, conseiller au bailliage de Rouen », et un « René Corneille, conseiller au bailliage de Rouen, fils de Robert, aussi conseiller au bailliage de Rouen », anoblis en 1655 et 1656. Voy. Farin, *Hist. de Rouen*, 1731, t. I, 2º partie, p. 14. C'étaient les Corneille de Beauregard. — C'est avec lui que Corneille a été confondu. Voy. p. 42.
4. Cette note est tirée du tableau de la « Descendance directe de Corneille », que M. Taschereau a joint à son *Histoire de la Vie et des OEuvres de Pierre Corneille*, p. 197 du tome II de la troisième édition. M. Gosselin l'a résumée et la voici en entier : « Marie Corneille, née le 10 janvier 1642, mariée en premières noces le 13 septembre 1661, à Félix Guenebault de Bois-le-Comte, sieur du Buat, mort à Candie en 1668, eut de ce mariage Benoît de Bois-le-Comte du Buat, religieux théatin. Mariée en deuxièmes noces à Jacques-Adrien de Farcy, président des trésoriers de France, eut de ce mariage Françoise de Farcy, etc. » *Tableau généalogique*, par M. Taschereau, *ibid.*, t. II, p. 197. — Voy. plus haut, p. 197, et Appendice XIX, p. 366.
5. « Le Theil-Nollent, commune du canton de Thiberville, Eure. — Notre-Dame-de-Préaux; bourg au xɪᵉ siècle, fief; commune réunie en 1844 avec Saint-Michel-de-Préaux sous le nom des *Préaux*. » *Dict. topogr. de l'Eure*, par M. de Blosseville.
6. Les abréviations, dont le sens nous échappe, sont fidèlement reproduites. — Peut-être : *Immeubles?*

3 août 1684. François Corneille épouse Marie Lefebvre. Il était conseiller au Bailliage d'Évreux. Pas de nom de ses père et mère.

11 décembre 1645. Mariage d'Eustache Goujon,[1] et Anne de Caux. Voir si Corneille y signe.

I. m. 12 avril 1668.

Pierre Gérard épouse Marguerite de Caumont.

N. S. 6 décembre ou novembre 1669.

Mariage de Louis Poterat et de Madelaine de Laval [2].

Extrait de la tutelle des enfants mineurs de Pierre Corneille, avocat à Rouen, et de Catherine de Melun.

Ce Corneille demeurait paroisse Saint-Sauveur [3].

En 1662, il demeurait rue des Bons-Enfants, près les Feuillants [4]. (Voir Tabellionage, procuration du 7 octobre 1662 [5].)

17 août 1675.

Autre acte de tutelle pour les mêmes, commencée le 17 août 1675 et finissant le 13 novembre suivant [6].

Guillaume, fils de Guillaume Corneille, receveur du chapitre d'Évreux, demeurant à Évreux.

Il dit que son frère ainé s'appelle Noël Corneille, qu'il est garde du corps, et est de la paroisse de Fresne, vicomté de Conches; ne sait où il est à présent pour ne le fréquenter.

Registre secret, 21 mars 1685. Catherine Corneille.

François Corneille, conseiller au présidial d'Évreux, tuteur du mineur Guillard ou Gaillard, fils de ladite Catherine.

Registre secret, 6 juin 1685. — François Corneille, conseiller honoraire à Évreux, contre Hélène de Lampérière. — Voir le 22 août 1685.

Rapports civils, 22 août 1685. — Corneille et Hernault de Gaillard.

Tabellionage, 27 décembre 1686. — Pierre Corneille, escuyer, sieur de Dauville, fils de feu Pierre Corneille cidev[t] avocat du Roy, etc., demeurant ordinairement à Paris, rue Croix des Petits Champs, paroisse St Roc, et de présent chez Me de Fontenelle, escuyer, avocat

---

1. Le frère de Jacques, camarade et avocat de Corneille, qui le chargeait de défendre ses intérêts à Paris, devant le conseil privé du roi. Voy. p. 127.

2. Cette note, étrangère à Corneille, se rapporte à une famille de célèbres potiers rouennais, dont M. Gosselin s'est occupé dans ses *Glanes historiques*.

3. Il était fils de François Corneille, procureur à la Cour, oncle des deux Corneille et d'Anne Briffault. — L'église de ce nom se trouvait dans la rue des Béguines actuelle.

4. Comme ce couvent était à peu de distance de l'église Saint-Vigor, il est à croire qu'il n'avait changé ni de demeure, ni de paroisse.

5. C'est dans cette procuration que se trouvent les indications ci-dessus. Le modèle, écrit en entier de la main de Pierre Corneille, sans signature, est en la possession de M. Jules Gosselin. Il a été publié par M. Marty-Laveaux, *Notice biographique sur Pierre Corneille*, p. xcix.

6. Il existe une procuration de Pierre Corneille, demeurant rue de Cléry, à Paris, donnée à François Le Bovyer, le 23 août 1675, au sujet de la tutelle des mêmes mineurs. — Publiée par M. Marty-Laveaux, *ibid.*, p. xcix.

au Parlement, demeurant à Rouen, rue Ganterie, paroisse St Laurent [1].

Rapports civils, 22 mars 1692. — François Corneille, conseiller au Bailliage et Siège présidial d'Evreux et ci-devant receveur général du chapitre de l'église cathédrale d'Evreux, contre ledit chapitre, et plusieurs jaugeurs.

Le 15 juillet 1673, François Corneille avait été commis receveur du chapitre pour trois ans, moyennant 530 livres, 100 boisseaux de blé, 25 boisseaux d'avoine.

Corneille, s'étant trouvé au-dessous de ses affaires et poursuivi par le chapitre, qu'il ne payait pas, obtint en 1685 des lettres de respy. Il prétendit avoir perdu, depuis quatorze ans, 2450 boisseaux de blé, parce que la raizière (rasière) dont se servait le chapitre était d'un demi-quart plus grande que le boisseau ordinaire.

Après vérification desdites mesures, toutes furent trouvées beaucoup trop grandes; il est vrai que diverses lettres patentes avaient autorisé le chapitre à s'en servir, mais vis-à-vis de Corneille receveur on décida qu'elles ne pouvaient servir et le chapitre fut condamné à de grosses restitutions. Comme Corneille redevait plus de 4500 livres, il fut poursuivi, saisi, vendu et ruiné. Il perd son procès.

Rapports civils, 22 mars 1692. — Corneille et chanoines d'Évreux.
18 mai 1678. Corneille.
21 juillet 1683. Corneille et de Lampérière.
12 juillet 1684. Corneille, Guestard, Debigne et de Gueroult.
1er juillet 1692. 21 juillet 1692, 23 mars 1689.

II

1° *Acquisitions au Petit-Couronne, par Pierre Corneille le père.*
(Voyez ci-dessus, ch. II, pp. 19-20.)

Des registres du Tabellionage de l'ancienne vicomté de Rouen, déposés sous les voûtes du Palais de Justice de la dite ville, a été extrait ce qui suit :

Du samedi après midi septième jour de Juing mil-six-cens et huit, en la maison du sieur Corneille,

Fut présent Pierre Houel, escuyer, sieur de Valleville, ancien esleu en l'élection de Caudebec et demeurant en la Paroisse Sainte Marye des Champs, héritier au propre de feu noble homme maître Pierre Houel vivant sieur de Vaudestot, vivant greffier criminel en la court

---

1. Tel est le début de l'acte de vente des biens du Petit-Couronne, qui eut lieu à cette date. M. Ballin, dans son *Essai sur la statistique du canton du Grand-Couronne*, l'a donné parmi ses Pièces justificatives, sous le n° 26. On y lit : « sieur d'*Anville*, et rue *Neuve*-des-Petits-Champs », p. 222. La première lecture vaut mieux que : *de Danville* ou *de Damville*. Voy. plus haut, chap. IV, des détails sur ce fief seigneurial, pp. 256-264.

de Parlement de Rouen, lequel de son bon gré confessa avoir vendu, transporté, quicté et délaissé par ces présentes a fin d'heritage a Noble homme maître Pierre Corneille conseiller du Roy et maître particulier des eaux et foretz en la Vicomté de Rouen, demeurant en la Paroisse Saint-Saulveur du dict lieu, présent acquisiteur, c'est assavoir :

Une masure lieu et héritage ainsi bastis d'une maison manante, grange, estables et fournil, contenant une acre ou environ, cloze de mur et plantée qu'elle est, assise en la Paroisse du Petit Couronne, ladite masure ainsi qu'elle se pourporte bornée d'un costé les hoirs Perain Fringot, d'aultre costé la mare, d'un bout en pointe la rue et d'autre bout l'entrée de ladite mare.

Item. — Le nombre de dix huit acres ou environ de terre labourable tant en closage que aux champs comprins deux acres ou environ de bois taillis et neuf acres ou environ de terre en nature de pré, le tout assis en ladite Paroisse du Petit Couronne en plusieurs pièces comme elles se pourportent sans aucune garantie ny répétition de mesure, plus une pièce de terre en closage estant devant ladite masure ci-dessus, contenant trois vergées et demye ou environ, bournée d'un costé les hoirs Marin Drouard, d'aultre costé et des deux boutz ladite rue du Petit Couronne.

Item. — Une autre pièce de terre en closage au bout de la Ville contenant acre et demye ou environ, bournée d'un costé Jehan Bynement, d'aultre costé les representants Campigni, d'un bout les forieres et d'aultre bout la rue.

Item. — Une autre pièce de terre aux champs contenant trois acres et demye ou environ, bournée d'un costé la forest du Roy, d'aultre costé plusieurs, d'un bout l'une des pièces cy après et d'autre bout le chemin de Rouen.

Item. — Une autre pièce de terre labourable contenant trois vergées ou environ, bournée d'un costé Guillaume Gueroult, d'aultre costé Thomas Bertren, d'un boult plusieurs boutiers et d'aultre bout le chemin du Roy.

Item. — Une aultre pièce de terre labourable contenant une vergée ou environ assise soubz le busc, bournée d'un costé marin Gueroult, d'aultre costé plusieurs boutiers, d'un bout Pierre Terel et d'aultre bout le chemin du Roy.

Item. — Une aultre pièce de terre labourable assise en la Voye du Trou, contenant deux acres ou environ, bournée d'un costé le sieur de Couronne, d'aultre costé Jehan Vauchelle, d'un bout les hoirs de feu Monsieur le Vicomte Puchot et d'aultre bout la forest du Roy.

Item. — Une aultre pièce de terre en labour contenant sept vergées et demye ou environ, assise sur la coste, bournée d'un costé les sieurs héritiers Puchot, d'aultre costé la coste, d'un bout la forest du Roy et d'aultre bout Adam Amfrye.

Item. — Une aultre pièce de terre contenant cinq vergées ou environ assise au bout de la Ville, bournée d'un costé les terres du feu sieur Vicomte et d'aultre costé Guyot-Chapelle, d'un bout le chemin du Roy et d'aultre bout plusieurs.

Item. — Une aultre pièce de terre labourable et en bois taillis contenant quatre acres et demye ou environ, la pièce comme elle s'estend et pourporte, bournée d'un costé et d'un bout la forest du Roy, d'aultre costé Guillaume Perrey et d'aultre bout les héritiers du dit feu sieur Vicomte.

Item. — Une aultre pièce de terre ou environ près le Chesne au Loup au triege de la Marlière, bornée d'un costé et d'un bout la forest du Roy, d'aultre costé et d'aultre bout les hoirs du dit sieur de Vaudetot.

Item. — Une pièce de terre en nature de pré assise en la Perelle contenant sept vergées ou environ, bornée des deulx costés François Guerin, d'un bout les représentants de deffunt Marin Douart [1] et d'aultre bout plusieurs.

Item. — Une aultre pièce de terre en nature de pré contenant demye acre ou environ assise au Quesne Labbé, bournée d'un costé Georges Rodrigues ou ses représentants, d'aultre costé les hoirs de contrôleur, d'un bout ledit sieur de Couronne et d'aultre bout les héritiers du dict sieur Vicomte.

Item. — Une aultre pièce de prey assise en la Fosse Bonnel contenant deux tiers d'acre ou environ, bornée d'un costé ledit Guillaume Gueroult, d'aultre costé les représentants Rodrigues, d'un bout Catherine Deschamps et d'aultre bout le sieur Jehan Dufour.

Item. — Une autre pièce de prey contenant une acre ou environ assise au dit Hart Guedon, bornée d'un costé les hoirs Guerin, d'aultre costé plusieurs, d'un bout Jehan Dusaussay et d'aultre bout les hoirs (*sic*).

Item. — Une autre pièce de prey contenant une vergée ou environ, bornée d'un costé les hoirs de Jehan Leboucher, d'aultre costé les hoirs Pierre Carlet, d'un bout les dites terres labourables et d'autre bout le sieur de Couronne.

Item. — Une autre pièce de prey contenant deux acres ou environ assise au triège de la Geneste, bornée d'un costé Jehan Vauchelle, d'aultre costé Catherine Deschamps, d'un bout le sieur de Couronne et d'aultre bout la Magdelaine.

Item. — Une autre pièce de prey contenant demie vergée ou environ assise au bout de la Ville, bornée d'un costé le sieur de Couronne, d'autre costé les hoirs Darré, d'un bout la commune pâture et d'aultre bout la Magdalaine.

Item. — Une autre pièce de prey contenant une vergée ou environ, assise au triège du Petit Aulnay, bournée d'un costé et d'un bout ledit Guérin, d'aultre costé plusieurs boutiers et d'aultre bout le fossé du dit Aulnay.

Item. — Une autre pièce de prey contenant demie acre ou environ nommée la Hachette, bournée d'un costé le sieur de Couronne, d'aultre costé Adrien Amfrye, d'un bout ledit Guerin et d'aultre bout ledit Vicomte.

Tous lesquels héritages ledit sieur de Valleville a dit et affirmé luy

---

1. Plus haut, Drouard, p. 333.

appartenir propriétairement comme ayant appartenu audit sieur de Vaudetot et avoir esté envoyé en la possession et jouissance d'iceulx en préjudice de Adrien Lesergent fils et héritier de défunt Claude Lesergent, ledit Claude héritier aux conquets dudict feu sieur de Vaudetot en déduction la somme de sept mille cent soixante dix sept livres sept sols huit deniers à laquelle ledit Adrien Lesergent avait esté condamné pour remplacement du propre aliéné par ledit sieur de Vaudetot ainsi qu'il est porté par arrest de la cour de Parlement de Rouen du trente août dernier en exécution d'autres arrêts de ladite Cour donnés entre ledit sieur de Valleville et Claude Lesergent pour le faict de la succession dudict feu sieur de Vaudetot, pour par ledit sieur acquisiteur en jouir propriétairement et prendre possession par ledit sieur Corneille et ses hoirs de ce jour à l'advenir comme de chose de son vray et propre héritage, à laquelle fin ledit sieur de Valleville promet bailler et mettre ès mains dudict sieur acquisiteur copie de l'arrest dessus dabté et du procès verbal de prinse de possession dudit sieur de Valleville des héritages assis audit lieu de Couronne vertu dudict arrêt jour de l'exploit de Jehan Hacquet sergent royal à Rouen en dabte du vingt-sept septembre en suivant audit an ensemble des autres arrêts par luy portés et en aider des originaulx d'iceulx toutes fois et quantes. Cestes vendue et transport faits tant à la charge par ledict sieur acquisiteur de faire payer de ce jour à l'avenir les rentes, charges, rebdevances sieuralles que doivent lesdicts héritages aux personnes à qui deubs sont et dont ils sont mouvant que ledit sieur vendeur a déclaré ne pouvoir dire au certain pour n'en avoir aucune connoissance de ce interpellé par lesdits tabellions suivant l'ordonnance, et moyennant la somme de dix sept cents livres tournois franchement venant es mains et acquit dudit sieur vendeur en déduction de laquelle somme le sieur Corneille fera acquit et descharges, quitte et descharge par ces présentes le sieur de Valleville de la somme de sept cents livres pour le prix principal de vingt-trois escus un tiers de rente desquelles le sieur de Valleville s'estoit constitué et obligé envers honneste homme Pierre Bua bourgeois de Rouen a la caution dudit sieur Corneille par contrat passé devant les tabellions de Rouen le vingt-sept novembre mil six cents, laquelle rente ledit sieur Corneille avait en quallité de pleige franchie et admortie de ses deniers s'en estant réservé le conte et continuation sur les biens du sieur de Valleville pour tourner de damoiselle Marthe Le Pesant femme dudict sieur Corneille et pour partye du dot matrimonial d'icelle suivant qu'il est porté en la quictance de raquit passée devant les tabellions de Rouen le quinze Juing seize cent cinq, et sy a le dit sieur Corneille quicté et deschargé le dit sieur de Valleville de la somme de cent livres pour arrérages deubz et a escheoir de ladite partie jusques à ce jour, plus de la somme de cinq cents livres de autre partie en laquelle ledit sieur de Valleville a recongneu estre tenu et obligé envers ledit sieur Corneille son nepveu pour arrerages de deux cents livres de rente en derniers racquictez et qui estoient par luy deubz au sieur Corneille, davantage a pour ce dit object ledict sieur Corneille acquicté et deschargé le sieur de Valleville du principal et arrerage qui escherront de ce jour et à l'advenir de dix escus solz de rente hypotheque par an esquels ledict sieur de Valleville a dict et recongneu estre tenu et obligé vers damoiselle Barbe Houel sa sœur mère dudict sieur Corneille pour les causes contenues en certain contrat d'eschange faict et passé entre eulx devant les tabellions de Rouen le quatre mars mil cinq cent quatre vingt dix-huit, promet ledit sieur Corneille que de toutes les parties ci-dessus montant et revenant ensemble à la somme de seize cents livres jamais rien n'en sera demandé audit sieur de Valleville, à laquelle fin il a présentement rendu audit sieur de Valleville le contrat de constitution desdits vingt trois escus un tiers de rente et quictance de rente dessus dabtez avec l'obligation desdits cinq cents livres résultant des arrérages des deuz cents livres de rente. Le tout estant quicté cédé et accordé entre les parties pour les contracts et registres estre émargés du present paiement tant en leur absence que présence partout où seroit du prix de la présente vente. Partant réservé du prix de la présente vente la somme de cent livres que le sieur de Valleville a avoir confessé reçu comptant dedit sieur Corneille avec la somme de soixante livres pour le vin du présent marché dont s'est tenu content par devant lesdits tabellions et promis que jamais esdits héritages par lui ci-dessus vendus rien ne prétendra et au contraire promet garantir sur tous ses heritages. Et a cette fin obligent lesdites parties également chacun tous leurs biens et héritages, et ce en présence de Guillaume Robin et Lesage, demeurant en la Paroisse Saint Saulveur de Rouen.

Signé : Houel, Corneille, Robin, Lesaige, Theroulde et Crespin.

La présente expédition faite sur le Registre en papier étant au nombre de ceux qui sont déposés à la voûte des Notaires, au Palais de Justice de Rouen, à la garde de maître Gosselin, greffier, leur préposé.

Délivrée par ampliation à M. Frédéric Deschamps, avocat, par maître Bidault, notaire à Rouen.

Rouen, le vingt août mil huit cent soixante-huit.

Signé : GOSSELIN, BIDAULT.

Cette ampliation, sur trois feuilles de papier timbré à 1 fr. 50, est de la main même de M. Gosselin, avec plusieurs mots rayés et corrigés, qui prouvent qu'elle a dû être collationnée par une autre personne que le transcripteur [1]. Elle a été demandée à M. Gosselin par M. Frédéric Deschamps, avocat à Rouen, lorsqu'il songeait à se rendre acquéreur, pour le département, de la maison du Petit-Couronne. Elle est aujourd'hui entre les mains de son fils, M. Arnold Deschamps, juge au tribunal civil de Rouen, qui nous l'a confiée, ainsi que toutes les

---

1. Cette personne est M. Charles de Beaurepaire, archiviste de la Seine-Inférieure, comme nous l'avons appris de lui-même.

autres pièces concernant cette acquisition. Nous le prions d'en recevoir ici nos remerciements.

Mais cet acte de vente avait été trouvé et signalé précédemment, en 1835, par M. A.-G. Ballin. Dans son *Essai sur la statistique du canton du Grand-Couronne*, il avait donné l'analyse du début et des trois premiers articles, d'après les notes de M. Legendre, archiviste du département de la Seine-Inférieure, avec l'indication que l'acte original se trouvait dans « le Tabellionage de Rouen, sous la voûte du Palais de Justice ». Ce travail manuscrit est un grand in-folio, que possède l'Académie de Rouen, et l'analyse de cet acte est à la page 229. M. E. Gosselin l'a retrouvé à son tour.

Pour comprendre ces mots « sous la voûte », il faut savoir qu'autrefois on entrait, de la rue Saint-Lô dans la Cour du palais de justice, par une seconde voûte, aujourd'hui condamnée à l'aide de la porte fermée. Elle faisait pendant à celle dont le débouché est voisin de la Tourelle.

2° *Acquisition au Val-de-la-Haye, par Pierre Corneille, le père.*
(Voy. ci-dessus, chap. II, p. 20.)

« Vente par Claude Briffault, sieur de Boscroger, demeurant à Hautot, fils et héritier de feu Christophe Briffault.

« A noble homme M. Pierre Corneille conseiller du Roi et cy-devant maître particulier des eaux et forests du Bailliage et Vicomté de Rouen, demeurant en la paroisse Saint Sauveur dudit lieu, savoir :

« Trois pièces de terre en nature de pré, contenant cinq vergées assises en la paroisse de Saint Jean du Val de la Haye au triège de la Cauchiette, la première contenant demie acre bornée d'un côté Romain Demoi, d'autre côté les héritiers Pierre Thibert, d'un bout le canal de Seine, et d'autre bout les fieffes.

« La seconde contenant pareil nombre de demie acre bornée, etc., etc.

« *Item*, etc. [1]

« *Item*, etc.

« Plus une masure ainsi bastie et logée de corps de maison contenant une vergée et demie assise en ladite paroisse de Saint Jean du Val de la Haye, bornée d'un côté Robert Agasse, d'autre côté la chaussée, d'un bout Nicolas Lesparey et d'autre bout le canal de Seyne.

« La présente vente faite par le prix de treize cens livres qui seront employées en racquit de rentes dues par le sieur Briffault vendeur, etc. »

M. Legendre, archiviste de la Seine-Inférieure, ayant trouvé cet acte de vente dans le Tabellionage de Rouen, l'analysa pour son ami

---

1. Ainsi dans l'original, qu'on peut compléter à l'aide des Aveux de l'Appendice X.

Le premier *Item* représente : « Une pièce de terre de jardin et pray contenant une acre ou environ. »

Le second *Item* : « Deux pièces de terre, la première en pray contenant une vergée ou environ, et la seconde en masure et jardin contenant demie acre ou environ. »

M. A. G. Ballin, ancien chef de division à la préfecture de la Seine-Inférieure et archiviste de l'Académie de Rouen. Ce dernier en avait profité pour son *Essai sur la statistique du canton du Grand-Couronne*, 2 vol., l'un in-f°, l'autre in-4°, 1835 et 1845. Ce manuscrit appartient à l'Académie de Rouen, et l'Extrait ci-dessus y figure sous le n° 24 des notes fournies par M. Legendre à M. Ballin, pages 231-232.

III

Titre d'un prix de versification latine obtenu par Corneille, en troisième.
(Voy. ci-dessus, chap. II, pp. 9-10.)

ΗΡΩΔΙΑΝΟΥ
ΙΣΤΟΡΙΩΝ ΒΙΒΛΙΑ Η.
HERODIANI
HISTOR. LIB. VIII.

Cum Angeli Politiani *interpretatione; et hujus partim supplemento, partim examine* Henrici Stephani : *necnon ejusdem emendationibus quorundam græci contextus locorum, et expositionibus, ad calcem Operis.*
Adjuncti sunt etiam Zozimi Comitis Historiarum Herodianicas subsequentium libri duo, ab eodem H. Stephano
græcè primùm editi.
Habet ultrà hæc editio margini adscriptas sensum historiæ capientes annotatiunculas : cum indice rerum et sententiarum necessario.

LVGDVNI.

Apvd vidvam ANT. DE HARSY,
Ad insigne Scuti Coloniensis.
M. DC. XI.

Au-dessus du lieu d'impression se trouve une vignette représentant un crabe enlevé par un papillon, avec ce mot : Matvra. — C'est un in-octavo.

Le livre se compose de 14 pages préliminaires. Le texte d'Hérodien, grec et latin, sur deux colonnes, va de 1 à 321; celui de Zozime, de 322 à 470, avec des notes rejetées à la fin, et un *Index rerum*, non paginés, formant une centaine de pages. Quatre cordons, qui ont été coupés, servaient à fermer le livre, que possède la Bibliothèque nationale. Réserve, J. 3006.

IV

Titre d'un prix de versification latine obtenu par Corneille, en rhétorique.
(Voy. ci-dessus, ch. II, pp. 11-17.)

NOTITIA
VTRAQVE DIGNITATVM,
cvm ORIENTIS TVM OCCIDENTIS VLTRA ARCADII HONORIIQVE.
TEMPORA.
ET IN EAM GVIDI PANCIROLI I. V. C.
præstantissimi, ac in celeberrimo Patauino Gymnasio interpretis legvm primarii
COMMENTARIVM.

EJVSDEM AVTHORIS DE MAGISTRATIBVS MVNICIPALIBVS
LIBER : necnon seiunctus etiam a prioribus de QUATUORDECIM vtriusque, tam veteris,
quam nouæ urbis regionibus LIBELLUS; in Antiqvitatis amatorum gratiam noviter euulgatus.
NUNC NOVISSIME FRANCISCI RHVARDESII, I. V. D.
præstantiis commentariis illustratum : et D. GUILELMI MARANI,
in Academia Tolosana
Antecessoris dignissimi tribus INDICIBUS non parum necessariis auctius factum.
ITEM HUIC EDITIONI ADJVNXIMVS TRACTATVM DE REBVS BELLICIS, cum duplici INDICE, vno capitum, altero Insignium rerum copiosissimo.
VLTIMA EDITIO, AVCTIOR ET CORRECTIOR.

LVGDVNI
M. DC. VIII.
Ex OFF. Q. H. A PORTA :
APVD IO. DE GABIANO.
Cvm Privilegio Regis.

V

Les Mascarades à Rouen au début du xviie *siècle.*
(Voy. ci-dessus, ch. iv, pp. 33-35.)

Larvas quiquis honestus amat.
Splendida per totos discurrunt agmina vicos;
Conveniunt aliquot plusve minusve decem.
Tritones simulant, aut nymphas agricolasve,
Causidicos, juvenes, quoslibet artifices.
Denique quod menti possit placuisse jocosæ
Instituunt.....
Assiduo præeunt duo tympana, plurave pulsu,
Bis binæ præeunt murmure, sexve tubæ.
Igniferi post hæc piceo sunt lumine conti
Sæpe decem; flammis est geminata dies.
Vexillum fert primus eques, sequiturque pusillus
Aliger e pharetra tela minatus Amor.
Deinde pares lucent in equis satyramque cruentam
Fine subobsceno munera ferre solent.
Si qua fidem fallit non uno læta marito,
Carpitur, Archilochi dira venena putes.
Fœdifragos laniant, et avaros, menteque captos,
Rothomagi nimium libera musa canit.
Quin et virtuti non parcitur; illita fuco
Creditur; hos versus et probus ipse timet.
Delicias servat formosis capsa puellis.
Post dominum capsam vernula larva gerit.....
Sæpe ferunt vestes similes, similesque colores,
Forte suum malint ni variare gregem.
Diversos unum totidem quoque continet agmen,
Tanquam anates nolunt qui simul ire pares.
Miscentur nymphæ satyris, ducibusque puellæ
Scriptaque post tergum nomina fixa ferunt.

Hercule Grisel. *Fasti Rhotomagenses.* Février. — Pages 28-29. — Edition de la Société des Bibliophiles normands, par F. Bouquet.

VI

Avis aux lettrés de Caen par René Louet, recteur de l'Académie de la même ville. (Voy. ci-dessus, ch. iv, pp. 40-44.)

Nos Renatus Louet, sacerdos, Pastor Ecclesiæ Parœcialis Beatæ Mariæ Huberto-Foliensis, Eloquentiæ Professor in Collegio Sylvano celeberrimæ Academiæ Cadomensis, nec non ejusdem Academiæ Rector, Literatis Cadomensibus Salutem.

Ardens ille Nostratum in litteras amor : pacata, quæ gerebant stilo, bella : ipsaque victoriarum, quas alii ex aliis referebant, fama, non brevibus patriæ circumscripta limitibus, sed ad exteras etiam provincias pervagata, illustrissimos poeticæ artis antistites pari ad Podium cadomense vincendi studio inflammabant. Atque ut plurimos omni politiore doctrina excultissimos, qui in eruditis illis certaminibus non minus sibi gloriæ, vel suo judicio, pepererunt, quam huic Academiæ splendoris attulerunt et ornamenti ; Cornelius, ille Cornelius, Gallicæ Tragœdiæ facile princeps, Aulæ ipsiusque Parisiensis Academiæ plausus, nisi iis Universitatis nostræ suffragium accederet, ad nominis sui commendationem satis esse non duxit.

Mercure de France, année 1726, mois de mars, p. 527.

VII

Admission d'Antoine Corneille, frère de Pierre Corneille, comme novice au monastère du Mont-aux-Malades-lès-Rouen. (Voir ci-dessus, ch: IX, p. 97.)

« Du mercredy après midi vingtième jour d'octobre mil six cent vingt-sept, au chapitre du Mont-aux-Malades.

« Furent presens relligieuse et honneste personne frère Anthoine Lefebvre soubz prieur du prieuré de Saint Thomas le martir du Mont-aux-Malades-les-Rouen, Gilbert Nepveu, procureur dudit prieuré, presbtres, Guillaume Poullain, secrettaire, Anthoine Talbot, Gilbe Delamare et Thomas Langlois, tous religieux proffès audit prieuré, deuement congregez et assemblez au chappitre d'icelluy, à son de cloche, heure cappittulaire, pour traicter et desliberer des affaires d'icelluy prieuré lesquelz, en acceptant la donation que noble homme Me Pierre Corneille, cy devant conseiller du Roy et maître particullier des eaux et forestz de la vicomté de Roy, dict luy avoir esté accordée par venerable et discrepte personne M. Jessé de Baucquemare conseiller omosnier de Mgr le prince, et prieur commendataire d'icelluy prieuré, pour Anthoine Corneille, son filz, de la première place de relligieux audit prieuré qui vaquera cy-aprez par la mort de d'un des religieux, de leur bon gré et vollonté, ont lesdits sieurs soubz prieur et relligieux promis et promettent recevoir ledit Anthoine Corneille en leurdit couvent et luy bailler l'habit de novice, toutes fois et quantes, en faveur de quoy ledit sieur Corneille père a promis et promet de sa part, donner à sondit fils la somme de deux cent livres de pension par chascun an pour servir à son vivre, vesture et entretenement, à commencer à courir de ce jour à l'advenir, laquelle pension il se submet payer et livrer à ses despenz audit couvent de six en six mois... jusques à ladicte première place vacquant, qui arrivera comme dit est, par le decedz d'un des relligieux dudit prieuré. »

Suivent les signatures, parmi lesquelles celle de Corneille le père.

On voit, par une indication en marge, que le prieur Jessé de Baucquemare déchargea Corneille de cette pension, moyennant 200 livres que celui-ci lui paya le 12 janvier 1630.

Ce contrat a été découvert, en 1884, par M. Charles de Beaurepaire, archiviste de la Seine-Inférieure, dans le Tabellionage de Rouen, dont la garde lui est confiée.

Il a été publié, avec un court préambule de MM. Ch. Marty-Laveaux et de Beaurepaire, dans le *Bulletin du Comité des travaux historiques et scientifiques*, section d'Histoire et de Philologie. — Année 1884, n° 2, pages 154-156.

M. Decorde, membre de l'Académie de Rouen, en a fait l'analyse, dans une *Note sur deux actes du Tabellionage de Rouen concernant la famille de P. Corneille*, pages 1 et 2 de l'Extrait.

VIII

Aveu de Pierre Corneille, le fils, aux Religieux de Saint-Ouen de Rouen pour deux îles voisines d'Orival et de Cléon. (Voir ci-dessus, ch. x, p. 105.)

De Nobles et Religieuses personnes Messieurs Abbé et convent de l'Abbaye et Baronnie de Saint Ouen de Rouen tient et advoue tenir en leurs fiefs de l'eau de Seine, au droit de l'office de Pitancier dicelle M. Pierre Corneille, Escuyer conseiller du Roy et Advocat de Sa Majesté aux sièges generaux de la table de marbre du Pallais à Rouen fils aisné et héritier en partie de deffunt M. Pierre Corneille conseiller du Roy et M° particulier des Eaux et Forestz en la vicomté de Rouen tant pour luy que pour Thomas Corneille son frère mineur d'ans et son cohéritier de ladite succession. C'est assavoir une pièce de terre en isle nommée la Litte contenant cinq vergees ou environ ainsy plantée de cerisiers, pruniers, oziers, fresnes, vignes que autres plantz assise en la paroisse d'Orival près Cleon bornée de tous boutz et costés l'eau de Seine a cause de quoy il doibt six sols de rente seigneuriale par [an] laquelle pièce luy appartient à cause de la succession dudit deffunt sieur son père. Plus ledit sieur Corneille audit nom et tient et advoue tenir lesdits successeurs Religieux, Abbé et Convent de ladite Abbaye et Baronnie de Saint-Ouen une vergee de terre en isle en plant et labeur sise en la grande île de Cleon, paroisse dudit lieu bornée de deux costes le canal de Seine et des deux boutz Roger Daniel dont il doibt douze deniers de rente seigneurialle par chacun an, laquelle luy appartient aussi a cause de la succession dudit deffunt sieur son père avec reliefs treiziesme droitz et devoirs seigneuriaux quand le cas y eschet saouf a augmenter ou diminuer par ledit sieur Corneille pour les heritages contenus au présent s'il vient cy après en la cognoissance que faire se doibve ou qu'il y eust autres heritages sujetz et contribuables ausdites rentes.

Signé : Corneille [1].

---

1. Cet acte est en entier de la main de Corneille.

Les pleds des seigneuries de l'abbaie et baronnie de Saint Ouen à Rouen tenus au manoir abbatial dudit lieu par nous Mathieu Poullain escuyer sieur du Boscguillaume advocat en la cour seneschal de ladite abbaie et baronnie de Saint Ouen le mercredy dixhuit° jour de juin XVI° quarante deux est comparu ledit sieur Corneille lequel a baillé et presenté cest adveu icelluy juré et affirmé véritable qui a esté resceu saouf le droict proprietaire de MMgrs et à blasmer sans préjudice des frais de prise de fief et reunion à laquelle fin assignation a luy faicte aux prochains pledz pour produire. Donné comme dessus.

Signé : Poullain et Pigeon.

Archives de la Seine-Inférieure, fonds de l'Abbaye de Saint-Ouen, fief de l'Eau.

Cet aveu a déjà été publié par M. Marty-Laveaux, dans les pièces justificatives de sa *Notice biographique sur Pierre Corneille*, n° V. Mais nous n'hésitons pas à le reproduire et quelques autres pièces du même genre, déjà publiées, pour que le lecteur ait sous les yeux, sans avoir la peine de les chercher ailleurs, les preuves de nos assertions.

IX

Aveu de Pierre Corneille, le fils, pour ses biens du Petit-Couronne.
(Voy. ci-dessus, ch. x, p. 105.)

De messire Robert de Bonshoms chevalier seigneur de Couronne chatelain de Criqueville et autres lieux, conseiller du Roi en ses conseils d'Etat et privé et Président en sa cour de Parlement de Normandie,

Tient et advoue tenir en sa terre et seigneurie du Petit Couronne,

Pierre Corneille, escuyer, ci-devant conseiller du Roy et avocat de Sa Majesté aux sièges generaux de la Table de marbre du Palais à Rouen,

Les masures, prés et terre qui ensuivent, assis en la Paroisse du Petit Couronne.

Premièrement. — Une masure et tenement de maisons ainsi logée et plantée qu'elle est contenant une acre ou environ bornée d'un côté la mare et commune dudit lieu de Couronne, d'autre côté le chemin du roy, d'un bout les susnommés Fontaine et d'autre bout l'entrée de ladite mare.

Item. — Deux masures réduites de présent en un clos assis devant la masure et maisons ci-devant, contenant cinq vergées environ, bornées d'un côté ledit sieur Corneille et Jean Drouard, d'autre côté le chemin tendant de la mare à la forêt et des deux bouts le chemin du Roi.

Item. — Une pièce de terre contenant trois acres et demie ou environ assise au Quesne au loup, bornée d'un côté la forêt du Roy, d'autre côté ledit seigneur de Couronne représentant le sieur de Bertreville,

Gueroult et autres, d'un bout le chemin du Roy et d'autre bout ledit sieur Corneille.

Item. — Une autre pièce de terre, contenant trois vergées ou environ, assise au triège de la Marlière, bornée d'un côté et d'un bout la forêt, d'autre côté et d'autre bout ledit sieur Corneille.

Item. — Une autre pièce de terre labourable contenant trois vergées assise au chemin de l'Essard, bornée d'un côté Mathieu Gueroult et, d'autre côté Adrien Lethiais, représentant Thomas Bertrand, d'un bout plusieurs boutiers et d'autre bout le chemin du Roy.

Item. — Une autre pièce de terre contenant une vergée, assise sous le Buc, bornée des deux côtés Me Pierre Belin, vicaire de la Parroisse et autres aboutants, d'un bout le sieur de Paul et d'autre bout le chemin du Roy.

Item. — Une pièce de pré contenant sept vergées nommée la Perelle, bornée des deux côtés le sieur de Bouquelon, d'un bout mondit seigneur de Couronne et d'autre bout Jacques Piquenot.

Item. — Demie acre de pré, assise au Quesne l'abbé, bornée des deux côtés et des deux bouts mondit seigneur de Couronne.

Item. — Une autre pièce de pré assise à la Fosse Bonnel, contenant deux tiers d'acre ou environ, bornée d'un côté le sieur Fouques procureur au Bailliage, mondit seigneur de Couronne et autres boutiers, d'autre côté le sieur Landasse, d'un bout ledit Fouquet et d'autre bout les représentants Jean Dufour.

Item. — Une autre pièce de pré assise aux Hayes Guedon, triège de Coudres, contenant une acre bornée d'un côté le sieur de Bouquelon, d'autre côté et d'un bout Christophe Poulart, d'autre bout mondit seigneur de Couronne.

Item. — Une autre pièce contenant une vergée audit Triege des Coudres, bornée d'un côté et des deux bouts mondit seigneur de Couronne, d'autre côté ledit sieur de Bouquelon.

Item. — Demie acre de pré, nommé la Gossette (ou Gouette), bornée d'un côté ledit Fouques, d'autre côté les représentants Jean Vauchelle, d'un bout mondit sieur de Couronne et d'autre bout la Madeleine.

Item. — Une demie acre de pré nommé la Hachette, bornée d'un côté les hoirs Pierre Amfrie le jeune et d'autre côté mondit sieur de Couronne, d'un bout le sieur Bouquelon et d'autre bout mondit sieur de Couronne, représentant le sieur de Bertreville.

Item. — Une autre pièce de pré contenant demie vergée assise au bout de la ville, bordée d'un côté mondit sieur de Couronne, d'autre côté David Amfryé, d'un bout de commune pâture, et d'autre bout la Madeleine.

De tous lesquels héritages ci-dessus bornés et spécifiés est deub par ledit sieur Corneille chacun an, de rente seigneuriale aud. seigneur de Couronne,

Deux poules au terme de Noel, et vingt-deux sous neuf deniers tournois au terme de Saint Michel, avec reliefs, treizièmes droits et devoirs seigneuriaux, le cas échéant.

Plus ledit sieur Corneille avoue tenir dudit seigneur de Couronne,

Une vergée de pré assise au triège du Petit Aulnay, bornée d'un côté et d'un bout le sieur de Bouquelon, d'autre côté plusieurs et d'autre bout le fossé dudit Aulnay.

Et est deub par ledit Corneille audit sieur de Couronne de rente seigneuriale deux boisseaux d'avoine au terme de la Saint Michel par chacun an pour le droit de champart que l'on disoit en être deub.

Plus tient et avoue tenir sous l'aînesse Daré deux acres de terre assises à la Voie du trou, bornée d'un côté le sieur de Paul représentant Vauchelle, d'autre côté et d'un bout mondit seigneur de Couronne et d'autre bout la forêt du Roy, et Michel, dont est deub à l'avenant de ladite aînesse et y en a demie acre qui fut Rogerin Dubuc sujette à champart.

Plus tient sept vergées de terre en l'aînesse Bertrand assise sur la côte, bornée d'un côté mondit seigneur de Couronne, d'autre côté et d'un bout la forêt du Roy et d'autre bout Pierre Amfrye l'aîné.

Et de ce est deub à l'avenant de ladite aînesse avec champart.

Plus tient une masure et closage au Bout de la Ville ainsi bâtie, close de hayes et plantée qu'elle est, contenant deux acres ou environ, bornée d'un côté le sieur de Paul, d'autre côté les héritiers ou représentants Pierre Drouard, d'un bout le chemin du Roy et d'autre bout les communes, dont il y a une acre tenue du fief Loison à cause de laquelle est deub à l'avenant du fief avec Champart pour une demie acre avec six derniers au terme Saint Michel, et pour l'autre demie acre sur laquelle est construit le bâtiment est deub champart et pris sur le lieu.

Plus tient et avoue tenir une pièce de terre contenant cinq acres ou environ assise au triège de La Merlière, dont partie est plantée en bois et le reste en labour, bornée d'un côté ledit sieur Corneille, d'autre côté Guillaume Parré, d'un bout la forêt du Roy, et d'autre bout mondit seigneur de Couronne et ledit sieur Corneille.

A cause de laquelle pièce est deub de rente seigneuriale au terme de Saint Michel vingt-cinq sols et cinq chapons, avec reliefs et treizièmes, droits et devoirs seigneuriaux, quand le cas y échet.

Plus tient et avoue tenir une pièce de terre contenant vergée et demie assise à la Brèche aux lièvres, bornée d'un côté Urbain Quimbel, d'autre côté la Madeleine, et d'un bout le chemin du Roy et d'autre bout les communes.

Plus une vergée de terre en mesure réduite avec le clos de devant la maison dudit Corneille, bornée d'un côté les héritiers Sébastien Drouard d'autre côté ledit Corneille, d'un bout le chemin du Roy et d'autre bout lesdits héritiers Drouard.

A cause de laquelle pièce ledit Corneille doit audit sieur de Couronne quatre deniers de rente seigneuriale au terme de Saint Michel.

Item. — Une autre pièce de terre en labour contenant un tiers d'acre, assise au triège de dessus la Croix carrée, dépendant de l'aînesse Fingot, bornée d'un côté Jean Gueroult, d'autre côté Pierre Amfrye l'aîné, d'un bout Mathieu Gueroult et d'autre bout les hoirs Pierre Fossard.

Plus tient et avoue tenir une autre pièce de terre en labour, contenant une acre au triège de Pommerays, bornée d'un côté mondit sieur de Couronne représentant Poirier, d'autre côté Pierre Drouard fils Nicolas, d'un bout mondit sieur de Couronne et d'autre bout la sente de Pommerays.

A cause de laquelle pièce doit six sols huit deniers de rente seigneuriale avec champart et douze deniers passant par ses mains chez Bertrant, payables au terme Saint Michel avec reliefs, treizièmes, droits et devoirs seigneuriaux, quand le cas y échet.

Tous lesquels heritages sont échus audit sieur Corneille par la choisie des lots de la succession de défunt Pierre Corneille son père, vivant écuyer, conseiller du Roy et M⁰ particulier des Eaux et Forêts de la vicomté de Rouen, sauf à augmenter ou diminuer pour tous les héritages contenus au present aveu, s'il vient après en sa connoissance que faire se doive et qu'il y eut autres héritages sujets et contribuables aux dites rentes.

Signé : CORNEILLE, avec paraphe.

L'an de grâce 1653, le jeudi 9ᵉ jour de janvier, en extra devant nous Barthélemy Petit, avocat en la cour, sénéchal de ladite seigneurie de Couronne, s'est comparu ledit sieur Corneille, lequel a présenté cet aveu, icelui juré véritable, lequel a été receu sauf à blâmer, les droits propriétaires de mondit sieur gardés, frais de saisie, prise de fief, réunion et adjudication, si mesures ont été faites et assignation à lui faite à comparoir aux prochains plès pour icelui voir blâmer ou donner congé de court à laquelle fin il produira les pièces justificatives dudit aveu dans la quinzaine. Donné comme dessus.

Signé : PETIT et AUVRAY, chacun avec paraphe.

Collationné sur l'original en parchemin par nous écuyer conseiller secrétaire du Roy Maison et Couronne de France.

Signé : HALMA DE BELMONT.

Cet Aveu nous a été communiqué par M. Arnold Deschamps. Il l'a trouvé dans les papiers de son père, M. Frédéric Deschamps, qui en avait reçu une copie de M. E. Gosselin, quand lui-même songeait à faire l'acquisition de la maison du Petit-Couronne, pour le compte du département de la Seine-Inférieure. Il fait partie des archives de la Seine-Inférieure, fonds des émigrés, et c'est l'archiviste, M. Ch. de Beaurepaire, qui l'avait communiqué à M. E. Gosselin. Mais ce dernier s'était borné à l'analyser, en quelques lignes, dans sa brochure : *Pierre Corneille* (le père), *Maître des Eaux et Forêts, et sa Maison de campagne*. (Extrait de la *Revue de la Normandie*, des 31 mai et 30 juin 1864.) Voir les neuf lignes de la page 30. — C'est donc une pièce entièrement nouvelle pour établir la fortune mobilière de Pierre Corneille, le poète, en l'année 1653.

X

Aveu de Pierre Corneille, le fils, pour des biens du Val de La Haye.
(Voir ci-dessus, ch. x, p. 106.)

1° Ainesse ou tenement Ballingan.

De laisneesse ou tenement du cour ballingant quy fut Pierre Le Vasseur dont est a present tenant ses heritiers rellevant de noble fief terre et seigneurie de la commanderie de sainte Vaubourg appartenant à messire Pierre de Chamisson endevannes chevalier de l'ordre de sainct Jean de Jherusalem commandeur dicelle commanderie de sainte Vaubourg sur Saine seigneur et patron dudit lieu du Val de la baie et autres terres et seigneurie jay Pierre Corneille escuier Conseiller du Roy et son advocat aux sièges generaux de la table de marbre du pallais à Rouen, tiens et advoue tenir de mondit sieur en sondit fief de la commanderie de sainte Vaubourg scis audit lieu du Val de La Haye soubz ledit tenement du Ballingan c'est assavoir cinq vergez de terre en pray en trois pièces au triege de la Cauchette la première contenant demie acre ou environ bournee d'un coste les héritiers Roumain de moy d'autre coste les heritiers de Pierre Quimbel dun boult le canel de Sayne et d'autre boult les fieffes. La seconde pièce contenant demie acre ou environ bournee des deux costes les héritiers Quimbel d'un boult le canel de Sayne et d'autre boult plusieurs, la troisième et dernière pièce contenant une vergee bournée d'un coste les héritiers Quimbel d'autre coste le pray du longval d'un boult le canel de Sayne et d'autre boult plusieurs a cause desquelles trois pièces de pray est par moy deub aux héritiez ou représentant de lad. aisneesse du ballingan de rente seigneurialle par chacun an au terme Saint Michel six solz deux deniers passant par les mains desdits aisnez pour par eux les porter en advant à ladite seigneurie avec relliefs traizièmes aide de service de prevoste droit de fouaige mortaige et autres droits et debvoirs le cas offrant.

Signé : Corneille et un paraphe.

L'an de grâce mil six cens cinquante sept le lundy vingt deuxième jour de octobre en extrat devant nous Jacques Onffray licencié aux Loix, advocat à la cour seneschal de lad. commanderie de Sainte Vaubourg, et autres terres en dépendantes s'est comparu ledit sieur Corneille lequel a presenté cette desclaration et icelle jurée et affermée véritable, quy a este receue sauf a blasmer les droits proprietaires tant de mondit sieur que dudit aisne gardez frais de saisie prinses de fief et réunion sy aucunes ont esté faites et assignation aux prochains plaidz pour la voir blasmer ou accepter sy fere ce doibt faict comme desouz.

Signé : Onffray. (Autre signature effacée.)

Archives de la Seine-Inférieure. — Les Archives de la commanderie de Sainte-Vaubourg se composent de dix registres et de vingt-sept liasses, contenant cinq cents actes sur parchemin, du XIVe siècle à 1780. L'une de ces liasses renferme cet Aveu de Pierre Corneille placé en tête de trente autres.

Nous l'avons déjà publié en entier, dans le *Journal de Rouen*, le 21 mars 1881. C'est pour être complet que nous le joignons ici aux trois autres entièrement inédits.

La pièce ci-dessus était la première des trois pièces qui vont suivre, et faisait partie du même Aveu. Elle est restée dans les Archives de la commanderie de Sainte-Vaubourg, tandis que les trois autres en ont été détachées, ce qui explique pourquoi elles ne se trouvent pas dans les Archives de la Seine-Inférieure, comme la précédente.

Ces trois pièces étaient en la possession de la famille Chouard, le marchand boucher du Val-de-la-Haye, qui acheta, le 5 octobre 1683, les biens que Pierre Corneille possédait dans cette paroisse. Venues entre les mains de M. Joachim Leroux, dont la femme est née Hortense Chouard, elles ont été données par lui, le 4 juin 1873, à M. l'abbé Tougard, professeur au petit séminaire du Mont-aux-Malades, près Rouen, et elles lui ont servi à faire l'analyse citée plus haut (p. 107).

A son tour, M. l'abbé Tougard a offert ces trois pièces au petit séminaire de Rouen, le 22 avril 1882, où elles forment un recueil fort convenablement relié, avec une courte note explicative, dont nous venons de profiter.

C'est là que nous avons pris la copie que nous en publions ci-après, en supprimant les formules et les protocoles déjà contenus dans l'Aveu ci-dessus, et en adressant à M. l'abbé Tougard, chargé du soin de la bibliothèque, nos remerciements pour son obligeante communication.

2° Aînesse aux Peintres.

De laisnesse ou tenement nommée laisnesse aux paintres dont sont à présent tenans les maistres frères de la charité de Monsieur saint Jean Levangéliste et saint Jean Baptiste fondée en l'église et paroisse du Val de la Haye relleuant de la commanderie de sainct Vaubourg (*sic*) sur sayne apartenant a messire Pierre de Chamisson Endevannes chevalier de l'ordre de Saint Jean de Jérusalem commandeur dicelle commanderie terres et seigneuries et despendances, Pierre Corneille escuier conseiller du Roy et son advocat aux sièges généraux de la Table de marbre du pallais à Rouen advoue a tenir de mondit sieur à cause de ladite commanderie de sainte Vaubourg scise audit lieu du Val de la Haye sous ladite aisnesse aux paintres c'est à savoir deux pièces de terre assizes en ladite parroisse de saint Jean du Val de la Haye, la première en pray contenant une vergée ou environ, bournée d'un costé Pierre Quimbel, d'autre costé Pierre Agasse, d'un bout le canel de sayne et d'autre bout led. Agasse, la seconde en mazure et jardin contenant demie acre ou environ partye en coste et l'autre partye en jardin ainsy cloze de haye qu'elle est, bournée d'un costé les hoirs Pierre Quimbel, d'autre costé led. sieur Agasse et mondit Corneille, d'un boult le pray du Longval et d'aultre boult la Cauée aux paintres, à cause desquels héritaiges est par moy deub de rentes seigneuriales par chascun an à ladite commanderie de sainte Vaubourg à cause de ladite vergée de pray, quatre deniers et pour la seconde pièce contenant demie accre quinze deniers avec reliefs, traizièmes et autres droicts et debvoirs seigneuriaulx, le cas offrant, le tout passant par les mains desdits aisnez pour par eux les porter en aduant à ladite seigneurie et commanderie saincte Vaubourg.

Signé : CORNEILLE, avec paraphe.

Cette pièce est suivie du protocole publié déjà pour le *Tenement Ballingan* (avec la date du 22 octobre 1657). La signature, qui accompagne celle d'Onffray, est Lecomte, qui se lit assez facilement dans l'acte conservé au petit séminaire du Mont-aux-Malades.

3° Fief à la Sauvagesse.

De laisnesse ou tennement nommée le fief à la Sauvagesse dont est a presant Charles Quibel relleuant de la commanderie de sainte Vaubourg, etc... Je Pierre Corneille, etc... aduoue à tenir, etc... soubz ledit tennement du fief à la Sauvagesse c'est assavoir une mazure ainsy bastye de trois corps de logis, plantée d'arbres et close qu'elle est assize en ladite paroisse du Val de la Haye contenant une vergée de terre ou environ, auec dix perches de pray joignans ladite mazure, bournée d'un costé Robert Agasse ou ses representans, d'autre costé la chaussée, d'un boust les heritiers ou representans Nicolas Lesparé, et d'autre boust le canel de Sayne, à cause de laquelle maison et heritaiges est par moy deub de rente seigneurialle par chascun an la moitié de deux deniers au jour et terme de Noel deux poulles avec un denier, au terme de pasque sept œufs passans par les mains dudit Charles Quibel aisné pour par lui les porter en aduant à ladite seigneurie et commanderie saincte Vaubourg avec reliefs, traiziesmes, aide et seruice de prevost, droit de fouaige, mortaige et autres droicts et debuoirs seigneuriaulx, le cas offrant.

Signé : CORNEILLE, avec paraphe.

Le même protocole que ci-dessus, à la date du 22 octobre 1657.

Signé : ONFFRAY et LECOMTE.

4° Aînesse à la Bainière.

De laisnesse ou tennement quy fut Jean Letort nommée laisnesse à la bainière dont est à present tenans maistre Sallomon Bourdon relleuant de la commanderie de saincte Vaubourg, etc... Je Pierre Corneille, etc... aduoue à tenir, etc... soubz ledit tennement du fief à la bainière c'est à sauoir une pièce de terre en jardin et pray contenant une accre ou environ assize en ladite parroisse du Val de la Haye bournée d'un costé le pray de Longval et mondit Corneille; d'autre costé Pierre Agasse le jeune, d'un boult le canel de Sayne et d'autre boult le chemin du Roy, à cause duquel heritaige est par moy deub de rente seigneurialle par chascun an cinq solz au terme de Sainct Michel passant par les mains dudit maistre Sallomon Bourdon aisne pour par luy les porter, etc...

La signature de Corneille a été enlevée de l'acte, pour être conservée par M. l'abbé Tougard.

Il se termine par le même protocole que les deux Aveux précédents avec les signatures :

ONFFRAY.   LECOMTE.

XI

Remboursement aux héritiers de Barbe Corneille pour amortissement d'une rente. (Voy. ch. x, p. 103.)

Du mardy avant midy saiziesme jour de janvier mil six cens quarante six à Rouen.

Furent présens. Guillaume Corneille, escuier, sieur de Savausine, damoiselle Marthe Pesant, vefve de feu Me Pierre Corneille, escuier, vivant conseiller du Roy, maître particullier des eaues et forests de la vicomté de Rouen, tutrice principalle de Thomas Corneille, son fils mineur, Me Pierre Corneille, escuier, conseiller du Roy, advocat general au siege de la Table de marbre du Palais à Rouen, et Me François Corneille, procureur en la cour du parlement de Rouen, tant en son nom, que pour et au nom et se faisant fort de noble et discrette personne Me Authoine Corneille, presbtre, curé de la paroisse Sainte-Marie des Champs près Ivetot, son frère, suivant sa missive dabtée du sixieme du present mois de janvier, lesquelz sieurs Corneille, tous heritiers chacun en partie de feue damoiselle Barbe Corneille, lors de son decedz veufve de deffunct N. H. Claude Briffault, vivant sieur de Boscroger, aiant de son vivant renoncé à la succession dudit deffunct sieur de Boscroger, son mary, lesquelz ont recognu et confessé avoir eub et receub presentement comptant de Claude de Gaillardbois, escuier, sieur des Montz, demeurant en la paroisse de Hautot sur Seine, fils de Nicolas de Gaillardbois et de demoiselle Louise Briffault, ses père et mère, et en ceste qualité, héritier par bénéfice d'inventaire dudit deffunct sieur de Boscroger, son oncle, la somme de deux mille livres pour le raquit et admortissement du principal de deux cens livres de rente constituez par ledit defunct sieur du Boscroger pour le dot matrimonial de ladite defunte demoiselle Barbe Corneille, son espouse, et en quoy il estoit tenu et obligé par le traité de leur mariage soubz seing privé du vingt quatre juillet mil six cens quatre, recognu aux Requestes du Pallais audit Rouen le vingt^e jour de novembre ensuivant audit an, insignué aux assises du bailliage de Rouen le trois^e janvier mil six cens et cinq, de laquelle somme de deux mil livres tournois, pour led. raquit en principal desdites deux cens livres de rente, ensemble des arrerages qui en estoient deubz et escheubz jusques à ce jour lesdits sieurs Corneille se sont tenus à contens et bien paiez devant lesdits tabellions et en ont quitté et promis solidairement sans division en aquitter et descharger ledit sieur Des Montz et tous autres envers et contre tous promectans que jamais riens ne luy en sera demandé ny faict demander, et au moien dudit racquit lesdits sieurs Corneille ont consenti et accordé le traicté de mariage devant dabté estre dossé du contenu en ces presentes et les registres, sy aucuns en sont portez, esmargés presence ou absence, declarans ledit sieur Des Monts que ladite somme de deux mil livres par luy cy dessus paiée provient des mains de noble homme Claude Hebert, ancien conseiller eschevin de l'hostel commun de ceste ville de Rouen, demeurant en la paroisse de Saint-Cande le Jeune dudit Rouen, faisant partie et en deduction de la somme de deux mil sept cents soixante et cinq livres tournois qui estoit demeurée ès mains dudit sieur Hebert par presentement dudit sieur Des Monts pour assurance dudit dot de ladite deffuncte Barbe Corneille, icelle somme de deux mil sept cents soixante et cinq livres restant du prix principal de l'acquisition faicte par ledit sieur Hebert dudit sieur Desmonts, en ladite qualité d'heritier par bénéfice d'inventaire, de plusieurs heritages bournez et mentionnez au contrat de l'acquisition passée devant les tabellions dudit Rouen le deuxième jour d'aoust mil six cens quarante cinq et à ce moien ledit sieur Des Monts a tenu quite et deschargé par lesdites presentes ledit sieur Hebert de pareille somme de deux mil livres t., consentant et accordant ledit sieur Des Monts que ledit contrat d'aquisition dudit Hebert soit dossé d'icelle somme et le registre esmargé, présence ou absence, comme aussi ledit sieur Des Monts accorde et consent que ledit sieur Hebert preffere ypoteque et aisneesse du jour et dabte dudict traicté de mariage devant dabté pour asseurance de garantie de sadite aquisition sans que l'on puisse dire ces presentes estre novation de contrat, en obligation duquel traicté de mariage a esté baillé coppie approuvée audit sieur Hebert, dossée du present paiement et raquit pour lui valloir et servir à l'effet susdit, parce que les endos et emargement ne serviront avec la presente que pour une seulle et mesme descharge. En tesmoingt et presents Toussaint Tesson et Baptiste Couillard demeurant audit Rouen.

Signé : 1. Corneille. 2. Le Pesant. 3. Corneille. 4. F. Corneille.

La première signature est celle de Guillaume Corneille, sieur de Savaussière.

La deuxième, celle de Marthe le Pesant, veuve de Pierre Corneille.

La troisième, celle de Pierre Corneille, le poète.

La quatrième, celle de François Corneille, procureur au parlement, qui représentait aussi son frère, Antoine Corneille, curé de Sainte-Marie des Champs, près d'Yvetot.

Cette pièce, découverte par M. Ch. de Beaurepaire, a été publiée à la fin d'une *Note sur deux actes du Tabellionage de Rouen, concernant la famille de P. Corneille*, par M. Decorde. Rouen, 1886, p. 5-7. Elle l'avait été, en 1884, dans le *Bulletin du Comité des travaux historiques et scientifiques du Ministère de l'Instruction publique, section d'histoire et de philologie*, n° 2, pages 154 et suivantes, comme l'Appendice VII. — Voir plus haut, p. 346-347.

XII

Quittance de Pierre Corneille le fils. (Voy. ci-dessus, ch. x, p. 109.)

Du mardy après midi vingt sept° jour d'aoust mil six cents cinquante huict en la maison du sieur Corneille,

Fut present M° Pierre Corneille ecuier fils aisné de feu M° Pierre Corneille vivant conseiller du Roy et M° des eaues et forêts au balliage de Rouen, lequel a recongneu et confessé avoir eub et receub presentement comptant de Jean Thomas escuier sieur de Nestanville filz et presumplif heritier de M° Jean Thomas escuyer, sieur de Verdun conseiller du Roy et lieutenant général criminel au balliage de Rouen est a savoir la somme de six mil livres pour le raquit et admortissement du principal de quatre cents vingt huit livres onze sols quatre deniers de rente en quoy ledit sieur Jean Thomas père s'estoit constitué et obligé, tant en son nom que comme héritier en partie de feu M° Nicolas Thomas escuyer sieur de Verdun son père conseiller du roy en ses conseils président en sa cour de parlement de Normandie envers Nicolas Bauldry, escuyer, sieur de Breteville pour parvenir à l'achat et composition dudit office de lieutenant criminel audit balliage de Rouen suivant le contract de la constitution de ladicte rente passé devant les tabellions de Rouen le sixieme jour de decembre mil six cents quatorze ladicte rente transportée audit sieur Corneille père par damoiselle Marie de la Montagne femme et espouse d'Adrien de Croismare escuyer sieur de Greaulme, le 23 mars 1628.

Signé : CORNEILLE, J. LE DOULCET, JEAN THOMAS, G. PILÉE.
Minute de FOLLET.

Tabellionage de Rouen. — Pièce découverte et communiquée par M. Ch. de Beaurepaire, archiviste de la Seine-Inférieure.

XIII

Aveu des biens tenus du Roi à cause de sa châtellenie et vicomté d'Andely par Pierre et Thomas Corneille, pour servir à la confection du nouveau terrier du domaine du Roi. (Voy. ci-dessus, ch. x, p. 110.)

Je Denis Amette, demeurant au Grand Andely, tiens et advoue tenir du Roy nostre sire, à cause de sa chastelnye et vicomté d'Andely, et au nom et comme porteur de procuration de Pierre et de

Thomas Corneille, escuiers, demeurants à Paris, ayant espouzé damoiselles Marie et Marguerite de Lamperiere, filles et héritières de Mathieu de Lamperière, escuyer du Roy, lieutenant particulier au siège présidial d'Andely [1], passée devant Aumont et Tornion, notaires au Chastelet de Paris, le vingtroisième jour de mars mil six cens soixante-dix-neuf, les héritages qui ensuivent :

Premièrement une maison de fond en comble, de pierre de taille et couverte d'ardoise, lieu, maison et esdiffice, cour, jardin et mazure, assize au Grand Andely, bornée d'un costé maistre George Tierce, président en l'élection, la veufve Thomas Baur et autres; d'autre costé Nicolas Chaunni [2], et autres; d'un bout les remparts de la ville, et d'autre bout le marché, acquise par ledit sieur de Lamperière de maître George Tournebus, par contrat passé au tabellionage d'Andely, le vingt huitième jour de septembre mil six cens vingt-deux.

Item une maison et masure assize au hameau des Planches, paroisse de Notre-Dame d'Andely, bornée d'un costé la rivière du Gambon, d'autre costé le chemin de la ditte rivière, d'un bout Pierre Le Febure et d'autre bout Pierre Hamelin.

Item neuf acres et demye de terre labourable ou environ scize audit hameau des Planches, bornée d'un costé le chemin et ce douvere (?), d'un bout le chemin de Mantelle, et d'autre bout les sieurs du chapitre d'Andely.

Item trois vergées de terre labourable ou environ, scizes audit lieu des Planches au-dessus de la dite maison bornée d'un costé Charles Thiberge, d'autre costé lesdits sieurs du chapitre, d'un bout le chemin et d'autre bout la sente qui mène à Bourgoult.

Item sept vergées de terre labourable, assizes au dit lieu, bornées d'un costé led. Thiberge, d'autre costé lesd. sieurs du chapistre, d'un bout le chemin de Bourgoult, d'autre bout les jardins des Planches.

Item une acre de terre labourable, assize audit lieu, triège de la Gouicre, bornée d'un costé la rivière du Gambon, d'autre costé le chemin de Bourgoult, d'un bout lesd. sieurs du chapistre, et d'autre bout les héritiers du sieur Le Pelletier, lieutenant.

Item demye acre de terre labourable ou environ, assize audit lieu, triège des Carrières, bornée d'un costé les héritiers du sieur Le Pelletier, d'autre costé Robert Catherine, d'un bout le nommé Gasconnet, et d'autre bout le chemin d'Arqiency.

Item une vergée de terre labourable ou environ, assize audit lieu des Planches, bornée d'un costé et d'un bout les héritiers de maître Anthoine Dailly, conseiller, d'autre costé les représentants Noël Hamelin, et d'autre bout le chemin qui va au mont de Feuquerolle.

---

1. « Nommé à cette charge par Henri de Savoie, duc de Genevois, comte de Genève et de Gisors, 10 mars 1613. Les lettres du Roi, qui confirment cette nomination, sont du 15 mars 1613. Mathieu de Lampérière remplaçait son beau-père, Georges Tournebus. » — Note de M. Ch. de Beaurepaire. — Voy. Appendice I, p. 327.

2. Ou Chauuin, pour Chauvin.

Item demy acre de terre labourable, scize à la vallée de Mantelle, hameau de Notre Dame d'Andely, bornée d'un costé Martin Le Riche, d'autre costé et d'autre bout Guillaume Hamelin, et d'autre bout (en blanc).

Item demy acre de terre labourable, assize à ladite vallée, bornée d'un costé Martin Le Riche, d'autre costé le cours de la ravine, d'un bout le sieur du Saussay, conseiller, et d'autre bout Guillaume Hamelin.

Item six acres de terre labourable ou environ, assizes audit lieu, triège de la Vignette, bornées d'un costé Charles Le Roux, seigneur de Villers, d'autre costé le sieur du Saussay, d'un bout le sieur de Grougny, et d'autre bout le chapelain de la chapelle de Notre Dame d'Andely.

Item trois vergées d'isle, assises à Vezillon en l'isle du Trait, bornées d'un costé et d'un bout le sieur de Longuemare, d'autre costé et d'autre bout maître Nicolas Ladvenant, procureur du Roy aux Eaues et Forests d'Andely et de Vernon.

Lesd. maisons et terre des Planches, avec ladite pièce d'isle, escheubs auxd. sieurs de Corneille, à cause desd. dames leurs femmes, par le décès de maistre Georges Tournebus, conseiller du roy, lieutenant particulier au siège présidial d'Andely, et de dame Marguerite Tisserent, ayeul et ayeule desdittes dames de Lamperière, suivant les partages faits avec Me Philippe Thoue, maistre Mahieu (Mathieu) de Lamperière et Robert Duval, le vingtième octobre mil six cents vingt quatre.

Item vingt cinq acres de bois faisant partie du bois du Parc, bornées d'un costé par le sieur du Parc, d'autre costé la coste du parc, d'un bout plusieurs, et d'autre bout Rolland Duval, sieur de Sainte-Mare.

Item cinq acres et demye de terre labourable en six pièces, assizes au hameau de la Paix, la première contenant deux acres ou environ, au triège du Vivier, bornée d'un costé Pierre Fouet, d'autre costé plusieurs, d'un bout les représentants de Nicolas de la Place, et d'autre bout le chemin; la seconde contenant une vergée et demye, au triège de Combabo, bornée d'un costé le chemin qui va à Frene, d'autre costé plusieurs, d'un bout le chemin et d'autre bout plusieurs; la troisième contenant demye acre ou environ, au triège du Val l'Evesque bornée d'un costé et d'un bout Jean Le Mettais l'aisné, d'autre bout... (en blanc); le quatrième contenant une vergée audit lieu, triège de (en blanc), bornée d'un costé la damoiselle Bigault, d'autre costé plusieurs, d'un bout les héritiers de Jean Trabouillet et d'autre bout les représentants Nicollas Le Mettais; la cinquième contenant une acre et demye ou environ, au triège de Rougemont, bornée d'un coté maistre Louis Desmoulins, advocat, d'autre costé Nicollas Fouet, d'un bout le sieur de Pienne, et d'autre bout plusieurs; la sixième contenant trente perches ou environ, au triège des Vallettes, bornée d'un costé maistre Anthoine Fouet, d'autre costé Jean Lesueur, d'un bout le chemin et d'autre bout Charles Lesueur.

Item une vergée et demye de terre, scize à Mantelle, hameau du Grand Andely, bornée d'un costé et d'un bout le sieur du Saussay, conseiller au Parlement, d'autre costé le sieur Le Roux, seigneur de Villers, et d'autre bout le chemin.

Item une vergée et demie de terre labourable, assize au hameau d'Andely, triège du Bucayer, bornée d'un costé maistre François Queudray, prestre, d'autre costé le sieur Paulmier, d'un bout le sieur de Villers et d'autre bout les dames Ursulines d'Andely.

Item une autre pièce de terre labourable, assize au mesme triège, contenant une vergée et demie, bornée d'un costé le sieur de Saussay, d'autre costé Anthoine Le Tellier, d'un bout la terre de la Prieuré de Saint-Lazare et d'autre bout le chemin du Roy.

Item cinq vergées ou environ de terre labourable, assizes audit lieu de Mantelle, au triège de (en blanc), bornées d'un costé la rue, d'autre costé les fieffes de Mantelle, d'un bout ladite rue et d'autre bout les héritages de Jacques Le Tellier.

Item une acre de terre labourable ou environ, au mesme triège, bornée d'un costé la pièce cy dessus, d'autre costé le chemin, d'un bout les héritiers de Jacques Le Tellier et d'autre bout les héritiers de Nicolas Viel.

Lesdites terres de Mantelle et Paix [1] et Bois-du Parc escheubs auxd. sieurs de Corneille, aux droits des dames leurs femmes, de Marguerite Tisserent, veufve du sieur Lebret, leur tante, suivant les partages reconnus en la vicomté d'Andely, le 20ᵉ juillet 1647, et par autres du 13ᵉ janvier 1648 [2].

Item une pièce de vigne assize au Grand Andely, au triège de Terrasants, proche de la croix de Pierre, contenant trente perches, bornée d'un costé Mᵉ Louis Desmoulins, advocat, et d'autre costé le chemin qui va au bois du Parc, d'un bout la damoiselle Dailly et d'autre bout le fossé de la ville; de laquelle vigne lesdits sieurs de Corneille ont esté envoyés en possession par sentence rendue au bailliage d'Andely, le 19ᵉ jour de may 1680, tous lesdits héritages francs de rente domaniale, sujets aux droits de reliefs, vente et treiziemes, le cas échéant, ce que j'ai signé, en vertu de ladite procuration devant dabtée, qui sera incérée ensuite du présent, le 28ᵉ [3] jour de mars 1679 et 10ᵉ mai 1680, sur la minute du présent adveu, et affirmé véritable, led. jour et an devant messieurs les subdéléguez pour le papier terrier.

Présenté et advoué par led. Amette, vertu de la ditte procuration devant nous Pierre de la Tour, escuyer, conseiller du Roy et lieutenant général antien du bailliage de Gisors, et Jacques Gallye, aussy escuyer, conseiller du Roy, vicomte d'Andely, commissaires subdélé-

---

1. Ce nom, ne figurant pas plus haut, doit se rapporter à l'un des trois ou quatre passages où le nom est resté en blanc. F. B.

2. Ces partages sont conservés aux Archives de l'hôtel de ville des Andelys. — M. Ch. de Beaurepaire.

3. Plus haut, le 23, p. 358. F. B.

gués de M. l'Intendant pour la confection du nouveau papier terrier du domaine de la vicomté d'Andely, lequel aveu a été communiqué au procureur du Roy du domaine. Fait ce 13º jour de décembre 1681.
Signé : Amette, de la Tour, Gallye, Le Mercier, Pajot.

Suit la procuration donnée le 23 mars 1679 par-devant les conseillers du Roy au Châtelet de Paris, par Pierre et Thomas Corneille, escuyers, frères, demeurant à Paris, rue de Cléry, paroisse Saint Eustache, en leur nom à cause des dames Marie et Marguerite de Lamperière, leurs espouses, lesquels ont fait et constitué leur procureur général et spécial le Sr Denis Amette, demeurant en leur maison à Andely [1], etc., etc.

(Archives de la Seine-Inférieure, C. 1606.)

Cet Aveu, communiqué par M. Ch. de Beaurepaire au Comité des travaux historiques et des sociétés savantes des départements, a été publié dans la *Revue des sociétés savantes des départements*, cinquième série, tome VII, mai-juin 1874, pages 530-534. Il est précédé d'une courte notice de M. Marty-Laveaux, dont la conclusion est de publier cet Aveu *in extenso* dans la *Revue*; car, dit-il, « la communication n'est pas longue et il y a toujours intérêt à ne point tronquer des documents de ce genre. »

Le même motif nous a porté à le reproduire ici intégralement, pour constater la fortune immobilière de Pierre Corneille aux Andelys, du chef de sa femme, Marie de Lamperière.

Nous le donnons d'autant plus volontiers que, découvert après l'achèvement de l'édition des *Œuvres de Pierre Corneille*, M. Marty-Laveaux n'a pu le comprendre parmi les pièces justificatives de sa « Notice biographique sur Pierre Corneille ».

XIV

Lettres d'intermédiat de gaiges obtenues par Me Pierre Corneille cyd^t ad^{at} au siège de la table de marbre du pallais à Rouen. (Voy. ci-dessus, ch. x, p. 112.)

Louis par la grace de Dieu Roy de France et de Navarre à nos amez et feaux con^{ers} les gens de nos comptes à Rouen salut. Notre cher et bien aimé Pierre Corneille escuyer cy dev^t notre ad^{at} aux sièges generaux de la table de marbre du pallais à Rouen heritier de Mre Mathieu de Lamperiere, a cause de la damoiselle Marie de Lamperiere sa fille femme de l'exposant, nous ayant remonstré que ledict de Lamperiere seroit decedé des le quinze auril MVI^c quarante cinq reuetu de l'office de lieutenant partic^{er} ciuil au bailliage

---

1. La famille Corneille, plus tard, se réserva la jouissance de cette maison. Aussi ce fut là que moururent la veuve de Pierre Corneille et Thomas Corneille.

et siege presidial de Gisors estably a Andely, depuis lequel temps ledict office seroit demeuré sans qu'il y fut pourueu a cause des affaires suruenues entre les heritiers dudit defunct pour raison de sa dite succession jusques au deuxième de nouembre.[1] MVI^c cinquante et un que Mre Marin Duval sur la résignation de l'exposant a esté receu audict office et presté le serment en notre cour de parlement de Rouen. Et d'autant que vous pourriez faire difficulté de passer les gaiges et droits appartenant audict office durant le dict temps intermediat s'il n'estoit pourueu à l'exposant de nos lettres sur ce necessaires, a ces causes de l'aduis de notre conseil qui a veu le certifficat du decedz dud. de Lamperière, coppie des lettres de prouision et l'acte de reception dud. Duval du quatre octobre et deux décembre MVI^c cinquante et un cy attachés soubz nostre contreseel, nous vous mandons et ordonnons par ces presentes que vous ayez a passer et allouer en compte a l'exposant lesd. gages et droits dud. office appartenant depuis ledit jour quinzième d'auril MVI^c quarante cinq jusques au deuxième de novembre MVI^c cinquante et un jour de la réception dud. Duval aud. office sans en faire aucune difficulté ny vous arrester audict temps intermediat que ne voulons nuire ne prejudicier a l'exposant a quelque somme que se puissent monter les gages et droits et dont en en tant que besoin seroit, auons faict et faisons don a l'exposant par ces présentes signées de notre main pourueu que le fond diceux soit encor es mains des recepueurs, car tel est notre plaisir nonobstant tous reglements ordonnances et autres lettres a ce contraire, auxquelles nous avons dérogé et dérogeons par ces presentes données à Paris le septième jour de septembre l'an de grace mil six cent cinquante cinq et de notre regne le traizieme. Signé Louis et plus bas par le Roy phelippeaux et scellez sur simple queue d'un grand sceau de cire jaulne et contrescellées, plus est encore escript Registrez au registre de la chambre des comptes de Normandye, ce consentant le procureur general du Roy suivant l'arrest d'icelles de ce jour vingt six^e nouembre l'an mil six cens cinq^{te} cinq.

Veu par la chambre les lettres patentes du Roy données à Paris le sept^e jour de septembre dernier obtenues par Mre Pierre Corneille escuyer cy devant ad^{at} de Sa Majesté aux sieges generaux de la table de marbre du pallais à Rouen heritier de Mre Mathieu de Lamperiere a cause de damoiselle Marie de Lamperiere sa fille femme dud. Corneille, par lesquelles et pour les considerations y contenues, lad. Majesté appres auoir veu le certifficat du decedz dud. de Lamperière reuestu de l'office de lieutenant particul^{er} ciuil au bailliage et siege presidial de Gisors establi à Andely dabté du quinz^e auril mil six cent quarante cinq, les heritiers duquel auroient resigné led. office à Mre Marin Duval qui auroit esté receu en iceluy le deux dec. MVI^c cinquante et un, veult, mande et ordonne à ladite chambre qu'elle aye a passer et allouer aud. exposant les gaiges et droicts audict office

---

1. M. Floquet avait lu : « 2 décembre », comme on le voit dans *Corneille et son Temps*, par M. Guizot, p. 303, édit. in-8°, 1852.

appartenans depuis led. jour quinze d'auril office MVIc quarante cinq jusques au deuxième decembre mil MVc cinquante et un, jour de la reception dud. office sans en faire aucune difficulté n'y s'arrester aud. temps intermediat à quelque somme que lesd. gaiges et droicts se puissent monter lesquels autant que besoin seroit sadite Majesté luy a faict don pourueu que le fondz d'iceux soit encore es mains des recepueurs ainsi qu'il est plus à plain contenu, auxdit. lettres, coppie collationnée des lettres de prouision dud. Duval et arrest de la cour de parlement de Rouen de sa reception en iceluy du deux décembre MVIc cinquante et un en requête présentee à lad. chambre par led. Corneille aux fins de verification et enregistrement desdites lettres, conclusions du procureur general du Roy et tout consideré la Chambre a ordonné et ordonne que lesd. lettres patentes seront régistrées au registre d'icelle pour jouir par l'impétrant des gaiges attribuez aud. office escheubz depuis le jour du deceds dud. de Lamperiere jusques au jour de la reception dud. Duval. Faict le vingt sixième jour de novembre l'an mil six cent cinquante cinq.

(Archives du département de la Seine-Inférieure, *Registre des Mémoriaux de la chambre des comptes de Normandie*, année 1655, t. LXXIII, folios 218-220.)

M. Floquet avait analysé cette pièce pour M. Guizot, qui avait publié cette analyse dans *Corneille et son Temps*. Elle est à la page 303 de l'édition in-8°, 1852. Relevée par nous sur les Mémoriaux de la chambre des Comptes, elle a été collationnée par M. Ch. de Beaurepaire, archiviste de la Seine-Inférieure, avec les variantes de l'original, « 2 novembre » et « 2 décembre ».

XV

Vente de rentes à Pierre Corneille, le fils. (Voy. ch. x, p. 114.)

Du jeudy après midi cinqe jour de septembre mil six centz cinquante huit à Rouen.

Fut presente dame Françoise Le Doulcet veufve de feu Francoy Œuldes escuier Sr de Colué demeurant en la parroisse de Surville vicomté d'Auge laquelle de son bon gre confessa avoir vendu affin... a Me Pierre de Corneille escuyer demeurant en la parr. St-Sauveur de Rouen present acquisiteur cest assavoir trois cents livres t. de rente creees au denier XIIII a heritages par an a payer et livrer aud. Rouen en la maison dud. Sr acquisiteur aux despendz de lad. dame venderesse en deux termes... laquelle rente lad. dame a assignee et constituée sur tous ses biens moyennant le prix et somme de quatre mil deux cents livres presentement payée par ledit Sr acquisiteur à lad. dame venderesse en louis d'argent.

Signé : F. Le Doulcet, Corneille, de Rostaing, Borel, Gruchet, Maurice.

Tabellionage de Rouen, au Palais de Justice de Rouen, Minutes de Follet.

Découvert par M. Ch. de Beaurepaire, à l'obligeance duquel nous en devons la communication.

XVI

Contestations entre Pierre Corneille et Jacques Baudry, au sujet des gages de Procureur-syndic des États de Normandie. (Voy. ci-dessus, ch. x, p. 118.)

« Dernier juillet 1651. Sur la requeste de M. Jacques Baudry, procureur des États de la Province, ont été faict entrer M. Guill. Duhamel, trésorier, qui a dict n'avoir faict aucune responce à la sommation dudict Baudry, attendu qu'il avoit payé à M⁰ Pierre Corneille 900 l., pour première demi-année des gages dudict Corneille, suivant la quittance en bonne forme dont il est porteur. Avant que faire droict sera la requeste communiquée audict Corneille pour estre oy avec Baudry, au premier jour du Bureau, avec ledict Duhamel, lequel fera apparoir de ladicte quittance dudit payement. »

« 4 aoust. Ont été faitz entrer M⁰ Pierre Corneille sur la requeste de Baudry.... A esté donné temps audit Corneille de venir respondre à la requeste dudit Baudry mercredi prochain. »

« 11 aoust. Sur la requeste du sieur Corneille et Baudry, procureur des États, veu les ordres d'icelui du 4 février et 27 mars, les parties sont renvoyées pour leur estre pourveu sur les frais de compte par devant les sieurs commissaires et au regard des gages[1]. »

XVII

Extrait du cahier des États de Normandie, en novembre 1643, au sujet de l'Impôt de subsistance. (Voy. ci-dessus, ch. xii, p. 162.)

Au Roy et à la Reyne régente, etc.

Article VII.

« Les deux estats d'Église et de Noblesse justement vous font plainte de ce qu'encor que l'impost qualifié du nom de subsistance, et qui est une taille en effet, ne deust estre payé que par les roturiers, et qu'en cette considération vos Compagnies souveraines, en vérifiant les tarifs s'en soient exemptées avec grande raison, parce que la dignité de leurs charges, dont les fonctions sont toutes nobles, les fait participantes

---

1. 18 août, autre ordonnance relative à la même affaire et qui n'est pas plus explicite. — *Cahiers des États de Normandie sous Louis XIII et Louis XIV*, par M. Ch. de Beaurepaire, t. III, p. 337-338.

des privilèges de la Noblesse, néantmoins vostre parlement n'a excepté qu'une partie du Clergé, et la Chambre des Comptes a fait deux lignes de Noblesse. Ce sont ordres uniformes ; leur essence et leur qualité ne reçoivent ny plus ny moins, et il est aussi juste qu'ils soient deschargez en général de cet impost de subsistance, comme de tous les autres, dont il est bien séant ausdictes Cours de l'exempter.

« Au Roy. *Et en sont les commissaires d'advis.*

« Le Roy entend que les Ecclésiastiques et la Noblesse de la Province de Normandie jouissent des mesmes privilèges que les officiers des Cours souveraines; et ce faisant, sans avoir égard aux modifications portées par les arrests du Parlement, Chambres des Comptes et Cour des Aydes de ladicte Province, tous les subjets de Sa Majesté, de quelque qualité et condition qu'ils soient, privilégiés et non privilégiés, payeront les impositions qui se feront sur les denrées et marchandises à l'entrée des villes. »

Cahiers des États de Normandie sous les règnes de Louis XIII et de Louis XIV, par Ch. de Robillard de Beaurepaire, t. III, pages 81-82.

XVIII

Deux parrainages de Marie Corneille, fille aînée de Pierre Corneille, au Petit-Couronne. (Voy. ci-dessus, ch. II, p. 196.)

M. Laporte, conseiller général de la Seine-Inférieure, pour le canton du Grand-Couronne, a découvert, dans les registres de la paroisse du Petit-Couronne, en 1882, deux actes de baptême, où figure le nom de Marie Corneille, fille de Pierre Corneille.

En voici la copie exacte :

« Le mesme jour et an (10 aoust 1646) a esté baptisée une fille a François Perray et Marie Hebert, qui a esté nommée Françoise par Me Raoul Le Forestyer (p^{re}), curé du Petit-Couronne, et damoiselle Marie Corneille, fille de M. Pierre Corneille, escuier, de Saint-Sauveur-de-Rouen, ses parrain et marraine. »

— « Le 4e jour (may 1648) a esté baptisé Nicolas M. (nom illisible), fils Jean et Cécille Quibel, nommé par noble homme Nicollas Le Page, fils André, advocat, de Saint-Patrice, et damoiselle Marie Corneille, fille Pierre, advocat du Roi à sa Table de Marbre, de Saint-Sauveur-de-Rouen, ses parrain et marraine. »

(*Nouvelliste de Rouen*, 16 mai 1882.)

Des doutes s'étant élevés pour savoir s'il s'agissait de Marie Corneille, sœur du poète, née le 4 novembre 1609, ou de la fille aînée du poète, trouvée trop jeune pour être marraine (elle était née le 10 janvier 1642), nous avons montré, par une lettre publiée dans le *Nouvelliste de Rouen*, le 4 juin 1882, que l'Église acceptait alors d'aussi jeunes parrains et marraines, et qu'il s'agissait bien de Marie Corneille, la fille aînée de Pierre Corneille, le poète.

XIX

Contrat de mariage de Marie Corneille avec Jacques de Farcy, sieur de Lisle, trésorier de France en la généralité d'Alençon. (Voy. ci-dessus, ch. II, p. 198.)

Au traité de mariage qui au plaisir de Dieu sera faict et célébré en l'église catholique appostolique et romaine entre messire Jacques de Farcy cheuallier Sr de Lisle cons^{or} du Roy tresorier de France en la generallité dalencon fils de deffunct Daniel de Farcy escuier viuant cons^r du Roy controlleur au grenier et magazin a sel Dalencon et de dame Marie de Flotté dvne part et dame Marie Corneille veufue de messire Félix Dubuat viuant cheuallier de Boisleconte [1] et fille de Pierre Corneille escuier sieur de Hauville et de dame Marie de Lamperiere daultre part ont esté faicts les accords et conventions dudit mariage ainsy qu'il ensuit. C'est à scauoir que lesd. sieur de Farcy et dame Marie Corneille de lavis desd. sieur et dame Corneille père et mère de lad. dame et autres leurs parens et amis soubsignez se sont promis espouzer a la première requisition avec les biens et facultez qui leur peuuent respectiuement appartenir et a ledit Sr de Farcy promis et gagé douaire coutumier sur tous ses biens immeubles presens et auenir à lad. dame sa future espouze pour en jouir par elle du jour qu'il aura lieu sans qu'il luy soit besoin den faire demande et a ledit sieur promis conseruer le dot de lad. dame porté par son contrat de mariage auec led. deffunct sieur de Boisleconte et en cas qu'il le recoiue il en fera remplacement au nom et ligne d'elle. Et a la ditte dame donné et paié audit sieur de Farcy la somme de quatre mil liures quelle auoit en argent dont il se tient content accordé neanmoins qu'en cas de deceds dudit sieur de Farcy auparauant la ditte dame icelle dame jouira pendant sa vie de linterest au denier dix huit desd. quatre mil liures et apres son deceds le principal en demeurera aux enfans dud. sieur de Farcy et oultre laditte dame a donné et donne aud. sieur de Farcy la jouissance pendant la vie dicelluy sieur de Farcy de sondit dot et de ses autres immeubles, a condition qu'il contribuera à l'entretien de Gilles Dubuat escuier son fils jusques a sa majorité. Et si lad. dame suruit ledit sieur de Farcy elle aura et prendra en exemption de touttes charges ses habits bagues joiaux et linges seruans a son usage auec une chambre garnie carrosse et cheuaux ou la somme de trois mil liures au lieu de lad. chambre garnie carrosse et cheuaux au choix de lad. dame. Faict aux Ligneries ce dix septiesme aoust mil six cens soixante et traize.

De Farcy.   Corneille (avec paraphe.)
Marie de Corneille.   Marie de Lamperiere.
           Corneille (avec paraphe.)
           Marguerite de Lamperiere.

---

1. M. Jules Rombault paraît être plus exact, en l'appelant : « Félix Guénébaud de Bois-Lecomte, sieur du Buat ». — Voy. ci-dessus, chap. II, p. 198.

Ce contrat est sur un feuillet de papier timbré, qui a été détaché d'un registre du tabellionage d'Alençon, et il est écrit sur le recto et le verso, qu'il ne remplit pas en entier. Il porte, sur le recto, à la marge du feuillet : *Povr escrit sous seing privé. Douze deniers pour feuille. Quartier de juillet 1673.*

Les signatures, toutes en grosse écriture, sont remarquables par la fermeté et par la beauté des caractères. Celle de « Marie de Lamperière » est même élégante, et surprend, quand on se rappelle qu'on en a fait une simple et bonne ménagère, assez indifférente aux succès des chefs-d'œuvre de son mari. A la seule vue de son écriture, il n'est pas besoin d'être graphologue pour penser le contraire. Nulle part, jusqu'ici, on n'a rencontré, en pareil nombre, sur la même pièce, autant de signatures de la famille Corneille.

Cette pièce appartient aujourd'hui à M. Léon de la Sicotière, sénateur, que nous remercions de l'extrême obligeance mise à nous permettre de la publier, après l'avoir envoyée à l'Exposition typographique de Rouen, en 1887.

Nous avons déjà publié ce contrat, dans une « Notice sur l'Exposition cornélienne », l'une des sections les plus riches de cette Exposition typographique. — L'éditeur en a même fait un fort beau fac-similé. — Voir le « *Deuxième centenaire de Pierre Corneille*, séance du 19 mars 1885, à l'Archevêché de Rouen. — Illustrations par J. Adeline. » — Rouen, E. Cagniard, imprimeur, libraire-éditeur, 1887, in-f°. — Nous en donnons les signatures, d'après son fac-similé.

On lit dans les registres de Saint-Léonard d'Alençon :

« Le mercredi 19 novembre 1721, fut inhumé dans cette église le « corps de dame Marie de Corneille, veuve de défunt messire Jacques « de Farcy, chevalier, président, en son vivant, au bureau des finances « de la généralité d'Alençon. »

M. J. Rombault, « Mariage de François de Farcy, » etc. *Bulletin de la Société historique de l'Orne*, 1885, p. 236.

XX

Éloge funèbre de Charles Corneille, en vers latins, par le Père Charles de la Rue. (Voy. ci-dessus, ch. II, p. 206.)

PETRO CORNELIO
TRAGICORUM PRINCIPI
In obitu Caroli Filii.
Parelius diffluens.

Une vignette ronde, placée au-dessous du titre, représente un parhélie disparaissant, avec cette devise, dans la partie supérieure de l'encadrement : *Par si durasset!* (Édition in-12, Barbou, 1754, p. 161.)

. . . .
Tu Carlum tanti gaudebas nominis olim
Venturum in partem : doctas tam promptus in artes,

Tam docilis, tanto Musarum ardebat amore.
Nec minus et puero mens vivida, et inditus ignis,
Et firma in levibus jam tum constantia cœptis.
Non ego te, Corneli, alium florentibus annis
Crediderim, aut de te plura expectasse parentes.
Quid tu autem, cum te spirantem in prole videbas
Ipse auctor decorum! Quid, cum sensusque viriles
Mirabare, et nil puerile sonantia verba?
Hunc nempe assiduo cultu studioque fovebas
Sedulus, hunc Pindi juga nota viamque docebas,
Teque ipsum ardebas dulci transfundere nato.
Ille audax animi duros insistere calles
Tentabat, sensimque augusto adrepere monti :
Et dulces oculi, et formosæ gratia frontis,
Credo equidem, teneros Phœbi meruisset amores.
At tu venturos dum spe jam præcipis annos,
Magnarum admirans tam læta exordia laudum :
Non fuit ingenio par corpus, et ardua mentis
Haud incœpta tulit, majoraque viribus ausa.
Defecit sensim vigor, et se tabida pestis
Infudit venis, lentoque ardore peredit.
Ecce jacet lecto moriens, nec lactea morum
Simplicitas, primæ nec forma decora juventæ,
Sed neque opes animi et caræ suspiria matris,
Proh dolor! immites possunt avertere Parcas.
Circum funereo gemitu domus omnis, et ipse
Spes intercisas ereptaque gaudia mœret
Infelix pater! Ah! flecti si numina possent,
Qui superant nato, ipse volens impenderet annos,
Sed perit. Heu! periit magni jam patris imago :
Et patri fuerat *Par, si durasset,* imago.

Caroli de la Rve e societate Iesv, IDYLLIA. Rothomagi, Typis, Maurrianis, In officina Richardi Lallemant, prope Collegium M. DC. LXIX. In-12 de 88 pages. — Cette pièce de 68 vers latins hexamètres figure parmi les *Emblemata heroïca;* elle est la troisième avec ce titre : *Ad clarissimum Virum Petrum Cornelium in obitu Caroli filii :* SYMBOLUM : *Parelius in pluviam diffluens;* LEMMA : *Par si durasset.*

Ce titre fut modifié plus tard, comme on le voit par celui que nous avons emprunté à l'édition de Barbou : *Caroli Ruæi e Societate Iesu carminum libri quatuor.* Editio sexta. Paris, 1754.

En tête de ses *Idyllia,* publiées en 1669, le P. de la Rue avait placé une dédicace de ce livre à Pierre Corneille, avec ce titre : *Ad clarissimum Virum P. Cornelium, tragicorum principem.*

Elle est datée : « Rothomagi Kal. jun. M. DC. LXIX » (1er juin 1669). Il y juge avec admiration les chefs-d'œuvre de Corneille et rend pleine justice à son talent poétique. Plus tard il la reporta dans son deuxième livre de poésies intitulé : *Panegyricus.*

Mais il y avait eu deux éditions séparées de cette pièce du Père de la Rue. «Nous avons à la Bibliothèque nationale l'édition originale de ce petit poème ainsi datée : « Lutetiæ Parisiorum anno M. DC. LXV, 6 Kal. Ianu. — 1667 ne serait donc pas la date exacte de cette mort? » (Lettre de M. Léopold Delisle, 23 novembre 1885.)

Un peu plus tard, après avoir lu notre réponse à sa question, notre très honoré compatriote nous écrivait :

« Je crois que vous avez résolu le problème que je vous avais signalé. Du moment où la date de 1667 résulte simplement d'une présomption de M. Pierre-Alexis Corneille, il me semble évident que la date de l'édition originale de la pièce du Père de La Rue doit être voisine de la date à laquelle est mort le jeune fils de notre grand poète.....

« M. Pierre-Alexis Corneille a sans doute pris [arbitrairement] une date de peu antérieure à la publication du recueil dans lequel il avait trouvé la pièce du Père de La Rue. » (Lettre du 25 novembre 1885.)

M. E. Picot en cite encore une autre édition séparée : « 1233. AD « PETRUM CORNELIUM IN OBITU CAROLI FILII, CARMEN, a Carolo de La Rue. « S. I. Parisiis, 1666, in-4. »

« L'édition séparée est citée dans la *Bibliothèque des écrivains de la* « *Compagnie de Jésus*, par le R. P. de Backer, 1re édit., t. Ier, p. 659. » *Bibliographie cornélienne*, p. 445.

C'est par distraction qu'on y lit que « le poète le perdit en *1667* », à la fin de ce même paragraphe, puisque la date d'impression de cette seconde édition est : *1666*.

XXI

Donation par Pierre Corneille aux Dominicaines de Cauchoise, à Rouen, d'une rente de 300 livres à titre de pension, pendant la vie de sa fille Marguerite. (Voy. ci-dessus, ch. II, pp. 213-214.)

Du vendredi après midi, quatrième jour de may MVIc soixante et huict.

Fut présent Pierre Corneille, escuyer, cy-devant Coner et adcat du Roy aux sièges généraux de la table de Marbre du pallais à Rouen, demt à présent à Paris, rue des Deux portes parr. de St Sauveur, lequel pour seconder la saincte intention qu'a eue et a damelle Marguerite Corneille, sa fille, de quitter le monde et se retirer dans le Couvent des Religieuses de St Dominique, estably au faulx bourg de Cauchoise, de Rouen, qu'elle auroit choisy pour y estre Religieuse et y vivre suivant les constitutions de l'ordre, où elle auroit entré il y a environ cinq ans[1] et pris l'habit de Religieuse de chœur, en telle sorte que, son année de novitiat estant expirée et ayant esté trouvée capable par les

---

1. Cinq ans et demi, vers la fin de 1662, quand sa famille quitta Rouen. — C'est la preuve qu'elle n'alla pas avec ses parents à Paris. Voir plus haut, p. 214.

prieure et religieuses dudict Couvent, elle est en résolution d'y faire sa profession, et considérant ledict S⁰ de Corneille que ledict monastère n'est suffisamment doté, tant pour la nourriture des *officieres*, religieuses et *entretien*[1] des bastiments, ne désirant que lad. Marguerite de Corneille sa fille, à présent dicte sœur de la Saincte Trinité, fust à charge audict monastère, a volontairement donné, et donne par ces présentes audict monastère, stipulé par Reverendes *Meres Sœurs* Anne Herisson dicte du Sainct Sacrement, prieure, Marie Herisson dicte de S⁺ Dominique, Marie Berée dicte de S⁺ᵉ Catherine, Marie Herisson dicte de S⁺ Hyacinthe, Madᵐᵉ Le Duc dicte de S⁺ᵉ Anne, Marie de Baudry dicte de S⁺ᵉ Agnès, Marguerite Le Duc dicte de Tous les saincts et Madᵐᵉ Richomme dicte de S⁺ Anthoine, toutes religieuses professes audict couvent et faisant le corps du Conseil de la communauté d'iceluy, à ce présentes et acceptantes pour et au nom de ladicte Marguerite de Corneille dicte de la S⁺ᵉ Trinité, le nombre de trois cents livres tournois de rente et pension pendant la vie de ladicte Marguerite de Corneille payable à Rouen audict couvent, aux despends dudict sieur de Corneille, aux quatre quartiers de l'an à Rouen accoustumez esgallement, à commencer à courir du jour que ladicte sœur de la S⁺ᵉ Trinité sa fille faira profession audict monastère et à l'advenir jusqu'au decez de lad. Marguerite de Corneille, laquelle rente et pension à vie ledict sieur de Corneille a assignée et hypotequée sur tous ses biens et spécialement sur une ferme à lui appartenante assise au Petit-Couronne, tenue de présent par Jean Gueroult par trois cents livres par an outre les submissions, et sans que la presente assignation et delegation puisse empescher lesdictes dames Religieuses de s'adresser sur les autres biens dudit sieur de Corneille, par ce qu'en cas que ladicte sœur Marguerite de Corneille fust envoyée en quelque autre monastère par l'ordre des supérieures pour quelque cause que ce fust, ladicte pension de trois cents livres la suivra au monastère où elle sera envoyée, laquelle sera néanlmoins toujours payable à Rouen, reconnaissantes lesdictes dames prieure et Religieuses avoir esté payées et satisfaites par ledict de Corneille des pensions de ladicte sœur Marguerite de Corneille jusqu'à ce jour, dont elles le quittent; et au moyen du present concordat, celuy cy-devant faict entre lesdictes dames prieure et religieuses et noble homme Mᵉ François Le Bouvier sieur de la Fontanelle, advocat en la cour, au nom et comme stipulant pour ledict S⁰ de Corneille, son beau frère, demeure nul et résilié, et pour l'exécution des presentes et despendances ledict S⁰ de Corneille a esleu son domicille inrevocable à Rouen en la maison dudict S⁰ de Fontanelle, advocat, scise rue des Bons enffans, parr. de S⁺ Vigor, pour y estre faict tous exploicts et delegations nécessaires, voulant nonobstant etc. renonçans à toutes évocations, lettres d'estat, déclinatoire et renvoys. A ce présents Pierre Pauté et Jacques Valtier demeurans à Rouen.

Signé : Corneille.

[1] « Les mots en italique sont d'une lecture douteuse. » Note de M. Ch. de Beaurepaire.

En plus, les neuf Religieuses portées dans le contrat, les deux témoins et les deux notaires, Cavé et Chrestien.

M. Ch. de Beaurepaire, qui a découvert cet acte dans le Tabellionage de Rouen, l'a publié parmi les Documents qui accompagnent son étude : *Pierre Corneille et sa fille Marguerite Dominicaine à Rouen.*

Rouen, 1885. — Il y occupe les pages 25-28. Le fac-similé de la signature de Corneille est un des plus beaux qui aient été découverts et publiés jusqu'ici.

XXII

1° *Colbert et l'Académie française.* (Voy. ci-dessus, ch. II, pp. 237-238.)

« M. Colbert ayant observé que les assemblées de l'Académie (française) ne se faisaient pas avec la régularité nécessaire pour avancer le travail du Dictionnaire, dont on s'occupait depuis plus de quarante ans [1], y établit l'ordre que je vais dire. Il n'y avait point d'heure réglée à laquelle l'assemblée dût commencer ses séances, ni à laquelle elle dût finir; les uns venaient de bonne heure, les autres fort tard; les uns y entraient lorsque les autres commençaient à en sortir, et quelquefois tout le temps se passait à dire des nouvelles. Il fut résolu qu'elle commencerait à trois heures sonnantes, et qu'elle finirait lorsque cinq heures sonneraient. Pour l'exécution exacte de ce règlement, M. Colbert fit donner une pendule à l'Académie, avec ordre, au sieur Thuret, horloger, de la conduire et de l'entretenir [2]. Ce ministre, voulant bien entrer dans les plus petits détails, fit donner un registre couvert de maroquin, où le secrétaire écrivait toutes les délibérations de la compagnie; des écritoires, des flambeaux, de la cire, du bois, et il établit des gages à une des mortes payes de Louvre, pour ouvrir, fermer et nettoyer les salles où la compagnie s'assemble, et pour en être comme l'huissier et le concierge.

« Afin d'engager encore davantage les académiciens à être assidus aux assemblées, il établit qu'il leur serait donné quarante jetons par chaque jour qu'ils s'assembleraient, afin qu'il y en eût un pour chacun, en cas qu'ils s'y trouvassent tous (ce qui jamais n'est arrivé), ou plutôt pour être partagés entre ceux qui s'y trouveraient; et que s'il se rencontrait quelques jetons qui ne pussent pas être partagés, ils accroîtraient à la distribution de l'assemblée suivante. Ces jetons ont, d'un côté, la tête du roi, avec ces mots : *Louis-le-Grand;* et, de l'autre côté, une couronne de laurier avec ces mots : *A l'Immortalité;* et autour : *Protecteur de l'Académie Française* [3].

---

1. En chiffres ronds. C'est le 14 décembre 1637, qu'on se proposa de travailler sérieusement au Dictionnaire (Pellisson, *Hist. de l'Académie*), et la mesure prise par Colbert est de 1673. On s'en occupait depuis trente-six ans, et il ne sera publié qu'en 1694.
2. Il était aussi chargé du soin de quelques fournitures. Voy. p. 372.
3. Charles Perrault écrivait ceci avant 1688, date où s'arrêtent ses *Mé-*

« M. Colbert projeta de faire donner un demi-louis d'or à chacun des présens; mais il fit réflexion que cette libéralité pourrait faire tort à l'Académie, parce que cette distribution irait à 8 ou 900 livres par an, ce qui serait regardé comme un bon bénéfice, que les grands de la cour solliciteraient et feraient avoir à leurs aumôniers, aux précepteurs de leurs enfants, et même à leurs valets de chambre. Cette réflexion le fit même hésiter pour les jetons : mais ayant considéré que la rétribution était fort modique, et qu'elle serait un merveilleux aiguillon, pour exciter, ou du moins pour déterminer les académiciens à assister aux assemblées, il se détermina à faire cette gratification à la compagnie. On lui doit en partie l'achèvement du dictionnaire : car depuis ce rétablissement on a plus et mieux travaillé dix fois qu'on n'avait fait jusqu'alors.

« Pour empêcher qu'on ne donnât des jetons à ceux qui viendraient après l'heure sonnée, ce qui commençait à se pratiquer par une espèce d'honnêteté qu'on avait les uns pour les autres, et qui eût anéanti tout le fruit qu'on en pouvait attendre, je n'entrai, exprès, deux ou trois fois, qu'un moment après l'heure sonnée : on voulut me mettre sur la feuille pour participer aux jetons : je ne le souffris point, afin qu'étant établi qu'on ne me faisait point de grace, lorsque j'arrivais après l'heure sonnée, personne ne s'en plaignît, si on en usait de même à son égard. »

Mémoires de Charles Perrault, en tête de ses ŒUVRES CHOISIES, Paris, 1826, in-8°, liv. III, p. lxxj-xxiij.

2° *Les jetons de l'Académie française.*

ANNÉE 1681[1].

Au sieur Loir, graveur, pour 1000 jetons qu'il a livrés pour l'Académie.................	961 livres.
Au mesme pour 1000 jetons.................	996 —
....	
A Thuret, horloger, pour ce qu'il a fourny à MM. de l'Académie des Sciences, suivant son mémoire.................................	870 —
....	

moires; mais, depuis, le jeton fut modifié, comme on le voit par la vignette du *Recueil des Harangues prononcées par Messieurs de l'Académie françoise dans leurs réceptions* (Paris, Coignard, 1698, in-4°). La tête du roi est remplacée par l'écu de France, et il y a le soleil emblématique au-dessus des mots : *A l'immortalité*. Il en est de même dans l'*Histoire de l'Académie françoise*, par M. Pellisson, sortie des presses du même imprimeur, en 1700.

1. Archives de l'Empire, *Registre du secrétariat*, vol. O 10, 414, fol. 137. — A partir de cette année, le titre des états que nous publions est : « *Entretènement de l'académie des Sciences et gratifications des gens de lettres.*

Au sieur Loir, pour 1000 jetons d'argent qu'il a livrés pour l'Académie, pendant le quartier d'avril dernier........................... 967 livres.
Au mesme, *idem*, pour le quartier de juillet.. 995 —
Au mesme, *idem,* pour le quartier d'octobre... 972 —

ANNÉE 1682 [1].

Au sieur Loir, graveur, pour 3000 jetons d'argent, pesant 88 marcs 6 onces 6 gros, qu'il a fournis, à raison de 33 livres le mille..... 2,990 livres.
....
Au sieur Loir, graveur, pour 2000 jetons d'argent qu'il a fournis...................... 1,976 —

ANNÉE 1683 [2].

Au sieur Loir, graveur, pour 2000 jetons d'argent qu'il a fournis, pendant le quartier d'octobre dernier, pour MM. de l'Académie.. 2,011 livres.
....
Au sieur Loir, graveur, pour 2000 jetons....... 2,048 —
....
Au sieur Loir, pour 1600 jetons, pour le quartier d'avril................................. 1,603 —
....
A Loir, graveur, pour 1560 jetons d'argent, pour le quartier de juillet...................... 1,563 —
....
A Loir, graveur, pour 1560 jetons d'argent, pour le quartier d'octobre...................... 1,522 —

Lettres, Instructions et Mémoires de Colbert publiés par P. Clément, t. V, pages 494-498. *Passim.*

XXIII

Enregistrement à la Cour des Aides de Rouen des lettres confirmatives de Noblesse accordées par Louis XIV à Pierre et à Thomas Corneille. (Voy. ci-dessus, ch. IV, p. 251.)

DU XVIe MAY 1670.

Veu par la cour les lettres pattentes du roy obtenues par Pierre et Thomas Corneille frères données à St-Germain en laye au mois de

---

1. Archives de l'Empire, *Registre du secrétariat,* vol. O 10, 415, fol. 263.
2. Archives de l'Empire, *Registre du secrétariat,* vol. O 10, 416, fol. 286.

may 1669 par lesquelles pour les causes et considérations y employez, Sa Majesté les a confirmez et maintenuz en l'annoblissement accordé à Pierre Corneille leur père au mois de janvier 1637, pour jouir par eux ensemble leurs enfans et dessendans tant masles que femelles naiz et à naistre en loial mariage des mesmes honneurs auctoritez prerogatives prééminences franchises libertez et exemptions dont jouissent et ont accoutumé de jouir et user les autres nobles du royaume et ce nonobstant la revocation portée par la déclaration du mois de septembre 1664 dont sa dite Majesté les a exceptez, mandant à ladite Cour procedder en l'enregistrement desd. lettres et du contenu en icelles faire jouir plainement et paisiblement et perpétuellement lesd. Corneille frères leurs enfants postérité et lignée nais et a naistre en loial mariage, lettres de chartre dudit annoblissement obtenues par led. Pierre Corneille père et a luy conceddeez a cause des services y employez, donneez a Paris aud. mois de janvier 1637 signeez Louis et sur le reply par le roy de Lomenye scelléez en lacs de soye rouge et verde du grand sceau de cire verde, arrest de lad. cour du vingt quatrième jour de mars aud. an portant vériffication et enregistrement desd. lettres de chartre d'annoblissement pour jouir desd. privillegez et exemptions ainsy qu'il est plus amplement mentionné en icelles, certificat du sieur le Tellier secrettaire destat et des commandemens de sad. Majesté par lequel il atteste qu'elle luy a commandé de comprendre lesd. Corneille frères au roolle de ceux qu'elle à estimé a propos en considération de leurs services de confirmer en leur noblesse, led. certificat dabté du vingt-quatrième jour de novembre mil six cens soixante cinq, requeste presentee à lad. cour par iceux Corneille freres tendante a ce qu'il pleust à icelle veoir lesd. lettres de confirmation de noblesse y attachées et en ce faisans ordonner qu'elles seront registréez ès registres de lad. cour pour par eux jouir de l'effet d'icelles suivant l'intention de Sa Majesté, ordonnance de lad. cour au bas de lad. requeste de ce jourd'huy portant qu'elle seroit communiquée au procureur général du roy. Conclusion dud. procureur général du roy et oy le raport du conseiller commissaire tout considéré.

La cour a accordé actes auxd. impétrans de la présentations desdites lettres de confirmation de noblesse lesquelles seront enregistrées es registres dicelle pour en jouir selon leur forme et teneur en vivant noblement sans commettre derogeance.

Signé : DEBESLIÈVRE. — RACINE.

Archives de la Seine-Inférieure. Cour des Aides. Registre des Ordonnances B, conseil, 1670. Feuillet 435.

Nous en devons l'indication à M. Ch. de Beaurepaire.

XXIV

Contrat de vente des biens du Val-de-la-Haye, par Pierre Corneille.
(Voy. ci-dessus, ch. VII, p. 305.)

GÉNÉRALITÉ DE ROUEN.

A tous ceux qui ces pntes (présentes) lettres verront ou oiront, le garde du scel des obligations de la Ville et Vicomté de Rouen, salut.

SCAVOIR FAISONS que pardevant Jean Liesse et Martin Le Pelletier no^res gardenottes royaux à roüen fut présent Pierre Corneille, escuier, sieur Danville, capitaine de cavalerye, au nom et comme procureur et fondé de procuration de Pierre Corneille es^r, son père, demeurant à Paris, rue dargenteuil, parroisse de Saint-Rocq, auquel il s'est submis faire ratiffier et avoir ces pntes pour agréables, et de fournir acte de ratification à lacquereur cy après nommé, toutes fois et quantes; lequel a reconnu et confessé avoir baillé à tiltre de fieffe et rente foncière perpétuelle et irrévocable à honorable Guillaume Chouard, marchand boucher, demeurant en la paroisse de Saint Jean du Val de la Haye, à ce present et acceptant, pour luy, ses hoirs et ayants cause :

C'est à scavoir *une masure* nommée le Jardin Feuillée contenant trois vergees ou environ, ainsi close de vive haye et plan.ée qu'elle est, bournée d'un costé le commandeur de Saint-Vaubourg, d'autre costé le chemin du Roy, d'un bout le sieur Guimbel [1] et d'autre bout plusieurs; — *Plus* une demye accre de pray, bournée d'un costé led. sieur commandeur, d'autre costé Robert Agasse, d'un bout la rivière de Seine, et d'autre bout ladite masure; — *Plus* une autre vergée de terre, aussy en nature de pray, bournée d'un costé led. Agasse, d'autre costé le Sr Dufour, d'un bout lad. rivière de Seine, et d'autre bout le sieur Pringue, bourgeois de roüen; — *Plus* une demye accre de terre, partie en coste et partie en masure, bournée d'un costé le chemin du Roy, d'autre costé les représentants de Guillaume Barjolle, d'un bout led. sieur Gumbel, et d'autre bout led. Sr Barjolle; — *Plus* une petite masure, ainsi plantée qu'elle est, bournée d'un costé lad. chausée, d'autre costé ledict sieur Corneille, d'un bout lad. rivière, et d'autre bout led. Agasse [2]; — *Plus* dix autres perches de terre, en nature de pray, bournée dun costé ledict sieur Corneille, dautre costé les rept (représentants) audict Agasse, dun bout led. Agasse et dautre bout ladicte rivière de Seine; — *Plus* demye vergée de terre, aussi en nature de pray, bournée des deux costés led. sieur Guimbel, dun bout lad. rivière de Seine, et dautre bout led. Paul Gueroult; — *Plus* une demye accre de terre en nature de labour, joignant ladicte vergée cy-dessus; — *Plus* une autre pièce de terre, aussi en nature de pray,

---

1. Quimbel et Quibel, pp. 352, 354.
2. La contenance, non indiquée, est d'une demi-vergée. Voy. plus haut, l'Aveu du fief à la Sauvagesse, p. 354. F. B.

contenant trente perches ou environ. Le tout scitué et assis en ladite parroisse de Saint Jean du Val de la Haye. — De plus, avec la continence bouts et costés desquelles héritages led. Chouard s'est tenu content pour les bien scavoir et connoistre, et comme les ayant cy devant tenus et comme les tenant encore de présent à ferme dudict sieur Corneille, sans aucune fourniture, ny répétition de mesure, ny aucune chose en excepter, réserver, ni retenir, par led. sieur Corneille aud. nom. Et a esté arresté qu'au cas qu'il se trouvast moins dedites héritages cy-dessus spéciffiées, ledit Chouard ne pourra aprocher ledict sieur Corneille en garantye en façon quelconque; à la charge par ledit Chouard de tenir et rellever lesd. héritages cy-dessus des seigneurs et seigneuries, dont ils sont tenus et mouuants, par telles rentes et redevances seigneurialles qu'elles peuvent debvoir, que lesdictes parties nont quand a present peu dire ne déclarer de certain, pour n'en avoir connoissance; de ce faire interpellés par lesdicts no^res suiuant l'ordonnance. Pour par led. Chouard desd. héritages cy-dessus en jouir, faire et disposer de ce jourd'huy et a lavenir, comme de chose à luy appartenant. Aux fins de laquelle propriété et jouissance ledict sieur Corneille, audict nom, s'est submis et obligé d'aider ledict Chouard des contracts, tiltres et enseignements faisant mention desd. héritages, sous recepisse, touttes fois et quantes, et la subroge (l'a subrogé) et subroge en tous les droits, noms, raisons et actions dudit sieur son père. Cette baille à rente et fieffe ainsi faite, aux charges cy-dessus, outre et moyennant le prix et somme de *quatre vimgt quinze* livres tournois de rente foncière, perpétuelle et irraquittable, que led. Chouard s'est submis faire bailler et payer par chacun [an] aud. sieur Corneille pere, ses heritiers et representants, du jour de Saint Michel dernier passé, premier payement commençant aud. jour de Saint Michel dernier à un an en suivant, et cy après ainsi continuer lad. rente à perpétuité; et à laquelle lesd. héritages cy-dessus fieffés sont speciallement et privilègement obligés, affectés et hipotéqués, comme en général tous les autres biens presents et avenir dud. sieur Chouard, sans que la spécialité et la generalité dérogent l'une à l'autre ny autrement.

Et s'est led. Chouard submis de faire reparer a ses depens en blocage le pignon de la maison cy-dessus, dans les deux ans de ce jour, comme aussi de faire planter pendant dix années sur ledit heritage douze arbres, tant pommiers que poiriers, et de bien et deuement entretenir lesdits heritages, aux fins que ladicte rente soit plus aisement persue. Et a esté stipule entre lesd. parties qu'en cas que led. Chouard fut défaillant de payer ladite rente par trois années consecutives, led. sieur Corneille sera permis de se remettre en possession desdicts heritages cy-dessus, sans aucune formalité de justice faire ne garder, ny espérance par ledit Chouard d'aucun dedomagement. Comme aussi s'est ledict Chouard submis de mettre les talus et chemin joignuant lesdits heritages en bon et deub estat à ses depens, au desir de l'ordonnance, sans que led. sieur Corneille en puisse estre aproché, tant du passé que lavenir de façon quelconque.

En tesmoin, ce fut fait et passé à Rouen en lestude desdits notaires le mardy après midy cinq d'octobre mil six cent quatre vingt trois, presence de Jacques Le Febure, et Jacques Bourdet, tesmoins, demeurants à Rouen, lesquels ont avec lesdites parties signé à la notte des presentes demeurées vers led. Liesse, l'un desd. not. soussignés.

Averty, controllé suivant lordonnance.

LIESSE. LEPELLETIER.

« La Bibliothèque du Petit-Séminaire (du Mont-aux-Malades, près Rouen) possède depuis peu (avant 1884), parmi ses manuscrits, l'expédition sur 8 pages de parchemin petit in-4°, de l'acte notarié par lequel Pierre Corneille vendit à Guillaume Chouard ses biens du Val-de-la-Haye, moins d'une année avant sa mort, le 5 octobre 1683. Cette pièce est reliée à la suite de trois aveux (chacun de 4 pages in-8°, parchemin) signés de la main du grand Corneille. »

Note précédant le texte du contrat de vente, publié sous ce titre explicatif : « LE GRAND CORNEILLE. *Contrat de vente de ses biens du Val-de-la-Haye, le 5 octobre 1683, publié pour la première fois précédé d'un A-propos sur le second centenaire de Pierre Corneille par l'abbé A. Tougard, membre du comité d'organisation.* — Dieppe, Imprimerie de Paul Leprêtre, 1884, 16 pages gr. in-8°.

L'éditeur les tenait de M. Joachim Leroux, qui avait épousé Mme Hortense Chouard, dont l'un des ascendants, Guillaume Chouard, avait acquis directement les biens de Pierre Corneille; comme les trois Aveux publiés ci-dessus (pp. 353-355), M. l'abbé A. Tougard a donné généreusement l'expédition de ce contrat de vente au Petit-Séminaire, où il a été longtemps professeur et dont il fait encore partie.

Le contrat occupe les pages 14 à 16 de cette publication.

XXV

Vente des biens de la Rue de la Pie, à Rouen. (Voy. ci-dessus, ch. VII, p. 307.)

1° Procuration donnée par Pierre Corneille à Fontenelle, son beau-frère.

Par devant nous conseillers du Roy, notaires garde notes au Chastelet de Paris, soussignez, fut présent Pierre Corneille, escuyer, sieur d'Anville, demeurant à Paris, rue d'Argenteuil, parroisse Saint Roch, lequel a fait et constitué son procureur général et spécial François Bouier, escuyer, sieur de Fontenelle, advocat au parlement de Rouen, auquel il donne pouvoir et puissance de, pour luy et en son nom, vendre à telle personne, pour tel prix, charges, clauses et conditions, et avec garantye ou sans garantye, comme il advisera, une maison scize en ladite ville de Rouen rue de la Pie et les deppendances, appartenante audit sieur Corneille, recevoir le prix qui sera convenu, en donner quictance [1] [et de partye dudit prix en employer celle de trois mil livres au paiement de pareille somme qu'il est loisible audit S^r constituant de payer pour l'admortissement et acquit de trois cens livres de pension viagère qu'il a constituée à dame Marguerite Corneille sa fille, dite sœur Marguerite de la Trinité, religieuse dominiquaine hors la porte cauchoise dudit Rouen, en retirer quittances], à cet effet signer et passer tous contracts et actes nécessaires et eslire domicile pour l'entretenement des actes qui seront passez, et générallement promettant et obligeant, etc. Fait et passé à Paris en la demeure dudit sieur Corneille devant dite, l'an mil six cent quatre vingt trois, le quatrième jour de novembre avant midi.

Et a signé CORNEILLE, LAUERDY, LENORMAND.

Au dos :

Paraphée *ne varietur* par ledit sieur de Fontenelle et le sieur Dominique Sonnes et par les notaires soussignez, en vertu du contrat de vente passé devant lesd. notaires, le dix^{me} jour de novembre mil VI^c quatre vingt trois, de la maison y mentionnée.

Signé : LE BOVYER, SONNES, LIOT.

2° Contrat de vente, par Pierre Corneille, de cette maison.
(10 novembre 1683.)

Du dix novembre seize cent quatre vingt trois.

Fut présent Me François Lebouier, escuier, sieur de Fontenelle, advocat en la cour de parlement de Rouen, y demeurant rue du Cordier, parroisse de St Godard, au nom et comme procureur général et spécial de Pierre Corneille, escuier, sieur d'Anville, demeurant à Paris rue d'Argenteuil, parroisse de St Roch, par procuration passée devant Lauerdy et Lenormand, conseillers du Roy, notaires garde notes au chastelet de Paris le quatrième de ce présent mois, spécialle à l'effet des présentes, demeurée annexée avec la présente note après avoir esté paraphée dudit sieur de Fontenelle, en usant du pouvoir contenu en ladite procuration, a vendu, quitté, cédé et delaissé et promis garantir, pour et au nom dudit sieur de Corneille au sieur Dominique Sonnes, chirurgien juré à Rouen, y demeurant paroisse de St-Sauveur, présent acquereur, c'est asçavoir : une maison assise en ladite paroisse de St-Sauveur, rue de la Pie, de telle continance qu'elle est et toute et aultant qu'il en a esté baillé à maistre Jean Costy, médecin, par ledit sieur de Fontenelle, au nom du dit sieur de Corneille, par bail sous seing privé de trente unième jour d'aoust dernier et qu'en tenoit auparavant le sieur Cotil, marchand, sans du tout en rien excepter ny retenir, bornée d'un costé : une grande maison appartenant au sieur de l'Isle Corneille, frère du sieur vendeur, d'autre

---

1. « La partie entre crochets est ajoutée en marge avec la signature de Corneille et les lettres initiales des noms des notaires. » Note de M. Ch. de Beaurepaire.

costé monsieur de Berangeville trésorier de France [1], d'un bout ledit sieur de l'Isle [2] et d'un bout le pavé du Roy en ladite rue de la Pie, franche, quitte et exempte de toutes rentes et charges quelsconques, pour en jouir, posséder, faire et disposer par ledit sieur acquereur du jour de Saint-Michel dernier passé et à l'avenir, comme de chose à lui propriétairement appartenant, pour lequel effet ledit sieur de Fontenelle audit nom, a subrogé ledit sieur Sonnes à tous les droits, noms, raisons et actions dudit sieur de Corneille, auquel ladite maison appartient de son ancien propre, à la charge par ledit sieur acquéreur d'entretenir le bail du dit sieur Cotil [3] le temps restant de la jouissance d'icelui, lequel bail ledit sieur de Fontenelle a présentement mis ès mains dudit sieur acquereur, cette vente ainsi faite moyennant le prix et somme de quatre mille trois cents livres que ledit sieur acquereur a présentement payé comptant audit sieur de Fontenelle, audit nom, en la présence desdits notaires, en louis d'argent et monnoye ayant cours aux prix du Roy, du nombre de laquelle somme il en sera employé celle de trois mil livres pour racquitter la pension de dame Marguerite Corneille, dite de la Trinité, fille dudit sieur vendeur, religieuse au monastère des religieuses dominiquennes du faubourg de Cauchoise ; à l'entretenement et garantie duquel présent contrat ledit sieur de Fontenelle en a obligé tous les biens et héritages dudit sieur de Corneille [4], comme faire le peut en vertu de ladite procuration. Fait et passé à Rouen en la maison dudit sieur de Fontenelle, le mercredy après midy dixième novembre M VI^c quatre vingt trois. Présents Laurent Langlois et Guillaume Blondel, demeurants à Rouen, tesmoins.

Signé : Le Bouyer, Sonnes, Langlois, Blondel et Liot.

Les deux pièces ci-dessus ont été publiées par M. Ch. de Beaurepaire, à la fin de son Etude : *Pierre Corneille et sa fille Marguerite Dominicaine à Rouen*, 1885, pages 33-37. La première était inconnue; la seconde a été publiée par M. Marty-Laveaux, *Notice biographique sur P. Corneille*, pp. ci-cii.

Si nous la publions de nouveau, c'est qu'il y a quelques différences de lectures, surtout vers la fin.

1. « Eudes de Berengerville. La famille Eudes était depuis longtemps domiciliée sur la paroisse Saint-Sauveur. » M. Ch. de Beaurepaire.
2. Pour une dépendance de la maison de Thomas, qui elle-même aurait été bornée par le jeu de paumé Saint-Eustache, dont l'entrée était rue aux Chevaux. F. B.
3. Costy, qui avait obtenu le bail du 31 août 1683. Voy. plus haut, p. 378
4. Par la donation du 4 mai 1668. Voy. Appendice XXI. F. B. — L'amortissement de la pension viagère de sœur Marguerite Corneille eut lieu immédiatement, le 12 novembre 1683. L'acte en a été publié par M. Ch. de Beaurepaire, à la suite des deux précédents, pp. 39-40. F. B.

XXVI

Les Pères de Trevoux sur la Pension de Corneille.
(Voy. ci-dessus, ch. VI, p. 288.)

Les Pères de Trevoux, faisant la critique de *la Vie de Monsieur Despréaux*, par Desmaiseaux, en 1713, acceptent ce qu'il dit au sujet de la vente de la Bibliothèque de Patru, que Boileau acheta le double du prix demandé et qu'il lui laissa, durant sa vie entière; mais ils contestent ce qu'il avance sur la pension d'après l'autorité de Boursault.

« Nous croyons ce trait de générosité sur la parole de M. Boursaut; mais il en ajoute un autre dont nous avons doute, et que nous avons trouvé absolument faux. M. Despréaux ayant appris, dit M. Boursaut, qu'on avoit retranché la pension du Grand Corneille, courut chez Madame de Montespan, et obtint par son crédit qu'elle fût rétablie. Nous avons en main des preuves que la pension procurée au Grand Corneille par M. Fouquet fut retranchée après sa disgrâce, avec toutes celles qui s'étoient données pendant son ministère; que M. Corneille, qu'on sçait avoir porté le désintéressement jusqu'à une négligence blâmable, ne se donna aucun mouvement pour la faire rétablir. Quelques années se passèrent, mais M. l'abbé Gallois et M. Perraut ayant sçû que cette pension étoit retranchée, ils firent comprendre à M. Colbert, si zélé pour la gloire de l'État, combien il était honteux pour la France qu'un homme tel que Corneille fût sans récompense. La pension fut rétablie et à toujours été payée fort exactement, M. Despréaux n'avoit encore aucun crédit à la cour, quand la pension fut rétablie. »

Mémoires pour l'Histoire des Sciences et des Beaux-Arts. A Trevoux, 1713. Septembre. Article CXXVIII. — Pages 1587-1588.

La vie de Monsieur Boileau Despréaux, par Monsieur Des Maiseaux. A Amsterdam, chez Henri Schelte, 172. In-12, 315 pages.

XXVII

Les armoiries primitives de la famille Corneille.
(Voy. ch. VII, pages 82-83.)

Aujourd'hui, les armoiries, citées et représentées partout, sont : *D'azur, à la fasce d'or, chargée de trois testes de lion de gueules et accompagnée de trois estoiles d'argent, deux en chef et une en pointe.*

Elles se trouvent ainsi décrites dans l' « *Armorial général de France,* Ville de Paris, tome I, fol. 1066, Bibliothèque Nationale, département des Manuscrits », et leur figuration peinte est dans le même *Armorial*, tome I, p. 773.

M. Marty-Laveaux les a fort exactement citées dans une note de la page 54 de sa *Notice biographique sur Pierre Corneille* (Extraits), et la figuration peinte, dans l'Album joint à l'édition des *Œuvres de Corneille*, n'est pas moins conforme à l'original. Il n'y a d'ajouté que les ornements extérieurs de ces armoiries, que ne donne pas l'*Armorial général*, et qui sont empruntés à une autre source, dont nous allons parler.

Cependant ces armoiries, généralement admises, diffèrent en deux points de celles qui furent accordées à la famille lors de son anoblissement. En voici la preuve.

Les lettres de noblesse, enregistrées par la Cour des Aides de Normandie, le 24 mars 1637, offrent, à la place qui leur avait été réservée dans le texte de la transcription, la figuration coloriée de ces armes. Or on voit, parmi les pièces de l'écu, des étoiles, mais elles sont *d'or* et non *d'argent*. C'est là aussi que se trouvent les ornements extérieurs de ces armoiries : un timbre (casque de profil, tel que les portaient les écuyers et les nouveaux anoblis), un lévrier naissant pour cimier et deux lévriers en supports, les pattes appuyées sur un terrain couvert d'herbes. (Archives de la Seine-Inférieure, Cour des Aides, Mémorial 1635-1637 (29), fol. 242.)

Mais la présence de ces étoiles, qui se seraient trouvées sur l'original « des armoiries timbreez telles que nous leur donnons et sont cy empreintes », disait le roi Louis XIII dans les lettres de noblesse, inspire plus qu'un doute. En effet, à trois jours de distance, le 27 mars 1637, la Chambre des Comptes enregistra, à son tour, les mêmes lettres de noblesse, d'après le même original, et le dessinateur, qui les représente à la place réservée, voit et figure, avec leurs émaux, les pièces de l'écu, et il dessine *trois molettes d'or*, au lieu des « trois étoiles d'or » du registre de la Cour des Aides. De plus, il n'y joint aucun des ornements extérieurs, suivant l'usage adopté pour les registres des Cours souveraines et des Nobiliaires.

Le registre original, où se trouve cette divergence, a disparu ; mais il en reste une copie, faite au début du xviiie siècle, où tous ces détails sont donnés, texte et figure. (Voir, plus haut, pp. 82-83.) On y voit clairement les six pointes caractéristiques de l'éperon, avec le trou percé au milieu, qui empêche de confondre la molette avec l'étoile, laquelle d'ailleurs n'avait que cinq branches ordinairement.

Nous disons « ordinairement », car la copie dont nous parlons contient une armoirie dont la molette n'a que cinq pointes, tandis que, dans toutes les autres, on en trouve six. Ce détail confirme pleinement la remarque du P. Ménestrier : « La mollette, pièce principale de l'éperon, est toute semblable à une étoile ; la seule différence, c'est que la mollette est percée en rond dans le milieu. » Ainsi s'explique la confusion du dessinateur de la Cour des Aides, qui n'a pas tenu compte de ce trou rond caractéristique de la molette et figuré sur l'original de la Chambre des Comptes, qu'a reproduit clairement la copie.

Une autre preuve que la molette était bien sur les lettres de noblesse, comme l'a représentée le dessinateur de la Chambre des Comptes, c'est qu'elle se retrouve dans les armoiries apposées au bas des portraits faits du vivant de Corneille.

Ainsi, en 1643, six ans après l'octroi des lettres de noblesse, Michel Lasne, originaire de Caen, dessinateur et graveur célèbre, fit le portrait de son ancien condisciple, resté toujours son ami. Les armoiries, placées au bas du portrait, présentent des molettes à cinq pointes, d'où partent deux traits destinés à en marquer le relief, et un autre trait ailleurs, pour en indiquer l'évidement. Il y a même, au milieu, un petit trou en rond, plus ou moins visible, dans les éditions de ce portrait in-4° ou in-12, qui ont été faites pour les éditions des *Œuvres de Corneille*, à différentes époques, à partir de 1644. Evidemment Michel Lasne n'aurait pas pris cette peine, s'il avait dû représenter une étoile; il n'y avait qu'à la laisser en blanc. En fait d'ornements extérieurs, rien que le timbre avec des lambrequins, et nous croyons que tel fut d'abord l'aspect de cette partie des armoiries de la famille Corneille.

Au bas du portrait dessiné, d'après nature, par A. Paillet, et gravé par G. Vallet, pour l'édition in-f° des *Œuvres de Corneille*, imprimée à Rouen, par Maurry, en 1663, se trouvent des armes où sont plutôt des molettes que des étoiles, à cause de la présence des mêmes lignes, des mêmes traits, dont nous avons parlé plus haut. Mais une innovation à signaler, c'est que le cimier et les supports sont des licornes, et que le timbre est de front avec huit grillages, disposition réservée pour les ducs, marquis et comtes, et non pour les simples écuyers.

Aussi est-il nécessaire de ne pas adopter, dans toute sa teneur, l'avis placé sur le feuillet qui précède le dessin des armoiries données par l'Album de Pierre Corneille, pour l'édition des Grands Écrivains de la France. On les annonce ainsi : « Les armoiries de Pierre Corneille, dessinées par M. Ch. Millon de Montherlant, d'après le blason qui se trouve au bas du portrait dessiné par Paillet (pour l'édition de 1663), et d'après l'*Armorial général de France*. » L'écu et les pièces des armes sont tout à fait conformes à la figuration peinte dans l'*Armorial*[1]; mais les ornements extérieurs ne sont pas ceux du portrait de Paillet, où se trouvent des licornes. Les lévriers viennent en droite ligne du registre de la Cour des Aides de Rouen, dans un dessin postérieur.

Cet Armorial fut fait en 1696, et, à partir de cette époque, les étoiles prévalurent, et on les retrouve nettement au bas du portrait de Thomas Corneille, quand s'imprima son *Dictionnaire universel, géographique et historique*, en 1708. Il faut aussi remarquer que le Timbre est de trois quarts avec huit grilles, sans cimier, et deux licornes pour supports, mais elles ne sont plus debout, comme dans les armoiries du portrait fait par Paillet; elles sont accroupies.

De nos jours, aux armoiries données par l'Album cité plus haut, on vient d'ajouter une devise. C'est dans la maison de campagne de Corneille, au Petit-Couronne. Les armoiries, représentées au-dessus de la cheminée d'une chambre du premier étage, offrent une banderole avec ce vers d'Horace, cité à faux :

Et mihi res non rebus me submittere conor (sic).

---

1. Communication obligeante de M. Henri Moranvillé, de la *Bibliothèque nationale*, département des Manuscrits.

On en a fait la devise de Corneille, tandis que le poète a rappelé ce vers, dans l'avis « Au Lecteur » de sa tragédie de *Nicomède*, pour justifier la théorie dramatique qui lui est propre, et qu'il a appliquée dans tout son théâtre. Détournant ce vers du sens que lui avait donné Horace, Corneille lui fait dire : « Asservir les sujets à moi-même, et non moi-même aux sujets, tel est le but de mes efforts. » C'est la fière indépendance du génie qui imprime à tout son caractère.

De toutes ces remarques il résulte que les armoiries admises aujourd'hui diffèrent des anciennes, sur deux points, la figure et l'émail d'une pièce. Elles avaient, d'abord, des *molettes* au lieu d'*étoiles*, et, lors même qu'il y aurait eu des étoiles, elles devraient être *d'or* et non *d'argent*. Le registre de la Cour des Aides et la copie du registre de la Chambre des Comptes de Normandie le prouvent clairement.

Il était nécessaire d'en fournir la preuve et d'y joindre ces détails pour jeter quelque lumière sur l'un des *Points obscurs et nouveaux de la vie de Pierre Corneille;* car personne, avant nous, ne s'en était occupé, faute d'avoir rencontré le précieux document que nous devons à l'obligeance de M. C. Lormier, qui le possède à Rouen, dans sa riche bibliothèque.

FIN

TABLE DES MATIÈRES

Dédicace.. VII
Introduction IX

PREMIÈRE PARTIE
ROUEN (1606-1662).

CHAPITRE PREMIER
ANCÊTRES, PARENTS ET ALLIÉS DE PIERRE CORNEILLE

Conches, berceau de la famille. — Les Corneille. — Ce nom est commun dans la Haute-Normandie. — Les Houel. — Les Le Pesant. — Les de Lampérière. — Les Tournebus et autres.......... 1

CHAPITRE II
NAISSANCE, PREMIÈRES ANNÉES ET ÉTUDES CLASSIQUES, ACQUISITIONS DU PÈRE (1606-1622)

L'immeuble de la rue de la Pie, à Rouen, bien patrimonial. — Naissance de Pierre Corneille. — Acquisition par son père de biens au Petit-Couronne. — Ils sont voisins de Marie Le Pesant, tante de Corneille, à Moulineaux. — Études de Pierre Corneille au collège des jésuites de Rouen. — Ses prix en troisième et en rhétorique. — Détails sur les deux volumes reçus. — Leurs possesseurs aujourd'hui. — Attestation des préfets des études. — Anecdote apocryphe sur un prix pour une traduction en vers français. — Acquisitions nouvelles de Pierre Corneille, le père, rue de la Pie et au Val-de-la-Haye.. 6

CHAPITRE III

ÉTUDES DE DROIT, LE BARREAU, LES FONCTIONS JUDICIAIRES

Où Corneille fit-il ses études de droit? — Les examens de la faculté de droit à Caen. — Il est reçu avocat au barreau de Rouen. — Sa plaidoirie unique. — Fut-il avocat plaidant? — Il perd son titre d'avocat. — Il devient avocat du roi dans les juridictions des Eaux et Forêts et de l'Amirauté à la table de marbre de Rouen. — Dispense d'âge nécessaire. — Le cardinal de Richelieu le nomme. — Prestation de serment pour ce double office. — Il reste vingt et un ans en exercice. — Il est « avocat du roi », et non « avocat général ». — Il remplit exactement tous les devoirs de sa charge. — Erreur manifeste sur ce point. — Son intelligence des affaires. — Fut-il bon avocat du roi?.. 21

CHAPITRE IV

LES PREMIERS ESSAIS

Vie mondaine. — Vers de société. — Les mascarades à Rouen. — Vers à ce sujet. — Traductions d'épigrammes latines. — Date probable des premiers essais. — Concourut-il aux Palinods de Rouen et de Caen?.. 31

CHAPITRE V

LA LÉGENDE ET LA VÉRITÉ DANS « MÉLITE »

Comédie toute personnelle. — Son importance pour la jeunesse de Corneille. — Nouveaux éclaircissements pris chez lui-même. — La pièce est toute rouennaise. — Le lieu de la scène est Rouen et non Paris. — Les personnages sont des Rouennais. — Un amour de Corneille, à Rouen, en est le point de départ. — De là le « Sonnet » cité dans la pièce et rappelé plusieurs fois. — Le « Dialogue » des premiers essais y fait suite. — Les principales idées s'en retrouvent dans la pièce. — Preuves par des citations. — Insuccès de ce premier amour. — D'où peut venir la rupture. — *Mélite* inaugure la lutte entre le devoir et la passion, principe et caractère général de son théâtre. — Examen d'une interprétation nouvelle de cette pièce. — Les noms et les faits, connus des contemporains, oubliés depuis, et retrouvés de nos jours. — Mélite, l'héroïne de la pièce, désigne une personne véritable. — L'erreur sur son nom provient d'une fausse interprétation. — Naissance et progrès de la légende. — L'abbé Granet mit sur la voie de la vérité. — M. E. Gosselin l'a découverte de nos jours. — Mélite avait nom Catherine Hue. — La mère, personnage absent, était Catherine de Beauquemare. — Tircis est Corneille lui-même. — Cloris est sa propre sœur, Marie Corneille. — Date incertaine de la rupture. — L'amour de Corneille persiste. — Preuve remarquable. — Utilité de cette étude pour mieux connaître sa jeunesse et son cœur, et réfuter la légende.. 45

CHAPITRE VI

CORNEILLE ET LA COUR DE LOUIS XIII AUX EAUX DE FORGES

Construction d'un théâtre à Forges. — L'acteur Mondory protecteur de Corneille. — Pièces de Corneille représentées devant la cour. — Conséquences de ce voyage pour l'auteur. — François Ier de Harlay, archevêque de Rouen. — Corneille s'excuse, en vers latins, de ne pas louer Louis XIII ni Richelieu, comme le désirait l'archevêque. — Il entre dans la compagnie des cinq auteurs et en sort bientôt. — Souvenir de Forges et de son théâtre dans la Querelle du Cid. — Mondory et les représentations du *Cid* à Paris. — Furent-elles immédiatement interrompues par sa paralysie?......... 66

CHAPITRE VII

ANOBLISSEMENT DE LA FAMILLE CORNEILLE ET ATTAQUES DES ENNEMIS DU POÈTE LORS DE LA QUERELLE DU CID

Ancêtres qualifiés « nobles » ou « honorables personnes ». — Les Houel et les Le Pesant. — Noblesse accordée à la famille Corneille. — Motifs de cette distinction. — Les premières armes de la famille. — La cause principale de l'anoblissement est le succès du *Cid*. — Témoignage postérieur de Jean Loret. — Attaques des ennemis du poète. — Claveret. — Charleval. — Un inconnu favorable. — Mairet. — La particule nobiliaire donnée à Corneille. — Il ne la prend ni dans sa signature ni ailleurs. — Il prend toujours le titre d' « Écuyer »... 79

CHAPITRE VIII

DE LA FORTUNE DE PIERRE CORNEILLE, LE PÈRE, A L'ÉPOQUE DE SA MORT

Assertions de M. Taschereau. — Réfutation. — Biens immeubles. — Biens meubles. — Placements divers après sa démission de maître particulier des eaux et forêts. — Les uns et les autres se retrouvent dans sa succession. — Il ne laissa pas sa femme et ses enfants sans fortune. — Cette assertion est le point de départ d'une fausse légende sur la prétendue pauvreté du poète..................... 92

CHAPITRE IX

MARIAGE ET DEVOIRS DE FAMILLE, APRÈS LA MORT DU PÈRE

Mort de Corneille le père. — L'aîné de ses enfants, Pierre Corneille, vient en aide à sa mère restée veuve. — État de la famille à la mort du père. — Position des frères et sœurs. — Pierre Corneille songe au mariage. — Anecdote à ce sujet. — Motifs de douter du récit de Fontenelle. — Pierre dirige son frère Thomas. — Ses études de droit. — Il l'initie à la poésie. — Il facilite son mariage. — Réfutation d'une erreur. — Enfants nés du mariage de Pierre Corneille. — Motifs pour différer d'en parler....................... 96

CHAPITRE X

DE LA FORTUNE DE PIERRE CORNEILLE, LE FILS

PATRIMOINE. — Immeubles : Rouen. — Cléon et Orival. — Petit-Couronne. — Val-de-la-Haye. — Meubles : Remboursements de rentes. — Arrérages.
BIENS DOTAUX. — Immeubles : Aux Andelys et dans les environs. — Meubles : Vente de charge. — Lettre d'intermédiat. — Prix d'une transaction.
PLACEMENTS. — Acquisitions de rentes. — Vente d'office.
TRAITEMENTS POUR FONCTIONS PUBLIQUES. — Avocat du roi à la table de marbre. — Avantages divers. — Procureur-syndic des États de Normandie.
RÉSUMÉ. — La fortune immobilière et mobilière de P. Corneille prouve une grande aisance, accrue encore par d'autres ressources........ 104

CHAPITRE XI

PRODUITS FINANCIERS DE SES OUVRAGES

THÉATRE. — Vieilles pièces achetées à vil prix. — Motifs de Corneille pour élever le prix des siennes. — La pièce payée par les acteurs ne profitait plus à l'auteur. — Corneille se faisait bien payer. — Preuves du fait. — Attaques sur ce point dans la Querelle du Cid. — Claveret. — Mairet. — Chapelain. — Remarque à propos d' « Horace ». — La vente de ses pièces lui fut avantageuse. — Demande d'un privilège exclusif pour les représentations de trois d'entre elles. — Il veut favoriser les comédiens du Marais. — Motifs du refus par le conseil privé. — Accusations d'avarice par les contemporains. — Réclamation d'une part proportionnelle dans les représentations des pièces vendues.
IMPRESSIONS. — Il imprima durant cinquante ans. — Les traités avec les libraires varient. — Il y défend ses intérêts. — Libraires-éditeurs et libraires-éditeurs-imprimeurs. — Ses prétentions modestes au début. — Ses exigences avec les succès. — Privilège direct plus favorable pour quatre pièces nouvelles. — Mairet attaque la publication du « Cid ». — Corneille quitte son imprimeur parisien, Augustin Courbé. — Il prend l'imprimeur rouennais, Laurens Maurry. — Corneille imprime à ses frais. — Cession aux libraires parisiens des privilèges qu'il se fait accorder. — Il s'en fait payer. — Le libraire Quinet. — Mérites de l'imprimeur L. Maurry. — Apposition tardive de son nom sur les titres. — On ne connaît aucun traité de Corneille avec les libraires pour la vente du manuscrit ou pour la cession des privilèges. — Les libraires se les partagent. — Corneille en change souvent. Grand succès de « l'Imitation ». — Détails et bénéfices de la vente. — Témoignages contemporains. — Il inaugure l'indépendance de l'homme de lettres par les produits de ses œuvres.. 121

TABLE DES MATIÈRES

CHAPITRE XII

LIBÉRALITÉS, PENSIONS ET PRIVILÈGES DE NOBLESSE

LIBÉRALITÉS. — Nouvelles ressources financières. — Dédicaces. — Leur caractère et leur objet. — Elles sont adressées à de grands personnages. — Leurs noms. — Son intérêt. — Dédicace de « Cinna » à Montauron. — Les panégyriques à la Montauron. — Détails sur les dédicaces de « la Mort de Pompée », « Rodogune », « Héraclius », « Œdipe ». — Libéralités de Louis XIV à propos de cette dernière tragédie. — Jugement de Gilles Boileau sur les dédicaces. — Corneille excelle dans l'éloge. — Avantages qu'il en tire.
PENSIONS. — Richelieu lui en accorde une pour sa collaboration aux pièces des cinq auteurs. — De là certains ménagements de Corneille. — Il la reçoit malgré la Querelle du Cid. — Son chiffre. — Remarque non fondée de Voltaire. — La pension est servie jusqu'à la mort de Richelieu. — Les gens de lettres peu goûtés de Louis XIII. — Mazarin les protège. — Il fait les frais des pensions. — Corneille en reçoit une. — Injustice des « Mazarinades ». — Gabriel Naudé les réfute. — Remerciement en vers à Mazarin. — Il est joint à « la Mort de Pompée ». — Citation. — Dire de Sarazin sur la fortune de Corneille. — Mazarin supprime la pension. — Date probable. — Pellisson le présente à Foucquet. — Promesse et date de la pension. — Remerciement en vers. — Sujet d'« Œdipe » donné par Foucquet. — Détails. — Corneille revient aux pièces de théâtre. — Récapitulation des ressources dues aux pensions.
PRIVILÈGES DE NOBLESSE. — Exemption des tailles. — Misère de Rouen après la révolte des Nu-Pieds. — Nécessité de l'impôt de subsistance. — Réclamation de Corneille. — Le Parlement l'admet. — Les États de Normandie également. — Le Conseil du roi la repousse. — Exemption des anciens impôts 141

CHAPITRE XIII

ROUEN ET LA NORMANDIE DANS L'ŒUVRE DE CORNEILLE

M. de Chalon lui enseigne l'espagnol. — L'étude en était fort répandue à Rouen. — Les Espagnols y étaient nombreux. — Il l'étudia pour son théâtre. — Influence et trace de ses fonctions judiciaires dans le « Cid », « Horace », « Cinna ». — Jugements, plaidoiries, délibérations. — Le caractère processif des Normands est hors de cause. — D'où vint le succès de ce moyen dramatique. — Le port de Rouen est le théâtre du combat des Mores dans le « Cid ». — L'avocat du roi à l'Amirauté s'entendait aux choses de la marine. — Critiques non fondées de Scudéry sur le récit de Rodrigue. — Complément de la défense de l'Académie française. — Attaques contre la langue de Corneille, dans les pamphlets de la Querelle du Cid. — Le sens de : « Tirer des bottes », dans l'un d'eux. — Par qui Corneille fut-il menacé de coups de bâton à Rouen. — Souvenirs rouennais dans le « Menteur ». — Preuves pour le concert et pour le feu d'artifice. — Capitaine de l'armée de Lamboy, prisonnier à Rouen. — Jean de Weert, autre prisonnier allemand, assiste à un, ballet à Paris. — Rapports des deux Corneille avec Molière et sa troupe à Rouen. — Les « Poésies diverses » de Pierre Corneille et la Du Parc. — Hommages qu'il lui rend. — Ils sont intéressés. — Molière, tout dévoué à Corneille, représentera ses pièces à Paris, après son séjour à Rouen.. 164

DEUXIÈME PARTIE
PARIS (1662-1684).

CHAPITRE PREMIER
LES DIVERSES DEMEURES DE CORNEILLE A PARIS

Préparatifs pour quitter Rouen. — Chapelain presse son arrivée à Paris. — Il était à Rouen en octobre 1662. — Départ vers la fin de l'année. — Installation à Paris, dans l'hôtel de Guise. — Y fit-il des séjours passagers auparavant? — Rapports de Corneille et du duc de Guise. — Affirmation positive de Tallemant des Réaux pour le logement. — Examen de l'assertion. — Il quitte l'hôtel de Guise. — Il n'a pas demandé un logement au Louvre. — Il désirait y voir représenter ses pièces. — Révélation de sa demeure dans la rue des Deux-Portes. — Il va rue de Cléry. — Il y habite avec son frère Thomas. — Anecdote de la trappe et des rimes. — Impossible à Rouen et au Petit-Couronne, le fait est possible rue de Cléry. — Dernière demeure, rue d'Argenteuil. — Corneille y meurt......... 185

CHAPITRE II
CHARGES DU PÈRE DE FAMILLE

Ses six enfants. — Marie Corneille, l'aînée, est deux fois marraine au Petit-Couronne. — Fausseté d'une anecdote sur un mariage manqué. — Son premier mariage avec du Buat. — Rapports avec le pays d'Alençon. — Son second mariage avec de Farcy. — Sa dot. — Par elle Charlotte Corday se rattache à la famille Corneille. — Son frère, Pierre Corneille, élève des jésuites de Rouen. — Il embrasse la carrière militaire. — Lourdes dépenses imposées au père. — Il fait valoir les services de son fils. — Un deuxième fils, page chez la duchesse de Nemours. — Il entre dans l'armée. — Sa blessure au siège de Douai. — Il est rapporté à Paris. — L'affaire de la paille. — Corneille le recommande au roi. — Il est tué au siège de Grave. — Charles Corneille, tout jeune, suit son père à Paris. — Il fait l'instruction de ce fils. — Ses heureuses dispositions. — Sa mort prématurée. — Son éloge par le père de la Rue. — La date de sa mort rectifiée. — Thomas et Marguerite sont-ils les puînés de Charles? — Absence d'enfants pendant sept ans. — Conclusion négative. — Thomas entre dans les ordres. — Demande et promesse d'un bénéfice. — Elles ne sauraient concerner un jeune religieux. — Placet au roi en sa faveur. — Date présumée de sa naissance. — Nouvelles instances du père auprès du roi. — Nomination tardive à l'abbaye d'Aiguevive comme abbé commendataire.. — Le père paya longtemps pension. — Nouveaux détails sur la nomination. — Marguerite Corneille. — Date présumée de sa naissance. — Elle entre pensionnaire aux dominicaines de Rouen. — Elle y devient bientôt religieuse. — Preuve du fait. — Elle y fait profession. — Donation du père à son couvent. — Motifs pour élever le chiffre de la pension. — L'antériorité de la naissance de Thomas et de Marguerite facilite l'établissement de leur père à Paris. — Un seul enfant restait avec lui à son départ de Rouen............ 195

CHAPITRE III

NOUVELLES RESSOURCES FINANCIÈRES A PARIS

Revenus et rentes. — Pas de changements notables. — Théatre. — Vente à forfait de pièces à Molière. — Corneille bien traité par lui. — Incertitudes sur le prix des autres pièces. — Impressions. — Il n'en fait plus « aux dépens de l'auteur ». — Cessions de privilèges aux libraires. — Il les leur fait payer. — Réimpressions. — Nouvelles éditions collectives de son Théatre. — Additions et corrections. — Reproche de Boileau sur la vente de ses ouvrages. — Elle fut avantageuse pour Corneille. — Pension de Louis XIV. — Suppression de celle de Foucquet. — Listes dressées par ordre de Colbert. — Attachement des gens de lettres pour Foucquet. — Celui de Corneille déplait à Colbert. — Il ne le met pas sur la liste des pensionnaires. — Corneille ne fait pas de démarches. — Intervention de l'abbé Gallois et de Perrault. — Il est porté sur la liste. — Modes de payement des premières pensions. — Remerciement de Corneille au roi. — Point de visite à Colbert. — Reproches. — Il s'exécute. — Silence calculé sur Colbert. — Éloges constants du roi en rabaissant ses ministres. — Moyen employé pour faire maintenir la pension. — Placet sur un retard de payement. — Éloge du roi dans son Théatre. — Remerciements réguliers pour les pensions accordées. — Sommes qu'en retire Corneille. — Elles l'aident pour subvenir à ses charges de famille. — Jetons de l'Académie. — Méprise à leur sujet. — Leur création tardive par Colbert. — Son projet primitif sur leur valeur vénale. — Réduction considérable. — Détails sur ce point. — Le nombre des séances. — Corneille en tire peu de profit.. 216

CHAPITRE IV

RECHERCHES DES USURPATIONS DE NOBLESSE. — LE FIEF SEIGNEURIAL DE PIERRE CORNEILLE

Préliminaires de la recherche. — Hésitations du pouvoir. — Édit infligeant une amende. — Déclaration pour l'exécution. — Elle est générale et imminente. — Craintes des anoblis. — Réclamation en vers par Boisrobert. — Il y comprend son ami Corneille. — Date de cette épitre. — Le sonnet de Corneille à Louis XIV est postérieur. — Discussion et preuves. — La recherche est fiscale avant tout. — Nouvelles mesures. — Réduction de l'amende. — Corneille garde d'abord le silence. — Révocation des lettres de noblesse antérieures. — Corneille lance le sonnet. — Le texte en fixe la date. — Sa demande est pour l'honneur de ses vers. — Un certificat provisoire lui est accordé. — Maintien définitif des deux frères. — Enregistrement à Rouen. — Recherche dans la généralité de Rouen. — Barin de la Galissonnière. — Article erroné sur Pierre Corneille. — Modification des armes. — Comédie de Claveret contre « les Faux Nobles ». — Elle ne vise pas Corneille. — Preuves tirées de la pièce. — Son fief ou titre seigneurial. — Diversité des noms donnés à ce fief. — Elle naît d'une similitude de son et de mauvaises lectures. — Le vrai nom est « Hauville ». — Corneille s'en dit tardivement « le sieur ». — Preuves par plusieurs actes authentiques. — La situation de ce fief est inconnue. — Fausse hypothèse sur ce point. — Est-ce Hauville en Roumois?............................ 240

CHAPITRE V

LA LÉGENDE SUR LA MISÈRE DE CORNEILLE

La date en est récente. — Les contemporains, La Bruyère, Fontenelle, Charles Perrault, Thomas Corneille, ne parlent pas de sa misère. — Leurs successeurs immédiats, le P. Tournemine, le P. Niceron, l'abbé Goujet, n'en disent rien non plus. — Elle naît avec l'anecdote du soulier. — Gabriel Feydel publie la lettre qui la contient. — Critique du fond et du texte de cette lettre. — Elle est apocryphe. — G. Feydel en est l'auteur. — La mode était alors aux ouvrages apocryphes. — Les Poésies d'Ossian et de Clotilde de Surville. — L'anecdote du soulier passe inaperçue. — M. E. Gaillard la signale à l'Académie de Rouen. — Elle se répand alors. — Le théâtre s'en empare. — « Corneille chez le savetier », par deux auteurs rouennais. — Poésie de M. Théophile Gautier sur le même sujet. — Attaques et reproches immérités à l'adresse de Louis XIV. — M. Taschereau accepte l'anecdote. — M. Marty-Laveaux émet des doutes. — M. A. Heulhard la répudie. — Comme à lui elle nous paraît nettement apocryphe. — Elle a cela de commun avec d'autres anecdotes admises précédemment sur P. Corneille............... 265

CHAPITRE VI

SUPPRESSION DE LA PENSION, SON RÉTABLISSEMENT ET DERNIER SECOURS DE LOUIS XIV

Remaniements dans les États des pensions. — Fausse date chez Perrault. — La pension de Corneille est supprimée. — Économies commandées par la guerre et par les bâtiments. — Réductions et éliminations en 1674. — Causes relatives à Corneille. — Il ne produisait plus pour le théâtre. — Griefs personnels de Colbert. — Point d'éloges et son nom même toujours passé sous silence. — Maladresse de Corneille. — Racine le remplace sur l'état des pensions. — Moyens indirects pour s'y faire rétablir. — Éloges intéressés du roi en toute occasion. — Autre maladresse vis-à-vis de Colbert. — Le ministre ne le rétablit pas sur l'état. — Lettre touchante que Corneille lui adresse. — Confirme-t-elle la légende de sa misère? — Noble fierté de Corneille. — Il regrette la pension comme marque d'estime et non pour ses besoins personnels. — Lettre de Boursault sur le rétablissement. — Intervention de Boileau auprès de Mme de Montespan. — Erreurs de Brossette. — Protestation des pères de Trevoux. — Brossette a égaré des écrivains modernes. — Diversité des dates de la suppression. — Date de la démarche de Boileau. — Il possédait alors une pension. — Toute-puissance de Mme de Montespan. — Boileau s'adresse à elle et non à Louis XIV. — Langage déplacé qu'on lui prête. — Corneille rétabli sur les états de 1682 et 1683. — Dernier secours envoyé par Louis XIV. — Nouvelle confusion de Brossette. — Le secours est obtenu par le P. la Chaise et non par Boileau. — Résumé sur ces deux points obscurs, la pension et le secours.................................. 277

CHAPITRE VII

RESSOURCES DES DERNIÈRES ANNÉES

Charges de famille à cette époque. — Il se fait pauvre, en qualité de Normand. — Rentes et revenus. — Représentations de ses pièces. — Citation. — Droits d'auteur. — Le droit proportionnel et le prix fait. — Dernière édition de son Théâtre. — Privilèges de noblesse. — Jetons de l'Académie. — Aliénations d'immeubles. — Fief du Val-de-la-Haye. — Motifs de la vente. — L'immeuble était resté intact. — Vente de la maison de la rue de la Pie. — C'est pour amortir la pension de sa fille. — Le manque d'ordre inventé par M. Cousin. — La maladie le confine au logis. — Exagération croissante de la légende. — Ressources de la dernière année. — La gêne réduite à quelques mois. — Possibilité d'y faire face. — La vérité doit prévaloir sur la légende. — Nécessité historique et morale qu'il en soit ainsi... 299

CONCLUSION... 310

APPENDICE

I. — Notes et fiches recueillies par M. E. Gosselin sur Pierre Corneille et sa famille.. 313
II. — 1º Acquisitions au Petit-Couronne par Pierre Corneille, le père. 2º Acquisitions au Val-de-la-Haye, par Pierre Corneille, le père... 337
III. — Titre d'un prix de versification latine, obtenu par P. Corneille en troisième... 343
IV. — Titre d'un prix de versification latine, obtenu par P. Corneille, en rhétorique.. 344
V. — Les Mascarades, à Rouen, au début du XVIIe siècle............ 345
VI. — Avis aux Lettrés de Caen par René Louet, recteur de l'Académie de la même ville.. 345
VII. — Admission d'Antoine Corneille, frère de P. Corneille, comme novice au monastère du Mont-aux-Malades-lès-Rouen............. 346
VIII. — Aveu de Pierre Corneille, le fils, aux religieux de Saint-Ouen de Rouen pour deux îles voisines d'Orival et de Cléon............. 447
IX. — Aveu de Pierre Corneille, le fils, pour ses biens du Petit-Couronne... 348

TABLE DES MATIÈRES

X. — Aveu de Pierre Corneille, le fils, pour ses biens du Val-de-la-Haye 352
   1° Aînesse au Tenement Ballingan ....
   2° Aînesse aux Peintres 353
   3° Fief à la sauvagesse 354
   4° Aînesse à la Bainière 354
XI. — Remboursement aux héritiers de Barbe Corneille pour amortissement d'une rente 355
XII — Quittance de Pierre Corneille, le fils 357
XIII. — Aveu des biens tenus du roi à cause de sa châtellenie et vicomté d'Andely, par Pierre et Thomas Corneille, pour servir à la confection du nouveau terrier du domaine du roi 357
XIV. — Lettres d'Intermédiat de gages obtenues par Mᵉ Pierre Corneille, ci-devant avocat au siège de la table de marbre du palais, à Rouen 361
XV. — Vente de rentes à Pierre Corneille, le fils 363
XVI. — Contestations entre Pierre Corneille et Jacques Baudry, au sujet des gages de procureur-syndic des États de Normandie 364
XVII. — Extrait du cahier des États de Normandie, en novembre 1643, au sujet de l'impôt de subsistance 364
XVIII. — Deux parrainages de Marie Corneille, fille aînée de Pierre Corneille, au Petit-Couronne 365
XIX. — Contrat de mariage de Marie Corneille avec Jacques de Farcy, sieur de Lisle, trésorier de France en la généralité d'Alençon 366
XX. — Éloge funèbre de Charles Corneille, en vers latins, par le père Charles de la Rue 367
XXI. — Donation par Pierre Corneille aux dominicains de Cauchoise à Rouen, d'une rente de 300 livres, à titre de pension, pendant la vie de sa fille Marguerite 369
XXII. — 1° Colbert et l'Académie française 371
   2° Les jetons de l'Académie française 372
XXIII. — Enregistrement à la cour des Aides de Rouen des lettres confirmatives de Noblesse accordées par Louis XIV à Pierre et à Thomas Corneille 373
XXIV. — Contrat de vente des biens du Val-de-la-Haye par Pierre Corneille 375
XXV. — Vente des biens de la rue de la Pie, à Rouen 377
   1° Procuration donnée par Pierre Corneille à Fontenelle, son beau-frère 377
   2° Contrat de vente par Pierre Corneille de cette maison 378
XXVI. — Les Pères de Trevoux sur la pension de Corneille 380
XXVII. — Les armoiries primitives de la famille Corneille 380

COULOMMIERS. — Typ. P. BRODARD et GALLOIS.

www.ingramcontent.com/pod-product-compliance
Lightning Source LLC
Chambersburg PA
CBHW071910230426
43671CB00010B/1546